Anne-Marie Lévesque

Les médias québécois

Presse, radio, télévision, inforoute

2e édition

Marc Raboy
avec la collaboration de Geneviève Grimard

Les médias québécois

Presse, radio, télévision, inforoute

2e édition

gaëtan morin
éditeur

Montréal □ Paris

Données de catalogage avant publication (Canada)

Raboy, Marc, 1948-

Les médias québécois : presse, radio, télévision, inforoute

2e éd.

ISBN 2-89105-756-2

1. Médias – Québec (Province). 2. Presse – Québec (Province). 3. Télécommunications – Québec (Province). 4. Télédistribution – Québec (Province). 5. Médias – Aspect économique – Québec (Province). 6. Médias – Droit – Québec (Province). I. Grimard, Geneviève. II. Titre.

P92.C3R33 2000 302.23'09714 C00-940515-1

Tableau de la couverture : ***Les jeunes virtuoses***
Œuvre de **Jean-Louis Toutain**

Né à Toulouse en 1948, Jean-Louis Toutain suit dès l'âge de 14 ans des cours de céramique et de décoration aux Beaux-Arts. Depuis sa première exposition en 1987, son talent et sa créativité ont été récompensés par de nombreux prix, notamment la médaille du Meilleur Ouvrier de France, qui lui a été décernée en 1991 par François Mitterrand pour son œuvre sculpturale et décorative. On trouve ses œuvres dans les collections privées et publiques en France et à l'étranger.

Agent exclusif : Multi Art ltée, Saint-Lambert.

Montréal, Gaëtan Morin Éditeur ltée
171, boul. de Mortagne, Boucherville (Québec), Canada J4B 6G4. Tél. : (450) 449-2369

Paris, Gaëtan Morin Éditeur, Europe
105, rue Jules-Guesde, 92300 Levallois-Perret, France. Tél. : 01.41.40.49.19

Révision linguistique : Marie Tousignant

Imprimé au Canada 1 2 3 4 5 6 7 8 9 0 09 08 07 06 05 04 03 02 01 00

Dépôt légal 2e trimestre 2000 – Bibliothèque nationale du Québec – Bibliothèque nationale du Canada

REMERCIEMENTS

Cet ouvrage fut conçu à la fin des années 1980 dans le cadre d'un cours donné à l'Université Laval, intitulé *Connaissance des médias québécois*. Lors de la parution de la première édition, le rôle des personnes suivantes a été signalé: Bernard Dagenais, François Demers, Gilles Gauthier, Raymond Giroux, André Gosselin, le regretté Jacques Guay, Luc Roland, André Roy et Robert Talbot.

En 1993, le cours m'a accompagné lorsque j'ai migré à l'Université de Montréal, où il fut offert sous le titre *Institutions médiatiques*; ce cours fut ensuite donné annuellement à une centaine d'étudiants inscrits au Baccalauréat en communication, offert par le Département de communication. Son contenu a été bonifié, entre autres, grâce aux prestations des conférenciers prestigieux provenant de différents secteurs médiatiques, dont Paul Allard, Alain Ambrosi, Lucie Audet, Pierre Juneau, Richard Martineau, Richard Paradis, Thérèse Paquet-Sévigny et Florian Sauvageau. De plus, de nombreux éléments importants ont été apportés au fil des différentes moutures du cours par des auxiliaires qui ont colligé des revues de presse hebdomadaires à mon intention et qui ont agi comme correcteurs et chargés des travaux pratiques auprès des étudiants; il s'agit de Bram Abramson, Elenka Alexandrov Todorov, Geneviève Grimard, Jean Leclair et Roxanne Welters.

En ce qui concerne la préparation du contenu de cette édition ainsi que sa mise en forme, je ne peux souligner assez la contribution de mon assistante infatigable, Geneviève Grimard. Enfin, je remercie Mélanie Marron, qui a participé à la recherche et à la rédaction des définitions contenues dans le glossaire.

Note au lecteur

Sauf en cas d'indication contraire, les données fournies dans cet ouvrage étaient à jour le 1er juillet 1999.

Avertissement

Dans cet ouvrage, le masculin est utilisé comme représentant des deux sexes, sans discrimination à l'égard des hommes et des femmes et dans le seul but d'alléger le texte.

AVANT-PROPOS

Le monde des médias est en ébullition. Fusions, acquisitions, disparitions, mais aussi inventions, innovations, lancement de nouveaux «produits». Tout le monde communique — ou plutôt, désire communiquer. La réflexion s'impose sur le sens à donner à toute cette effervescence.

Depuis la parution de la première édition de cet ouvrage en 1992, deux phénomènes majeurs ont bouleversé les médias: il s'agit, pour les nommer, de la *convergence* et de la *mondialisation*. Les lignes de démarcation entre les médias autrefois distincts sont désormais plus vagues, aussi vagues que les frontières entre les pays. Par contre, pour poursuivre l'analogie, tout comme l'État-nation reste une unité cohérente, la différenciation entre les diverses composantes du système médiatique reste importante. Il paraît donc encore logique de définir notre sujet en fonction d'un espace spécifique — le territoire québécois — et de le subdiviser en éléments ayant des caractéristiques précises: les médias de la presse, de la radio, de la télévision et de l'inforoute.

Cette approche nous permet d'apprécier ce qui est peut-être l'aspect le plus pertinent à retenir à propos des vastes changements qui sont en train de reconfigurer notre sujet: pris dans leur ensemble, *les médias québécois constituent un système d'institutions sociales en constante évolution.* Nous n'insisterons jamais assez sur le besoin d'interpréter le contexte dans lequel les médias évoluent dans une perspective historique, une perspective de continuité plutôt que de rupture. Un des paradoxes de l'univers médiatique actuel est de dissimuler cette réalité, d'escamoter l'histoire, de chercher à choquer. Mais quoiqu'on prétende que cela aussi est quelque chose de nouveau, ce n'est pas vraiment le cas. Le changement technologique attire et fascine; il porte à croire que l'humanité est née avec lui. Or, c'est plutôt l'inverse. La société s'adapte et poursuit son chemin.

Sur le plan micro, on s'aperçoit que les gros changements ont lieu en aval plutôt qu'en amont. En amont — dans le secteur vénérable de la presse écrite —, une certaine stabilité se fait remarquer. En aval — dans l'environnement chaotique de l'inforoute —, ça bouge vite et la destination n'est pas prévisible. Ici on parle des «nouveaux médias», une façon d'indiquer qu'on ne sait pas encore très bien comment les distinguer des anciens, tout en soulignant qu'il s'agit évidemment de quelque chose de neuf.

Sur le plan macro, le tableau laisse entrevoir des tendances lourdes: avec la mondialisation, le rôle du grand capital devient plus dominant que jamais; celui de l'État, toujours important, diminue. Avec la convergence — et l'émergence des nouveaux médias qui l'accompagne —, la place des usagers est revalorisée: ce sont eux qui déterminent en dernier lieu les réussites et les échecs. Mais est-ce en tant que citoyens ou en tant que consommateurs? Dans une perspective sociohistorique, c'est peut-être la question essentielle concernant les médias à l'époque que nous traversons actuellement. Elle nous renvoie à une question de société fondamentale puisque, dans la foulée de tous ces changements, la notion de service public est en train de subir une remise en question, furtivement, sans véritable débat social.

Cet ouvrage essaie d'éclairer ces questions, sans forcément y répondre, en fournissant un maximum d'éléments factuels sur la situation des médias, en les présentant dans un esprit critique et en les regroupant de telle manière que le lecteur peut s'y retrouver selon l'angle d'approche qui lui semble le plus pertinent, suivant sa situation particulière.

Dans un premier temps, nous abordons la structure globale des médias en tant que *système* dont les parties sont reliées entre elles dans une écologie parfois délicate mais logique. Quelques grands traits distinctifs caractérisent ce système et permettent de situer les acteurs les uns par rapport aux autres: la propriété, le mode de financement, le régime réglementaire auquel chacun est soumis.

Ensuite, nous considérons le système dans son ensemble sous l'angle de l'*économie politique* par une analyse faisant ressortir les aspects économiques et politiques qui orientent les médias. Car ces institutions, quoique agissant dans les champs de la société et de la culture, sont éminemment influencées par des contraintes économiques et politiques.

Troisièmement, il sera question du *régime juridique et réglementaire* auquel les médias sont soumis. Bien qu'un certain raisonnement prétende que les médias de l'avenir seront libres de toutes contraintes, on est encore très loin d'une telle situation; par ailleurs, c'est sans doute par le moyen d'un encadrement visant l'intérêt public que l'on peut assurer l'apport des médias au regard d'impératifs autres qu'économiques.

Dans un quatrième temps, nous verrons les *pratiques professionnelles* dans les différents secteurs médiatiques. Cet aspect se justifie, entre autres, par le fait que le lectorat visé par cet ouvrage est composé en bonne partie d'étudiants pour qui les médias constitueront un jour, on l'espère, un milieu de travail passionnant.

Enfin, les *contenus*. Ici, nous présentons un éventail des données choisies dans le but de fournir une vue d'ensemble de certains aspects sous lesquels sont produits et reçus les contenus des médias. Car de toute façon, comme l'écrivaient un jour les auteurs d'un rapport de commission royale sur la radio-télévision, tout le reste n'est que de la cuisine.

Marc Raboy

INTRODUCTION

À l'instar d'autres systèmes institutionnels dans les sociétés contemporaines, les médias font l'objet de luttes entre des acteurs appartenant aux sphères de l'État, de l'économie et de la société civile. Ces luttes se manifestent sur différents plans: les uns tentent d'occuper l'espace médiatique parce qu'ils y voient un moyen de véhiculer leurs idées; les autres le perçoivent comme un lieu de commerce. Enfin, tous ceux qui y trouvent un intérêt quelconque essaient d'influencer l'orientation du système médiatique. Cela fait en sorte que les enjeux concernant les médias deviennent des enjeux de société.

Avant d'entamer la description et l'analyse de l'ouvrage, précisons ce que nous entendons par «médias». Étymologiquement, le mot vient du latin *media* (pluriel de *medium*) qui signifie «moyens». Dans le domaine qui nous occupe, on appelle «moyen de communication» tout système de relation qui rend possible soit le déplacement de personnes ou de biens (les systèmes de transport, par exemple), soit l'échange symbolique, c'est-à-dire l'échange de messages, d'idées ou d'informations. Quant à l'expression «moyen de communication de masse» ou *mass media*, des plus courantes aujourd'hui, elle désigne les supports techniques qui assurent de façon massive l'échange symbolique dans une société hautement industrialisée comme la nôtre.

Cet ouvrage porte principalement sur les *médias de communication publique*, bien qu'une caractéristique marquante de notre époque soit l'effacement progressif des distinctions classiques entre «public» et «privé». Notre champ d'intérêt regroupe les secteurs de la presse, de la radio, de la télévision et de l'ensemble des nouvelles pratiques médiatiques qu'évoque le terme «inforoute». Conséquemment, nous nous intéressons à un degré moindre à d'autres formes de production telles que le cinéma, le livre ou le disque, encore que — nous le verrons bien — tous les secteurs de ce qu'il convient de désigner comme des «industries culturelles» s'imbriquent de plus en plus les uns dans les autres. S'il convient d'attribuer à la communication publique une valeur sociale et politique primordiale, on se devra également de tenir compte, dans cet ouvrage, des conditions économiques ainsi que des conditions de production et de réception qui déterminent le développement global de ces secteurs. Par ailleurs, même si nous trouvons logique de considérer le système médiatique *québécois* comme une unité distincte, nous allons voir qu'il est impossible de l'aborder sans attribuer une place importante à son encadrement dans le contexte de l'État canadien, ainsi qu'à une nouvelle série d'influences découlant du phénomène de la mondialisation.

Notre approche consiste à définir les médias comme étant de prime abord des institutions sociales, auxquelles on attribue diverses fonctions: information, éducation, divertissement, publicité. En tant qu'institutions, ils structurent l'ordre du jour des débats sociaux, ils nous permettent de partager certaines expériences et nous fournissent la plupart des connaissances que nous avons du monde dans lequel nous vivons. De plus, la convergence des nouvelles dispositions fait en sorte qu'il faut désormais considérer certaines *techniques* de communication comme faisant partie de l'univers des médias; c'est notamment le cas de la téléphonie et de la communication par ordinateur, qui deviennent de plus en plus importantes comme supports médiatiques.

Quoiqu'on ne soit pas encore arrivé à établir de consensus sur l'influence qu'exercent les médias, leur présence croissante dans la vie individuelle, familiale et collective justifie amplement qu'on s'y attarde. En effet, une juste appréciation de leur rôle dans la société québécoise nécessite une connaissance approfondie de leur mode de fonctionnement, des contraintes (politiques, juridiques, économiques ou technologiques) auxquelles ils sont soumis ainsi que des règles qui déterminent la production et la réception des contenus.

À la fois outil de formation et livre de référence, cet ouvrage s'adresse à tout lecteur soucieux de mieux connaître la structure, le fonctionnement et la portée réelle des *mass media* au Québec. Il intéressera donc aussi bien les étudiants en communication et les professionnels de l'information que le grand public en général.

Qu'on les considère comme des organes d'information, des moyens de divertissement ou de simples véhicules publicitaires, qu'on les croie indispensables ou, au contraire, nocifs, les médias exercent aujourd'hui une influence à laquelle personne n'échappe: ils sont au cœur de la vie collective et publique de toute société moderne. Le climat qui conditionne leur exploitation et leur développement est d'ailleurs tout à fait révélateur du degré d'évolution d'une démocratie.

Le monde des médias reste néanmoins, dans une certaine mesure, à l'abri du regard critique. Qui connaît, par exemple, le nom du propriétaire de son journal local ou de sa station de radio préférée? Combien d'usagers savent les règles économiques et juridiques qui régissent le fonctionnement des nouveaux médias tels qu'Internet? Pourquoi devrions-nous être concernés par l'impact de la libéralisation des régimes commerciaux sur notre capacité de protéger notre espace culturel?

Notre appréciation du téléjournal ou de l'hebdomadaire du quartier ne se limite-t-elle pas trop souvent à ce qui apparaît en surface, les circonstances dans lesquelles ils ont été fabriqués se trouvant ainsi totalement occultées?

L'objectif premier que nous visons ici est précisément de rendre plus transparent l'univers médiatique québécois. Aussi avons-nous tenté de présenter ses aspects fondamentaux de la façon la plus cohérente et la plus limpide possible. Nous avons donc conçu essentiellement un ouvrage de synthèse et de vulgarisation qui met à la disposition du lecteur non spécialiste d'innombrables renseignements, tout en le sensibilisant à des problèmes complexes au moyen d'une analyse claire et, nous le croyons, pertinente.

En fournissant aux usagers ainsi qu'aux praticiens actuels et futurs de la communication publique les données sociographiques de base sur le sujet, nous espérons leur donner une vision globale du rôle des médias dans le contexte plus général des industries culturelles et de communication du Québec, du Canada et même du monde entier. Seules des connaissances adéquates en ce domaine peuvent assurer un usage éclairé des médias dans la vie de tous les jours. En démontant les rouages de ces moteurs culturels et économiques que sont les médias, ce livre veut, en second lieu, favoriser une approche plus critique de leur potentiel et de leurs limites. C'est à cet effet que seront évoqués aussi les principaux débats et enjeux de l'heure en ce domaine.

Afin d'éviter les pièges de la généralisation excessive ou de l'analyse trop globale, le livre s'articule autour de cinq axes bien délimités qui correspondent à chacun des chapitres du livre:

1. La structure du système médiatique au Québec;
2. L'économie politique des médias;
3. Le cadre législatif et réglementaire des médias;
4. Les professionnels des médias;
5. La production et la réception des contenus.

À cela s'ajoutent des renseignements complémentaires qui sont regroupés dans des annexes.

En règle générale, la compilation des données factuelles de l'ouvrage s'arrête au 1er juillet 1999. Les changements étant constants et extrêmement rapides dans ce domaine, il va de soi que certains événements ont pu depuis cette date modifier quelque peu le paysage médiatique. Dans le cas où de nouveaux éléments d'information nous semblaient particulièrement éclairants, nous les avons intégrés au commentaire. Nos propos sont fondés pour le reste sur les analyses les plus étoffées que nous ayons pu recueillir jusqu'en juillet 1999. Nous nous sommes donc abstenu de communiquer au lecteur certains détails qui, bien qu'étant de fraîche date, ne nous semblaient pas avoir été suffisamment « digérés » au moment de mettre l'ouvrage sous presse. Le lecteur trouvera cependant tout au long du livre, et particulièrement dans les annexes, des indications méthodologiques lui permettant d'effectuer lui-même éventuellement la mise à jour des données.

TABLE DES MATIÈRES

CHAPITRE 3

Le cadre législatif et réglementaire des médias

CHAPITRE 4

Les professionnels des médias

CHAPITRE 5
La production et la réception des contenus

CHAPITRE 1

La structure du système médiatique au Québec

PLAN

1.1 La presse écrite
1.1.1 Origines et éléments distinctifs
1.1.2 Profil des divers secteurs de la presse écrite
- Les quotidiens
- Les hebdomadaires
- Les magazines
- La presse parallèle

1.2 Les médias électroniques
1.2.1 Origines et éléments distinctifs
1.2.2 Profil des divers secteurs des médias électroniques
- La radio
  - Les modes de propriété
  - Les réseaux
- La télévision
  - Les réseaux
- La câblodistribution
- Les satellites
- Les services à abonnement
  - La télévision payante
  - Les services de programmation spécialisés
  - La télévision à la carte
- Les télécommunications

1.3 L'inforoute
1.3.1 Les nouveaux médias sur l'inforoute
1.3.2 Les possibilités liées à la convergence
1.3.3 Profil des divers secteurs des médias sur l'inforoute
  - Le multimédia dans Internet
  - La téléphonie Internet
  - La radiodiffusion dans Internet
  - La presse dans Internet
  - La publicité dans Internet

CRTC p. 25

1.1 LA PRESSE ÉCRITE

1.1.1 ORIGINES ET ÉLÉMENTS DISTINCTIFS

La *presse écrite* est le plus ancien des médias de communication publique. Il y a peu de temps encore, son importance était si grande qu'un ouvrage du type de celui que nous entamons ici aurait pu s'y limiter[1]. S'il faut reconnaître que sa «part de marché» a diminué avec l'implantation et l'essor des médias électroniques, puis encore avec ceux des médias informatisés, l'influence de la presse demeure encore très forte au Québec. Les grands idéaux qui l'ont orientée depuis des siècles (par ex. liberté de presse, droit du public à l'information, responsabilité sociale de la presse[2]) s'appliquent d'ailleurs aujourd'hui à l'ensemble des médias.

Aucun journal ne fut publié au Québec à l'époque du régime français. La presse québécoise est née en fait dans le sillage de la révolution américaine, lorsque Fleury Mesplet, un imprimeur d'origine lyonnaise établi à Philadelphie, reçut un octroi de 200$ du Congrès américain pour fonder une imprimerie à Montréal, alors aux mains des forces armées américaines. Mesplet crée un premier journal, la *Gazette du commerce et littéraire* (1777), lequel est suspendu par le gouverneur anglais après avoir pris à partie certaines personnalités importantes de la province. Emprisonné pendant trois ans, Mesplet récidive en 1785 en lançant la *Gazette de Montréal*, ascendant direct de l'actuel *Montreal Gazette*[3]. Cette situation, riche en ironie, n'est que le premier d'une longue série de paradoxes qui caractérisent le rapport entre les médias et la démocratie au Québec — rapport traversé par la contradiction entre média indigène et média étranger, par l'importance de la question nationale, par l'omniprésence, même si elle est parfois discrète, de l'État.

La presse dite «d'opinion» occupe une place importante dans les courants de démocratisation du XIXe siècle. Selon le recensement fait par Hamelin et Beaulieu, 104 journaux furent créés au Québec entre 1805 et 1838 (dont les *Mercury*, *Herald*, *Canadien* et *Minerve*)[4]. Il s'agit de journaux religieux, radicaux et politiques, bref d'une presse à vocation militante et idéologique. Mais le rôle de la presse change de cap avec les transformations sociales engendrées par l'industrialisation, l'urbanisation et l'alphabétisation. Entre 1838 et 1884 paraissent les premiers journaux quotidiens (*The Gazette*, *The Star*, *Le Canadien*, *La Patrie*...). Le tournant du

1. Bonville (1991, p. 1-49).
2. Voir Gagnon (1981), de même que Prujiner et Sauvageau (1986).
3. Hamelin et Beaulieu (1966, p. 305-348). Voir aussi Gagnon (1981).
4. *Ibid.* (p. 305-348).

XXe siècle annonce la naissance de la grande presse populaire et commerciale, dont le prototype sera le quotidien montréalais *La Presse*, fondé en 1884[5].

À ce moment-là paraît un autre paradoxe : désormais accessible à un très vaste public — donc, plus démocratique —, la commercialisation de la presse s'accompagne d'une banalisation des contenus, de telle façon que le média lui-même devient plus objet de consommation que support à l'intervention sociopolitique. Malgré cela, le Québec se distingue des autres sociétés nord-américaines par la présence, au XXe siècle, du phénomène des « journaux de combat », dont quelques-uns parmi les plus célèbres furent *Le Nationaliste* d'Olivar Asselin, *L'Action* de Jules Fournier, *Le Jour* de Jean-Charles Harvey et *Le Devoir* d'Henri Bourassa.

Mais depuis le milieu de ce siècle, l'histoire de la presse est essentiellement celle de la presse commerciale. Contrairement aux médias électroniques, la presse écrite n'est pas réglementée par une agence gouvernementale et aujourd'hui elle appartient principalement à des intérêts privés. Elle est d'ailleurs marquée par une concentration de propriété très prononcée, le Canada ayant le taux de concentration le plus élevé de tous les pays occidentaux en ce qui concerne la presse quotidienne[6]. Nous analyserons plus loin quelques aspects de la presse ne correspondant pas à ce modèle, après avoir brossé un tableau de la situation actuelle.

1.1.2 Profil des divers secteurs de la presse écrite

La presse écrite québécoise est un domaine non réglementé dont les visées sont généralement de nature commerciale. Aussi les données précises sur les publications de ce secteur sont-elles difficiles à obtenir et varient-elles beaucoup selon les sources.

On peut diviser la presse écrite commerciale en trois catégories :

1. Les journaux quotidiens, qui diffusent des informations locales, nationales et internationales, et dont plusieurs sont distribués dans tout le Québec ;
2. Les journaux hebdomadaires ou « hebdos », à vocation surtout locale ou régionale ;
3. Les magazines, souvent appelés « périodiques », qui paraissent à intervalles réguliers (hebdomadairement, mensuellement, etc.) et

5. Bonville (1989).
6. Centre d'études sur les médias (1997).

sont habituellement distribués à la grandeur du territoire; on distingue les magazines spécialisés (les revues d'affaires, par exemple) et les magazines généraux, qui s'adressent au grand public.

Il faut ajouter à ces catégories la presse dite «ethnique», qui regroupe des publications destinées à des communautés nationales, religieuses ou linguistiques spécifiques, ainsi que la presse «communautaire», formée des journaux édités par des organismes sans but lucratif. Puisque ces publications sont généralement de vocation non commerciale, elles intéressent moins l'industrie de la publicité, et les renseignements à leur sujet sont encore plus difficiles à obtenir.

Le tableau 1.1 (p. 6) fournit des renseignements sur la presse écrite selon le nombre de médias dans chaque catégorie, la langue de publication et le tirage (exemplaires en circulation).

Les quotidiens

Tout journal qui paraît cinq fois ou plus par semaine est considéré comme un quotidien. C'est le média écrit qui rejoint le plus grand nombre de lecteurs et dont l'influence sociale est, par conséquent, la plus forte. Les quotidiens sont en général édités dans les grandes villes.

Douze quotidiens se partagent le territoire du Québec, en incluant *Le Droit* (Ottawa), dont la plupart des ventes sont réalisées du côté québécois de l'Outaouais[7]. Quatre d'entre eux sont publiés à Montréal: *Le Journal de Montréal* et *La Presse*, qui affichent les tirages les plus élevés au Québec, puis *Le Devoir* et *The Gazette*. À Québec paraissent *Le Soleil* et *Le Journal de Québec*. Ces deux dernières publications, jointes au *Journal de Montréal* et à *La Presse*, représentent environ 80% du tirage de l'ensemble des quotidiens francophones québécois. Les villes suivantes possèdent aussi leur propre quotidien: Sherbrooke (*La Tribune* et *The Record*), Trois-Rivières (*Le Nouvelliste*), Chicoutimi (*Le Quotidien*), Granby (*La Voix de l'Est*). Mentionnons enfin que les deux quotidiens de langue anglaise (*The Gazette* et *The Record*) rejoignent environ 16% de l'ensemble des lecteurs de la presse quotidienne, ce qui correspond à peu près à la proportion anglophone de la population du Québec.

La distribution des quotidiens *La Presse, Le Devoir, Le Soleil* et *The Gazette* se fait à l'échelle de tout le territoire québécois; *Le Journal de Montréal* et *Le Journal de Québec* (publiés tous les deux par le même

7. Ne sont pas répertoriés ici les journaux nationaux pancanadiens tels que *The Globe and Mail* et *The National Post*, ni des journaux étrangers tels que *The New York Times* ou *Le Monde* qui, bien qu'ils y soient distribués, ne sont pas édités au Québec.

TABLEAU 1.1
La presse écrite au Québec, 1996 : nombre de médias selon la langue et la catégorie

Catégorie*	Langues				Total	Exemplaires en circulation
	Français	Anglais	Français/anglais	Autres		
Quotidiens	10	2	—	—	12	***1 007 860
Hebdomadaires	174	11	20	—	205	4 660 566
Magazines grand public	129	10	9	—	148	†16 149 008
Magazines spécialisés	108	5	11	—	124	†1 536 228
Presse ethnique	2	4	10	22	38	†1 688 867
Journaux communautaires	n.d.	n.d.	n.d.	n.d.	**94	††326 000

* Les « quotidiens » désignent ici les journaux qui paraissent au moins cinq fois par semaine. Les hebdomadaires sont des journaux publiés une fois par semaine et dont la distribution se fait sur une base locale ou régionale. Ici, il faut donc exclure des hebdomadaires les publications diffusées une fois la semaine à l'échelle du territoire québécois (ex. : *Écho Vedettes*, *Les Affaires*, *TV Hebdo*). Par « magazines grand public », il faut entendre, dans ce cas-ci, les publications destinées aux consommateurs, les « magazines spécialisés » désignant pour leur part celles qui s'adressent aux milieux industriels et d'affaires. La « presse ethnique » regroupe des publications dont le contenu se rapporte à une communauté nationale, religieuse ou linguistique. Quant aux « journaux communautaires », ils sont édités par des organismes sans but lucratif. Ils sont de propriété collective et de gestion démocratique.

** Donnée estimée par le ministère de la Culture et des Communications du Québec et par l'Association des médias écrits communautaires du Québec (79 membres de l'AMECQ et une quinzaine de médias communautaires qui ne sont pas membres de cette association).

*** Il s'agit d'un tirage moyen pondéré, c'est-à-dire que l'on tient compte du fait que le tirage en semaine représente 5/7 de la période et ceux du samedi et du dimanche, 1/7 chacun.

† Il s'agit du nombre mensuel d'exemplaires pour l'ensemble des publications.

†† Chiffres portant sur les 79 membres de l'AMECQ seulement. Il s'agit du tirage par parution (1997), la majorité des publications étant des mensuels.

Sources : Bureau de commercialisation des quotidiens pour les quotidiens ; *Info Presse Communications, Guide annuel des médias*, 1996, pour les hebdomadaires, les magazines grand public et spécialisés (d'après éditeurs, Audit Bureau of Circulations, Office canadien de vérification de la diffusion, Print Measurement Bureau) ; *Ethnic Media & Markets (Canadian Advertising Rates and Data)*, été/automne 1996, pour la presse ethnique. Compilations : Bureau de la statistique du Québec, ministère de la Culture et des Communications, *Le temps de lire, un art de vivre : état de situation de la lecture et du livre au Québec*, 1998, p. 66, pour les journaux communautaires (d'après l'Association des médias écrits communautaires du Québec).

éditeur, Quebecor) se partagent le territoire selon une répartition sélective. Les autres sont des quotidiens régionaux ou locaux.

Le tableau 1.2 regroupe des données sur le secteur de la presse quotidienne au Québec : année de création des quotidiens, propriétaire, prix de vente, tirage, etc. Il est intéressant de noter que le portrait global de ce secteur — tel que le reflète le nombre de titres — n'a guère changé depuis la parution de la première édition des *Médias québécois* en 1992.

TABLEAU 1.2
Le marché des quotidiens au Québec, 1998

Année de création	Titre	Ville	Propriétaires/ éditeurs	Prix de vente par exemplaire (semaine)	Vente moyenne lundi-vendredi	Vente moyenne samedi	Tarif publicitaire* (semaine)
1778	*The Gazette*	Montréal	Hollinger/ Southam	0,57$	140650	199115	4,82$
1884	*La Presse*	Montréal	Power/Gesca	0,60$	159399	278645	6,05$
1896	*Le Soleil*	Québec	Hollinger/ Unimédia	0,60$	82501	123724	3,18$
1897	*The Record*	Sherbrooke	Quebecor**	0,60$	5344	5344	0,78$
1910	*La Tribune*	Sherbrooke	Power/ Gesca/JTC	0,60$	31648	40032	1,90$
1910	*Le Devoir*	Montréal	Impr. populaire	0,90$	25925	33828	2,75$
1913	*Le Droit*	Hull-Ottawa	Hollinger/ Unimédia	0,65$	33968	40796	1,20$
1920	*Le Nouvelliste*	Trois-Rivières	Power/Gesca/ JTC	0,55$	43733	48175	1,81$
1935	*La Voix de l'Est*	Granby	Power/Gesca/ JTC	0,60$	14581	18232	0,82$
1964	*Le Journal de Montréal*	Montréal	Quebecor	0,60$	258912	313583	7,09$
1967	*Le Journal de Québec*	Québec	Quebecor	0,60$	93777	117322	3,62$
1973	*Le Quotidien*	Chicoutimi	Hollinger/ Unimédia	0,70$	28734	28734	1,10$
	Total				**919172**	**1247530**	

* Pour une ligne agate modulaire (LAM). Une page du journal *La Presse* (grand format) équivaut par exemple à 3100 LAM tandis qu'une page du *Journal de Montréal* (tabloïd) équivaut à 1408 LAM).

** Ne tient pas compte de l'acquisition par Hollinger en septembre 1999.

Source : *CARD*, mai 1998.

Cependant, la propriété a évolué vers un plus fort taux de concentration, notamment avec l'acquisition de la firme Southam (anciennement propriétaire de *The Gazette*) par Hollinger, le plus important propriétaire de

TABLEAU 1.3
L'évolution du marché des quotidiens au Québec, 1991-1998

Titre	Prix de vente par exemplaire (semaine)		Vente moyenne lundi-vendredi		Vente moyenne samedi		Tarif publicitaire* (semaine)	
	1991	1998	1991	1998	1991	1998	1991	1998
The Gazette	0,50$	0,57$	174514	140650	252893	199115	6,00$	4,82$
La Presse	0,50$	0,60$	198537	159399	310587	278645	7,31$	6,05$
Le Soleil	0,35$	0,60$	108112	82501	141797	123724	4,68$	3,18$
The Record	0,75$	0,60$	6047	5344	6047	5344	0,95$	0,78$
La Tribune	0,50$	0,60$	37740	31648	44590	40032	2,32$	1,90$
Le Devoir	0,65$	0,90$	26461	25925	29508	33828	3,30$	2,75$
Le Droit	0,50$	0,65$	33887	33968	39792	40796	1,88$	1,20$
Le Nouvelliste	0,55$	0,55$	54317	43733	54317	48175	2,44$	1,81$
La Voix de l'Est	0,50$	0,60$	15520	14581	18895	18232	1,33$	0,82$
Le Journal de Montréal	0,50$	0,60$	303458	258912	345098	313583	6,10$	7,09$
Le Journal de Québec	0,35$	0,60$	105835	93777	108897	117322	2,70$	3,62$
Le Quotidien	0,60$	0,70$	31140	28734	31140	28734	1,63$	1,10$
Total			**1095568**	**919172**	**1383561**	**1247530**		

* Pour une ligne agate modulaire (LAM).

Sources: *CARD*, mai 1991; *CARD*, mai 1998.

presse au Canada, grâce à une série de transactions s'étendant de 1992 jusqu'en 1999[8]. Tel que le démontre le tableau 1.3, nous pouvons remarquer une légère tendance à la baisse dans les ventes de la plupart des journaux, ainsi que dans le tirage global de l'ensemble du secteur. En fait, seul le journal *Le Droit* a su augmenter ses ventes de semaine et de fin de semaine, pendant que *Le Devoir* et *Le Journal de Québec* ont connu des augmentations en fin de semaine seulement. La tendance vers la

8. Dans un échange avec Quebecor, Hollinger a aussi acquis le *Record* de Sherbrooke en septembre 1999. Ce dernier journal avait une valeur symbolique pour le propriétaire de Hollinger, Conrad Black, puisque c'est là qu'a débuté son aventure en tant que patron de presse en 1969.

TABLEAU 1.4
Tirage global des quotidiens québécois selon les groupes de presse, 1998

Groupe		Publications	Tirage (lundi-vendredi)	Nombre d'exemplaires (lundi-vendredi)	%
Quebecor (Succession Pierre Péladeau)		*Journal de Montréal*	258912	358033	39,0
		Journal de Québec	93777		
		The Record *	5344		
Hollinger (Conrad Black)	Southam	*The Gazette*	140650	285853	31,1
	Unimédia	*Le Soleil*	82501		
		Le Droit	33968		
		Le Quotidien	28734		
Power (Paul Desmarais)	Gesca	*La Presse*	159399	249361	27,1
	JTC	*Le Nouvelliste*	43733		
		La Tribune	31648		
		La Voix de l'Est	14581		
Indépendant		*Le Devoir*	25925	25925	2,8
Total **			**919172**	**919172**	**100,0**

* Ne tient pas compte de l'acquisition par Hollinger en septembre 1999.

** Le tirage global total est basé sur la moyenne quotidienne du tirage (du lundi au vendredi) de l'ensemble des journaux sur une période de six mois.

Source : *CARD*, mai 1998.

baisse des tirages se reflète dans la diminution des tarifs publicitaires de tous les journaux quotidiens à l'exception des tabloïds de Quebecor.

De façon générale, au Québec comme dans le reste du Canada, les quotidiens sont détenus par quelques chaînes ou groupes d'entreprises. En fait, 97,2 % du marché québécois de la presse quotidienne appartient à trois groupes : Quebecor, Hollinger et Power Corporation[9] (voir le tableau 1.4). Au Québec, seul *Le Devoir* échappe encore à la règle de la « concentration de propriété » ; par ailleurs, après plusieurs années de difficultés, le journal fondé par Henri Bourassa en 1910 semble avoir

9. On en dénombrait quatre jusqu'à l'acquisition de Southam par Hollinger.

réussi à stabiliser sa situation financière et il continue à jouer un rôle marqué par l'engagement politique et l'autonomie d'esprit[10].

Depuis 1960, de nombreux changements importants sont survenus dans ce secteur, que plus d'un disent arrivé au stade de la maturité. En 1964, à la faveur d'une grève des employés de *La Presse*, le quotidien *Le Journal de Montréal* faisait son entrée sur le marché québécois ; ce tabloïd réalise maintenant avec *Le Journal de Québec* plus du tiers des ventes de quotidiens au Québec. Le *Nouveau Journal* (1961) et *Métro-Express* (1964) émergeaient aussi entre-temps, mais leur existence devait être de courte durée ; en effet, le premier devait cesser ses activités neuf mois plus tard, tandis que le second disparaissait en 1966.

Mis sur pied par des membres de la direction du Parti québécois, *Le Jour*, qui prônait fermement la souveraineté du Québec, vécut, de son côté, une expérience exceptionnelle de 1974 à 1976. Des grèves prolongées provoquaient par ailleurs la fermeture du *Montréal-Matin* en 1978 et du *Montreal Star* en 1979. Les quotidiens *Le Matin* (publié du 6 février au 1er avril 1987) et le *Montreal Daily News* (publié du 15 mars 1988 au 16 décembre 1989) faisaient quant à eux une bien brève apparition sur le marché. À ce titre, il faut mentionner également l'expérience du journal *Le Fleuve*, publié par une association coopérative à Rimouski dans le Bas-Saint-Laurent — une région qui ne possède aucun journal quotidien — de mai à décembre 1996. Il a dû mettre un terme à ses activités après 151 numéros, par manque d'investisseurs. Cette tentative pénible pour ses artisans a démontré peut-être définitivement l'impossibilité de faire vivre un nouvel arrivant dans ce secteur sans l'appui d'un bailleur de fonds extrêmement bien pourvu de moyens[11].

Enfin, l'extension au samedi et au dimanche de l'édition de plusieurs quotidiens a provoqué la fermeture de certains hebdos de fin de semaine. Les quotidiens paraissent tous maintenant le matin plutôt que le soir.

Les hebdomadaires

Un hebdomadaire est, comme son nom l'indique, un journal publié une fois par semaine. Selon la définition que nous avons retenue, seuls les

10. Voir les deux éditoriaux inauguraux du nouveau directeur Bernard Descôteaux (1999a, p. A6 ; 1999b, p. A6). Vu la grande influence qu'exerce sur les décideurs ce journal détenu et géré par une société sans but lucratif, il constitue un cas tout à fait à part dans l'ensemble du système médiatique québécois.

11. Sur le plan national, le lancement réussi du *National Post* par Hollinger à l'automne 1998, pour faire concurrence au *Globe and Mail* de Thomson, fut un contre-exemple important de ce phénomène, dans la mesure où il illustrait la férocité de la compétition actuelle entre les grands conglomérats du secteur.

journaux hebdomadaires qui visent un public local ou régional sont inclus dans cette catégorie; les autres publications de la même périodicité, qui s'adressent à des publics nationaux ou spécialisés, sont plutôt traités comme des magazines.

Le tableau 1.5 indique l'ampleur de la presse hebdomadaire au Québec. On y remarque à quel point ce secteur est dominé par deux groupes de propriétaires, Groupe Transcontinental (GTC) et Quebecor. Par ailleurs, en se reportant au tableau 1.6 (p. 12), on se rend compte des changements importants survenus dans ce secteur depuis une dizaine d'années. En fait, le nombre de titres a diminué, le tirage a augmenté, et le secteur est plus concentré en 1997 qu'en 1989. Cela indique une situation relativement intéressante pour les acteurs économiques en présence et une certaine homogénéisation sur le plan des contenus. Déjà en 1987, Colette Beauchamp écrivait ce qui suit à ce propos:

> En région, la concentration peut signifier qu'un seul propriétaire détient le contrôle de toute la presse écrite […]. Ainsi […] quand Quebecor acquit les hebdos *L'Écho du Nord* et *Le Mirabel* de Saint-Jérôme en 1985, il

TABLEAU 1.5
Le marché de l'hebdomadaire au Québec, 1997 (répartition selon les propriétaires, le nombre d'hebdos détenus et le tirage)

Propriété	Nombre d'hebdomadaires	Tirage	
		Nombre d'exemplaires	% du marché
Groupe Transcontinental	50	1604074	32,6
Quebecor	50	790215	16,1
Hollinger (Unimédia)	13	402107	8,2
Hebd. Montérégiens	12	288407	5,9
Power (JTC)	5	145693	3,0
Canada Français	5	88979	1,8
Groupe Auclair	3	198550	4,0
Groupe Chartier	2	43745	0,9
Indépendants	68	1352624	27,5
Total	**208**	**4914394**	**100,0**

Source: *Info Presse Communications, Guide annuel des médias*, 1998. Notre compilation.

TABLEAU 1.6
La présence des principaux groupes de presse dans le marché de l'hebdomadaire au Québec, 1989 et 1997 (répartition selon le nombre d'hebdos détenus et le tirage)

Propriété	Nombre d'hebdos		Nombre d'exemplaires		% du marché	
	1989	1997	1989	1997	1989	1997
Groupe Transcontinental	—	50	—	1604074	—	32,6
Quebecor	58	50	1246746	790215	27,0	16,1
Hollinger (Unimédia)	18	13	216690	402107	4,7	8,2
Power (JTC)	7	5	168980	145693	3,6	3,0
Cogeco	33	—	589821	—	12,8	—
Télémédia	22	—	809872	—	17,5	—
Southam	1	—	50000	—	1,1	—
Autres	106	90	1530212	1972305	33,3	40,1
Total	**245**	**208**	**4612321**	**4914394**	**100,0**	**100,0**

Sources : J. Guay, « Le nouveau visage de la concentration des entreprises de presse », *Le 30*, juillet-août 1989, p. 6-9 et numéros suivants de la revue (pour les données de 1989) ; *Info Presse Communications, Guide annuel des médias*, 1998 (pour les données de 1997). Notre compilation.

suspendit le premier. Dans d'autres régions, un même propriétaire local possède les deux hebdos existants [...] Le deuxième média sert à prévenir toute concurrence et c'est là sa première fonction ; il dispose donc en général de peu de moyens et reçoit peu d'attention de la part du propriétaire. Ou encore un même groupe contrôle un plus grand nombre d'organes d'information. Le Groupe Auclair contrôle sur la rive sud du Saint-Laurent, de Huntingdon à Cowansville, 19 hebdomadaires locaux et régionaux dont les deux hebdos de Sorel. À la maison mère du Groupe, des journalistes rédigent des articles qui sont distribués à tous les journaux. Pratique qui sert de prétexte pour réduire le nombre de journalistes et les nouvelles locales dans des journaux où la publicité occupe déjà 80 % de l'espace[12].

Au-delà des détails, la situation décrite dans cet extrait est encore plus prononcée aujourd'hui qu'au moment où il a été rédigé.

12. Beauchamp (1987, p. 51-52).

Les magazines

Sont classées ici parmi les « magazines » les publications qui paraissent au Québec sur une base régulière, c'est-à-dire plus d'une fois l'an sans dépasser une fois par semaine, dont le contenu publicitaire n'excède pas 70 % et qui sont accessibles au public; se trouvent donc exclus les journaux quotidiens, les hebdomadaires et les autres publications imprimées au Canada pour le compte d'un éditeur étranger. Notons au passage que, parmi les magazines canadiens de langue française, celui qui rejoint le plus grand nombre de lecteurs — soit le *Sélection du Reader's Digest* — est édité par une filiale d'une société américaine.

Si l'on en juge par son évolution récente, le secteur des magazines (ou « périodiques ») connaît actuellement un essor remarquable. En 1994-1995 (voir le tableau 1.7, p. 14), on recensait au Québec 377 titres dans cette catégorie de médias, ce qui équivaut à une augmentation d'un peu plus de 12 % par rapport à 1984-1985. Mais ils rapportaient au total plus de 253 000 000 $ en 1994-1995, somme qui représente une augmentation d'environ 80 % pour la même période. Par ailleurs, les profits qu'ils ont permis de réaliser en 1994-1995 (29 000 000 $) sont plus de quatre fois plus élevés qu'en 1984-1985.

Les indicateurs fournis au tableau 1.7 révèlent en outre un bilan nettement plus positif que dix ans auparavant; la situation des magazines québécois par rapport à ceux qui sont édités dans le reste du Canada y paraît aussi beaucoup plus favorable. Il est intéressant de noter que, selon ces données, les Québécois seraient les plus avides consommateurs de magazines en kiosque au Canada; on voit en effet au tableau 1.7 que les ventes au détail réalisées au Québec en 1994-1995 comptent pour plus de 63 % du marché canadien de ce secteur. En contrepartie, la part des revenus publicitaires (21,8 %) y est moindre que les recettes totales dans l'ensemble du pays (29,2 %). Cela indique qu'un lecteur québécois semble toujours valoir « moins cher » qu'un lecteur canadien dans l'esprit de l'industrie publicitaire.

On trouvera au tableau 1.8 (p. 15) la liste des plus importants magazines de langue française au Canada, établie sur la base du nombre d'exemplaires vendus en 1990 et en 1997. Mentionnons qu'un grand nombre des magazines recensés au Québec sont distribués gratuitement ou selon un mode de distribution contrôlé, c'est-à-dire basé sur des critères particuliers qui permettent aux éditeurs de cibler des clientèles bien précises (voir le tableau 1.9, p. 16) Ce type de publication, dont le tirage est souvent très élevé, n'est bien sûr qu'un véhicule publicitaire.

On remarquera à la lecture du tableau 1.10 (p. 17-18), où sont répartis les magazines à l'échelle canadienne selon les groupes, que les éditeurs

TABLEAU 1.7
Principaux indicateurs de l'industrie de l'édition du périodique, 1984-1985 et 1994-1995

Indicateur	1984-1985			1994-1995		
	Québec	% du marché canadien	Canada	Québec	% du marché canadien	Canada
Nombre de périodiques*	327	25,0	1308	377	26,9	1404
Tirage annuel du numéro type** (000)	87400	20,4	428100	n.d.	n.d.	n.d.
Tirage annuel moyen par périodique	n.d.		n.d.	378933		364595
Recettes (000$)						
Publicité	70582	18,5	382475	113893	21,8	521813
Ventes au détail	18792	40,0	45704	46098	63,6	72536
Abonnements	40944	32,3	126599	81073	37,8	214538
Autres ou non précisées	11144	27,2	40928	12221	22,0	55635
Total	**141462**	**23,7**	**595706**	**253284**	**29,2**	**866860**
Dépenses	134461	23,5	573178	224103	28,0	800031
Profits	7001	31,1	22528	29181	43,7	66829
Marge bénéficiaire	4,9%		3,9%	11,5%		7,7%

* La catégorie « périodique » de Statistique Canada regroupe l'ensemble des magazines (grand public et spécialisés ; revues savantes ; magazines religieux, littéraires et artistiques).

** Tirage d'un numéro type (selon l'éditeur) de chaque périodique établi sur une base annuelle ; le tirage d'un mensuel se trouve alors multiplié par 12 et celui d'un hebdo par 52. Cette mesure permet de tenir compte des différences de niveau dans la fréquence de parution.

Source : Statistique Canada, *L'Édition du périodique*, nº cat. 87-203, 1985 et 1995.

les plus importants se démarquent de façon évidente du peloton pour ce qui est du nombre de titres publiés ; on notera aussi que ce sont toutes des entreprises qui exploitent en même temps d'autres secteurs médiatiques. Malgré qu'on relève, ici encore, un assez grand nombre d'entreprises d'édition relativement indépendantes, la tendance générale va dans le sens de la concentration, notamment dans les créneaux les plus rentables. Le monopole qu'exercent certains groupes sur ce secteur s'étend aussi au système de distribution de la presse. En fait, trois entreprises (Les Messageries de presse Benjamin inc., Les Messageries Dynamique et Les Messageries de presse internationale) se partagent la presque totalité de la distribution des magazines au Québec.

TABLEAU 1.8
L'évolution des principaux magazines canadiens de langue française selon le nombre d'exemplaires vendus, 1990 et 1997

Rang	Titre	Éditeur	Nombre moyen d'exemplaires vendus		Nombre de numéros par an
			1990	1997	
1	*Sélection du Reader's Digest*	Sélection Reader's Digest	338527	263986	12
2	*TV Hebdo*	Trustmédia	296991	223210	52
3	*Châtelaine*	Maclean Hunter	225469	207262	12
4	*Primeurs*	Publications Feature	—	203885	12
5	*L'actualité*	Maclean Hunter	244052	190920	20
6	*Protégez-vous*	Office de la protection du consommateur du Québec	n.d.	180000	12
7	*TV 7 Jours*	Trustmédia	—	161130	52
8	*Coup de pouce*	Télémédia	144941	152852	12
9	*7 Jours*	Trustar	140424	147607	52
10	*Le Bel Âge*	Senior Publications	61128	136434	11
11	*Affaires +*	Groupe Transcontinental	98168	94529	10
12	*Madame au foyer*	Télémédia	n.d.	92474	8
13	*Les Affaires*	Groupe Transcontinental	91755	87608	50
14	*Elle Québec*	Télémédia	57101	75672	12
15	*Clin d'œil*	Publicor	60164	72073	12
16	*Filles d'aujourd'hui*	Publicor	62028	67859	12
17	*Dernière Heure*	Trustar	—	63180	52
18	*Décoration Chez-Soi*	Publicor	55059	63139	10
19	*L'Essentiel*	Publicor	100202	63112	12
20	*Le Lundi*	Publistar	108144	61719	52
21	*Téléromans*	Trustmédia	83238	59457	4
22	*Sentier Chasse-Pêche*	Groupe Polygone	73148	57595	11

Note : Ce tableau ne tient pas compte des télé-horaires insérés, une fois la semaine, à l'intérieur des quotidiens.

Sources : *Info Presse Communications, Guide annuel des médias*, 1998 (pour le titre, l'éditeur et le nombre de numéros par an) ; *CARD*, mai 1991 et mai 1998 (pour le nombre d'exemplaires vendus) ; l'éditeur (pour le nombre d'exemplaires vendus de *Protégez-vous* et *Madame au foyer*).

TABLEAU 1.9
Classement des principaux magazines canadiens de langue française selon le nombre d'exemplaires distribués gratuitement, en vrac ou de manière contrôlée, 1997

Titre	Éditeur	Tirage		Nombre de numéros par an
		Gratuits	Vendus	
Touring	Consultant C.G.C.I.	390400	n.d.	4
Madame au foyer/ Home Makers	Télémédia	223715	92474	8
Le Magazine de la Place des Arts	Place des Arts	200000	0	6
Les Diplômés	Diplômés de l'Université de Montréal	127000	0	3
EnRoute *	Spafax Canada	124182	0	12
Atmosphere	Melaine Communications Group	115125	0	2
Contact	Université Laval	110000	0	3
Recto Verso	Revue *Vie Ouvrière*	100000	0	6
Info Plein Air Chasse Pêche	M. Gagnon	100000	0	12
Magazine Le Clap	Cinéma Le Clap	98900	0	8
Voir (Montréal)	Communications Voir	86979	40	52
Primeurs	Publications Feature	85826	203885	12
Ski Presse	Skier International	83272	746	5
Ici Montréal	Communications Gratte-Ciel	80000	0	52
Le Journal du Bel Âge	Les Éditions du Feu Vert	75000	0	10
*Voilà Québec**	Publications Vacances	62500	0	4

* Publication bilingue.

Note : Ce tableau ne tient pas compte des suppléments insérés gratuitement à l'intérieur des magazines payants.

Sources : *CARD*, mai 1998 ; *CARD*, juillet 1998 ; l'éditeur pour *Madame au foyer*, *Le Magazine de la Place des Arts* et *Recto Verso*.

La presse parallèle

Comme nous venons de le voir dans les sections précédentes, la plus grande partie de la presse écrite québécoise consiste en des entreprises commerciales du secteur privé. Dans le cas des médias électroniques, que nous examinerons bientôt, il existe également des services publics

TABLEAU 1.10
Répartition des magazines à l'échelle canadienne selon les groupes présents au Québec, 1998*

Groupe d'édition	Magazines destinés aux consommateurs**	Magazines sur le monde des affaires	Publications agricoles	Publications annuelles	Total
Maclean Hunter Publishing (Rogers)	10 (3)	38 (4)	1 (1)	4 (0)	53 (8)
Southam (Hollinger)		32 (2)	4 (0)		36 (2)
Les Éditions Télémédia***	14 (7)				14 (7)
National Research Council of Canada		12 (0)			12 (0)
Publicor (Quebecor)	8 (8)		2 (2)		10 (10)
Les Publications Transcontinental (GTC)***	4 (1)	6 (6)			10 (7)
Groupe Constructo		9 (5)			9 (5)
Publicom	7 (2)				7 (2)
Actions Communications		5 (1)			5 (1)
Trustar†	5 (5)				5 (5)
Canadian Institute of Mining, Metallurgy & Petroleum		3 (0)		1 (0)	4 (0)
Medicöpea International		4 (0)			4 (0)
Parkhurst Publishing	2 (1)	2 (0)			4 (1)
STA Communications Inc.		4 (1)			4 (1)
Éditions Versicolores Inc.	1 (1)	2 (2)			3 (3)
Groupe Magazines	3 (3)				3 (3)
Martine Breton Communication		3 (3)			3 (3)
Rodar Publishing Inc.		3 (0)			3 (0)
Senior Publications	3 (2)				3 (2)
C.G.E.I. Inc.	1 (0)			2 (1)	3 (1)
Canadian Marine Publications Ltd.		2 (0)			2 (0)

→

TABLEAU 1.10
Répartition des magazines à l'échelle canadienne selon les groupes présents au Québec, 1998* (*suite*)

Groupe d'édition	Magazines destinés aux consommateurs**	Magazines sur le monde des affaires	Publications agricoles	Publications annuelles	Total
Communications Gratte-Ciel (Quebecor)	2 (1)				2 (1)
Éditions Bomart Ltée		2 (2)			2 (2)
Les Éditions du Feu Vert (GTC)	2 (2)				2 (2)
Les Éditions forestières		2 (2)			2 (2)
Éditions Info Presse		2 (2)			2 (2)
Les Éditions Héritage Inc.	2 (2)				2 (2)
Éditions du Journal de l'Assurance		2 (1)			2 (1)
Groupe Polygone Éditeurs	2 (2)				2 (2)
Groupe Ro-Na Dismat	2 (1)				2 (1)
Guide Visionnaires International Inc.	3 (0)				3 (0)
Invention Media	1 (1)	1 (1)			2 (2)
Kylix Media Inc.	1 (0)	1 (1)			2 (1)
Malcolm Publishing	2 (0)				2 (0)
Ordre des médecins vétérinaires du Québec		2 (2)			2 (2)
La Société de la Revue Médecine/ Science		2 (2)			2 (2)
Trustmédia	2 (2)				2 (2)
Union des Artistes		2 (2)			2 (2)

* On ne peut tenir compte ici des pourcentages du tirage à cause de la trop grande diversité dans la fréquence de parution.

** Les nombres entre parenthèses indiquent les publications en français.

*** Ne tient pas compte de l'acquisition des magazines de Télémédia par GTC en janvier 2000.

† Acquis par TVA en janvier 2000.

Note : La présente liste comprend les éditeurs de deux publications et plus.

Source : *CARD*, juin 1998.

appartenant à des sociétés d'État. Une troisième voie reste néanmoins ouverte à ceux qui sont intéressés à créer des organes de communication fondés sur des principes autres que ceux auxquels obéit la logique commerciale ou étatique. Très liée aux mouvements sociaux qui caractérisent des conjonctures politiques données, la désignation de ces médias comme des médias *parallèles* rappelle que, historiquement, ils se sont édifiés en marge des canaux de communication «officiels» (d'où l'appellation anglaise de *alternative media*).

Rappelons que la presse écrite, le plus ancien des médias modernes, est née du désir de véhiculer des contenus qui ébranlaient les autorités politiques du temps et l'idéologie qui les soutenait. La reconnaissance formelle des droits fondamentaux des citoyens et l'émergence des sociétés industrialisées ont toutefois transformé peu à peu cette presse «d'opinion» en presse commerciale dans la deuxième moitié du XIXe siècle. La nécessité de faire contrepoids aux pouvoirs établis en véhiculant des idées de rechange n'a pas disparu pour autant au cours de cette période. Elle s'est, au contraire, affirmée avec encore plus d'évidence devant la tendance marquée de la presse commerciale à servir les intérêts des autorités en place, et d'entrer ainsi en conflit avec l'exercice de son rôle primordial, celui de traduire la diversité des points de vue, la pluralité de l'opinion publique en toute matière.

Le foisonnement des mouvements de contestation de toutes sortes à partir de 1960 a suscité la multiplication des médias parallèles dans l'ensemble des pays occidentaux. Au Québec, certains intervenants sociaux commencent à s'inquiéter, dès le milieu des années 1960, de la fermeture d'esprit des grands médias. Cette inquiétude se traduira dans diverses tentatives, issues des mouvements sociaux des années 1960 et 1970, de soutenir des entreprises de presse écrite parallèle (par ex. *Parti pris*, *Québec-Presse*, Agence de presse libre du Québec, *Le Jour*)[13]. Comme on peut s'en rendre compte à la lecture du tableau 1.11 (p. 20-21), où sont énumérées les principales publications parallèles qui ont vu le jour pendant cette période, il s'agissait d'un phénomène d'une certaine importance.

Ainsi qu'on le constate, la presse parallèle à vocation *nationale* est à toutes fins utiles disparue, du moins pour l'instant. Les réalités économiques du marché québécois sont en grande partie responsables de cet état de choses. À l'échelle *locale* cependant, il existe encore un peu partout des journaux communautaires ; en 1996 on en comptait 94 selon le ministère de la Culture et des Communications du Québec, dont 79 étaient

13. Raboy (1983).

TABLEAU 1.11
Chronologie de la presse écrite parallèle au Québec, 1951-1991

Année de fondation	Titre/Agence	Dernière année de publication
1951	*Vie Ouvrière*	—
1959	*Revue socialiste*	1965
1962	*Indépendance*	1968
1963	*Parti pris*	1968
1964	*Révolution québécoise*	1965*
1964	*Socialisme*	1969
1964	*La p... libre* **	1964
1967	*L'opinion ouvrière*	1969
1967	*Quartier latin (magazine)*	1971
1969	*Mobilisation* ***	1976
1969	*Point de mire*	1972
1969	*Québec-Presse*	1974
1970	*Socialisme québécois*	1974
1970	*Mainmise*	1978
1971	*Quotidien populaire* **	1971
1971	Agence de presse libre du Québec	1974
1972	*Droit de parole*	—
1974	*Le Jour*	1976
1974	*Le Bulletin populaire*	1976
1976	*Possibles*	—
1977	*Zone libre*	1977
1978	*Le Temps fou*	1983
1978	*Cahiers du socialisme* †	1984
1980	*La vie en rose*	1987
1983	*Idées et pratiques alternatives*	1986
1984	*L'aut'journal*	—
1984	*Mouvements*	1987

→

TABLEAU 1.11
Chronologie de la presse écrite parallèle au Québec, 1951-1991 (*suite*)

Année de fondation	Titre	Dernière année de publication
1986	*Critiques socialistes*	—
1986	*L'autre actualité*	1988

* Année de l'intégration de la revue *Révolution québécoise* à *Parti pris.*
** Publié par les grévistes de *La Presse.*
*** Entre 1969 et 1976, *Mobilisation* publie trois séries distinctes.
† Les *Cahiers du socialisme* ont donné naissance à la revue *Critiques socialistes.*

Sources: M. Raboy, *Libérer la communication. Médias et mouvements sociaux au Québec (1960-1980)*, Montréal, Éditions Nouvelle Optique, 1983; Y. Comeau, « Pour un hebdomadaire de gauche au Québec », *Possibles*, vol. 13, n° 3, 1989, p. 75-83.

membres de l'Association des médias écrits communautaires du Québec (AMECQ).

Par ailleurs, on assiste actuellement à un regain d'intérêt à propos de ce secteur important. Altermédia, le Regroupement des médias alternatifs du Québec, a été créé au début de l'année 1999 avec deux objectifs: recenser les principaux médias écrits alternatifs du Québec et se questionner sur leur situation. Quelques mois après sa naissance, plus précisément à l'été 1999, le Regroupement rassemblait déjà une centaine de publications alternatives. Parmi celles-ci, 12 sont des médias écrits qui se définissent comme « progressistes » — dont 2 sont offerts uniquement en version électronique —, 85 sont des médias écrits communautaires et 5 sont des publications étudiantes. Au moment où nous écrivons ces lignes, Altermédia s'affairait à la préparation d'un colloque dont l'objectif était de « mieux définir la presse alternative, de faire le point sur sa situation et d'exprimer les besoins de chacun afin de voir à la pertinence d'une association, d'une mobilisation et d'une action commune[14] ». Dans une étape préliminaire, le Regroupement, en collaboration avec quelques publications alternatives, proposait certaines pistes permettant de définir ce type de presse. Les divers aspects servant à distinguer la presse alternative des médias habituels, tels qu'ils ont été décrits dans la revue alternative *Ao ! Espaces de la parole*, publication progressiste à l'origine de la création du Regroupement Altermédia, sont présentés dans l'encadré 1.1 (p. 22-23).

14. Altermédia, *Problématique*, sur site Internet, octobre 1999. <http://cafe.rapidus.net/espaces/textes/colloque.html>.

ENCADRÉ 1.1
Définir la presse alternative

[...] La presse alternative est une expression générique qui regroupe en fait cinq formes de publication: les publications syndicales, communautaires, [associatives], progressistes (on peut inclure dans cette dernière catégorie la presse des partis politiques de gauche) et les cybermédias libres et indépendants. Ces publications présentent donc une autre tribune que celles fournies par l'État et les grandes corporations.

Un des plus importants objectifs de la presse alternative est de favoriser les débats et les réflexions par le biais d'une autre source d'information. Elle désire défendre les intérêts démocratiques populaires afin que ceux-ci soient respectés et considérés. Elle veut favoriser l'opinion publique afin que les citoyens puissent exercer leurs droits, mais, surtout, elle se perçoit comme partie prenante d'un vaste projet de redéfinition de l'organisation médiatique et sociale et voit davantage à cette large perspective qu'à sa simple survie.

Se situant en dehors de la logique capitaliste, ces médias sont indépendants de la propriété des pouvoirs politique et économique. Ils ne sont aucunement financés, ou tout au moins marginalement, par des fonds publics ou des revenus publicitaires. Leur priorité n'est pas de maximiser leurs profits ni de vendre leur lectorat pour en tirer des revenus. Leur financement relève davantage de l'économie sociale et repose soit sur le bénévolat, soit sur des contributions du lectorat (via les ventes et les abonnements). Ceci les place souvent dans une grande précarité financière, mais, en contrepartie, ils ont une plus grande liberté de contenu.

La presse alternative a un contenu d'actualité et d'intérêt général qui porte sur des sujets qui ne sont pas, ou trop peu, couverts par les grands médias conventionnels. Elle en fait une analyse plus minutieuse et critique. Elle est d'une envergure intellectuelle qui contribue à la formation de l'opinion publique. Elle exprime des opinions libres et des critiques qui sont indépendantes des marchés publicitaires, des commanditaires et des bailleurs de fonds et s'efforce d'offrir un contrepoids au néolibéralisme et aux pouvoirs établis en véhiculant des idées de rechange. Ces publications abordent les questions d'actualité et de société en prenant le parti de la justice sociale de ceux et celles qui ne détiennent pas le pouvoir économique, politique ou même symbolique. Leur contenu ébranle les instances politiques qui font autorité de même que l'idéologie qui les maintient en place.

On le voit déjà, la presse alternative est structurée de façon différente de la hiérarchie des relations sociales, particulièrement celles des corporations, car en son sein rares sont ceux qui ont un emploi rémunéré. Bien souvent, l'information est produite bénévolement par des intervenants →

venant du milieu de l'actualité traitée (par des enseignants, des experts, des critiques — il n'est donc pas nécessaire d'être «journaliste» pour écrire dans un média alternatif, avoir une bonne connaissance du domaine traité suffit).

Il en est de même pour la production. Les tâches de production (les agréables comme les autres) sont fréquemment réparties au sein de l'équipe de manière à ce que tout le monde fasse un peu de tout, même à l'extérieur du lieu de travail. Ainsi, le dialogue est de mise et les décisions reposent sur une autre organisation que la hiérarchie habituellement admise ailleurs. Sa structure est plutôt décentralisée et elle repose sur une relation de confiance plutôt que de concurrence. C'est cette organisation qui fait en sorte que la presse alternative est régie par d'autres principes que ceux auxquels obéit la logique commerciale ou étatique. Par sa structure même, elle ne peut faire autrement que s'établir en dehors des voies traditionnelles en matière de communication. [...]

Source: Grégoire Bédard et Monique Fréchette, «Un premier colloque de la presse alternative», *Ao! Espaces de la parole*, vol. V, nº 3 (automne 1999), p. 61-64. En ligne sur le site Altermédia, *Problématique*, octobre 1999. <http: //cafe.rapidus.net/espaces/textes/colloque.html>.

1.2 LES MÉDIAS ÉLECTRONIQUES

1.2.1 ORIGINES ET ÉLÉMENTS DISTINCTIFS

Les médias connaissent un nouvel essor inattendu avec la parution de la radiodiffusion dans les années 1920. Au Canada, l'implantation de la radio fut laissée strictement à l'entreprise privée à ses débuts, notamment aux fabricants d'appareils de réception et aux propriétaires de presse, qui y voyaient un bon moyen de faire la publicité pour leurs journaux. Donc, à Montréal, les premières stations de radio, CFCF et CKAC, furent exploitées respectivement par la compagnie Marconi et le journal *La Presse*.

Mais, y reconnaissant un outil de développement socioculturel et éducatif important, l'État décide bientôt d'investir massivement le secteur de la radio. La première *Loi canadienne sur la radiodiffusion* (1932) a même prévu l'expropriation éventuelle des stations du secteur privé par l'agence nationale qu'elle a créée à cet effet (la Commission canadienne de la radiodiffusion, à l'origine de la Société Radio-Canada).

La première intervention de l'État dans la radiodiffusion a aussi engendré un conflit constitutionnel entre Ottawa et Québec. En fait, le gouvernement de Louis-Alexandre Taschereau fut le premier au Canada à légiférer dans ce secteur en adoptant dès 1929 une *Loi sur la radio*. Mais en 1931, la Cour suprême du Canada, puis le Comité judiciaire du Conseil privé de Londres, ont décidé que la radiodiffusion était de compétence exclusivement fédérale[15].

La radio fut suivie par la télévision dans les années 1950. Ce nouveau média a fourni aux Québécois une «vitrine sur le monde» et a rendu familiers à un très vaste auditoire des commentateurs de la vie sociopolitique tels que René Lévesque et Gérard Pelletier. C'était, d'un certain point de vue, le média-oracle de la Révolution tranquille.

Au Québec comme partout dans le monde occidental, la télévision s'est vite imposée comme le média le plus présent dans la vie des gens. Dans ce secteur, le développement a suivi le chemin inverse de celui emprunté par la radio, en ce sens que la télévision fut au départ un monopole de service public (Radio-Canada/CBC), avant l'introduction des services commerciaux à partir de 1961. À l'antipode de ces grands courants, le Québec a connu de riches expériences avec les radios et télévisions communautaires. Entre 1975 et 1985, un modèle de média communautaire radiophonique aussi bien que télévisuel y a été mis au point grâce au soutien financier du gouvernement; ce type de média a d'ailleurs fleuri beaucoup plus au Québec que partout ailleurs au Canada.

Les médias électroniques sont aussi caractérisés par les supports techniques qui distribuent la radio et la télévision: il s'agit de la câblodistribution et des satellites, parus dans les années 1970 et prenant de plus en plus d'importance de nos jours. Dans la mesure où il y a multiplication des services qui chevauchent les catégories (par exemple, les services spécialisés de télévision, accessibles uniquement sur le câble ou par satellite), notre tâche devient complexe. Cela vaut surtout pour tout ce qui concerne le phénomène contemporain de la «convergence», où il faudra tenir compte également des liens avec la téléphonie et l'informatique. Dans cette section de l'ouvrage, il sera question, dans un premier temps, des médias électroniques plus anciens ou traditionnels, puis des générations plus récentes, et ensuite nous aborderons la question des «nouveaux médias», dont Internet.

Les médias électroniques sont soumis à la réglementation gouvernementale, ce qui les distingue nettement des médias imprimés; l'agence

15. L'histoire s'est répétée en quelque sorte avec la «guerre du câble» des années 1970, lorsque Québec et Ottawa ont revendiqué le pouvoir de réglementer les entreprises de câblodistribution. La Cour suprême y a reconnu la compétence d'Ottawa. Voir le chapitre 3.

fédérale chargée depuis 1968 de l'application des ordonnances en cette matière est le Conseil de la radiodiffusion et des télécommunications canadiennes (CRTC). La radio, la télévision, les systèmes de distribution ainsi que la téléphonie relèvent tous de son autorité. Évidemment, les débats concernant la réglementation sont légion et ont une influence considérable sur l'évolution des secteurs concernés. En juin 1999, au moment où nous rédigions ces lignes, le CRTC venait d'approuver une série de nouveaux services spécialisés de télévision et procédait à une audience publique concernant le renouvellement des licences de la Société Radio-Canada. Il venait en outre d'annoncer qu'il ne réglementerait pas les nouveaux médias[16].

La radio et la télévision canadiennes sont caractérisées par le fait qu'elles sont de propriété mixte — c'est-à-dire publique, privée et communautaire. La *Loi sur la radiodiffusion* (1991) définit ce système comme étant composé d'éléments distincts, qui remplissent une seule et même fonction; on y spécifie en effet qu'il est «un service public essentiel pour le maintien et la valorisation de l'identité nationale et de la souveraineté culturelle» (voir l'article 3.1.b dans l'annexe IV). Le Parlement nourrit donc à son endroit des attentes précises auxquelles chaque composante du système est appelée à répondre de façon particulière. Si la Société Radio-Canada (SRC) voit l'exécution de son mandat (tel qu'il est défini par la Loi) surveillée de près à la fois par les politiciens, le CRTC et le public, le secteur privé jouit par contre d'une latitude beaucoup plus grande, qui tient à son caractère commercial[17]. Quant au secteur communautaire, reconnu comme partie intégrante du système depuis 1991 seulement, la Loi ne précise pas les caractères particuliers de son rôle.

Le mode de propriété des médias électroniques se reflète inévitablement dans les programmations tant radiophoniques que télévisuelles: des contenus plus culturels sont attendus en principe des stations publiques, de manière à contrebalancer les contenus commerciaux des stations privées. Cette distinction s'estompe toutefois dans un contexte de compressions budgétaires, où même les stations publiques se voient forcées de se financer en partie par le moyen de la publicité pour atteindre le plus large auditoire possible. Cette situation donne lieu, au Canada comme dans plusieurs autres pays occidentaux, à de fréquents débats sur le financement des services publics de radiodiffusion et sur leur

16. CRTC (1999a).

17. Le CRTC (1999d) a annoncé, en juin 1999, qu'il misait sur le secteur privé comme moteur de développement du système et a assoupli les contraintes réglementaires en conséquence.

fonction essentielle de véhicule de la culture nationale, voie première de la protection contre l'«américanisation». Au Québec, le débat s'étend aussi, bien sûr, à la place des médias francophones à l'intérieur du système nord-américain, nettement dominé par la culture qui s'exprime en langue anglaise. La présence des radios et télévisions américaines et anglo-canadiennes y draine en effet une partie importante de l'auditoire, transfert d'écoute qui peut à la longue représenter un danger pour la culture québécoise francophone.

L'État québécois, malgré une marge de manœuvre bien étroite en ce domaine, s'est fait le pionnier de la télévision éducative au Canada et a longtemps appuyé financièrement les radios et télévisions communautaires (non étatiques et non commerciales). Le ministère de la Culture et des Communications du Québec agit aussi comme porte-parole des intérêts québécois auprès des autorités fédérales. Il s'est fait, entre autres, le promoteur du service francophone international TV5, entré en ondes au Canada en septembre 1988. Enfin, comme on le verra au chapitre 3, la question de la réglementation de la radiodiffusion est un élément primordial dans les discussions sur l'avenir constitutionnel du Québec et du Canada.

1.2.2 PROFIL DES DIVERS SECTEURS DES MÉDIAS ÉLECTRONIQUES

La radio

La radio apparaît au Canada en 1919 avec la création de CFCF (Montréal), une des premières stations commerciales au monde. Deux ans plus tard, CKAC (propriété du journal *La Presse*) devient la première station de radio francophone au Québec. En 1932 apparaîtront les stations de propriété publique, dont la Société Radio-Canada sera titulaire à partir de 1936.

On a pendant longtemps différencié les stations radiophoniques entre elles selon la bande de fréquence (AM ou FM). La radio FM, créée plus tardivement, n'a commencé à se populariser qu'au début des années 1970. Vu le contexte historique dans lequel elle a évolué, la radio AM offrait une programmation plus traditionnelle. La bande FM, d'une qualité technique supérieure (la transmission des émissions en stéréophonie, par exemple), autorisait des programmations plus marginales. Par conséquent, on disait souvent de la première qu'elle était de type général et de la seconde qu'elle était «spécialisée». La bande AM est en perte de vitesse importante depuis plusieurs années, et le secteur de la radio dans son entier est destiné à être transformé de façon radicale par la venue très attendue de la radio numérique.

Les modes de propriété

Selon le mode de propriété, on peut dire de la radio qu'elle est publique, privée ou communautaire. Outre ces trois catégories, on trouve au Québec des radios étudiantes et autochtones.

Radio-Canada, en tant que *service public* national, détient un mandat culturel et politique que doit refléter sa programmation tant régionale que nationale sur l'ensemble du territoire canadien. La Société compte des stations de base (émettrices) et des stations réémettrices grâce auxquelles ses signaux peuvent être diffusés jusqu'aux régions les plus éloignées (voir le tableau 1.12, p. 28). Pour des raisons financières, elle signe aussi des contrats d'affiliation avec des stations privées (surtout sur les marchés de taille moyenne) qui transmettent sa programmation nationale en plus de leurs propres émissions locales. Ces stations privées sont, bien sûr, des entreprises commerciales. N'ayant plus recours depuis 1974 à la publicité commerciale pour assurer son financement, la radio de la société nationale dépend maintenant entièrement des fonds publics[18]. De nature culturelle et éducative, la fonction de la radio publique est donc aussi nettement sociale, et peut même avoir un certain impact politique.

La *radio privée* — dont le mode de propriété est le plus ancien du Canada — nourrit au contraire des objectifs strictement commerciaux qui colorent grandement ses choix en matière d'allocation des ressources et de programmation. Axée surtout sur une programmation locale, elle s'alimente souvent aux réseaux, comme on le verra plus loin. On note un accroissement marqué des radios FM au détriment des radios AM dans le secteur de la radio commerciale: la part d'écoute des stations FM francophones canadiennes est en effet passée de 26% en 1977 à 45% en 1987 et à 70% en 1998[19].

Relativement marginale sur le plan économique, la *radio communautaire* — apparue au début des années 1970 — garde toute son importance en tant que solution de remplacement sur le plan de la programmation. Comme son nom le suggère, elle s'adresse à l'ensemble d'une communauté et est gérée par des représentants de celle-ci. Le CRTC la définit

18. En 1999, la SRC demandait au CRTC la permission d'introduire une certaine forme de commandite publicitaire dans ses services radiophoniques. Dans sa décision relative au renouvellement des licences concernant les services de la SRC, le CRTC (2000) a rejeté cette demande.

19. Beauregard (1999, p. 61).

TABLEAU 1.12
Répartition du nombre total des stations de radio au Québec et au Canada, selon la catégorie et la bande de fréquence, 1998

Catégorie	Québec		Canada	
	AM	FM	AM	FM
Stations possédées et exploitées par la SRC	7	13	59	64
Stations affiliées à la SRC	2	3	7	7
Stations indépendantes (privées)	32	77	258	290
Stations campus	1	5	6	36
Stations éducatives	—	0	—	1
Stations éloignées et autochtones	0	24	4	140
Stations communautaires	—	26	—	51
Stations ethniques	1	0	8	5
Total	**43 (87)**	**148 (271)**	**342 (546)**	**594 (1 321)**

Note : Les nombres entre parenthèses comprennent les stations réémettrices. Il s'agit des stations qui retransmettent les signaux des stations de base sans établir de programmation.

Source : CRTC Secrétariat, 9 juin 1998.

comme étant « une station de propriété collective sans but lucratif, qui fait d'abord appel à la participation de la collectivité pour sa gestion et son exploitation ». Les règlements du CRTC ajoutent à cela qu'« une radio communautaire doit se prêter à l'expression, par les citoyens eux-mêmes, des intérêts et des besoins spéciaux des auditeurs qu'elle est appelée à servir[20] ». Plus de la moitié des stations de radio communautaire du Canada (26 sur 51) se trouvent sur le territoire québécois.

En 1998, le CRTC recensait 144 stations radiophoniques autochtones, dont 24 sont situées au Québec. Certaines stations autochtones sont aussi regroupées en réseaux ; c'est le cas, par exemple, de la Société de communication Atikamekw-Montagnais (SOCAM), qui compte 14 stations

20. Tiré de Comité permanent des communications et de la culture (1988, p. 34).

autochtones affiliées par satellite desservant 30 communautés amérindiennes du Québec. Elles diffusent leurs émissions en montagnais et en atikamekw.

On recense également 42 radios étudiantes au Canada, dont 6 au Québec, sans compter celles qui diffusent en circuit fermé. Notons que le premier titulaire d'un permis de radiodiffusion étudiante au Canada fut la station CKRL-FM de l'Université Laval (1973), aujourd'hui devenue une radio communautaire.

Les réseaux

Le phénomène des réseaux, ou regroupements de stations offrant (entièrement ou en partie) une programmation commune, caractérise de façon distinctive le secteur de la radio, en particulier celui de la radio francophone. Les stations de propriété privée indépendantes qui font partie d'un réseau sont appelées *stations affiliées*. Radio-Canada, Télémédia et Radiomutuel, elles-mêmes propriétaires de stations, exploitent de tels réseaux. On trouve donc au Québec:

1 Des stations publiques et privées;
2. Des réseaux publics et privés;
3. Des stations privées affiliées à des réseaux publics ou privés.

Tous les sept ans, les réseaux et stations sont tenus de faire renouveler leur permis d'exploitation par le CRTC. Le Conseil évalue alors leur performance et impose, s'il le juge à propos, de nouvelles conditions pour la période ultérieure, en tenant compte à la fois de celles qui ont été originellement définies au moment de l'accord du permis et aussi de l'évolution du secteur. Chaque station se voit désigner ainsi un créneau de programmation particulier (la musique rock, par exemple) qu'elle doit absolument respecter sous peine de se voir retirer sa licence (cas rarissimes tout de même). La majeure partie de la programmation se trouve donc définie à partir des *têtes de réseaux* (principales stations membres) situées à Montréal.

Le CRTC est également tenu d'approuver tout projet de transaction de propriété touchant le titulaire d'un permis qu'il a émis, ainsi que tout projet de regroupement en réseau. En ce qui concerne la radio, le CRTC fut interpellé à l'automne 1994 par les titulaires de plusieurs stations appartenant aux entreprises Télémédia et Radiomutuel, qui proposaient de fermer six stations (dont CJMS à Montréal) et de créer un nouveau réseau d'information, nommé Radiomédia. Placé devant le fait accompli, le CRTC estimait qu'il n'avait pas d'autre choix que de révoquer les licences concernées, ainsi que celle du réseau de Radiomutuel, ce qui a eu comme résultat une diminution de service importante en matière de nombre de stations et de diversité des sources d'information dans le milieu radiophonique au Québec[21].

On peut constater au tableau 1.13 jusqu'à quel point quelques groupes accaparent le marché de la radio au Québec et au Canada, les mêmes d'ailleurs que ceux qui exploitent les réseaux.

La télévision

Un signal de télévision peut être diffusé de plusieurs façons : par ondes hertziennes, par câble terrestre ou fibre optique, par satellite. Les ondes hertziennes, moyen traditionnel de diffusion, peuvent être captées directement par le téléviseur ; le câble coaxial, de technologie plus récente, exige un raccord entre le récepteur et un lieu central de distribution ; quant à la réception directe par satellite, encore peu répandue dans les foyers canadiens, elle se fait au moyen d'une antenne parabolique.

La *télévision hertzienne* (qui fait essentiellement l'objet de cette section) est un service accessible gratuitement par toute personne munie d'un appareil récepteur, tandis que la télévision par câble ou satellite n'est accessible que par voie d'abonnement à une entreprise commerciale dûment autorisée à en faire la distribution. La télédistribution permettant de diffuser plus de canaux que la télévision hertzienne, elle peut offrir un plus grand choix de services à ses abonnés, dont des signaux provenant de lieux éloignés et des services hors programmation (*Télé-Annonces*, par exemple). Grâce aux liaisons satellite-câble, on peut également mettre à la disposition de clientèles dispersées sur l'ensemble du territoire des canaux assez spécialisés. Depuis une quinzaine d'années, de nombreux nouveaux services télévisés se sont développés sur la base de cette pratique.

La télévision hertzienne dite « traditionnelle » compte un nombre relativement restreint de stations — comparativement à la radio, par exemple — qui, malgré leur diversité sur le plan du mode de propriété, ont tendance à diffuser un contenu que de nombreux observateurs considèrent comme trop uniforme. Elle doit de plus en plus faire face à la forte concurrence des nouveaux canaux qui sont maintenant à la portée des abonnés des services de télédistribution — que ce soit par câble ou par satellite. La télévision traditionnelle a donc un défi énorme à relever,

21. Au moment où nous rédigions ces lignes, le CRTC était saisi d'une demande d'acquisition de Radiomutuel provenant d'Astral Communications inc., le plus important propriétaire de services spécialisés de télévision au Canada. La transaction fut approuvée par le CRTC en janvier 2000.

TABLEAU 1.13
Répartition des stations de radio selon les groupes au Québec et leur présence au Canada, 1998

Groupe et société	Québec			Canada		
	AM	FM	Total	AM	FM	Total
Radio Canada / CBC	7 (38)	11 (73)	21 (111)	59 (153)	61 (397)	123 (550)
Télémédia	3 (0)	7 (1)	10 (1)	8 (0)	16 (1)	24 (1)
CHUM	1 (0)	1 (0)	2 (0)	10 (0)	10 (0)	20 (0)
Diffusion Power*	2 (1)	4 (1)	6 (2)	7 (1)	11 (1)	18 (2)
Standard Radio	1 (0)	1 (0)	2 (0)	5 (2)	7 (2)	12 (4)
Radiomutuel**	3 (0)	8 (2)	11 (2)	3 (0)	8 (2)	11 (2)
Radio-Nord	3 (0)	4 (3)	7 (3)	3 (0)	5 (3)	8 (3)
Métromedia CMR Broadcasting	2 (1)	2 (0)	4 (1)	2 (1)	2 (0)	4 (1)
Radio Beauce	2 (0)	1 (0)	3 (0)	2 (0)	1 (0)	3 (0)
Radiomédia (Radiomutuel et Télémédia)	2 (0)	—	2 (0)	3 (0)	—	3 (0)
CIBM-FM Mont-Bleu	—	2 (3)	2 (3)	—	2 (3)	2 (3)
Cogeco Radio-Télévision	—	2 (0)	2 (0)	—	2 (0)	2 (0)
Les Communications Matane	1 (0)	1 (0)	2 (0)	1 (0)	1 (0)	2 (0)
Radio CJFP	(1)	2 (3)	2 (4)	(1)	2 (3)	2 (4)
Radio Communautaire de Harrington Harbour	—	2 (0)	2 (0)	—	2 (0)	2 (0)
Radio du Golfe	1 (0)	1 (4)	2 (4)	1 (0)	1 (4)	2 (4)
Radio Sept-Îles	1 (0)	1 (0)	2 (0)	1 (0)	1 (0)	2 (0)
Autres (Québec)***	13 (4)	97 (30)	110 (34)	13 (4)	97 (30)	110 (34)
Autres (Canada)†	—	—	—	224 (42)	362 (281)	586 (323)
Total	**42 (45)**	**150 (120)**	**192 (165)**	**342 (204)**	**594 (727)**	**936 (931)**

Note : Les nombres entre parenthèses correspondent aux stations réémettrices.

* En septembre 1999, Power a annoncé la vente de ses stations de radio à Corus Entertainment, une filiale de Shaw Communications. Le CRTC n'avait pas encore approuvé la transaction au moment de mettre ce livre sous presse.

** Astral a effectué, en 1999, une offre publique d'achat en vue d'acquérir l'ensemble des actions de Radiomutuel. Le CRTC venait d'approuver la transaction au moment de mettre ce livre sous presse.

*** Sont considérés « autres (Québec) » les propriétaires détenant seulement une station de base au Québec, qu'elle soit commerciale, éducative, communautaire, autochtone, etc.

† Sont considérés « autres (Canada) » tous les propriétaires ne détenant aucune station au Québec.

Source : CRTC Secrétariat, *Entreprises de radio et TV*, 30 juin 1998. Notre compilation.

d'autant plus que ces nouveaux services ne font que s'ajouter à ceux qu'offrent depuis longtemps déjà les canaux américains (souvent retransmis par le câble), les canaux canadiens-anglais, ainsi que les émissions étrangères diffusées par les stations québécoises elles-mêmes.

ENCADRÉ 1.2
Repères chronologiques

Pour mieux comprendre la situation actuelle, appelée elle-même à se transformer sensiblement, il est important de bien connaître l'évolution historique de la télévision, que nous présenterons ici, pour plus de clarté, sous une forme schématique.

1952 Débuts de la télévision (monopole de Radio-Canada).

1960 Autorisation par le gouvernement fédéral des premières stations privées, non affiliées à Radio-Canada.

1961 Apparition des premières stations privées au Québec — CFCF et CFTM (Télé-Métropole) à Montréal — et à la grandeur du Canada (stations anglophones regroupées dans le réseau CTV, dont fait partie CFCF).

1967 Début de la télévision en couleurs.

1968 Création du CRTC.

Fin des années 1960 — Implantation progressive de la câblodistribution et, du même coup, accroissement de l'accessibilité aux stations américaines.

1971 Implantation du réseau TVA, Télé-Métropole devenant alors la tête du réseau.

1972 Arrivée sur le câble de Radio-Québec, créée en 1968 pour diffuser des documents audiovisuels. Le service en ondes hertziennes débutera en 1975.

Fin des années 1970 — Multiplication des services accessibles aux abonnés du câble.

1982 Introduction de la télévision payante, dont peuvent disposer les abonnés du câble seulement.

Milieu des années 1980 — Implantation des magnétoscopes, qui favorisent un nouvel usage des téléviseurs.

1986 Implantation de Télévision Quatre Saisons (TQS). Acquisition de Télé-Métropole par Vidéotron.

1987 Introduction des premiers «services spécialisés» distribués par le câble (CBC Newsworld, RDS, MusiquePlus, TV5, etc.).

→

1991	Nouvelle *Loi sur la radiodiffusion*. Premier service de télévision «à la carte».
1994	Le CRTC autorise des expériences téléphonie-vidéo. Introduction de nouveaux services spécialisés (RDI, Canal D, etc.).
1995	Délivrance des permis de diffusion par satellite.
1996	Délivrance de nouveaux permis de services spécialisés.
1997	Acquisition de CFCF par Vidéotron, et de TQS par Quebecor. Introduction au Québec de la chaîne Global.
1999	Nouvelle politique du CRTC assouplissant les attentes réglementaires relativement à la télévision privée. Délivrance de nouveaux permis de services spécialisés francophones. Audience sur le renouvellement des permis de la Société Radio-Canada.

Les réseaux

Au Québec, on compte trois *réseaux publics* de télévision: les réseaux français et anglais de la Société Radio-Canada — qui, malgré leur mandat socioculturel, doivent financer une grande partie de leurs services télévisuels par la vente de publicité, ce qui les place en situation de concurrence avec les stations privées et rend la programmation plus uniforme — et celui de Télé-Québec, qui tente lui aussi de se tailler une place dans le marché de la télédiffusion en donnant à sa programmation un contenu culturel plus général.

Les *réseaux privés* existant au Québec sont, du côté francophone, TVA — dont la tête de réseau est CFTM-10 Montréal — et Télévision Quatre Saisons (CFJP-35), puis, du côté anglophone, CTV (CFCF-12) et Global (CKMI-46). Tout comme les autres secteurs médiatiques, la télévision québécoise est marquée par une forte concentration de propriété. On trouvera au tableau 1.14 (p. 34) la répartition des diverses stations et réseaux. Quant au tableau 1.15 (p. 35), il donne le relevé comparatif des entreprises de télévision au Québec et au Canada, par catégorie de stations.

Le réseau TVA est né en 1971 de l'association de CFTM-10 Montréal (alors appelé Télé-Métropole) et des stations privées de Québec et de Chicoutimi aux fins de production d'informations. Il regroupe aujourd'hui dix stations dont il diffuse presque l'ensemble de la programmation. Depuis 1992, TVA est dirigé directement par le Groupe TVA inc., qui possède six des stations affiliées au réseau. Le Groupe TVA appartient lui-même au Groupe Vidéotron, de sorte que les plus grandes entreprises des secteurs respectifs de la télévision et de la câblodistribution

TABLEAU 1.14
Répartition des entreprises de télévision québécoises selon les réseaux et les groupes propriétaires, 1998

Groupe propriétaire	Nombre total de stations*	Nombre de stations par réseau (stations de base et stations réémettrices)*							
		Réseaux publics			Réseaux privés				
		RC	CBC	TQc	TVA	TQS	CTV	Global	Ind.
Groupe TVA inc.	6 (2)				6 (2)				
Radio-Nord inc.	5 (8)	1 (6)			2 (1)	2 (1)			
Cogeco Radio-Télévision inc.	4 (0)	2 (0)				2 (0)			
SRC / CBC	3 (120)	2 (80)	1 (40)						
TQS inc.**	2 (1)					2 (1)			
Radio Saguenay ltée	2 (1)	1 (1)				1 (0)			
Société de télédiffusion du Québec	1 (16)			1 (16)					
Télévision de la Baie des Chaleurs inc. (Power Corporation***)	1 (8)				1 (8)				
S.K.R.T.-TV ltée	1 (6)	1 (6)							
Télévision MBS inc.	(5)					(5)			
Télé-Inter Rives ltée (Groupe TVA)	1 (3)				1 (3)				
Réseau de télévision Global Québec**	1 (1)							1 (1)	
CF Television inc.**	1 (0)						1 (0)		
CANAL	1 (0)								1 (0)
L'Association des citoyens de Chute-Saint-Philippe	1 (0)	1 (0)							
CTEQ Television inc.	1 (0)								1 (0)
Television Northern Canada Inc.	(14)								(14)
Coopérative de la télévision communautaire Fermont	(1)								(1)
Club de vidéo de Radisson enr.	(1)								(1)
Total	**31 (187)**	**8 (93)**	**1 (40)**	**1 (16)**	**10 (14)**	**7 (7)**	**1 (0)**	**1 (1)**	**2 (16)**

* Les nombres entre parenthèses indiquent les stations réémettrices.

** TQS inc. est la propriété d'un consortium comprenant Quebecor, Cogeco et Cancom (WIC-Western International Communications). Global Québec est la propriété de CanWest Global Communications. CF Television est la propriété de WIC. Un projet d'acquisition de WIC par CanWest Global et Shaw Communications est devant le CRTC au moment de la préparation de ce tableau.

*** En septembre 1999, Power a annoncé la vente de ses stations de télévision à Corus Entertainment, une filiale de Shaw Communications. Le CRTC n'avait pas encore approuvé la transaction au moment de mettre ce livre sous presse.

Source : CRTC Secrétariat, *Entreprises de Radio et TV*, 30 juin 1998. Notre compilation.

TABLEAU 1.15
Répartition des entreprises de programmation télévisuelle par catégorie, au Québec et au Canada, 1998

Catégorie et affiliation	Québec	Canada
Stations possédées et exploitées par la SRC	3	25
Stations affiliées à la SRC	6	28
Stations indépendantes (privées)	1*	23
Stations communautaires	0	11
Stations éducatives	1	3
Stations éloignées et autochtones	0	12
Réseau de Télévision Quatre Saisons	7	7
Réseau TVA	10	10
Réseau CTV	1	34
Société de radio-télévision du Québec	1	1
Stations ethniques	1	2
Total	**31**	**155**

* Il s'agit de la station de Réseau de télévision Global Québec.

Source : CRTC Secrétariat, 9 juin 1998.

dépendent toutes deux de la même société mère. Vidéotron détient en plus 45 % des actions d'une septième station du réseau TVA.

Avec l'entrée en ondes de la station CFJP (Montréal), en 1986, se trouvait autorisée la création de TQS, deuxième réseau privé francophone, qui comprenait au départ une station de base et six stations réémettrices, couvrant ainsi près de 90 % du territoire québécois. Une autre station, CFAP (Québec), commençait à faire de la programmation locale en septembre 1989. Sur la base de la production d'un minimum d'émissions à caractère local, cinq autres stations réémettrices sont devenues depuis des « stations de base », ce qui porte à sept le nombre de stations du réseau TQS[22]. Autrefois la propriété de CFCF inc., TQS appartient à un consortium dirigé par le Groupe Quebecor depuis 1997.

22. Les problèmes financiers de TQS et la qualité de sa performance ont fait l'objet de vives discussions lorsque les représentants du réseau ont fait leur demande de renouvellement de permis en mars 1992 auprès du CRTC. Celui-ci lui a alors accordé un renouvellement provisoire, auquel fut rattaché un certain nombre de conditions.

Parallèlement aux réseaux publics et privés s'est aussi constituée peu à peu la *télévision communautaire*, qui ne diffuse pas ses émissions par la voie des ondes, comme les autres entreprises dont nous venons de traiter, mais par le câble. Elle n'exploite donc pas de stations particulières mais transmet ses émissions grâce aux canaux communautaires (que les entreprises de câblodistribution étaient tenues de rendre accessibles au public jusqu'à la modification du règlement du câble; depuis le 1er janvier 1998, le canal communautaire est facultatif pour les câblodistributeurs). Il faut donc distinguer le «canal communautaire», qui appartient à un câblodistributeur, de la «télévision communautaire», gérée le plus souvent par un organisme sans but lucratif[23].

La première association de télévision communautaire au Québec a vu le jour en 1970 à Normandin, au Lac-Saint-Jean, grâce à l'aide de l'Office national du film du Canada (ONF). Plusieurs autres ont fait leur apparition depuis. En 1991, malgré une situation financière plutôt précaire, le Regroupement des télévisions communautaires et locales du Québec en comptait 40. Mais l'avenir de la télévision communautaire est incertain depuis que le CRTC, en adoptant le règlement qui est entré en vigueur en 1998, a rendu l'offre de ce service facultatif plutôt qu'obligatoire pour les entreprises de câblodistribution. En effet, la principale source de financement pour ces télévisions est la contribution des câblodistributeurs, qui varie d'un propriétaire à l'autre. Ensuite viennent l'organisation d'activités telles que les télé-bingos et les téléthons, ainsi que les subventions gouvernementales. Les télévisions communautaires utilisent également d'autres méthodes de financement afin de diversifier la provenance de leurs revenus. Il peut s'agir par exemple de la vente de publicité sous forme d'images fixes, d'annonces classées, de commandites d'événements, de contrats de réalisation pour la production de vidéos, de concours, d'adhésion de membres, de vente de cassettes et de produits dérivés. Finalement, les télévisions communautaires peuvent en venir à solliciter des fonds aux municipalités ainsi qu'à d'autres institutions et organisations locales. Toutefois, les montants tirés de ces sources restes minimes (voir les tableaux 1.16 et 1.17, p. 38)[24].

La câblodistribution

De propriété exclusivement privée, la câblodistribution est placée sous la compétence du CRTC, qui accorde aux différentes entreprises le monopole de l'exploitation d'un territoire donné et définit de manière générale les services qui y sont offerts.

---

23. Champagne et Foy (1998).

24. *Ibid*. (p. 56-62).

TABLEAU 1.16
Subventions accordées par le gouvernement du Québec aux médias communautaires, 1986-1987, 1989-1990 et 1997-1998

Secteur médiatique	Nombre de médias bénéficiaires	Part du secteur dans l'ensemble des médias communautaires (%)	Subventions totales ($)	Part des subventions totales accordées au secteur (%)
1986-1987				
Radio	26	24,5	1150000	52,4
Télévision	30	28,3	825000	37,6
Presse écrite	50	47,2	220000	10,0
Total	**106**	**100,0**	**2195000**	**100,0**
1989-1990				
Radio	26	100,0	1000000	100,0
Télévision	0	—	0	—
Presse écrite	0	—	0	—
Total	**26**	**100,0**	**1000000**	**100,0**
1997-1998				
Radio	36	36,0	1050578	65,7
Télévision	35	35,0	459700	28,7
Presse écrite	29	29,0	89120	5,6
Total	**100**	**100,0**	**1599398**	**100,0**

Sources: Ministère des Communications du Québec, rapport annuel 1986-1987 (pour les données de 1986-1987) et rapport annuel 1989-1990 (pour les données de 1989-1990); Ministère de la Culture et des Communications du Québec, Direction des médias et des télécommunications (pour les données de 1997-1998).

Utilisé d'abord comme moyen d'améliorer la qualité de réception, le câble a ensuite servi à la multiplication de l'offre. Les câblodistributeurs sont définis par la loi comme étant des entreprises de réception des signaux radiodiffusés: ils captent par une grande antenne les signaux hertziens qu'ils retransmettent par fil téléphonique aux abonnés. Grâce aux satellites, ils peuvent aussi recevoir et redistribuer des signaux qu'un récepteur ordinaire ne pourrait capter sans antenne parabolique, et diffuser des émissions produites dans leurs propres studios.

Le Canada est l'un des pays les plus «câblés» du monde. Plus de 70% des foyers canadiens étaient abonnés à un service de câblodistribution en 1997. En 30 ans, le nombre d'abonnés est passé de quelque 500000 en 1967 à près de 8000000 au volet de base en 1997. Dès 1972, le

TABLEAU 1.17
Répartition des revenus des radios et télévisions communautaires au Québec, 1996-1997

Sources de revenus	Revenus ($)		%
Radio communautaire *Subventions*			
Québec	1045600		17,0
Ottawa	n.d.		n.d.
Municipalités	n.d.		n.d.
Total partiel		**1211229***	**19,7**
Financement autonome			
Publicité	3313536*		53,8
Bingo	984564*		16,0
Autres**	648705*		10,5
Total partiel		**4946805***	**80,3**
Total		**6158034***	**100,0**
Télévision communautaire *Subventions*			
Québec	482664		n.d.
Ottawa	n.d.		n.d.
Municipalités	n.d.		n.d.
Total partiel		**n.d.**	**n.d.**
Financement autonome			
Publicité	n.d.		n.d.
Autres**	n.d.		n.d.
Total partiel		**n.d.**	**n.d.**
Câblodistributeurs	20837132		n.d.
Total		**n.d.**	**100,0**

* Chiffres portant sur les 23 membres de l'Association des radiodiffuseurs communautaires du Québec en 1996-1997. Il existe 25 radios communautaires au Québec.

** Comprend des activités telles que des campagnes de financement, des bingos, des radiothons/téléthons, la vente d'articles divers, etc.

Sources : Ministère de la Culture et des Communications, *Subventions 1996-1997 — aide aux médias communautaires* (pour les subventions de Québec) ; Association des radiodiffuseurs communautaires du Québec, *Résultats annuels des radios communautaires membres de l'ARCQ*, 1998 (pour les données sur la radio) ; Association des câblodistributeurs du Québec (pour les contributions des câblodistributeurs aux télévisions communautaires).

TABLEAU 1.18
Industrie de la câblodistribution — Informations générales, 1997

Description	Québec	% du marché canadien	Canada
Nombre total de foyers	2849149	26,2	10899427
Foyers ayant accès à la télédistribution	2655442	26,2	10152340
Nombre total d'abonnés	1859228	23,9	7765341
Taux de pénétration du câble (%)	70,02		76,49
Tarif d'abonnement mensuel moyen ($)	22,44		19,03
Recettes totales d'exploitation ($)	519901407	27,4	1894041147
Dépenses totales d'exploitation ($)	311876478	36,3	859875457
Nombre d'employés	2024	23,6	8588
Nombre de stations de télévisions communautaires	221	21,9	1009
Dépenses reliées à la programmation communautaire ($)	20837132	24,7	84286284

Source : Association des câblodistributeurs du Québec, selon les données de Mediastats TM Inc. et Statistique Canada, septembre 1997.

Canada, dont 25% des foyers possédant un téléviseur étaient déjà abonnés au câble, se classait au premier rang à ce chapitre. Douze ans plus tard, avec ses 62%, il arrivait derrière la Belgique (81%) et devant les Pays-Bas (54%) ; la Suisse se classait alors au quatrième rang. Il est intéressant de noter que ces pays ont des caractéristiques communes : un marché assez restreint, l'usage de deux langues officielles au moins et un marché voisin similaire sur le plan linguistique mais plus étendu[25].

Le succès de la câblodistribution au Canada s'explique aussi en grande partie par le fait qu'elle permet au téléspectateur d'avoir accès à une foule d'émissions attrayantes en provenance de canaux qui, auparavant, étaient inaccessibles. C'était le cas, par exemple, de la combinaison des canaux américains que les câblodistributeurs offraient à leurs abonnés (les trois réseaux commerciaux américains — CBS, NBC, ABC — ainsi que PBS ; un quatrième réseau commercial, le réseau Fox, fut ajouté dans les années 1990). Mentionnons, à titre de comparaison, que les taux

25. Lafrance (1989, p. 38 et 41).

de branchement correspondants pour les États-Unis étaient de 10% en 1972 et de 39% en 1984.

Le taux de branchement au câble (nombre d'abonnés réels par rapport au nombre total de foyers) atteignait 65,6% au Québec en 1997. Le Québec enregistrait alors le plus faible taux de pénétration du câble (nombre d'abonnés réels par rapport au nombre de personnes à qui le câble a été offert, soit les abonnés «potentiels») parmi les provinces canadiennes, malgré un taux d'offre de câblodistribution (nombre d'abonnés potentiels par rapport au nombre total de foyers) relativement élevé. Le taux de branchement est toujours inférieur, cela va de soi, au taux de pénétration (voir le tableau 1.19).

La popularité plus restreinte de la câblodistribution au Québec s'explique, comme des études l'ont déjà démontré, par le fait que l'offre étant axée surtout sur la programmation de langue anglaise, «plus on était bilingue, plus on était branché». L'implantation croissante du câble fut donc une préoccupation pour les autorités politiques canadiennes à deux titres: l'«importation» des signaux de télévision américains était perçue comme une menace à la souveraineté culturelle du Canada, et la prépondérance de la programmation anglophone contribuait à l'anglicisation de la population francophone. Le besoin d'apporter des correctifs à cette situation était au cœur des nombreux efforts visant à augmenter

TABLEAU 1.19
Évolution du marché de la câblodistribution au Canada et au Québec, 1970-1997 (%)

Indicateur	Canada					Québec			
	1970	1984	1989	1994	1997	1985	1989	1994	1997
Taux d'offre: abonnés potentiels / total des foyers	42,4	80,0	98,8	97,4	91,8	85,7	98,3	96,6	97,1
Taux de pénétration: abonnés actuels / abonnés potentiels	48,7	75,9	78,8	78,8	76,8	59,7	67,8	69,8	67,6
Taux de branchement: abonnés actuels / total des foyers	20,6	60,8	77,8	69,7	70,3	51,1	66,6	67,4	65,6

Sources: Service des statistiques du CRTC (pour 1970, 1984, 1985 et 1989); CRTC, *Relevés statistiques et financiers câblodistribution*, 1993-1997 (pour 1994 et 1997).

la présence des émissions canadiennes et francophones sur les écrans par la voie de divers types d'interventions publiques[26].

La câblodistribution étant à la fine pointe de l'évolution des médias électroniques, les entreprises de ce secteur très lucratif deviennent des acteurs très importants du marché. Malgré un certain plafonnement dans les taux de branchement — résultant notamment de la concurrence introduite par l'arrivée des services de satellite —, les entreprises de câble sont parmi les plus dynamiques en ce qui concerne l'expansion vers d'autres secteurs tels que la télévision, la radio et bientôt la téléphonie. Elles sont également présentes dans les nouveaux médias en tant que fournisseurs d'accès à Internet. Il est donc très pertinent de noter que le marché de la câblodistribution, encore plus que ceux des autres secteurs des médias électroniques que nous avons vus jusqu'ici, est très fortement dominé par un petit nombre d'entreprises, et cela au Québec comme dans l'ensemble du Canada: au Québec, deux firmes, Vidéotron et Cogeco, se partagent 85,0% du marché; sur le plan canadien, 76,7% de la câblodistribution est répartie entre Rogers, Vidéotron, Shaw et Cogeco (voir les tableaux 1.20, p. 42, et 1.21, p. 43).

Les satellites

Jusqu'en 1995, malgré le développement de la technologie permettant la distribution numérique, les seuls services de distribution par satellite de radiodiffusion directe (SRD) autorisés au Canada transmettaient des signaux analogiques à leurs abonnés par l'intermédiaire de grosses antennes paraboliques mobiles. C'est seulement en 1997 que le marché canadien de la distribution fit place aux services de diffusion par satellite transmettant des signaux numériques, offrant ainsi une plus grande capacité de canaux et une qualité de son et d'image supérieure à celle obtenue par les signaux analogiques. De petites antennes paraboliques fixes et des récepteurs permettaient le décodage et la décompression des signaux reçus par les abonnés.

Les deux premières licences d'exploitation de SRD furent attribuées par le CRTC aux entreprises ExpressVu et Power DirectTV en 1995, année où un cadre de politique régissant cette industrie fut instauré par le Conseil. En 1996, ce fut au tour de Star Choice d'obtenir l'approbation du CRTC; puis en 1997, les demandes de Homestar (qui avait essuyé un refus du CRTC en 1995) et d'AlphaStar furent approuvées. Toutefois, avant même leur lancement, Power DirecTv (détenue à 80% par Diffusion Power Inc. et à 20% par DirecTv, une société américaine) se retira de

26. Caplan et Sauvageau (1986).

TABLEAU 1.20
Évolution du marché de la câblodistribution selon les abonnements des trois plus grandes entreprises de ce secteur au Québec, 1986-1997

Lieu d'origine des abonnés	Nombre d'abonnements selon l'année			
	1986	1989	1996	1997
Québec seulement				
Vidéotron	690331	828359	1383980*	1406619*
CFCF (CF Cable)	176000	198000		
Cogeco	40000	144600	223280	225212
Québec et autres provinces				
Vidéotron	818000	1004000	1631259*	*1656673**
CFCF (CF Cable)	176000	198000		
Cogeco	40000	384000	454947	761079***

* Abonnés incluant CF Cable, dont l'acquisition a été approuvée en août 1997.
** Répartis comme suit: Québec, 1406619; Ontario, 100595; Alberta, 149459.
*** Répartis comme suit: Ontario, 435054; Québec, 225212; Colombie-Britannique, 71 262; Alberta, 21455; Saskatchewan, 8096.

Sources: Pour 1986, *Finance*, 19 octobre 1987; pour 1989, rapport annuel de Cogeco, *Financial Post* du 16 septembre 1989, Nesbitt Research, *Communicating via Cable in the 1990's*; pour 1996 et 1997, rapports annuels de Vidéotron et de Cogeco, 1995-1996 et 1996-1997.

la course, tandis que Homestar (propriété de Shaw Communications Inc.) fusionna avec Star Choice. Quant à l'entreprise AlphaStar (dont le propriétaire se trouvait être un des anciens actionnaires d'ExpressVu, soit Tee-Comm Electronics), elle ferma ses portes quelques mois après son lancement, laissant le marché aux mains de deux joueurs: ExpressVu et Star Choice. En 1998, ExpressVu — devenue Bell ExpressVu avec l'acquisition par BCE Inc. de l'ensemble des parts de l'entreprise — comptait 190000 clients, dont 35000 au Québec. Quant à l'entreprise Star Choice, elle rejoignait 175000 abonnés au Canada la même année.

Bien qu'elles puisent une bonne part de leur clientèle chez les abonnés du câble, ExpressVu et Star Choice servent les intérêts des Canadiens habitant des régions mal desservies par les câblodistributeurs. De plus, les deux services permettent de contrer la menace du «marché gris», c'est-à-dire la réception par des abonnés canadiens de signaux de

TABLEAU 1.21
Les quatre plus grandes entreprises de câblodistribution au Canada selon le nombre de systèmes et l'abonnement, 1996

Entreprise	Nombre de systèmes	Nombre d'abonnés	% du total des abonnés
Rogers*	55	2369048	29,0
Vidéotron*	129	1660027	20,2 (73,2)**
Shaw ***	96	1521643	18,5
Cogeco	45	778710	9,0 (11,8)
Total	**325**	**6329428**	**76,7 (85,0)**

* Ne tient pas compte de l'acquisition de Vidéotron par Rogers, annoncée en janvier 2000. La transaction est sujette à l'approbation du CRTC.

** Les nombres entre parenthèses indiquent le pourcentage du total des abonnés au Québec.

*** En 1999, Shaw a annoncé son projet d'acquérir les câblodistributeurs Fundy Communications et Access Communications. Si la transaction obtient l'aval du CRTC, Shaw deviendra le deuxième câblodistributeur au pays avec 1,8 million d'abonnés.

Sources: Association canadienne de la télévision par câble, *Statistiques courantes sur la câblodistribution canadienne* (pour le nombre de systèmes, le nombre d'abonnés et le pourcentage du total des abonnés au Canada); rapports annuels de Vidéotron et de Cogeco, 1995-1996 et 1996-1997 et CRTC, *Relevés statistiques et financiers câblodistribution*, 1993-1997 (pour le pourcentage du total des abonnés au Québec).

services de distribution non autorisés au Canada. En fait, on comptait environ 300000 abonnés au «marché gris» en 1997, alors que ce nombre serait passé à 200000 en 1998, un an après l'arrivée d'ExpressVu et de Star Choice[27].

En plus d'avoir favorisé l'évolution de l'industrie des satellites, la technologie numérique a également contribué au développement du câble numérique au Québec. De plus, des réseaux de diffusion sans fil commencent également à faire leur apparition sur le territoire québécois avec le lancement de Look TV en 1999. Actuellement, les réseaux de diffusion sans fil utilisent des systèmes de distribution multipoints (SDM), c'est-à-dire qu'ils fournissent leurs services par la voie des ondes au moyen de fréquences micro-ondes qui peuvent être captées par l'abonné au moyen d'une antenne spéciale et d'un convertisseur. Le tableau 1.22 (p. 44) présente l'offre des quatre distributeurs de signaux numériques au Québec.

27. Brehl (1998, p. B1 et B4).

TABLEAU 1.22
Offre des quatre distributeurs de signaux numériques au Québec

Star Choice (mai 1997)	Bell ExpressVu (septembre 1997)	Look TV (janvier 1999)	Vidéotron (février 1999)
Terminal numérique	Terminal numérique	Terminal numérique	Décodeur numérique
Antenne	Antenne	Antenne	
Télécommande	Télécommande	Télécommande	Télécommande
98 chaînes télé	103 chaînes télé	113 chaînes télé	Plus de 120 chaînes télé
Chaînes audionumériques de Galaxie et de DMX	Chaînes audionumériques de Galaxie	Chaînes audionumériques de Galaxie	Chaînes audionumériques de Galaxie
Son Dolby Surround	Son Dolby Prologic	Son qualité CD	Son qualité CD

Source : N. Collard, « La sérénade des télédistributeurs », Montréal, *Info Presse Communications*, vol. 14, n° 6, p. 38.

ENCADRÉ 1.3
Le leadership du câble, la poussée de la télévision par satellite

En 1997, le nombre de foyers dans le monde ayant un téléviseur a franchi le cap du milliard. Et la câblodistribution a déjà conquis le quart de ces foyers. En effet, selon la revue *Screen Digest*, la planète compte 248 millions de foyers abonnés au câble, dont 30 % en Amérique du Nord (74 millions) et 27 % en Europe (66 millions).

La télévision par satellite est loin derrière, mais son rythme de croissance est impressionnant. Entre 1995 et 1997, le nombre de ses abonnés dans le monde a connu une augmentation de 60 % (à 73 millions). La télévision par satellite gagne du terrain là où le câble n'est pas encore bien établi.

Source: *Screen Digest*, mai 1998. Repris dans Centre d'études sur les médias, *Nos observations*, septembre 1998. Voir <www.cem.ulaval.ca/ObservationsCadre.html>.

Les services à abonnement

Si les télévisions distribuées par câble et par satellite représentent des secteurs de développement industriel des plus alléchants, elles posent par ailleurs des problèmes importants sur le plan socioculturel. D'abord, la multiplication des services offerts entraîne une fragmentation de l'auditoire. De plus, un déséquilibre se crée sur le plan de l'offre soit entre les services publics et les services privés, soit entre les services canadiens et les services étrangers, ou encore entre les services anglais et les services français. Le groupe de travail sur la politique de la radiodiffusion dirigé par Gerald Caplan et Florian Sauvageau a démontré en 1986 que l'écoute suit habituellement l'offre, ce qui signifie que la câblodistribution a favorisé l'américanisation et l'anglicisation de l'écoute télévisuelle au Québec. En conséquence, le groupe de travail a recommandé, pour rétablir l'équilibre, la création de nouveaux services canadiens diffusés par le câble. La multiplication des services a enfin comme résultat de compliquer le contrôle de l'application des règlements, le pouvoir économique croissant des câblodistributeurs favorisant l'intégration verticale dans l'industrie.

La télévision payante

Le CRTC appelle «télévision payante» tout service de programmation d'émissions télévisées qui est payé «par ceux qui reçoivent le service». Les programmes sont donc conçus «en grande partie expressément pour le service en question». Il s'agit en fait de canaux ajoutés à ceux du service de base offert par le distributeur et qui sont payés *à la pièce* par ceux qui y sont intéressés, moyennant un supplément au tarif mensuel de l'abonnement.

En 1982, le Conseil accordait des licences de télévision payante à First Choice et à Premier Choix, à titre de services nationaux d'intérêt général en français et en anglais, ainsi qu'à trois canaux régionaux et d'intérêt spécialisé (dont un en français). Cependant, le secteur a connu des difficultés financières dès le départ, obligeant le CRTC à mener plusieurs opérations de sauvetage. Aujourd'hui, les survivants de cette première génération de la télévision payante s'appellent The Movie Network et Super Écran. Puis, le Family Channel fut autorisé, en 1987; et en 1994, le CRTC donne son aval à MovieMax et au Classic Channel, devenu par la suite MOVIEPIX. Le tableau 1.23 (p. 46) indique la répartition des abonnements à la télévision payante en 1997.

L'implantation de la télévision payante marque indéniablement une étape importante dans la «privatisation» des ondes. Secteur exclusivement public à l'origine, la télévision canadienne s'est en effet progressivement privatisée depuis 1960: autorisation de l'entrée en service de stations puis de réseaux privés, implantation de la câblodistribution, multiplication des canaux, introduction des services payants.

TABLEAU 1.23
Répartition des services de télévision payante au Canada selon la langue, la zone de desserte, le type de contenu, les propriétaires et le nombre d'abonnements, 1997

Service	Langue	Zone de desserte	Type de contenu	Propriété		Nombre d'abonnements	
				Propriétaires	%	1991	1997
MovieMax	Anglais	Ouest du Canada	Films	WIC	100,0	—	99802
MOVIEPIX*	Anglais	Est du Canada	Films	Astral	100,0	—	191195
Superchannel	Anglais	Ouest du Canada	Films	WIC	100,0	206540	213339
Super Écran	Français	Canada	Films	Astral	100,0	151617	216982
The Family Channel	Anglais	Canada	Divertissement familial	Astral WIC	50,0 50,0	318298	400217
The Movie Network**	Anglais	Est du Canada	Films	Astral	100,0	495721	345842

* Antérieurement appelé The Classic Channel.

** Antérieurement appelé First Choice.

Sources: CRTC, *Télévision payante et d'émissions spécialisées — Relevés statistiques et financiers (avec amortissements)*, 1994-1998 (pour les chiffres de 1997) ; CRTC, Organigrammes de propriétés multiples, 1999 (pour la propriété) ; Service des communications de l'Association canadienne de télévision par câble (pour le nombre d'abonnements en 1991).

Parallèlement à cette évolution, on note des changements importants au cours de la même période dans le mode de financement de la télévision: d'abord placé sous la responsabilité de l'État puis basé sur la publicité, il repose de plus en plus — sous l'impulsion du câble — sur l'abonnement et le paiement direct et facultatif. La télévision payante n'a fait d'ailleurs qu'accentuer cette tendance en introduisant la vente sélective par canal. Les services spécialisés et la télévision «à la carte» (*pay-per-view*) se sont inscrits dans le même sens (voir les sections à ces sujets ci-après). Le paiement à l'émission — et éventuellement au «bit» numérique — est la prochaine étape à franchir.

Les services de programmation spécialisés

Le CRTC définit les services de programmation spécialisés comme étant une industrie qui offre au public «des émissions de télévision à diffusion restreinte conçues pour tenir compte des intérêts et besoins particuliers de groupes d'âges différents, de groupes linguistiques, culturels, ou déterminés par des limites géographiques ou autres[28] ». Ils sont généralement offerts à tous les abonnés d'un câblodistributeur moyennant une majoration obligatoire du prix mensuel de l'abonnement. Les câblodistributeurs peuvent cependant choisir d'offrir des services spécialisés sous forme de télévision payante[29]. Cependant, il n'est pas possible pour un câblodistributeur d'intégrer au service de base des services spécialisés réservés à la télévision payante. (Toutes ces règles sont élaborées explicitement par le CRTC.)

Les services spécialisés canadiens

Les premiers canaux spécialisés autorisés en 1984 par le CRTC à distribuer leurs services furent MuchMusic et The Sports Network (TSN). Aucun service de programmation spécialisé de langue française n'avait reçu à l'époque l'accord du CRTC. En novembre 1987, celui-ci annonçait la création de plusieurs nouveaux canaux spécialisés, intégrés au service de base. On en trouvera la liste au tableau 1.24 (p. 48-49). Les canaux déjà existants — The Sports Network (TSN) et MuchMusic — devaient également s'ajouter à la même date au service de base.

Ces nouveaux canaux spécialisés se trouvaient dès lors assujettis à des règles de diffusion particulières. Sur le marché francophone, la règle du « qui en prend un les prend tous » obligeait les câblodistributeurs à offrir l'ensemble des cinq nouveaux canaux de langue française à même le service de base. Sur le marché anglophone, par contre, la distribution de chacun des services spécialisés était facultative, les câblodistributeurs étant cependant tenus d'offrir ces canaux dans le service de base. Les règles permettaient aux câblodistributeurs d'offrir certains des services spécialisés dans le créneau de la télévision payante.

Le CRTC accorde encore huit nouveaux services en juin 1994. Cet ajout de canaux spécialisés fait suite à l'audience portant sur la structure de l'industrie de la télévision[30], tenue un an plus tôt, au cours de laquelle le Conseil s'était préoccupé des nouveaux défis à relever par le système de radiodiffusion canadien dans l'univers multicanaux. Cherchant à assurer une forte présence canadienne dans le système tout en tenant compte des limites de transmission de l'époque, le Conseil donne ainsi

28. Caplan et Sauvageau (1986, p. 522) et CRTC (1983).

29. Ce fut le cas, par exemple, de CBC Newsworld, que Vidéotron offrait au début au service de base dans la région de Montréal, et à titre facultatif (télévision payante) dans la région de Québec.

30. CRTC (1994a).

TABLEAU 1.24
Classement des services spécialisés canadiens ayant reçu l'autorisation du CRTC depuis 1984, selon la langue, 1999

Catégorie de services	Canaux anglophones	Canaux francophones
International		TV5
Musique	MuchMusic MuchMoreMusic Country Music Television	MusiquePlus MusiMax
Sport, plein air, tourisme	Outdoor Life S3 Regional Sports Service The Sports Network Headline Sports	Le Réseau des Sports Canal Évasion
Nouvelles, manchettes, informations, informations artistiques	CBC Newsworld CTV News1 Cable Pulse 24 Star-TV	Le Canal Nouvelles Le Réseau de l'Information
Documentaires		Canal D*
Dramatiques		Canal Fiction
Religion	Vision TV	
Météo	The Weather Network	Météomédia
Santé, qualité de vie	The Life Network	Le Canal Vie
Art, divertissement, humour	Bravo! The Comedy Network Showcase	
Éducation	Canadian Learning Television	
Science, nature	The Discovery Channel	
Science-fiction, technologie	Space: The Imagination Station	Canal Z
Histoire	History Television	Canal Histoire
Foyer, jardinage	Home & Garden Television	
Affaires, finances, économie	Report on Business Television	
Discussions, débats	Talk-TV	
Féminin	Women's Television Network	→

TABLEAU 1.24
Classement des services spécialisés canadiens ayant reçu l'autorisation du CRTC depuis 1984, selon la langue, 1999 (*suite*)

Catégorie de services	Canaux anglophones	Canaux francophones
S'adressant aux 50 ans et +	Prime-TV	
Famille		Canal Famille
Jeunesse	Teletoon TreeHouse TV YTV Canada	Télétoon

Services en langue autre que le français ou l'anglais	Langue
Fairchild Television**	Cantonais/mandarin
Talentvision***	Cantonais/mandarin; vietnamien; coréen
Telelatino	Italien, espagnol
Odyssey	Grec
South Asian Television	Langue sud-asiatique

* Anciennement appelé Arts et Divertissement.
** Anciennement appelé Chinavision.
*** Talentvision a remplacé le service payant appelé Cathay.

Sources: *Info Presse Communications, Guide annuel des médias*, 1998; CRTC, *Contacts pour les nouveaux services de programmation spécialisée*, septembre 1996; CRTC, *Une première: 4 nouveaux canaux spécialisés pour un nouveau bouquet de services de langue française*, Communiqué, 21 mai 1999.

son aval à deux services francophones de même qu'à six services anglophones. Cette fois-ci, les entreprises de câble, en négociation avec les fournisseurs, jouiront d'une très grande marge de manœuvre dans l'assemblage de l'offre ainsi que du marketing auprès du public.

Deux ans plus tard, soit en 1996, malgré une capacité de transmission toujours limitée, le Conseil donne le feu vert à 23 nouveaux canaux spécialisés, soit 4 en français, 17 en anglais ainsi que 2 en langues tierces. La décision du CRTC d'attribuer des licences à un si grand nombre de canaux était, cette fois encore, motivée par les promesses liées à la distribution numérique. Ainsi, l'annonce d'une capacité et d'un choix accrus pour les années à venir pousse l'organisme de réglementation à autoriser «le plus grand nombre possible de services de programmation canadiens attrayants dans des créneaux spécifiques, pourvu qu'ils respectent les critères d'attribution de licences du Conseil et s'engagent à apporter des niveaux appropriés de contribution à la programmation canadienne[31]». Les délais au chapitre de l'implantation de la technologie numérique retarderaient toutefois de plusieurs mois la mise en marché de plus de la moitié de ces nouveaux services. Au moment où nous rédigeons ces lignes, une partie des canaux autorisés cette année-là n'est toujours pas en service.

En 1999, motivé par le désir d'équilibrer l'offre de services spécialisés francophones et anglophones, le Conseil accorde quatre nouveaux services francophones, qui seront distribués au volet facultatif[32]. On compte ainsi 15 services spécialisés francophones, 29 anglophones et 5 en langues tierces. Parmi les critères de sélection ayant guidé son choix, le CRTC favorise les services axés sur le divertissement plutôt que sur l'information en général; il refuse en outre une série de demandes pilotées par la Société Radio-Canada. De plus, il restreint le nombre de nouveaux services à être autorisés, le mode de distribution numérique étant encore limité. Le Conseil évite également que des entreprises de distribution — comme Vidéotron par l'intermédiaire de sa filiale TVA inc. — ne détiennent des participations importantes dans les services admissibles. Toutefois, sur le plan de la propriété, le Conseil favorise les participants qu'il estime solides financièrement tels BCE, Radiomutuel ou Astral, qui contribueront plus facilement au renforcement du système canadien de radiodiffusion. Le CRTC préconise aussi les partenariats entre producteurs, diffuseurs ou distributeurs, dans l'espoir qu'ils permettront de créer des entreprises fortes et concurrentielles, plus à même de financer des émissions de qualité et capables de s'imposer sur les scènes nationale et internationale.

Les tableaux 1.24 (p. 49) et 1.25 (p. 51) présentent un ensemble des données sur les services spécialisés canadiens en fonction au moment de boucler la recherche pour ce volume.

31. CRTC (1996a).

32. *Id.* (1999b).

TABLEAU 1.25
Répartition des services spécialisés canadiens autorisés depuis 1984, selon l'année d'entrée en service, la langue de diffusion, le nombre d'abonnements en 1998 et les propriétaires, 1999

Année d'entrée en service	Canaux de services spécialisés	Langue de diffusion	Propriétaires	% détenu par chaque propriétaire	Nombre d'abonnements (1998)
Autorisés 1984					
1984	Fairchild TV	Cantonais/ mandarin	Happy Valley Investment Ltd.	80,0	
			Condor Entertainment B.V. (non canadien)	20,0	272 987
1984	MuchMusic	Anglais	CHUM Ltd.	100,0	6 241 800
1984	Telelatino	Italien, espagnol	Shaw Communications	20,0	2 805 863
			I.P. Rosati Holding	20,0	
			Joseph Vitale Family Trust	20,0	
			Mascia Enterprises Limited	20,0	
			Active Forming Limited	20,0	
1984	The Sports Network	Anglais	NetStar Communications Inc.	100,0	7 289 945
Autorisés 1987					
1988	Canal Famille	Français	Les Réseaux Premier Choix (Astral)	100,0	1 991 943
1988	Météomédia/The Weather Network	Français/ anglais	Pelmorex Inc.	100,0	8 109 131
1988	Musique Plus	Français	CHUM Ltd.	50,0	2 383 372
			Radiomutuel	50,0	
1988	TV5	Français	Consortium TV5 Québec-Canada (Radio-Canada, Télé-Québec, TV Ontario, TVA, Cogeco, TQS, ONF, Film Sat)	100,0	6 248 966
1988	Vision TV	Anglais	Vision TV (dirigé par un comité de 9 directeurs)	100,0	6 419 276

→

TABLEAU 1.25

Répartition des services spécialisés canadiens autorisés depuis 1984, selon l'année d'entrée en service, la langue de diffusion, le nombre d'abonnements en 1998 et les propriétaires, 1999 (*suite*)

Année d'entrée en service	Canaux de services spécialisés	Langue de diffusion	Propriétaires	% détenu par chaque propriétaire	Nombre d'abonnements (1998)
Autorisés 1987 (suite)					
1988	YTV Canada	Anglais	YTV Canada Inc. (Shaw)	100,0	7661000
1989	CBC Newsworld	Anglais	CBC	100,0	7844000
1989	Le Réseau des Sports	Français	NetStar Communications Inc.	100,0	2266323
Autorisé 1992					
1993	Talentvision *	Cantonais/ mandarin; vietnamien; coréen	Happy Valley Investment Ltd. Condor Entertainment (non canadien)	80,0 20,0	13656
Autorisés 1994					
1995	Bravo !	Anglais	CHUM Ltd.	100,0	4557358
1995	Canal D	Français	Les Réseaux Premier Choix (Astral)	100,0	1762378
1995	Country Music Television **	Anglais	Shaw Communications Inc. CBS (non canadien)	80,0 20,0	6846454
1995	Le Réseau de l'Information	Français	SRC	100,0	6555000
1995	Showcase	Anglais	Alliance Communications Salter Street Films Ltd.	99,1 0,9	4432641
1995	The Discovery Channel	Anglais	Netstar Communications Inc. Discovery Communications Inc. (non canadien)	80,0 20,0	5879094

Année d'entrée en service	Canaux de services spécialisés	Langue de diffusion	Propriétaires	% détenu par chaque propriétaire	Nombre d'abonnements (1998)
Autorisés 1994 (suite)					
1995	The Life Network	Anglais	Alliance Atlantis Communications Inc.	100,0	4274391
1995	Women's Television Network	Anglais	Moffat Communications 941287 Ontario Inc. Myglo Group Inc. Barde Group	70,4 12,6 8,5 8,4	5100000
Autorisés 1996					
1997	Cable Pulse 24	Anglais	CHUM Ltd. Toronto Sun Publishing Corp.	70,1 29,9	n.d.
1997	CTV News1	Anglais	CTV Inc. (Baton Broadcasting inc.)	100,0	5416484
1997	Headline Sports	Anglais	Levfam Holding Inc. 1240412 Ontario Ltd. (Levfam Holdings Inc. 95%) Keith Campbell	23,7 28,4 47,9	3385252
1997	Home & Garden Television	Anglais	Alliance Atlantis Communications Inc. Scripts Howard Broadcasting (non canadien)	80,2 19,8	2193403
1997	Le Canal Nouvelles	Français	Groupe TVA inc.	100,0	1409605
1997	Le Canal Vie	Français	Radiomutuel inc.	100,0	1423386
1997	MusiMax	Français	CHUM Ltd. Radiomutuel inc.	50,0 50,0	1372972

→

TABLEAU 1.25
Répartition des services spécialisés canadiens autorisés depuis 1984, selon l'année d'entrée en service, la langue de diffusion, le nombre d'abonnements en 1998 et les propriétaires, 1999 (*suite*)

Année d'entrée en service	Canaux de services spécialisés	Langue de diffusion	Propriétaires	% détenu par chaque propriétaire	Nombre d'abonnements (1998)
Autorisés 1996 (suite)					
1997	Outdoor Life	Anglais	1155638 Ontario Inc.	33,3	2221613
			Outdoor Life Network (non canadien)	33,3	
			Rogers Communications	33,3	
1997	Prime-TV	Anglais	Global Communications Ltd. (CanWest)	99,0	1972888
			CanVideo Television Sales (CanWest)	1,0	
1997	South Asian Television	Langue sud-asiatique	Asian Television Network International Ltd. (Shan Chandrasekar)	100,0	16299
1997	Space : The Imagination Station	Anglais	CHUM Ltd.	100,0	2274548
1997	Teletoon	Anglais/ français	The Family Channel (Astral et WIC)	40,0	3752879
			YTV Canada Inc. (Shaw)	20,0	
			Cinar Films	20,0	
			Nelvana	20,0	
1997	The Comedy Network	Anglais	CTV Inc. (Baton Broadcasting Inc.)	65,1	2353196
			Shaw Communications	15,0	
			Astral Communications Inc.	15,0	
			Les Films Rozon	5,0	
1997	The History & Entertainment Network	Anglais	Alliance Atlantis Communications	88,0	2791335
			CTV Television Network (CTV Inc.)	12,0	

Année d'entrée en service	Canaux de services spécialisés	Langue de diffusion	Propriétaires	% détenu par chaque propriétaire	Nombre d'abonnements (1998)
Autorisés 1996 (suite)					
1999	Canadian Learning Television***	Anglais	CHUM Ltd.	60,0	n.d.
			Olympus Management Ltd.	20,0	
			1006228 Ontario	16,0	
			Jay Switzer	4,0	
1999	MuchMoreMusic***	Anglais	CHUM Ltd.	100,0	n.d.
1999	Odyssey***	Grec	P. Maniatakos	45,0	n.d.
			B. Fatsis	25,0	
			T. Milionis	10,0	
			J. Prattas	10,0	
			G. Seratis	10,0	
1999	TreeHouse TV***	Anglais	YTV Canada Inc. (Shaw)	100,0	n.d.
†	CTV Sports Network (S3 Regional Sports Service)	Anglais	CTV Inc. (Baton Broadcasting)	40,0	
			Molson	20,0	
			Rogers Broadcasting	20,0	
			LMC International (non canadien)	20,0	
†	Report on Business Television	Anglais	Globe & Mail Business News	50,0	
			WIC	26,0	
			Cancom (WIC 54,2 %)	24,0	
†	Star-TV	Anglais	CHUM Ltd.	100,0	
†	Talk-TV	Anglais	CTV Inc. (Baton Broadcasting)	100,0	

→

TABLEAU 1.25
Répartition des services spécialisés canadiens autorisés depuis 1984, selon l'année d'entrée en service, la langue de diffusion, le nombre d'abonnements en 1998 et les propriétaires, 1999 (*suite*)

Année d'entrée en service	Canaux de services spécialisés	Langue de diffusion	Propriétaires	% détenu par chaque propriétaire	Nombre d'abonnements (1998)
Autorisés 1999					
†	Canal Évasion	Français	BCE Inc.	50,1	
			TVA	10,0	
			Serdy Direct	19,9	
			Media Overseas (non canadien)	10,0	
			Canal Voyage France (Groupe Pathé) (non canadien)	10,0	
†	Canal Fiction	Français	Alliance Atlantis	50,0	
			Les Réseaux Premier Choix (Astral)	50,0	
†	Canal Histoire	Français	Alliance Atlantis	50,0	
			Les Réseaux Premier Choix (Astral)	50,0	
†	Canal Z	Français	Radiomutuel	100,0	

* Talentvision a remplacé le service payant offert par Cathay et autorisé le 18 mars 1982.
** Anciennement appelé New Country Network.
*** Service distribué uniquement en mode numérique.
† Service non encore en fonction.

Sources: *Annuaire CATV Matthews*, octobre 1997; CRTC, Secrétariat, 1998; CRTC, *Télévision payante et d'émissions spécialisées — Relevés statistiques et financiers (avec amortissements)*, 1994-1998; CRTC, Organigrammes de propriétés multiples, 1999; *Info Presse Communications*, vol. 12, nº 2, octobre 1996.

Les services étrangers admissibles

En avril 1984, le CRTC donnait son aval à la distribution de 16 services américains satellite-câble, une chaîne américaine pouvant être offerte uniquement par jumelage avec un service canadien, dans un ensemble de services facultatifs. C'est ainsi que l'on retrouve parmi les services offerts par les entreprises de câblodistribution des canaux tels que Cable News Network (CNN) ou Arts & Entertainment (A&E). Aucun canal de langue française ne fait partie de l'ensemble de ces services étrangers spécialisés, qui ne peuvent être distribués au Canada que dans la mesure où aucun service comparable n'y est mis à la disposition des téléspectateurs. On trouvait 36 services étrangers de ce type sur le marché canadien en 1998[33].

Cette règle du CRTC a déjà provoqué des remous dans le cadre de l'Accord de libre-échange entre le Canada et les États-Unis (voir le chapitre 3) ; elle risque de connaître d'autres difficultés dans le contexte de la mondialisation de la télévision.

Un service international : TV5

Par ailleurs, un service spécialisé véritablement international figure parmi les plus anciens à être autorisés au Canada : il s'agit de TV5, le canal de la francophonie.

TV5-Europe était créé en 1984 en tant qu'association de télédiffuseurs européens (français, suisse et belge) diffusant ensemble par le câble un choix d'émissions francophones dans 21 pays d'Europe. Au premier Sommet de la francophonie, tenu à Paris en 1986, est né le projet d'étendre TV5 à l'Amérique du Nord. Le consortium canadien TV5-Québec-Canada — formé de Radio-Canada, Radio-Québec, TV Ontario, Télé-Métropole, Télévision Quatre Saisons, Cogeco, l'Office national du film (ONF) et un regroupement de producteurs indépendants (Film Sat) — s'est donc associé à TV5-Europe pour y présenter, une journée par semaine, des émissions canadiennes. À la suite de l'approbation par le CRTC de la demande du consortium en 1987, le service TV5 a été étendu au Canada. Selon les conditions de la licence, sa programmation, qui comprend des émissions françaises, suisses, belges et africaines, devait comporter aussi une part assez importante (19,5 %) de contenu canadien. TV5, inauguré en septembre 1988, était d'abord diffusé à titre de service spécialisé aux abonnés du câble dans les principaux marchés francophones du Canada ; cependant, il est présentement offert obligatoirement sur le volet de base partout au Canada.

33. *Info Presse Communications* (1997, p. 24).

La télévision à la carte

La télévision à la carte (*pay-per-view*) permet aux distributeurs de proposer à leurs abonnés des émissions qu'ils estiment être haut de gamme, moyennant le paiement selon la consommation. En février 1990, le CRTC cautionnait la distribution d'un premier service de télévision à la carte (aux abonnés de la télévision payante en Saskatchewan). Un peu plus tard, un permis pour l'est du Canada fut accordé à Viewer's Choice Canada, société appartenant en majorité à Astral Communications inc. Créé au mois d'octobre 1991, ce service était offert en anglais seulement au cours de la première année. Deux autres services en anglais, Home Theatre (1992) et Sports/Specials (1995) furent autorisés par la suite, et un service en français, Canal Indigo, a été autorisé en 1997. Le tableau 1.26 présente

TABLEAU 1.26
Répartition des services de télévision à la carte* au Canada selon la langue, le type de contenu, les propriétaires et le nombre d'abonnements, 1998

Service	Langue	Zone de desserte	Type de contenu	Propriété	%	Nombre d'abonnements	
						1994	1998
Viewer's Choice	Anglais	Est du Canada	Films	Astral	50,0	559000	533000
				Rogers	25,0		
				NetStar	25,0		
Canal Indigo	Français	Canada	Films	Viewer's Choice (Rogers, Astral, NetStar)	40,0	—	292887
				Groupe TVA (Vidéotron)	20,0		
				Cogeco Radio-Télévision	20,0		
				TQS	20,0		
Sports/Specials Pay-Per-View	Anglais	Canada	Sports	CTV Television Network Ltd.	60,0	—	—**
				The Molson Companies Ltd.	20,0		
				LMC International Inc.	20,0		
Home Theatre	Anglais	Ouest du Canada	Films, concerts, événements sportifs	WIC	100,0	102719	197394

* Services distribués par satellite de radiodiffusion directe (SRD) et/ou par voie terrestre.
** Sports/Specials Pay-Per-View est entré en ondes peu après la compilation de ces données par le CRTC.

Sources: *Info Presse Communications, Guide annuel des médias*, 1998; CRTC Secrétariat, juin 1998 (pour les services et la langue); CRTC, *Télévision payante et d'émissions spécialisées — Relevés statistiques et financiers (avec amortissements)*, 1994-1998 (pour le nombre d'abonnements en 1998).

la situation actuelle de la télévision à la carte, et le tableau 1.27 résume le choix disponible pour l'abonné d'un service de télédistribution du territoire montréalais en 1999.

TABLEAU 1.27
Le choix disponible pour l'abonné d'un service de télédistribution du territoire montréalais en janvier 1999

Service	Frais de base ($)		Service de base		Service Extra	
	Équipement	Installation	Description	Coût/ mois	Description	Coût/ mois
Distribution multipoints Look TV	450,00*	140,00*	20 chaînes de télévision 30 chaînes de musique numérique	12,95**	60 chaînes de télévision 30 chaînes de musique numérique	39,95
Satellite Bell ExpressVu	399,00-599,00	100,00-200,00	19 chaînes de télévision 30 chaînes de musique numérique	8,95	72 chaînes de télévision 30 stations audio 9 stations de radio	49,95
Star Choice	399,00-549,00	100,00-200,00	17 chaînes de télévision 30 chaînes de musique numérique	14,95	100+ chaînes de télévision 30 chaînes de musique	60,00
Câblodistribution Vidéotron	—	55,00	Ouest de l'île: 54 chaînes de télévision	32,82	—	
			Est de l'île: 42 chaînes de télévision	30,07	Vidéoway (permet de recevoir les chaînes offertes gratuitement dans l'ouest de l'île)	2,50***

* L'équipement peut également être loué pour 7 $/mois. Il n'y a alors aucuns frais d'installation.

** Dans le cas où l'équipement est loué, le tarif du service de base s'élève à 19,95 $/mois.

*** Le service Vidéoway est offert sur une base annuelle uniquement. Son tarif est de 29,95 $/année. Le nombre qui figure au tableau correspond au tarif annuel divisé par 12 (le nombre de mois dans une année).

Source : M. Lamey, « Competing for couch potatoes », *The Gazette*, 23 janvier 1999, p. A1.

Les télécommunications

Le mot *télécommunication*, qui signifie «communication à distance», désigne tout procédé ou système de transmission de données informatiques, d'images ou de sons au moyen d'ondes électromagnétiques, de lignes téléphoniques ou de satellite[34]. Il englobe donc la télégraphie, la téléphonie et l'ensemble des médias — radio, télévision, câble, satellite, et même presse écrite (que l'on songe seulement à la transmission des textes, photos et documents d'une source donnée à la salle de rédaction ou de l'atelier de composition à l'imprimerie) —, et renvoie à une gamme de services qui sont maintenant tous interreliés.

Plus de cent ans se sont passés depuis l'invention du téléphone par Alexander Graham Bell à Brantford (Ontario) en 1887. Aujourd'hui, plusieurs entreprises canadiennes publiques et privées jouent un rôle important dans ce secteur en pleine ébullition, notamment les compagnies de téléphone regroupées au sein de l'Alliance Stentor (anciennement Telecom Canada), qui administre un réseau pancanadien de services de transmission d'informations et de messages vocaux. Les membres de l'Alliance Stentor incluent BC Tel, Bell Canada, Island Tel, Maritime Tel & Tel, le Système de téléphone du Manitoba, NBTel, NewTel Communications, Northwestel, QuébecTel, SaskTel et Telus, ainsi que Télésat Canada.

Télésat, anciennement la propriété conjointe du gouvernement fédéral et des grandes entreprises de télécommunication (incorporée par une loi fédérale en 1969), est le distributeur national des signaux satellisés. Depuis mai 1998, elle appartient exclusivement à la plus importante société industrielle canadienne, BCE inc. (société mère de Bell Canada), après que BCE eut fait l'acquisition des actions de Télésat appartenant à ses anciens partenaires, Spar Aérospatiale et les autres compagnies faisant partie de Stentor. Télésat possède et exploite trois satellites, Anik E1 et Anik E2, lancés tous les deux en 1991 (pour relayer les communications d'affaires et les signaux de télévision), ainsi que Nimiq, le premier satellite canadien de radiodiffusion directe, lancé en 1999. En mai 1999, le CRTC a approuvé une demande de la part de Télésat en vue de faire déréglementer les tarifs de ses services (à compter du 1er mars 2000).

Téléglobe Inc., anciennement une société publique fondée en 1949, assure les télécommunications vers l'étranger au moyen de câbles sous-marins et de satellites; le réseau qu'elle exploite est un des plus étendus du monde. Téléglobe est également active dans les secteurs des

34. Babe (1990).

communications mobiles par satellite et des nouveaux médias. L'entreprise appartient à 24,3% à BCE, à 12,2% à la Caisse de dépôt et placement du Québec, et à 17,1% à Télésystème ltée (société dirigée par Charles Sirois). En 1998, Téléglobe a fusionné avec Excell Communication, des États-Unis, afin d'accéder au marché des services de téléphonie interurbaine et d'Internet.

Les grandes entreprises de ce secteur sont aussi les principaux transmetteurs de données informatiques. Avec les développements techniques qui sont au cœur du phénomène de la *convergence*[35] et l'implantation des nouveaux médias autour des «autoroutes de l'information», ou «inforoute», les entreprises de télécommunication se sont trouvées propulsées à l'avant-scène du milieu des médias. On ne peut plus parler du système médiatique sans en tenir compte.

Entreprises réglementées par le CRTC (sous la *Loi sur les télécommunications* de 1993; voir l'annexe IV), les compagnies de téléphone sont désormais en concurrence directe avec celles de la câblodistribution; tout comme ces dernières, par ailleurs, elles peuvent depuis peu avoir accès à la propriété de médias. Ainsi, une entreprise telle que BCE est maintenant présente dans plusieurs secteurs, dont la distribution par satellite et les services spécialisés de télévision. Ces activités prennent une telle importance qu'en 1999 la société mère, BCE, a créé une division distincte, BCE Media Inc., pour s'en occuper.

Les tableaux 1.28 et 1.29 (p. 62) présentent des données relatives aux principales entreprises canadiennes de télécommunication.

Le secteur des télécommunications est particulièrement touché par les changements importants survenus dans le domaine de la réglementation des communications au Canada (voir le chapitre 3). En juin 1992, après plusieurs années de délibérations, le CRTC a ouvert le secteur des services téléphoniques interurbains à la concurrence. Puis, en septembre 1994, le secteur de la téléphonie locale est ouvert à la concurrence également. En contrepartie, les entreprises de téléphone se voient autorisées à accéder au marché des services vidéo. Il est trop tôt pour évaluer l'impact définitif de ces bouleversements, mais l'enjeu est de taille et suscite par ailleurs des mouvements de restructuration importants sur le plan de la propriété. Dans les six premiers mois de 1999, à titre d'exemple, la société américaine Ameritech a acquis une participation de 25% dans Bell Canada, AT&T Canada a fait l'acquisition du fournisseur

35. La notion de «convergence» fait référence au rassemblement des technologies de l'informatique, des télécommunications et de la radiodiffusion. Voir *Comité consultatif sur l'autoroute de l'information* (1995, p. 229).

TABLEAU 1.28
Les 10 plus grandes entreprises canadiennes de télécommunication, 1998

Entreprise	Revenus		Profits		Actif		Nombre d'employés
	Rang	000 $	Rang	000 $	Rang	000 $	
BCE Inc.*	1	27454000	1	4598000	1	32072000	58000
Nortel Networks Corp.*	2	26072513	9	(796640)	2	30255076	75052
BCT.TELUS Communications Inc.	3	5772000	2	603000	3	7923200	25000
Téléglobe Inc.*	4	5027433	6	22104	4	4818549	5351
Anglo-Canadian Telephone Co.	5	3520400	3	203600	5	4724500	14350
Rogers Cantel Mobile Communications Inc.**	6	1242925	7	(78555)	7	2023813	2871
Call-Net Enterprises Inc.	7	1227600	8	(236700)	6	2874300	2900
Alcatel Canada Inc.	8	935000	5	86000	9	400000	1900
Mitel Corp.	9	888500	4	91900	8	1237700	6335
Motorola Canada Ltd.	10	838000	n.d.	n.d.	n.d.	n.d.	800

* En janvier 2000, BCE annonçait son intention de se défaire de Nortel Networks Corp., dont 41 % des actions lui appartenaient ; en février 2000, on annonçait son intention d'acquérir Téléglobe inc.

** Filiale de Rogers Communications Inc. Regroupé sous la raison sociale de Rogers AT&T Wireless Communications en janvier 2000.

Source : *Financial Post 500*, 1999.

TABLEAU 1.29
Les revenus de l'industrie du téléphone au Québec et au Canada, 1996

Indicateur	Québec* (000 $)	% du marché canadien	Canada (000 $)
Recettes d'exploitation	8778714	57,7	15201495
Service local	3975090	59,4	6693568
Service interurbain	2422643	47,3	5119071
Autres	2380981	70,3	3388856
Dépenses d'exploitation	6651796	57,3	11600561
Recettes nettes d'exploitation	2126918	59,1	3600934

* Comprend les chiffres de Bell Canada pour le Québec et l'Ontario.

Source : Statistique Canada, *Statistiques du téléphone*, 1996, n° 56-203 au catalogue.

MetroNet, et il y a eu fusion des compagnies BC Tel et Telus, ainsi que des quatre compagnies de télécommunication des provinces atlantiques.

1.3 L'INFOROUTE

1.3.1 Les nouveaux médias sur l'inforoute

Dans son appel d'observation concernant l'audience sur les nouveaux médias qui a eu lieu en 1998, le CRTC décrit les «nouveaux médias» comme :

> [...] englobant, seuls, en combinaison, interactifs ou pas, les services et les produits qui utilisent la vidéo numérique, l'audio, les images et les textes alphanumériques ; et comprenant, en plus d'autres moyens traditionnels de distribution, la distribution numérique sur des réseaux interconnectés localement ou à l'échelle mondiale[36].

Cette définition renvoie particulièrement aux installations, aux communications et aux services interactifs offerts sur Internet. Quant à l'inforoute, aussi appelée autoroute de l'information, autoroute électronique ou nouvelle infrastructure de l'information, elle réfère à une infrastructure technique de base dans laquelle se conçoivent et reposent des applications et services de communications comme Internet, les services de communication sans fil, les systèmes de distribution numérique, etc. De façon plus précise, Lacroix, Tremblay, Wilson et Ménard définissent l'inforoute comme des «réseaux de communication à haut débit capables de transmettre de n'importe quel lieu à n'importe quel lieu, et simultanément, du son, de l'image et du texte sous forme numérique[37]». On peut également concevoir l'inforoute comme étant «[...] la convergence du téléphone et du câble ainsi que du satellite et du micro-ordinateur, qui permettent à quiconque, n'importe où, de recevoir ou de transmettre n'importe quel type d'information[38]».

Avant même que la notion de «convergence» soit popularisée, on se préoccupe déjà, à la fin des années 1970, des relations étroites qui se

---

36. CRTC (1998c).
37. Lacroix et autres (1994b, p. 13).
38. *Ibid.* (p. 13). Selon le *Comité consultatif sur l'autoroute de l'information* (1995b, p. 229), la convergence se définit comme étant le «rassemblement de technologies d'industries ou d'activités auparavant distinctes. Se dit habituellement de la convergence des technologies de l'informatique, de communication et de radiodiffusion».

développent entre les secteurs des télécommunications et de l'informatique[39]. En fait, le mariage de ces secteurs donne un potentiel énorme à deux grands types d'acteurs : les producteurs de matériel et de logiciels informatiques ainsi que les entreprises de téléphonie. Effectivement, les premiers détiennent le savoir-faire et l'expertise informatique tandis que les seconds bénéficient de l'infrastructure technologique appropriée, d'une position de chef de file et d'une clientèle bien établies. Toutefois, suivant le mouvement de déréglementation instauré par le CRTC dans les années 1990 — sur lequel nous nous attarderons au chapitre 3 —, le marché des télécommunications s'ouvre à la concurrence, faisant place à un adversaire de taille : les câblodistributeurs.

Avec la numérisation qui mena à la convergence des technologies, les médias traditionnels (téléphonie, télévision et câblodistribution), qui se distinguaient hier par la nature de leur contenu, évoluent aujourd'hui davantage en tant que « transporteurs de données numériques ».

1.3.2 LES POSSIBILITÉS LIÉES À LA CONVERGENCE

Les entreprises de téléphonie (telcos) et les câblodistributeurs (câblos) investissent largement dans les nouvelles technologies et les nouveaux services, étendant leurs activités à d'autres secteurs. L'enjeu majeur : offrir la bande passante — c'est-à-dire le canal de distribution des informations — la plus performante. Leur différenciation sur le marché passe donc par la gamme de services à valeur ajoutée — unique autant que possible — qu'ils offriront au moyen de leur infrastructure traditionnelle ou par le truchement du réseau Internet. Ainsi, des entreprises de télécommunication comme BCE et AT&T affrontent des câblodistributeurs tels que Cogeco et Vidéotron.

Alors que le branchement à Internet s'effectue habituellement par voie téléphonique, l'évolution technologique permet très vite à un grand nombre d'abonnés de recevoir leur service beaucoup plus rapidement par l'intermédiaire du câble coaxial. En fait, le câble coaxial permet de télécharger des documents à une vitesse allant jusqu'à 100 fois celle de la ligne téléphonique traditionnelle. À la base, donc, les câblodistributeurs possèdent un avantage sur les entreprises de téléphonie : un réseau de distribution composé d'une bande passante plus large leur permettant d'intégrer la plupart des services. Loin de se laisser dépasser, certaines telcos investissent dans la technologie sans fil, notamment les satellites,

39. Canada, Information Canada (1971, p. 18).

TABLEAU 1.30
Portrait de quatre grandes entreprises québécoises engagées dans la convergence, 1998

Caractéristiques	Groupe Vidéotron	QuébecTel	Téléglobe	Bell Canada
Activités traditionnelles	Câblodistribution	Téléphonie	Liens téléphoniques à haut débit	Téléphonie
Nouveaux champs d'intérêt	Internet, téléphonie	Internet, multimédia	Infrastructure d'accès Internet, réseau STM pour distribution de contenu télévisuel	Internet, télévision, multimédia
Chiffre d'affaires (millions de dollars)	900	300	3500	10561

Sources : A. Mondoux, « Les visages de la convergence », *Info-Tech Magazine*, octobre 1998, vol. 19, nº 9, p. 12-16 ; *Financial Post 500*, juin 1999 (pour le chiffre d'affaires de Bell Canada).

qui couvrent de grandes régions et possèdent une large bande passante assurant la distribution de grandes quantités d'informations. D'ailleurs, les deux chefs de file de l'industrie canadienne des communications sans fil en 1997, soit Cantel AT&T et Bell Mobilité, comptaient respectivement 1,4 et 1,1 million d'usagers cette même année[40]. En 1997, des firmes commerciales comme Alcatel et AlphaNet ont également commencé à offrir des services de téléphonie traditionnelle en utilisant le Net. Plus récemment, soit en 1999, la technologie des lignes numériques à paires asymétriques (LNPA) est mise au point. Bell Sympatico a donc la capacité d'offrir à ses abonnés un service 30 fois plus rapide en utilisant toujours l'infrastructure traditionnelle composée de fils de cuivre. Le tableau 1.30 présente le portrait de quatre grandes entreprises québécoises engagées dans la convergence.

La convergence technologique n'est pas sans accroître le phénomène de concentration de propriété. En fait, l'ampleur technologique et géographique du marché des télécommunications amène les entreprises à conclure des alliances stratégiques qui leur permettront d'acquérir les ressources et l'expertise nécessaires pour offrir de nouveaux services de téléphonie et de transmission de données dans de courts délais.

À l'automne 1995, alors que le mot « Internet » était sur toutes les lèvres, 120 entreprises québécoises s'établissent comme fournisseur de

40. Desjardins (1997, p. 16-20).

services Internet. Un an plus tard, on en compte entre 140 et 170, toujours sur le territoire québécois[41]. Il s'agit d'un nombre très élevé si l'on considère les 2600 fournisseurs, la même année, aux États-Unis, un territoire où la population est 40 fois plus importante. En fait, c'est l'accessibilité au marché qui explique la prolifération de ces entreprises. Pourtant, l'arrivée dans la course de grandes firmes de médias telles que Bell Canada ou Vidéotron, qui se livrent une vive concurrence, fait disparaître plusieurs petits fournisseurs de services Internet dans les années qui suivent. D'ailleurs, en 1999, on estimait que Bell Canada détenait entre 15% et 20% du marché canadien des services Internet, comparativement aux fournisseurs indépendants, qui occupaient environ 40% du marché[42].

Outre l'évolution de la technologie numérique, le développement du multimédia favorise la convergence des technologies que sont le téléviseur, la radio, le lecteur vidéo et le téléphone vers un seul média: l'informatique. L'entreprise IBM définit le multimédia comme étant «l'intégration élégante, au sein d'une configuration micro-informatique, d'une série de technologies électroniques capable de produire, d'assembler et de délivrer des informations combinant le texte, le son et l'image[43]». Le marché du multimédia se divise d'abord en deux grandes familles: le multimédia «en ligne» et le multimédia «hors ligne» (voir la figure 1.1). Alors que l'on retrouve le premier sur Internet et les réseaux, l'autre regroupe les titres sur CD-ROM ou autres supports physiques. De plus, deux marchés se côtoient dans l'industrie du multimédia. D'abord, il y a le marché d'affaires, c'est-à-dire d'entreprise à entreprise; ensuite, il y a le marché grand public, qui se divise encore en deux segments, soit le divertissement et l'information.

Le marché grand public est difficile à percer pour les entreprises québécoises, qui doivent se mesurer à la concurrence féroce que représentent les Microsoft, Viacom, Time Warner et autres géants du divertissement. Dans ces conditions, l'industrie québécoise du multimédia, formée principalement de petites et moyennes entreprises, tend à se tourner davantage vers le marché d'affaires. Pour ces jeunes entreprises, l'autre façon de consolider leur position dans le marché passe par l'établissement d'alliances stratégiques. Autour des années 1995-1996, de grands groupes de communications établis dans les médias «traditionnels» entrent donc dans la partie. Quebecor et le Groupe Transcontinental (GTC) sont les premiers grands groupes à investir et acquièrent de

41. Amiot (1996, p. 14-17).
42. Grandmont (1999, p. A6).
43. Salwyn (1998, p. B4).

FIGURE 1.1
Les services électroniques et le multimédia à l'intersection de trois industries: l'informatique, les communications et le contenu

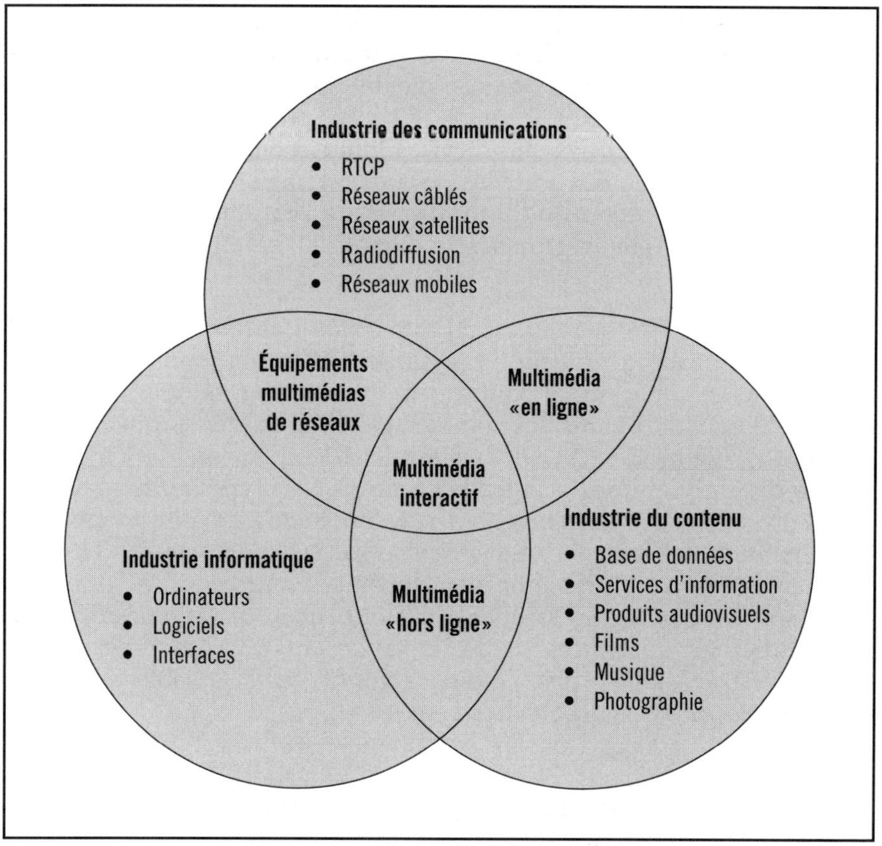

Source: Bureau de la statistique du Québec, « Enquête sur l'industrie québécoise des services électroniques et du multimédia — Analyse descriptive », octobre 1997, tirée de Devotech, « Développement d'un environnement multimédia en Europe », tirée de « L'infrastructure mondiale de l'information et la société mondiale de l'information (GII-GIS): recommandations pour l'action des pouvoirs publics », OCDE, 1997.

l'expertise en absorbant des entreprises de ce secteur. Ainsi, par ses acquisitions stratégiques, Quebecor Multimédia devient en 1996 le plus important distributeur de CD-ROM de langue française au Canada. Quant à Transcontinental e.média, ses coentreprises lui permettent de se classer au premier rang dans les secteurs de l'édition et de la diffusion d'informations électroniques au Québec. De plus, cette filiale de GTC devient l'un des plus importants fabricants de disques compacts audio et de CD-ROM en Amérique du Nord. Plus récemment, soit en 1998, l'entreprise de télécommunication QuébecTel s'est jointe à l'industrie du multimédia en créant MétaMédia, en coentreprise avec la firme de production RGB.

En 1996, selon une enquête menée par le Bureau de la statistique du Québec, les revenus liés à la production multimédia au Québec ont été de 53 millions de dollars tandis que le nombre d'emplois dans le domaine s'est élevé à 1809. Toutefois, 70 % des producteurs multimédias offraient cette même année des services Internet étant donné leur faible chiffre d'affaires relié aux activités de production : 285000 $[44]. De 1995 à 1998, l'industrie québécoise du multimédia a pratiquement doublé, de sorte qu'en 1998 elle regroupait quelque 600 entreprises employant 3400 personnes[45].

Le gouvernement joue aussi un rôle important dans le déploiement de l'industrie du multimédia. En plus des différents fonds offerts, des mesures de crédits d'impôt contribuent à la mise en œuvre de certains projets. Ainsi, des organismes comme la Société de développement des entreprises culturelles (SODEC) stimulent l'expansion de l'industrie grâce à des programmes d'aide à la production de type multimédia, à la recherche et au développement des technologies de l'information, à l'amélioration des compétences en sciences et technologies, etc. De plus, en créant la Cité du Multimédia, dans le Vieux-Montréal, en 1998, le gouvernement du Québec favorisait le développement du secteur en offrant aux entreprises désireuses de s'y installer, en plus des programmes d'aide déjà existants, des crédits d'impôt remboursables pouvant atteindre jusqu'à 60 % des salaires versés.

1.3.3 PROFIL DES DIVERS SECTEURS DES MÉDIAS SUR L'INFOROUTE

multimedia = ?

Le multimédia dans Internet

La commercialisation en ligne du multimédia, comme pour tout autre produit ou service annoncé dans Internet, n'est pas sans risque. En fait, le phénomène de gratuité, longtemps associé à Internet, amène plusieurs producteurs multimédias méfiants à éviter de faire affaire sur le réseau des réseaux. D'ailleurs, la question du respect des droits d'auteur pose encore des problèmes sur le plan juridique dans un réseau non régle-

44. Bureau de la statistique du Québec (1997).
45. Presse Canadienne (1998b).

menté, aux interconnexions internationales. Aussi, la sécurité au chapitre des transactions financières et la protection de la vie privée sont des préoccupations qui ramènent constamment à la surface la question de légiférer ou non.

La téléphonie Internet

Vu la portée mondiale d'Internet, il est maintenant possible pour les internautes d'échanger entre eux, quel que soit leur emplacement géographique. Ainsi, la technologie Internet, tout comme son nom l'indique, permet aux utilisateurs de communiquer par téléphone dans Internet, et ce sans tenir compte des notions de frais et d'indicatifs régionaux. Autrefois peu utilisé à cause de sa qualité de transmission médiocre, ce type de communication semble aujourd'hui menacer les entreprises traditionnelles de téléphonie comme Bell Canada, qui bénéficiaient autrefois du monopole sur leur territoire. En effet, de nouvelles normes de téléphonie traditionnelle et de compatibilité entre les différents logiciels sont apparues et la technologie s'est développée, améliorant ainsi la qualité de la communication. Dans ces conditions, la concurrence de la téléphonie Internet s'ajoute à celle des entreprises nouvellement actives sur le marché depuis la vague de déréglementation dans le secteur.

La radiodiffusion dans Internet

Dans le secteur de la radiodiffusion, les progrès dans le domaine de la technique de compression numérique ont contribué à la mise au point de lecteurs multimédias permettant la webdiffusion (ou *webcasting*), c'est-à-dire la transmission et la réception dans Internet de son et d'images en flux continu. En fait, l'arrivée sur le marché du logiciel de transmission RealAudio, créé pour véhiculer, en direct ou en différé, des sources audionumériques, a permis l'apparition d'une multitude de stations de radio dans Internet. Alors que certaines retransmettent en direct la programmation de leur station officielle, d'autres diffusent uniquement dans Internet, faisant du réseau des réseaux un excellent moyen d'expression pour les groupes alternatifs ou les individus friands de musique. En ce qui a trait aux signaux télévisuels, ils peuvent être transmis et reçus grâce au logiciel RealPlayer. Par contre, la qualité de la diffusion dans Internet est encore loin d'égaler celle de la télévision traditionnelle. Par conséquent, l'utilisation de systèmes de vidéo sur demande et la création de stations de télévision dans Internet devront patienter encore quelque temps.

À la fin de l'année 1997, on comptait 40 sites Web créés par des entreprises québécoises de radio et de télévision comparativement aux 17 qui étaient présents dans Internet à la fin de l'année 1995[46]. Le premier arrivé fut celui de la Société Radio-Canada en 1995. Toutefois, c'est uniquement en 1996 que la SRC commença à retransmettre la programmation radio en direct. Interactif[47] est actuellement le seul site québécois diffusant uniquement dans Internet. Lancé en mars 1998, il offre sporadiquement une émission de radio portant sur les nouvelles technologies. Pour ce qui est des autres sites, peu d'entre eux diffusent de la programmation radiophonique ou des extraits d'émissions de télévision. En fait, les informations qu'on y trouve portent bien souvent sur le contenu d'émissions de télévision particulières. On retrouve également des palmarès, des grilles-horaires ou des transcriptions d'émissions. Il peut également arriver que certains sites ne servent que de vitrine promotionnelle aux entreprises de radiodiffusion.

La presse dans Internet

La presse écrite québécoise s'est implantée rapidement dans Internet entre 1995 et 1997. En ce qui concerne les magazines traditionnels, on en comptait à peine une douzaine dans le réseau à la fin de l'année 1995. Ce nombre est passé à 64 à la fin de 1997. Toutefois, quantité n'étant pas synonyme de qualité, plusieurs de ces publications manquent manifestement d'originalité sur le plan du contenu. En fait, une grande partie d'entre elles ne diffusent que le sommaire des derniers numéros, un minimum d'articles ainsi qu'un coupon d'abonnement à la version papier. Pour ce qui est des journaux québécois, 28 prenaient place dans le Net à la fin de 1997 comparativement aux 6 dénombrés à la fin de 1995. Ajoutons à ce nombre 17 journaux étudiants. Qu'ils soient quotidiens ou hebdomadaires, plusieurs d'entre eux — tout comme certains magazines — offrent un contenu qui laisse à désirer. En fait, ce sont les publications bien soutenues financièrement tel *Le Journal de Montréal* qui, avec les années, semblent le mieux s'en tirer sur le Net. Finalement, en ce qui a trait aux magazines électroniques, le Québec en rassemble 56[48]. En fait, ce dernier type de publication s'est multiplié rapidement sur le réseau, le retrait ou l'intégration de contenu étant aisés pour les internautes. Il n'est pas étonnant de constater que plusieurs cybermagazines, issus pour la plupart de la passion de leur créateur, brillent par leur dynamisme et leur originalité. Toutefois, bon nombre d'entre eux sont

46. Lapointe (1999).

47. Produit par trois professionnels: René Barsalo, expert en matière de design d'interface, et deux journalistes spécialisés en nouveaux médias, Michel Dumais et Bruno Guglielminetti.

48. Lapointe (1999).

appelés à disparaître, leur situation devenant précaire faute de revenus nécessaires à la création de leur contenu.

La publicité dans Internet

La publicité s'est installée dans Internet dès 1995. Au Québec, le plus gros annonceur est également la plus grande entreprise de télécommunication : Bell Canada. Elle est d'ailleurs la première à s'y être risquée par l'intermédiaire de l'agence Cossette. Aujourd'hui, d'autres grandes entreprises québécoises, notamment du secteur financier, comme la Banque Nationale, ont suivi. Quant aux agences de publicité québécoises, elles ont pratiquement toutes fait le saut. Toutefois, la publicité sur le Web échappe de plus en plus aux agences de publicité traditionnelles. Par exemple, aux États-Unis, près de la moitié des bandeaux publicitaires sont réalisés par de nouvelles agences exclusivement consacrées à Internet[49]. Côté financement, en 1996, le budget total pour une publicité Internet québécoise était de 350000 dollars en moyenne. Il est passé à 1,4 million de dollars en 1997 et on l'estimait à 5 millions de dollars en 1998, soit 0,15% des dépenses publicitaires totales au Québec[50]. Au Canada, le Bureau de la publicité Internet (IAB Canada) estimait que les revenus engendrés par la vente d'espace publicitaire dans Internet atteignaient presque les dix millions en 1997 comparativement aux quelque 8,4 millions un an plus tôt[51]. L'étude du IAB Canada prédisait des revenus de 22,9 millions en 1998 et de 56,9 millions en 1999. De plus, l'étude montre que le secteur des services financiers a dominé tous les autres en 1997 au chapitre de la publicité dans Internet, avec 2,1 millions. Cette augmentation démesurée s'explique par l'accroissement explosif du nombre d'internautes chaque année. Par ailleurs, la proportion des revenus cyberpublicitaires au Québec serait supérieure à celle du reste du Canada. Ainsi, en 1997, le Québec générait plus de 31% de l'enveloppe canadienne[52]. Cependant, annoncer dans le Web est encore problématique de nos jours. D'abord, les formats de bandeaux publicitaires sont différents d'un site à l'autre. Ensuite, les outils de mesure pour quantifier l'«achalandage» sont variés et peu fiables. Finalement, il manque encore de solides études sur les retombées d'une publicité dans le Web.

49. Bélanger (1997, p. 41-44).

50. Dumais (1998, p. 26-28).

51. *Le Devoir* (1998, p. B3).

52. Dumais (1998, p. 26-28).

TABLEAU 1.31
Le système médiatique au Québec : mode de propriété, réglementation et sources de financement des médias — synthèse

Média	Réglementé/non réglementé	Modes de propriété	Sources de financement
Presse écrite	Non réglementé	Privé	Publicité, ventes
		Communautaire	Subventions, publicité, contributions des communautés locales et régionales, ventes
Radio	Réglementé	Privé	Publicité
		Public	Octrois gouvernementaux
		Communautaire	Subventions, publicité, contributions des communautés locales et régionales
Télévision	Réglementé	Privé	Publicité
		Public	Octrois gouvernementaux et publicité
		Communautaire	Subventions, contributions des communautés locales et régionales, contributions des câblodistributeurs
Câblodistribution	Réglementé	Privé	Abonnements
Satellites	Réglementé	Privé	Abonnements
Téléphonie	Réglementé	Privé	Abonnements
Inforoute	Ne fait pas actuellement l'objet d'une réglementation	Privé, public, communautaire	Abonnements, publicité, fonds publics et privés

CHAPITRE 2

L'économie politique des médias

public = bénéficie de subventions gouv. qui l'aident à
remplir son mandat (meilleure qualité de l'info.)
contribue à promouvoir spécificité culturelle

MAIS
régi par gouv. donc soumis à ses règlements
donc restreint par rapport à l'expression de
l'opinion publique

PLAN

2.1 Introduction à l'économie politique des médias
2.2 La concentration du capital
2.2.1 L'émergence d'un système mixte
2.2.2 Les premiers mouvements de concentration
2.2.3 La commission Kent
2.3 Les enjeux sociopolitiques de la concentration de la propriété
2.3.1 Liberté d'information *vs* liberté d'entreprise
2.3.2 Impératifs sociopolitiques *vs* impératifs économiques
2.3.3 Règles étatiques *vs* règles du marché
2.3.4 Pouvoir de l'information *vs* pouvoirs publics
2.4 La situation actuelle de la propriété à l'échelle nationale et internationale
2.4.1 Portrait de la concentration dans le milieu des communications au Québec
2.4.2 Les géants des médias à l'échelle internationale
2.4.3 L'ère de la consolidation et de la diversification
2.5 La situation financière des médias
2.6 Les médias en tant qu'industries culturelles
2.7 Commerce, culture et mondialisation

privé = non soumis à réglementation de l'État
+ de chance aux petits entrepreneurs
pluralité des entreprises
meilleure représentation de l'opinion publique
MAIS
- ne bénéficie pas des subventions que reçoit public
doit financer sa propre entreprise
(entraîne esprit de capitalisme et marchandisation, rentabilité)
échappe à la maîtrise de l'État (sur les contenus)

2.1 INTRODUCTION À L'ÉCONOMIE POLITIQUE DES MÉDIAS

Les transformations qu'a connues au cours des dernières années le secteur des médias ont amené de nombreux analystes à étudier les phénomènes médiatiques sous l'angle particulier de l'*économie politique des communications de masse*[1]. Réduite à sa plus simple expression, cette perspective est construite sur la notion que les facteurs d'influence et d'orientation de l'évolution des médias sont toujours de nature économique et politique. La perspective de l'économie politique permet également de dégager les relations de pouvoir qui structurent l'impact social et culturel des médias.

Placé sous cet éclairage particulier, le secteur des médias est caractérisé par les phénomènes suivants:

— Historiquement, l'implantation des médias fut marquée, à chaque étape de l'innovation technologique, par un processus d'*industrialisation*, où la production et l'usage du nouveau média sont passés d'un stade plutôt artisanal à un stade de diffusion de masse; ce fut le cas depuis la télégraphie jusqu'à Internet, en passant par la presse écrite, la radio, la télévision, etc. L'industrialisation des médias arrive toujours à un moment particulier dans le développement d'une société: l'émergence des journaux de masse en Amérique du Nord, par exemple, fut directement reliée à la généralisation de l'alphabétisation et à la parution d'un public urbanisé au début du XXe siècle; celle de la radio, puis de la télévision, s'inscrit dans le développement d'une société de consommation vers le milieu du siècle; aujourd'hui, l'épanouissement d'Internet est le résultat de l'extension de l'informatisation, d'une population plutôt scolarisée et de la restructuration des milieux de travail et des loisirs.

— Les médias sont souvent, au départ, l'affaire de gens épris d'idéaux démocratiques, qui y voient des moyens privilégiés de communication avec leurs pairs. Une fois passés au stade de l'industrialisation, cependant, ils deviennent inévitablement marqués par la *marchandisation*, c'est-à-dire l'impératif de rationaliser toutes leurs activités selon des critères économiques de rentabilisation. Lors de ce processus, les médias non commerciaux sont plus ou moins marginalisés. Le seul cas d'exception important à cette tendance est celui des radios et des télévisions de service public, qui ont vu le jour dans les années 1930 et qui sont encore aujourd'hui au cœur des systèmes

1. Voir, entre autres, Mosco (1988), Babe (1995) et Charon (1991). Pour une synthèse, voir Raboy (1991a, p. 183-213).

médiatiques dans de nombreux pays. Le besoin d'inciter les médias à servir aussi à des fins autres qu'économiques a poussé la plupart des États à intervenir dans le secteur par différentes mesures réglementaires.

— Progressivement, avec l'implantation de l'industrialisation et de la marchandisation des médias, ce secteur devient attrayant pour les investisseurs et les promoteurs économiques en général; dès ce moment, on voit apparaître le phénomène de la *concentration* de la propriété, c'est-à-dire la tendance à réduire le nombre d'acteurs économiques dans le secteur en créant des sociétés de plus en plus organisées et interreliées. Le système médiatique québécois dans son ensemble est au stade de la maturité en ce qui concerne la concentration, comme nous allons le voir. Mais la concentration fait en sorte que les grandes lignes d'orientation des secteurs touchés se fondent sur les intérêts économiques dominants, indépendamment de l'impact que cela pourrait avoir sur la société ambiante.

— La présence simultanée des services publics et commerciaux dans le système médiatique québécois a permis d'établir un certain équilibre entre les impératifs économiques et socioculturels. Cependant, la période récente est aussi caractérisée par la tendance vers la *privatisation* qui commence à marquer l'économie dans son ensemble. En ce qui concerne les médias, cela signifie notamment que l'on commence à considérer les services publics comme des services secondaires, et que le développement du système est axé sur des projets qui bénéficieront surtout au secteur privé. Cela se manifeste de manière différente selon le secteur: ainsi, dans la presse écrite, il s'agit de laisser aller les projets de concentration de la propriété; dans la radio et la télévision, on coupe les budgets aux services publics tout en constituant de nouvelles sources de revenus pour les services commerciaux privés; les secteurs de la distribution et des télécommunications évoluent entièrement sous le signe de l'entreprise privée (quoique les activités des entreprises demeurent réglementées), et il n'est pas question d'assujettir les nouveaux médias à une réglementation.

— Ce que nous venons de décrire indique aussi que nous sommes actuellement dans une phase de *déréglementation* par rapport aux médias. Il faut cependant nuancer ce terme parce que, en fait, l'État reste présent dans le secteur des médias de maintes façons. Fait plus important, l'État est encore investi de divers pouvoirs qu'il peut déployer le moment venu pour influer sur l'orientation des médias (dans le sens macrosocial, bien sûr; nous ne prétendons pas que l'État, dans une société démocratique, puisse «contrôler» ce que dira tel journal ou telle radio). Mais la déréglementation signifie que l'État aujourd'hui choisira d'intervenir surtout quand il estimera que les intérêts économiques des industries faisant partie de sa «clientèle» sont menacés. Les interventions en faveur des objectifs sociaux ou culturels sont plus difficiles à justifier dans un contexte de déréglementation.

Enfin, la période actuelle est caractérisée par tout ce que peut désigner la notion de *mondialisation*. Cela veut dire essentiellement que ce qui, autrefois, était perçu comme étant propre à un territoire national donné doit désormais être considéré globalement. Les industries médiatiques ne reconnaissent plus les frontières nationales; les contenus qu'elles diffusent non plus. Les États nationaux sont moins souverains qu'autrefois pour ce qui est de définir des politiques publiques touchant les médias, et ils doivent composer avec les régimes de commerce internationaux auxquels ils choisissent — souverainement! — de souscrire. Par ailleurs, la mondialisation signifie aussi que les populations s'identifient désormais de plusieurs façons, et non seulement en tant que «nations». Conjugée à l'explosion technologique, et dans la mesure où les nouveaux médias vont demeurer accessibles, la mondialisation présente également des possibilités inouïes de communication et de mise en réseaux de groupes et d'individus dispersés dans le monde entier.

Voilà donc un bref tour d'horizon de notre perspective générale sur les médias. Dans ce contexte, que nous tenterons ici de définir plus en détail en nous reportant à la situation québécoise, les multiples contraintes qui limitent la marge de manœuvre et la portée des médias n'entravent-elles pas l'accomplissement de la mission démocratique qui leur est confiée[2]? Dans la mesure où la réponse à cette question est positive, il y aura lieu plus tard de se pencher sur des pistes de solution possibles à ce problème.

2.2 LA CONCENTRATION DU CAPITAL

La concentration du capital est un phénomène auquel ne semble échapper aucun secteur économique. En effet, depuis le début du siècle, les grandes entreprises se sont grandement diversifiées et les sociétés par actions ont progressivement fait place à des sociétés de portefeuille (*holdings*) qui connaissent un rayonnement international. Il est devenu extrêmement difficile pour les plus petites entreprises, à capital de risque

2. Voir, par exemple, Trudel (1991).

limité, de résister à ce mouvement général d'absorption et d'intégration qui caractérise le marché mondial actuel et qui diminue de façon importante presque toute possibilité de compétition. Alfred Chandler[3] a bien démontré que la concentration et l'internationalisation du capital, la fusion du capital industriel et du capital bancaire dans ce qu'on appelle le «capital financier» et enfin l'intégration des différents secteurs de production sont des manifestations concrètes du capitalisme dans sa phase monopoliste.

Les médias n'ont pu échapper, bien sûr, à ce mouvement général de l'économie mondiale. Aussi, depuis la fin de la Seconde Guerre mondiale, a-t-on vu disparaître, au Canada comme au Québec, un grand nombre d'entreprises de ce secteur au profit de grandes sociétés qui ont su y concentrer leurs activités ou qui ont profité d'une conjoncture des plus favorables pour ajouter à celles-ci (qui n'ont souvent rien en commun avec les médias) ce nouveau créneau commercial.

Pour illustrer notre propos, prenons comme exemple le cas de Power Corporation. À l'origine propriétaire de deux grandes compagnies de transport (Canada Steamship Lines et Voyageur[4]), cette entreprise s'est peu à peu intéressée au domaine des médias. Acquérant au fil des ans quotidiens, hebdomadaires, stations de radio et de télévision, elle créait simultanément des firmes de gestion pour les administrer. Ainsi Power Corporation détient-elle la société Gesca ltée, elle-même propriétaire de *La Presse*, ainsi que Les Journaux Trans-Canada (1982) inc., entreprise qui possède à son tour trois quotidiens (*Le Nouvelliste*, *La Tribune*, *La Voix de l'Est*) de même que Publi-Hebdo inc., éditeur de cinq hebdomadaires régionaux. Les bénéfices enregistrés par ces entreprises ne représentaient cependant en 1997 que 4 % des gains nets de Power Corporation[5].

Depuis une trentaine d'années, tous les quotidiens publiés au Québec, à l'exception du journal *Le Devoir*, sont tombés entre les mains de trois groupes — Quebecor, Hollinger et Power Corporation. À lui seul, un de ces groupes — Hollinger — détient 56,2 % de tous les journaux quotidiens du Canada, ce qui constitue un taux de concentration «record» dans le monde industrialisé. Ensemble, ces groupes chapeautent par ailleurs plus de 75 quotidiens au Canada, aux États-Unis, en Angleterre et en Israël, 68 hebdomadaires régionaux québécois, de nombreux hebdomadaires canadiens et américains, une cinquantaine de magazines et périodiques spécialisés, 18 stations de radio au Québec et

3. Chandler (1962) résumé par Sales (1979, p. 33-39).
4. Power Corporation s'est cependant départie de ces deux entreprises il y a quelques années. Elle n'a donc plus d'intérêts actuellement dans l'industrie du transport.
5. Power Corporation, rapport annuel 1997.

en Ontario, 5 stations de télévision, des imprimeries, des entreprises de messageries, des papetières, une chaîne de librairies, etc. !

Les médias électroniques n'échappent pas à ce phénomène. Au Québec, deux groupes — Vidéotron et Cogeco — accaparent 85 % du marché de la câblodistribution ; ces deux mêmes groupes possèdent entre eux 50 % des stations de télévision traditionnelle. Dans le domaine de la radio, deux groupes — Télémédia et Radiomutuel — dominent. Toutefois, au moment où nous écrivions ces lignes, Astral Communications, possédant déjà 24,4 % de Radiomutuel, faisait une offre d'achat afin d'acquérir la part restante des actions de l'entreprise. En approuvant la transaction, le CRTC a permis au groupe Astral de devenir un acteur important dans le secteur de la radio. Déjà dominant dans la sphère de la télévision spécialisée, payante et à la carte, Astral Communications, à la suite de l'acquisition de Radiomutuel, détient 13,5 % de l'auditoire télévisuel au Québec[6]. Il possède, entièrement ou en partie, 9 des 15 chaînes spécialisées francophones — en comptant les 4 services qui obtenaient l'autorisation du CRTC en 1999 —, ce qui lui assure la mainmise sur 60 % du marché des services spécialisés francophones au Canada[7].

Enfin, dans le secteur des télécommunications, la concentration frôle la caricature. En 1989 — dernière année pour laquelle nous disposons des chiffres officiels —, BCE (Bell) possédait plus de 90 % du marché québécois de la téléphonie ; la part de son seul concurrent, Québec-Téléphone, représentait 8,7 %, ce qui totalise 98,7 % pour les deux groupes[8]. En 1999, on attendait une percée sur le marché de la téléphonie locale des géants de la câblodistribution, Vidéotron et Cogeco.

Si, pour les propriétaires, la concentration assure la « viabilité » des médias, elle comporte toutefois de grands dangers sur le plan de l'uniformisation des contenus. La pluralité des points de vue, le droit à une information diversifiée, l'autonomie des journalistes sont des notions qui risquent un jour de disparaître si elles ne sont protégées par aucune mesure. De même la liberté de presse se trouve-t-elle reléguée au second plan au profit du droit de propriété que s'arrogent les capitaines de l'industrie. Du détenteur de la majorité des actions d'un groupe de presse au personnel des différents médias qui composent ce groupe, le seul message qui arrive à destination est très souvent celui du premier, les praticiens de la communication — et encore davantage les consommateurs — se voyant alors laissés-pour-compte.

6. Bérubé (1999, p. A1).

7. Cauchon (1999e, p. B10).

8. Meunier et Leclerc (1989, p. 29).

TABLEAU 2.1
Part (%) relative du marché détenue par chacun des principaux groupes de communication au Québec, selon les secteurs, 1998

Groupe	Quotidiens	Hebdos	Magazines	Radio	Télé traditionnelle	Télévision spécialisée*	Câblodistribution**	Téléphonie locale
Quebecor	39,0	16,1	13,7		††4,2	1,9		
Hollinger	31,1	8,2						
Rogers***			7,1			3,8		
Vidéotron***					29,2	15,4	73,2	‡‡
GTC		32,6	7,8†					
Power Corp.	27,1	3,0		†††5,3	†††4,2			
Télémédia			15,9†	‡9,6				
Cogeco				1,8	††20,8	9,6	11,7	‡‡
Radiomutuel				‡10,5		7,7		
Radio-Nord				6,1	20,8			
Astral						26,9		
BCE (Bell)								‡‡‡90,0
Québec-Téléphone								‡‡‡8,7
Total	**97,2**	**59,9**	**44,5**	**33,3**	**79,2**	**65,3**	**84,9**	**‡‡‡98,7**

Note : La part relative du marché désigne ici des éléments différents selon le média concerné. Pour les quotidiens et les hebdos, c'est le tirage qui est retenu. Pour ce qui est des magazines, l'indicateur a été établi à partir des ventes totales des titres possédés par rapport à l'ensemble des exemplaires vendus des magazines grand public. Dans le cas de la radio et de la télévision traditionnelle, il s'agit du nombre de stations possédées par rapport à l'ensemble des stations commerciales privées. Pour la télévision spécialisée, il s'agit du nombre de services possédés par rapport au total des services de télévision payante, spécialisée et à la carte offerts au Québec aux abonnés des services de télédistribution. Dans le cas de la câblodistribution, c'est le nombre d'abonnés au service de base. Pour ce qui est de la téléphonie locale, nous avons tenu compte du nombre total de lignes d'accès.

* Ne tient pas compte de quatre nouveaux services autorisés en 1999.

** Données de 1997.

*** Ne tient pas compte de l'acquisition de Vidéotron par Rogers annoncée en janvier 2000. Les intérêts de Vidéotron dans la télévision traditionnelle ne sont pas compris dans la transaction, qui, d'ailleurs, reste à approuver par le CRTC.

† Ne tient pas compte de l'acquisition des magazines de Télémédia par GTC en janvier 2000.

†† Quebecor et Cogeco font tous les deux partie du consortium qui possède les deux stations de Télévision Quatre Saisons.

††† Ne tient pas compte de la vente des stations de radio et de télévision de Power à Corus Entertainment, filiale de Shaw Communications, en septembre 1999. La transaction n'avait pas encore été approuvée par le CRTC au moment de mettre cet ouvrage sous presse.

‡ Télémédia et Radiomutuel détiennent en commun deux stations sous la raison sociale de Radiomédia. Par ailleurs, Radiomutuel a fait l'objet en 1999 d'une offre d'achat d'Astral, offre soumise à l'approbation du CRTC.

‡‡ Vidéotron et Cogeco devaient commencer leurs activités dans la téléphonie locale vers la fin de 1999. Ils effectuaient des tests au moment de mettre ce livre sous presse.

‡‡‡ Données de 1989.

Sources : *CARD*, mai 1998 (pour les quotidiens) ; *Info Presse Communications, Guide annuel des médias 1998* (pour les hebdos) et *1999* (pour les magazines) ; Ministère des Communications, *La concentration des marchés dans les secteurs des communications au Québec et au Canada depuis 1980*, octobre 1989 (pour BCE [Bell] et Québec-Téléphone) ; rapports annuels 1996-1997 de Vidéotron et Cogeco ; CRTC, divers relevés statistiques et financiers (pour la radio, la télévision et le câble), notre compilation.

Pour bien évaluer la portée de la concentration de la propriété sur le système médiatique québécois, il est essentiel de connaître les secteurs et les événements qui sont à l'origine de ce phénomène. Faisons donc un bref retour en arrière.

2.2.1 L'ÉMERGENCE D'UN SYSTÈME MIXTE

Il y a cent ans à peine, les entreprises de presse naissaient de la volonté des citoyens — issus en majorité de la nouvelle classe moyenne — d'exprimer leurs attentes et leurs convictions politiques. Sous l'effet de l'industrialisation, les fins commerciales prirent cependant le pas, là comme ailleurs, sur les visées idéologiques. Aussi, quand certains propriétaires de journaux et manufacturiers d'appareils se portèrent acquéreurs des premières stations de radio (*La Presse*: CKAC; Marconi: CFCF, pour prendre ces exemples), l'État crut-il nécessaire d'intervenir pour rapatrier ce monopole vers le secteur public. Cette première réaction n'eut cependant pas de suite — par manque de volonté politique, sans doute. La radio se constitua donc en système «mixte» (public et privé), lequel régit encore aujourd'hui les médias électroniques.

L'État, par l'entremise de la Société Radio-Canada, gardait toutefois la mainmise sur la télévision, sous réserve de l'accès aux signaux américains pour les habitants des régions frontalières. Dès les années 1950 s'implanta ainsi à Montréal la société Rediffusion, filiale d'une firme britannique qui offrait un service de retransmission des signaux américains moyennant le branchement, par fil électrique, à la source d'émission principale. À partir de 1960, le gouvernement conservateur de l'époque autorisa la création de stations de télévision privées et à caractère commercial. Le système mixte s'étendant à la télévision, la concurrence (on ne peut parler encore de «concentration») commençait dès lors à s'installer.

Le succès de Rediffusion encouragea ensuite certaines entreprises à se lancer dans la câblodistribution. Laissé entièrement entre les mains d'entrepreneurs privés spécialisés — à qui l'État accordait des permis d'exploitation par territoire (à caractère exclusif, donc) —, ce nouveau secteur tombait du coup sous la règle du monopole.

Les médias parallèles ou communautaires, tiers secteur non commercial et non étatique apparu dans les années 1960, constituaient alors la seule brèche dans la montée progressive du monopole. Après une période d'épanouissement dans les années 1970, leurs activités ralentirent passablement au cours des années 1980.

En 1964, un nouveau journal «tabloïd», façonné d'après le modèle britannique, faisait son entrée sur le marché des quotidiens. Profitant de l'arrêt temporaire de la publication de *La Presse* (à cause de la grève de ses employés), Pierre Péladeau, jusque-là éditeur d'hebdomadaires dans les régions périphériques de Montréal, lançait *Le Journal de Montréal*. Devant le succès immédiat que connut la nouvelle publication, Péladeau décida de répéter l'exploit à Québec. La question de la concentration ne se pose cependant pas à ce moment-là dans le milieu de la presse, l'événement étant interprété alors comme un simple *success story*.

2.2.2 Les premiers mouvements de concentration

Quand en 1967 le journal *La Presse*, «le plus grand quotidien français d'Amérique», détenu par une famille de la grande bourgeoisie montréalaise, fut vendu à l'homme d'affaires Paul Desmarais — qui s'était fait remarquer quelques années auparavant lors de l'acquisition de trois quotidiens locaux (*Le Nouvelliste* de Trois-Rivières, *La Voix de l'Est* de Granby et *La Tribune* de Sherbrooke) —, on commença à s'inquiéter quelque peu. Car si Paul Desmarais ajoutait ainsi le titre d'éditeur à ses autres fonctions, il continuait néanmoins, grâce à ses multiples activités, à être perçu avant tout comme un grand entrepreneur, une étoile montante dans les milieux d'affaires québécois et canadien. Les activités de publication de Paul Desmarais allaient plus tard être regroupées en deux sociétés, Gesca ltée et Les Journaux Trans-Canada (JTC), puis intégrées par la suite à Power Corporation, créée pour chapeauter l'ensemble des entreprises du nouveau magnat.

On avait déjà remarqué à l'époque que les médias les plus puissants appartenaient presque toujours à des représentants du grand capital (souvent de très vieille souche). Mais le cas Desmarais était le premier exemple, dans le contexte québécois, de «barons de la presse» financiers qui, sans nourrir un intérêt particulier pour la presse comme telle, se mettent à faire l'acquisition de journaux à des fins essentiellement commerciales (Roy Thomson, par exemple, prit possession à partir des années 1940 de plusieurs journaux régionaux partout au Canada).

On ne s'étonnera pas que le spectre de la concentration et la menace — théorique tout au moins — à la liberté d'expression et au pluralisme de l'opinion que représentait ce phénomène de plus en plus envahissant aient été au cœur des débats qui donnèrent naissance, en 1969, à la Fédération professionnelle des journalistes du Québec (FPJQ). La même année, le gouvernement de Jean-Jacques Bertrand invitait une commission spéciale de l'Assemblée nationale à se pencher sur la question de la liberté de la presse au Québec. Lors de ces audiences, on fit grand cas des inquiétudes liées à ce nouvel aspect de la propriété. Poursuivi brièvement en 1970 sous le gouvernement Bourassa, le travail de la commission parlementaire resta cependant inachevé. Sous la pression de l'opinion publique, le premier ministre intervint cependant en 1973 quand Paul Desmarais manifesta l'intention d'acheter *Le Soleil*. (Le quotidien fut finalement vendu à Jacques Francœur, un ancien associé de Desmarais, puis plus tard revendu à la firme Hollinger de Conrad Black.)

Au tournant des années 1970, la conjoncture économique étant défavorable à plusieurs éditeurs de journaux indépendants, on vit plusieurs titres, tant anglais que français, mis aux enchères. C'est alors que fut acquis le *Montréal-Matin* par le groupe Power Corporation (qui en interrompit toutefois la publication quelques années plus tard); à Québec, on fut contraint de fermer l'*Action catholique*; le *Chronicle Telegraph* fut transformé en hebdomadaire; enfin, le quotidien *The Gazette* fut vendu à la chaîne Southam et le *Montreal Star* à la chaîne FP, qui fut cédée plus tard à Thomson (en 1979, Thomson mit cependant fin à la publication du *Montreal Star*, ne le trouvant pas assez rentable). Le marché québécois de la presse francophone se trouvait donc en 1980 entre les mains de trois groupes: Power Corporation (P. Desmarais), Quebecor (P. Péladeau) et Unimédia (J. Francœur), tous absents du décor 15 ans auparavant.

Une situation semblable — quoique beaucoup moins prononcée — se dessinait à la même époque dans le reste du Canada. Le groupe Southam, propriétaire d'une douzaine de journaux à grand tirage dans les principaux marchés canadiens, et le groupe Thomson, à la tête d'une quarantaine de journaux (dont le *Winnipeg Free Press*, *The Ottawa Journal* et le très prestigieux *Globe and Mail* de Toronto), dominaient en effet en 1980 le marché anglophone de la presse écrite. S'ajoutaient à cela le groupe Toronto Sun, qui publie des journaux du même type que Quebecor, ainsi que quelques groupes régionaux. Contrairement à ce qui prévalait alors au Québec, le quart du tirage au Canada anglais était réalisé par des entreprises indépendantes — comprenant le *Toronto Star*, de propriété familiale. Mentionnons que ce journal, qui a le plus fort tirage et enregistre le plus haut chiffre d'affaires au Canada, est lui-même à la tête d'une chaîne, Torstar, qui a des intérêts dans les hebdos et, depuis 1999, dans d'autres journaux quotidiens ontariens.

2.2.3 La commission Kent

Le 27 août 1980, par une coïncidence assez singulière, s'éteignaient deux journaux anglophones centenaires: *The Ottawa Journal*, qui appartenait à Thomson Newspapers Ltd., et *The Winnipeg Tribune*, détenu par Southam Inc. Cette double fermeture créait une situation de monopole des plus avantageuses pour l'un et l'autre groupe[9], chacun étant aussi propriétaire du seul autre quotidien publié dans ces villes, soit *The Ottawa Citizen* (Southam) et le *Winnipeg Free Press* (Thomson). Le gouvernement fédéral ne tarda cependant pas à répliquer: six jours plus tard, sous l'effet «de la stupéfaction et du choc», il créait la Commission royale d'enquête sur les quotidiens, sous la présidence de Tom Kent. Celle-ci avait pour mandat de jauger le niveau de la concentration dans l'industrie des quotidiens au Canada.

Nous ne pourrons que résumer ici très brièvement le contenu du rapport fort critique que remettait cette commission en 1981.

Selon la commission Kent, la concentration se serait progressivement accentuée de 1970 à 1980 à la faveur de multiples mainmises, fusions, ententes et fermetures, sous le couvert de la «rationalisation». Le phénomène aurait alors, selon les enquêteurs, dépassé largement le cadre de la simple appropriation de multiples journaux. Le rapport fait ressortir à ce propos la forte concentration géographique des sièges sociaux des entreprises concernées à l'époque: 94% des journaux francophones sont alors publiés à Montréal, et Toronto accapare de son côté 83% du tirage total des journaux anglophones du Canada. (Le tableau 2.2 illustre cette progression de la concentration dans le marché de la presse quotidienne pendant la période la plus récente, soit entre 1988 et 1999.)

Dans leur rapport de 1981, Tom Kent et ses collaborateurs mettaient aussi en évidence la tendance inquiétante des groupes et des sociétés indépendants à se fondre dans des conglomérats dont souvent l'activité totale ne concerne que très peu les médias. Les analystes s'inquiétaient grandement, entre autres, de ce que le principal service d'information journalistique au pays, La Presse Canadienne, fût totalement dominé par ces consortiums. En imaginant le pire, la commission exprimait ses craintes de voir le marché médiatique monopolisé éventuellement par un seul propriétaire ou d'assister à la disparition de tous les journaux existants au profit de médias plus rentables si les lois alors en vigueur n'étaient pas amendées. Elle concluait finalement que le gouvernement canadien, s'il croyait vraiment au droit à l'information, à la pluralité des points de vue et au rôle primordial de la presse quotidienne, devait adopter des mesures correctives en matière de communications, ainsi

9. Il aurait été suspect dans pareil cas de plaider la non-rentabilité des journaux car, six mois plus tard, Thomson Newspapers Ltd. annonçait un dividende trimestriel de 0,20$ par action. Kenneth Thomson, qui détenait environ 35 000 000 actions, a donc réalisé un bénéfice trimestriel de 7 000 000$ (extrait de Kent et coll. [1981, p. 178]).

TABLEAU 2.2
La concentration de la presse quotidienne au Canada, 1988 et 1999 (répartition des publications entre les principaux groupes de communication)

Groupe	Nombre de publications par groupe		% des publications de chaque groupe par rapport à l'ensemble		% du tirage de chaque groupe par rapport au tirage total	
	1988	1999	1988	1999	1988	1999*
Hollinger:	12	(2) 59	10,8	(1,9) 56,2	4,1	(0,2) 40,4
Unimédia		(3)		(2,9)	25,4	(3,2)
Sterling		(20)		(19,0)		(5,3)
Southam	15	(34)	13,5	(32,4)		(31,7)
Sun Media**	9		8,1		9,6	
Thomson	40	5	36,0	4,8	19,1	10,5
Torstar	1	5	0,9	4,8	10,7	14,6
Quebecor (Corporation Sun Media)	5	15	4,5	14,3	9,5	21,4
Power Corporation	4	4	3,6	3,8	5,9	5,9
Irving	n.d.	4	n.d.	3,8	n.d.	2,4
Black Press		3		2,9		0,9
S.W. Ont. Pub.	n.d.	2	n.d.	1,9	n.d.	0,3
Indépendants	n.d.	8	n.d.	7,6	n.d.	3,7
Total	**86+**	**105**	**77,4+**	**100,1**	**84,3+**	**100,1**

* Compilation établie à partir des données de tirage hebdomadaire pour l'année 1998 (en tenant compte des transactions de propriété survenues entre juin 1998 et septembre 1999).

** L'entreprise Sun Media a été acquise par Quebecor en janvier 1999. Quebecor a alors créé la Corporation Sun Media, à laquelle il a intégré ses propres journaux.

Sources: Ministère des Communications du Québec, *La concentration des marchés dans les secteurs des communications au Québec et au Canada depuis 1980* pour les données de 1988; Association canadienne des journaux pour les données de 1999, notre compilation.

que l'avaient fait plusieurs autres pays soucieux d'assurer le maintien de journaux déjà existants.

Les recherches de la commission Kent ont permis, en troisième lieu, d'établir une corrélation directe entre le type de propriété d'une entreprise de communication et la qualité de l'information (voir le tableau 2.3, p. 86). Ces recherches démontrent en effet que les journaux indépendants

TABLEAU 2.3
Corrélation entre le type de propriété et la qualité de l'information, 1980

Service	Continuum	Rendement
← ←	←→	→ →
Indépendants	**Chaînes de journaux**	**Conglomérats**
Le Devoir	Southam*	Thomson
Le Droit *	Toronto Sun*	Power Corporation
	Quebecor*	Irving
	Torstar	[Hollinger]*
	Unimédia*	

* *Le Droit* ainsi que les journaux publiés par Unimédia appartiennent depuis 1987 à Hollinger, qui ne figurait pas dans le classement fait en 1980 par la commission Kent. Hollinger détient également Southam. Quant au *Toronto Sun*, il est désormais la propriété de Quebecor depuis son acquisition de Sun Media en janvier 1999.

Source : T. Kent et coll., *Rapport de la Commission royale d'enquête sur les quotidiens*, Bureau du Conseil privé, p. 108. Reproduit avec la permission du ministre des Travaux publics et Services gouvernementaux, 1999.

sont ceux qui consacrent le plus de ressources à l'information ; suivent les groupes de presse écrite, tels Quebecor et Southam, qui visent avant tout le succès de leurs médias ; au dernier rang figurent les conglomérats très diversifiés, comme Thomson ou Power Corporation, où la qualité de l'information serait loin d'être prioritaire, semble-t-il.

Voici, en résumé, les recommandations que formulait il y a 20 ans déjà la commission Kent.

— Une loi interdisant toute nouvelle concentration dans le secteur des quotidiens et toute propriété à caractère mixte ou multiple (journaux et autres médias) sur le même marché devrait être adoptée. Des mesures correctives devraient, par exemple, être apportées à la situation dans laquelle se trouve le groupe Thomson, propriétaire à la fois du quotidien *The Globe and Mail* et de plusieurs autres journaux. Le gouvernement devrait en effet exiger que le groupe se départisse soit du *Globe*, soit de l'ensemble des autres publications qu'il détient. Plus concrètement, cela signifie qu'un groupe de sociétés ou de particuliers propriétaires d'un quotidien ne devrait pouvoir acquérir un ou plusieurs autres journaux que :
  - si le total de ceux-ci ne dépasse pas cinq ;
  - si leur tirage est inférieur ou égal à 5 % de l'ensemble des quotidiens publiés au Canada ;
  - si le lieu de publication de tout journal nouvellement acquis est situé à au moins 500 kilomètres de toute autre entreprise éditant un journal détenu par le même propriétaire.

La loi qui garantirait l'application de ces recommandations devrait comporter une définition précise du «journal unique», qui comprendrait aussi les journaux couplés du matin et de l'après-midi publiés à partir des mêmes installations.

— Des mesures incitatives devraient encourager davantage de sociétés à acquérir des entreprises d'édition de journaux et à en fonder de nouvelles. Un moyen de stimulation quelconque (un dégrèvement d'impôts, par exemple) pousserait sans doute aussi plus d'investisseurs à acheter les actions de ces sociétés.

— Certains mécanismes devraient garantir la liberté des journalistes et l'autonomie rédactionnelle de chaque journal. Le propriétaire d'un journal qui possède des intérêts de plus grande valeur dans un autre secteur d'activité devrait ainsi nommer un rédacteur en chef, nomination qui devrait faire l'objet d'un contrat écrit dont la nature serait explicitement définie par la loi. Quant à celui qui détient plusieurs journaux, il devrait être tenu de soumettre à l'examen d'un comité consultatif les objectifs de tout journal nouvellement acquis de même que le rôle du rédacteur en chef tel que le décrit le contrat.

— Un «comité des droits de la presse», sur le modèle du CRTC, devrait être mis sur pied afin d'assurer l'application des nouvelles mesures mises de l'avant par la commission, notamment dans le cas de transactions touchant des groupes de presse écrite. Ce comité pourrait, par exemple, constituer un sous-comité de la Commission canadienne des droits de la personne (des comités consultatifs réunissant usagers et employés pourraient aussi être formés). Il verrait à ce que toute entreprise qui annonce son intention de mettre fin éventuellement à la publication d'un quotidien interrompe pendant 60 jours toute activité liée à ce journal, de manière à donner aux acheteurs intéressés à l'acquérir (en tant qu'entreprise encore en activité) le temps nécessaire à l'évaluation de sa situation financière. De plus, le propriétaire du journal devrait prouver au comité en question que la vente des biens immobiliers est aussi lucrative pour lui que toute offre qu'il aurait refusée pour le journal en activité.

— Afin d'encourager la production d'une information de grande qualité, des subventions d'appoint devraient être accordées à toute agence de presse autre que la PC. Toute société qui édite un quotidien ou plus devrait, par ailleurs, indiquer dans sa déclaration de revenus quelle part représente les sommes allouées à la rédaction comparativement aux revenus totaux du journal, de façon que son taux d'imposition soit établi en fonction de ce rapport.

Ces recommandations ont, bien sûr, suscité de vives réactions chez les propriétaires de médias écrits. Elles sont cependant restées lettre morte, à l'exception de celle qui interdisait la propriété mixte. Le Conseil des ministres y a donné suite en effet en adressant en 1982 au CRTC des directives précises visant à contenir les intérêts Irving au Nouveau-Brunswick. Cette nouvelle disposition a cependant été abrogée en 1985. C'est ce qui explique que le CRTC a pu recevoir l'année suivante une demande de Power Corporation relative à l'achat de Télé-Métropole, événement qui a créé un grand émoi dans les milieux de l'information.

Le nombre de propriétaires diminuant sans cesse, des groupes multimédias très puissants se constituent dans les années 1980, tant dans les secteurs des hebdos régionaux et de la radio que dans ceux des quotidiens, de la télévision et de la câblodistribution, aux dépens des groupes de taille moyenne ou de ceux qui concentrent leurs activités dans un seul secteur. Cette expansion laisse, bien entendu, de moins en moins de place et de marge de manœuvre aux médias indépendants, qui risquent ainsi de disparaître l'un après l'autre à plus ou moins brève échéance.

On assiste aussi à la participation croissante de grandes entreprises canadiennes et étrangères (voir la section 2.3) à l'exploitation des industries du secteur, ce qui modifie passablement les règles du jeu. À titre d'exemple, l'achat au printemps 1987 de la firme Unimédia — jusqu'alors propriété de Jacques Francœur — par le groupe torontois Hollinger (dirigé par Conrad Black) provoqua, à cet égard, un tollé aussi bien dans le milieu de l'information que dans le grand public[10]. Le gouvernement du Québec, qui n'avait pas les pouvoirs formels d'intervenir, se vit forcé de négocier avec le groupe Hollinger pour assurer la revente éventuelle des journaux *Le Soleil* et *Le Quotidien* à des intérêts québécois.

La lente acquisition de la société Southam par l'entreprise Hollinger illustre également le phénomène de la concentration dans le secteur de la presse écrite au Canada. En 1992, Hollinger acquiert la participation de 22,6% du groupe de presse Torstar dans Southam, la plus importante chaîne de journaux du Canada. Société en mauvaise position financière à l'époque, Southam voit Hollinger devenir son plus important actionnaire. Au printemps 1993 toutefois, étant donné les règles établies en matière de concurrence, Conrad Black s'entend avec Paul Desmarais, propriétaire de Power Corporation, pour un partage des actions. À la suite de cette entente, les deux groupes accaparent chacun 18,7% des actions de l'entreprise Southam. En 1994, alors que Southam commence à enregistrer des profits résultant d'une vaste réorganisation, les deux actionnaires principaux de l'entreprise augmentent chacun leur participation à 19,4%. Un an plus tard, quand les actionnaires de Southam abandonnent le plan de protection qui les empêchait de détenir chacun

10. Giguère (1987).

plus de 23,5 % des actions de l'entreprise, Hollinger se trouve en bonne position pour accroître sa participation. C'est toutefois en 1996 que Power Corporation lui cède ses actions de Southam, lui permettant par le fait même d'étendre son contrôle à 41 % des actions de l'entreprise. La transaction est toutefois sujette à de vives oppositions de la part d'organismes qui y voient une menace pour la liberté d'expression et la diversité éditoriale. La contestation est portée en cour fédérale mais sera rejetée l'année suivante. Avec sa mainmise sur Southam en 1996, Hollinger dirige 58 des quelque 90 quotidiens canadiens, dont l'ensemble de ceux de la Saskatchewan, de l'Île-du-Prince-Édouard et de Terre-Neuve. Par la suite, Hollinger continue de multiplier ses acquisitions et manœuvre pour acquérir l'ensemble des actions de Southam. En 1997, sa participation, qui s'établit à 50,45 %, passe à 58,6 %. Un an plus tard, soit en 1998, il détiendra 71 % des actions de l'entreprise. Au début de l'année 1999, après avoir fait de multiples offres aux actionnaires minoritaires de Southam, le groupe Hollinger augmente ses parts à 97% dans l'entreprise. Au moment où nous écrivions ces lignes, soit en 1999, Hollinger prévoyait obtenir les actions restantes la même année[11]. En 1999, Hollinger occupe 56,2 % du marché des quotidiens au Canada avec un total de 59 sur les 105 quotidiens existants.

L'annexe III présente un bilan des principales transactions survenues dans le secteur des médias canadiens depuis 1996.

2.3 LES ENJEUX SOCIOPOLITIQUES DE LA CONCENTRATION DE LA PROPRIÉTÉ

2.3.1 LIBERTÉ D'INFORMATION *VS* LIBERTÉ D'ENTREPRISE

La concentration de la propriété a pour effet de livrer à un groupe de plus en plus restreint de grandes entreprises l'un des plus importants supports de l'opinion publique. La recherche du profit maximal risque ainsi de réduire toute diversité sur le plan culturel et tout contenu ou toute forme non « rentable » ; elle peut aussi, à la limite, mener — dans certains contextes — à la domination politique de l'information. Constamment à la recherche d'une synergie entre les activités de leurs diverses filiales, les conglomérats spécialisés dans le secteur des communications ont en effet tendance à empêcher toute entreprise de création nouvelle ou indépendante d'avoir accès au marché. Non seulement se nourrissent-ils du marché global des biens de consommation, mais ils contribuent à le créer. S'il peut sembler exagéré de dire qu'ils nous disent

11. Presse Canadienne (1999, p. D9).

comment et quoi penser, il n'y a pas de doute qu'ils nous suggèrent fortement comment dépenser et à quoi penser. Ainsi, pendant qu'elles « informent » et « divertissent », les grandes sociétés médiatiques s'approprient l'expérience collective et la culture populaire d'une communauté donnée.

Ce modèle du *media business*, de plus en plus envahissant, constitue une menace à la liberté d'expression, plus particulièrement au pluralisme de l'information. Afin de prévenir les méfaits potentiels de la logique marchande, il faut s'assurer, par des lois, des garanties, des barrières quelconques, que l'information et la culture ne seront pas sous la dépendance des pouvoirs économique et politique, et que la concentration ne mène pas à l'uniformisation et à la commercialisation des contenus véhiculés par les *mass media*. « La liberté de presse n'est pas l'apanage des propriétaires de médias. Elle est un droit du peuple », affirmait en 1981 la commission Kent. Or, ce droit fondamental n'est-il pas trop souvent travesti en liberté d'entreprise ?

> La concentration de la propriété de la presse n'a pas pour seul objectif de faire de l'argent. Les financiers poursuivent un autre but, moins avoué, celui d'exercer un contrôle idéologique sur l'information, assise de leur pouvoir économique et politique. Logiquement, les propriétaires choisissent un personnel cadre qui partage leur vision des choses et protège leurs intérêts[12].

Dans le champ plus particulier des médias électroniques, cette liberté est surveillée par le CRTC, quoique ce dernier semble, de toute évidence, éprouver certaines difficultés à faire valoir avant tout les droits du peuple quand la liberté d'entreprise se trouve menacée. Aucune contrainte ne limite par contre les activités de la presse écrite, sinon les lois qui régissent l'ensemble de la vie sociale.

Notre société va-t-elle laisser persister une situation où la liberté d'entreprise des médias semble prévaloir sur la liberté de communication ? Voilà une première question que soulèvent le problème de la concentration de la propriété et la tendance de plus en plus marquée à la marchandisation des médias. Il faudra bien un jour ou l'autre consentir à y répondre.

2.3.2 IMPÉRATIFS SOCIOPOLITIQUES *VS* IMPÉRATIFS ÉCONOMIQUES

Si, d'un point de vue strictement économique, la concentration — appliquée dans des limites raisonnables — favorise l'émergence de grandes sociétés (au Québec, Quebecor et Vidéotron en sont des exemples) et

---

12. Beauchamp (1987, p. 101).

concentration =
- bon pour santé écon. des entreprises
- mauvais, néfaste à leur rôle principal d'informer

semble assurer la santé financière des entreprises, voire leur rayonnement et leur survie (comme le prétend, à quelques nuances près, le CRTC), l'histoire a prouvé néanmoins qu'elle se fait souvent aux dépens d'autres activités qui méritent plus d'attention et qu'elle équivaut à confier à des représentants de l'industrie la planification et l'exploitation du domaine des communications de masse. Non seulement se prive-t-on alors de leviers importants du développement social et technologique, mais on nivelle l'information sans discernement.

> Déjà existent les contacts directs entre les ordinateurs des grandes agences internationales et les imprimeries de certains journaux américains; l'agence choisit les nouvelles les plus importantes, selon ses critères, et les «shootent» directement à l'imprimerie du journal abonnée! Ainsi, le rédacteur en chef de tel journal du Wyoming ou du Texas lit son propre journal comme n'importe lequel ou laquelle de ses abonné(e)s, en y découvrant comme elles et eux, ce qu'il vient lui-même de faire imprimer et dont le choix a été effectué à New York[13]...

Ce tableau esquissé par Jacques Keable est pour le moins inquiétant. La tension entre les visées économiques et les considérations sociopolitiques que sous-tend l'exploitation des médias nous amène à formuler une autre question: *Où se situe la limite au-delà de laquelle les bénéfices économiques d'une puissance industrielle risquent d'être anéantis par les répercussions sociopolitiques qu'elle aura entraînées?*

2.3.3 RÈGLES ÉTATIQUES *VS* RÈGLES DU MARCHÉ

Le problème de la propriété dépasse en réalité largement la question de la concentration, car ce qui est surtout en cause ici, c'est le fait que les médias, qui appartiennent tous, à quelques exceptions près, aux représentants d'une classe sociale transnationale de plus en plus puissante dans tous les secteurs du marché mondial, sont totalement soustraits à quelque autorité ou à quelque réglementation que ce soit. Seules les lois du marché prévalent en ce domaine.

> La liberté de presse se transforme donc souvent en son antithèse: l'impossibilité de fonder un nouveau journal, d'ouvrir une nouvelle station de radio ou de télévision étant donné les avantages dont disposent les entreprises déjà en place[14].

Comment aller à contre-courant de cette tendance? L'un des arguments plaidant en faveur des médias publics est justement le fait qu'ils sont les seuls à pouvoir garantir l'expression de la diversité des points de

13. Keable (1985, p. 176).
14. Martin (1986, p. 111).

vue, seule façon de défendre démocratiquement l'intérêt des citoyens. Mais comment instaurer des relations non contraignantes avec l'État, en tant que propriétaire ou en tant qu'organe subventionnaire ou régulateur?

Il existe des modèles de gestion beaucoup plus démocratiques que les modèles commerciaux ou d'État. Les médias communautaires, coopératifs et cogérés représentent, à ce titre, une excellente solution de rechange, notamment pour l'expression et la diffusion des cultures parallèles. Quelques-uns connaissent, dans les régions éloignées, un certain succès, notamment dans le secteur de la radio. Dans les zones urbaines, leur mise en œuvre semble plus difficile, sans toutefois être impossible. De tels médias vivent toujours des problèmes de financement — tout comme les médias publics, d'ailleurs.

Ne devrait-on pas prévoir des mécanismes qui, tout en permettant une diversification des médias, en préserveraient l'autonomie?

2.3.4 POUVOIR DE L'INFORMATION *VS* POUVOIRS PUBLICS

Une autre question — multiple, celle-ci aussi — se greffe alors sur la précédente: *Qui peut publier quoi, et comment, en tenant compte de l'impact de la diffusion de toute information sur la vie des citoyens?* Elle pourrait aussi être formulée en ces termes: *Comment faire en sorte que le droit du public à une information diversifiée et de qualité soit non seulement respecté sur le plan formel, mais également bien servi par les médias écrits aussi bien que par les médias électroniques publics et privés?*

Cette question soulève tout le problème du *pouvoir* de l'information et des modes de surveillance de l'exercice de ce pouvoir, au moyen des politiques de communication (nous y reviendrons au chapitre suivant), indissociables de l'enjeu plus général de la *démocratisation des médias*.

Seul l'État peut ici assumer cette fonction primordiale. Plusieurs voies s'offrent à lui:

> L'État doit jouer un rôle dans l'harmonisation des idéaux de liberté et de responsabilité pour la presse, non pas en balisant les libertés, non pas en imposant une norme, mais en développant et en soutenant les efforts des usagers.
>
> L'État peut et doit jouer un rôle en matière de presse [...]
>
> — En dotant le Conseil de presse de fonds suffisants pour lui permettre d'exercer son rôle de critique de l'information de façon dynamique, et avec une plus grande indépendance vis-à-vis des médias et des journalistes, qui n'ont guère d'intérêt à ce qu'il fasse trop de vagues [...]

— En facilitant la mise en place de groupes d'usagers des médias [...]
— En mettant en place, dès l'école primaire, des programmes d'initiation aux médias qui permettront aux jeunes d'en comprendre le fonctionnement et d'en décider les contenus[15].

2.4 LA SITUATION ACTUELLE DE LA PROPRIÉTÉ À L'ÉCHELLE NATIONALE ET INTERNATIONALE

Les médias ont considérablement évolué depuis une quinzaine d'années au Québec: la dimension des entreprises croît sans cesse et elles deviennent de plus en plus compétitives sur le marché canadien et international. Par ailleurs, comme l'indiquent les tableaux 2.4 et 2.5 (p. 94 à 96), la situation des entreprises devient plus complexe dans la mesure où

TABLEAU 2.4

Les 10 plus grandes entreprises canadiennes de médias, 1998

Entreprise	Revenus		Profits		Actif		Nombre d'employés
	Rang	000$	Rang	000$	Rang	000$	
Power Corp. of Canada*	1	15055000	3	420000	1	58925000	23000
The Thomson Corp.*	2	9300062	1	2738541	2	19084985	39000
Quebecor	3	8425200	4	172700	3	9841400	43000
Hollinger	4	3319188	5	111485	5	5704501	18479
Rogers Communications Inc.**	5	2839229	2	634769	4	6384853	10010
Groupe Transcontinental (GTC) ltée	6	1336756	6	42104	9	1153587	9300
Torstar Corp.	7	1333759	9	(5098)	8	1380907	5965
Le Groupe Vidéotron ltée**	8	1025825	10	(40303)	6	3309711	5000
Shaw Communications Inc.	9	783800	8	13525	7	3201224	2700
Alliance Atlantis Communications Inc.	10	596824	7	30947	10	849926	563

* Conglomérats très diversifiés dont les intérêts dépassent largement le secteur des communications. Le rang qu'ils occupent dans ce classement ainsi que les sommes qui y sont affichées doivent donc être remis en perspective.
** Ne tient pas compte de l'acquisition de Vidéotron par Rogers, annoncée en janvier 2000 et sujette à l'approbation du CRTC.
Note: Les nombres entre parenthèses indiquent des profits négatifs (pertes).

Source: *Financial Post 500*, 1999.

15. Sauvageau (1986, p. 223).

TABLEAU 2.5
Les plus grandes entreprises canadiennes de communication, 1998

Entreprise	Revenus		Profits		Secteurs principaux	Nombre d'employés
	Rang	000$	Rang	000$		
■ BCE Inc.*	1	27454000	1	4598000	Télécomm.	58000
■ Nortel Networks Corp.*	2	26072513	50	(796640)	Télécomm.	75052
■ Power Corp. of Canada**	3	15055000	6	420000	Presse	23000
■ Seagram Co.**	4	13431290	3	1341144	Production	25000
■ The Thomson Corp.**	5	9300062	2	2738541	Presse	39000
■ Quebecor inc.	6	8425200	9	172700	Presse	43000
BCT.TELUS Communications Inc.	7	5772000	5	603000	Télécomm.	25000
■ Téléglobe Inc.*	8	5027433	24	22104	Télécomm.	5351
■ Anglo-Canadian Telephone Co.	9	3520400	7	203600	Télécomm.	14350
■ Hollinger Inc.	10	3319188	10	111485	Presse	18479
■ Rogers Communications Inc.***	11	2839229	4	634769	Câble, télévision	10010
■ Groupe Transcontinental (GTC) ltée	12	1336756	19	42104	Presse	9300
Torstar Corp.	13	1333759	39	(5098)	Presse	5965
■ Call-Net Enterprises	14	1227600	46	(236700)	Télécomm.	2900
■ Le Groupe Vidéotron ltée***	15	1025825	42	(40303)	Câble, télévision	5000
■ Alcatel Canada Inc.	16	935000	14	86000	Télécomm.	1900
■ Mitel Corp.	17	888500	13	91900	Télécomm.	6335
■ Motorola Canada	18	838000	n.d.	n.d.	Télécomm.	800
■ Shaw Communications Inc.†	19	783800	27	13525	Câble	2700
● SaskTel	20	752636	12	93198	Télécomm.	4227
Maritime Telegraph & Telephone Co. Ltd.	21	716574	15	69620	Télécomm.	3204
Manitoba Telecom Services Inc.	22	636196	11	95374	Télécomm.	3378

→

TABLEAU 2.5
Les plus grandes entreprises canadiennes de communication, 1998 (*suite*)

Entreprise	Revenus		Profits		Secteurs principaux	Nombre d'employés
	Rang	000 $	Rang	000 $		
Bruncor Inc.	23	597999	16	56755	Télécomm.	3000
■ Alliance Atlantis Communications Inc.	24	596824	21	30947	Production	563
■ Telesystem International Wireless Inc.	25	580388	47	(252569)	Télécomm.	6400
■ WIC Western International Communications Ltd.†	26	570395	31	6591	Télévision	2272
■ CanWest Global Communications Corp.†	27	545294	8	200117	Télévision	2560
■ Sun Media Corp.	28	525945	18	44050	Presse	6231
■ ● Canadian Broadcasting Corp.††	29	525292	41	(35510)	Radio, télévision	7316
■ Ericsson Communications Inc.	30	523288	20	41761	Télécomm.	1500
■ CTV Inc.	31	474745	32	6168	Télévision	1972
■ ▲ Famous Players Inc.	32	327166	n.d.	n.d.	Distribution	5377
■ Astral Communications inc.†††	33	324405	28	12626	Télévision, production	1233
■ Cogeco Radio-Télévision inc.	34	316132	26	20208	Câble, télévision, radio	1075
■ LeBlanc & Royle Enterprises Inc.	35	316052	n.d.	n.d.	Télécomm.	2200
■ CHUM Ltd.	36	302291	23	22971	Radio, télévision	1648
■ ▲ Imax Corp.	37	282392	33	5778	Production	400
GST Telecommunications Inc.	38	242281	45	(229483)	Télécomm.	1400
■ Clearnet Communications Inc.	39	228229	49	(540000)	Télécomm.	2145
JDS FITEL Inc.	40	227212	17	47635	Télécomm.	2400
■ Télémédia Communications inc.	41	201258	n.d.	n.d.	Presse, radio	900

→

TABLEAU 2.5
Les plus grandes entreprises canadiennes de communication, 1998 (*suite*)

Entreprise	Revenus		Profits		Secteurs principaux	Nombre d'employés
	Rang	000 $	Rang	000 $		
■ SR Telecom Inc.	42	180014	35	3229	Télécomm.	1345
■ CINAR Corp.	43	146347	25	21832	Production	429
■ Microcell Telecommunications Inc.	44	143412	48	(408920)	Télécomm.	1658
Moffat Communications Ltd.	45	140833	22	24606	Télévision	771
■ Groupe Coscient inc.	46	117696	38	(1188)	Production	6757
■ Star Choice Communications Inc.	47	85938	43	(42585)	Satellite	300
■ Behaviour Communications Inc.	48	83818	40	(18766)	Production	160
Fundy Communications Inc.	49	82215	n.d.	n.d.	Câble, télécomm.	506
■ Radiomutuel†††	50	81853	30	6716	Radio, télévision	600
■ Stratos Global Corp.	51	79239	36	134	Télécomm.	200
■ MetroNet Communications Corp.	52	76238	44	(212801)	Télécomm.	955
Nelvana Ltd.	53	73649	29	8643	Production, distribution	450
● TV Ontario	54	72354	34	3537	Télévision	358
■ Lions Gate Entertainment Corp.	55	69981	37	(603)	Production, distribution	380

* En janvier 2000, BCE annonçait son intention de se défaire de Nortel Networks Corp., dont 41 % des actions lui appartenaient ; en février 2000, on annonçait son intention d'acquérir Téléglobe Inc.

** Conglomérats très diversifiés dont les intérêts dépassent largement le secteur des communications. Le rang qu'ils occupent dans ce classement ainsi que les sommes qui y sont affichées doivent donc être remis en perspective.

*** Ne tient pas compte de l'acquisition de Vidéotron par Rogers, annoncée en janvier 2000 et sujette à l'approbation du CRTC.

† Ne tient pas compte de l'acquisition prévue de WIC par CanWest et Shaw Communications, dont le projet était encore devant le CRTC à l'été 1999.

†† Ne tient pas compte des fonds provenant du Trésor public.

††† Ne tient pas compte de l'acquisition de Radiomutuel par Astral, approuvée par le CRTC en janvier 2000.

■ Entreprise active au Québec ▲ Entreprise américaine active au Canada ● Entreprise de propriété publique

Note 1 : Ce tableau ne tient pas compte des grandes filiales telles que Bell Canada, Imprimeries Quebecor inc., Teleglobe Communications Corp., BCE Mobile Communications Inc., Southam Inc., Rogers Cantel Mobile Communications Inc., etc.

Note 2 : Les nombres entre parenthèses indiquent des profits négatifs (pertes).

Source : *Financial Post 500*, 1999.

l'on y inclut les sociétés parentes et les entreprises des secteurs voisins tels que les télécommunications et le divertissement. Il devient de plus en plus difficile, et même factice, d'en faire la distinction, tellement les activités sont interreliées. Une autre dimension à prendre en considération est le caractère de plus en plus transnational des activités médiatiques. Quoiqu'il convienne toujours, pour maintes raisons, d'ajouter l'étiquette «nationale» aux entreprises, il faut vraiment regarder leurs activités dans une perspective globale; il s'agit également de faire la juste part de la place des sociétés «étrangères» dans le système médiatique national.

À ce titre, le cas de l'entreprise Seagram est intéressant à considérer. Contrôlée par la famille Bronfman de Montréal, cette compagnie était jusqu'à récemment connue surtout pour sa place dans le marché international des boissons. Mais depuis son acquisition de Universal Studios de Hollywood en 1995, Seagram est devenue une des sept plus grandes entreprises de médias et du *show business* du monde entier. Elle demeure une compagnie canadienne et, par ses activités consolidées, se situe au deuxième rang des entreprises canadiennes de communication, bien qu'elle ne participe d'aucune façon particulière au système médiatique canadien (autrement que par des activités étrangères de ses filiales américaines).

Le tableau 2.4 indique donc les 10 plus grandes entreprises canadiennes de médias, classées par ordre de revenus sans compter la Société Radio-Canada. Il est intéressant de noter que les quatre premières dans le classement sont des entreprises qui furent construites autour des activités de presse quotidienne. Parmi les neuf plus importantes, six sont des entreprises de presse et les trois autres sont des entreprises de câblodistribution. On constate très clairement quels sont les secteurs de pointe dans l'économie des médias.

Quand on considère la situation globale des entreprises de médias (voir le tableau 2.5), on remarque le rôle clé des entreprises de télécommunication. En fait, la plus importante de toutes est le groupe BCE (dont les activités médiatiques deviennent suffisamment importantes pour constituer à elles seules une nouvelle division, BCE Media, créée en 1999). Les 10 principales entreprises de télécommunication se trouvent toutes parmi les 20 plus grandes entreprises de communication au Canada. On y aperçoit également la place importante des secteurs plus propres aux industries de divertissement telles que la production et la distribution des contenus, et la place relativement modeste des secteurs de diffusion, comme la radio et la télévision. L'analyse de ce tableau aide en effet à comprendre le sens des nombreuses fusions et acquisitions auxquelles on assiste dans le milieu des communications, ainsi que les prises de position de certains acteurs à propos des grands enjeux et débats qui secouent le milieu depuis quelques années.

2.4.1 PORTRAIT DE LA CONCENTRATION DANS LE MILIEU DES COMMUNICATIONS AU QUÉBEC

Comme nous l'avons déjà vu au chapitre 1, plusieurs groupes — qui exploitent, pour la plupart, divers secteurs médiatiques — déterminent actuellement l'évolution du marché québécois, comme le montre le tableau 2.1 (p. 80). Le secteur de la presse quotidienne est celui où la domination des groupes est la plus marquée, trois groupes — Quebecor, Hollinger et Power Corporation — détenant 97,2% du marché[16]. On remarque une plus grande diversité des propriétaires dans les secteurs des hebdomadaires régionaux et des magazines (59,9% et 44,5% respectivement), mais ces secteurs sont également dominés par un nombre restreint de propriétaires qui possèdent des parts de marché importantes (dont GTC pour les hebdos [32,6%] et Télémédia pour les magazines [15,9%]). Certains propriétaires sont d'ailleurs présents dans plusieurs secteurs, ce qui fait la force d'une entreprise telle que Quebecor, qui peut se vanter d'occuper une place de marque dans chacun des secteurs de la presse écrite (quotidiens: 39,0%; hebdos: 16,1%; magazines: 13,7%).

Ajoutons qu'on retrouve ces propriétaires également dans des secteurs reliés qui ne figurent pas au tableau 2.1, par exemple celui de la distribution de la presse écrite, où Quebecor est un des principaux acteurs, ou bien celui des imprimeries, où Quebecor (encore) ainsi que GTC sont présents. Quebecor imprime, entre autres, des annuaires téléphoniques.

Les mouvements de concentration sont aussi manifestes sur le marché des médias électroniques. La radio privée — le secteur où la concentration est le moins prononcée (33,3%) — est dominée par les réseaux Radiomutuel (10,5%) et Télémédia (9,6%); la télévision (79,2%) est dominée par Vidéotron (29,2%) et Cogeco (20,8%). À cela faut-il ajouter la puissance sur le plan régional de Radio-Nord, qui possède des stations de radio (6,1%) et de télévision (20,8%) dans le nord-ouest du Québec. Depuis la fin des années 1980, les grandes entreprises se bousculent également pour être présentes dans le secteur de la télévision

16. La notion de «part de marché» a un certain flou et varie beaucoup selon le secteur. Le tableau 2.1 explique le sens de cette notion pour chacun des secteurs concernés.

spécialisée; la plupart ont réussi à y trouver leur compte puisque 65,3% du secteur appartient déjà aux principaux groupes de propriété[17].

Le phénomène de la concentration apparaît au plus fort quand on regarde les secteurs de la câblodistribution et des télécommunications. C'est ici que l'on voit se jouer la logique des monopoles réglementés: dans le câble, deux entreprises se partagent 84,9% du marché, dont une domine nettement (Vidéotron: 73,2%; Cogeco: 11,7%); en téléphonie, c'est un profil semblable qui se dessine (Bell: 90%; Québec-Téléphone: 8,7%)[18]. Rappelons que chacune de ces entreprises exerce sur un territoire donné où elle détient le monopole grâce à l'autorisation du CRTC. Or, maintenant que le CRTC a ouvert les secteurs du câble et de la téléphonie à la concurrence, la situation risque de se modifier d'ici peu (c'est pourquoi nous avons indiqué, au tableau 2.1, la présence anticipée des entreprises de câble dans la téléphonie locale). On ignore pour le moment qui va sortir vainqueur, puisqu'il est peu probable que toutes vont réussir à s'implanter solidement dans le nouveau firmament du système.

2.4.2 LES GÉANTS DES MÉDIAS À L'ÉCHELLE INTERNATIONALE

Il est peu surprenant que le phénomène de la concentration ne se limite pas au Québec ou au Canada mais qu'il soit généralisé; ce qui étonne cependant, c'est de constater à quel point cette concentration dans les industries médiatiques est consolidée à l'échelle mondiale. Selon la prestigieuse revue britannique *The Economist*, sept entreprises se partagent actuellement plus de 50% des revenus des médias (comprenant les secteurs suivants: l'édition, la production télévisuelle, la production cinématographique, la musique, la radio-télévision, la câblodistribution, la distribution par satellites, les nouveaux médias sur Internet, les parcs thématiques et la vente au détail des produits afférents)[19]. Et leur

17. Sans compter les développements les plus récents: la création de quatre nouveaux services par le CRTC en juin 1999, et l'offre d'acquisition d'Astral pour l'ensemble des actions de Radiomutuel survenue le même mois. En effet, en obtenant l'aval du CRTC pour cette transaction — la décision venait d'être prise au moment de mettre ce livre sous presse —, Astral entrera dans les secteurs de la radio et de l'affichage extérieur, en plus d'étendre ses activités dans le domaine des services de télévision spécialisée. Sur les 49 services spécialisés autorisés au Canada en 1999, Astral en possède 6 en totalité ou en partie. Ce nombre a passé à 10 avec l'acquisition de Radiomutuel. Avec l'approbation du CRTC, Astral détiendra totalement ou en partie 9 des 15 services spécialisés francophones au Canada. Notons également que le groupe Astral possède, en totalité ou en partie, trois des six services payants canadiens autorisés ainsi que deux des quatre services à la carte canadiens.

18. Chiffres de 1989. Voir Meunier et Leclerc (1989).

19. Duncan (1998).

FIGURE 2.1 Liens de parenté

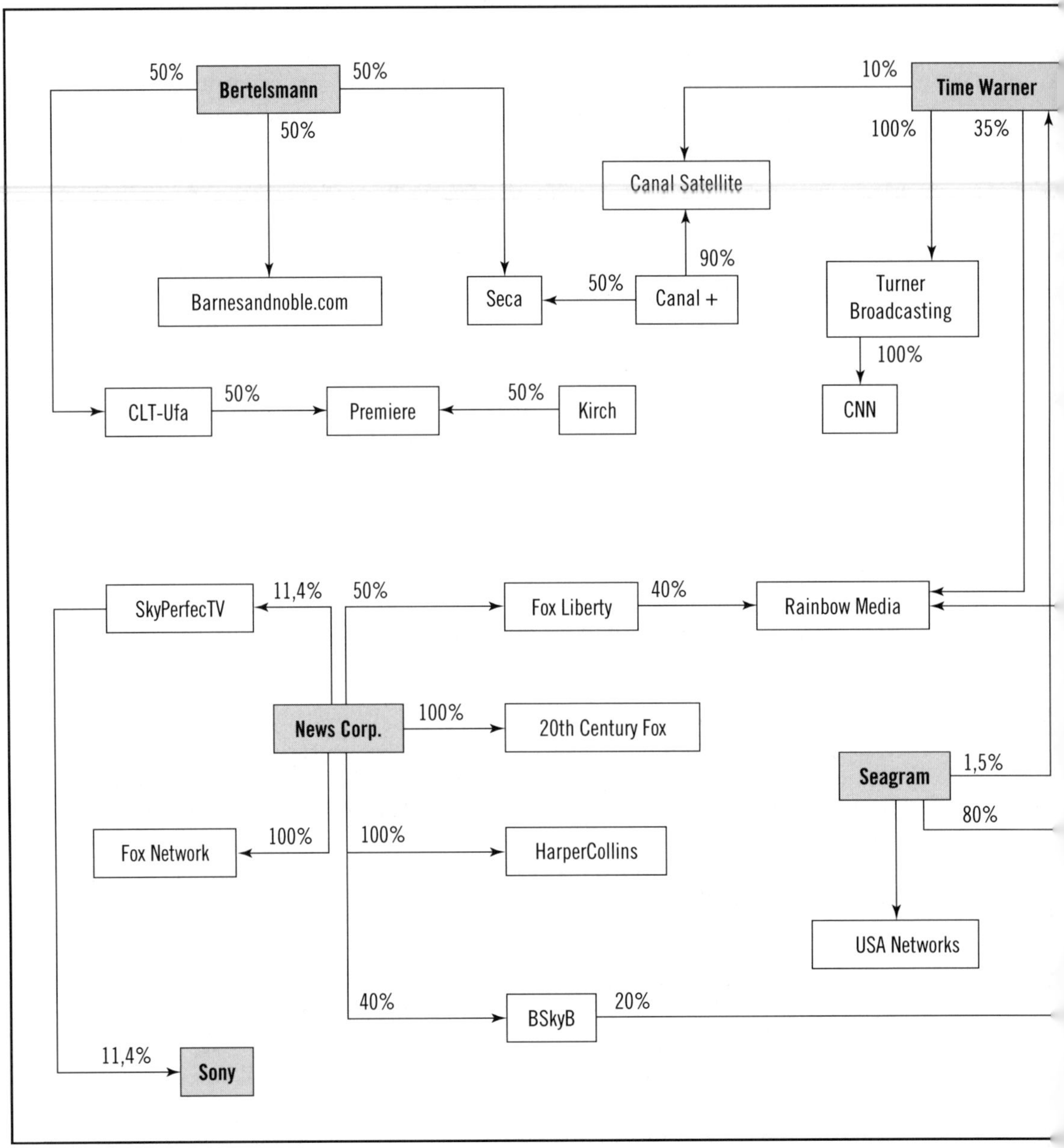

Source: E. Duncan, «Wheel of Fortune — Technology and Entertainment Survey», *The Economist*, 21 novembre 1998, p. 11, d'après <www.arcchart.com>. <www.economist.com>.

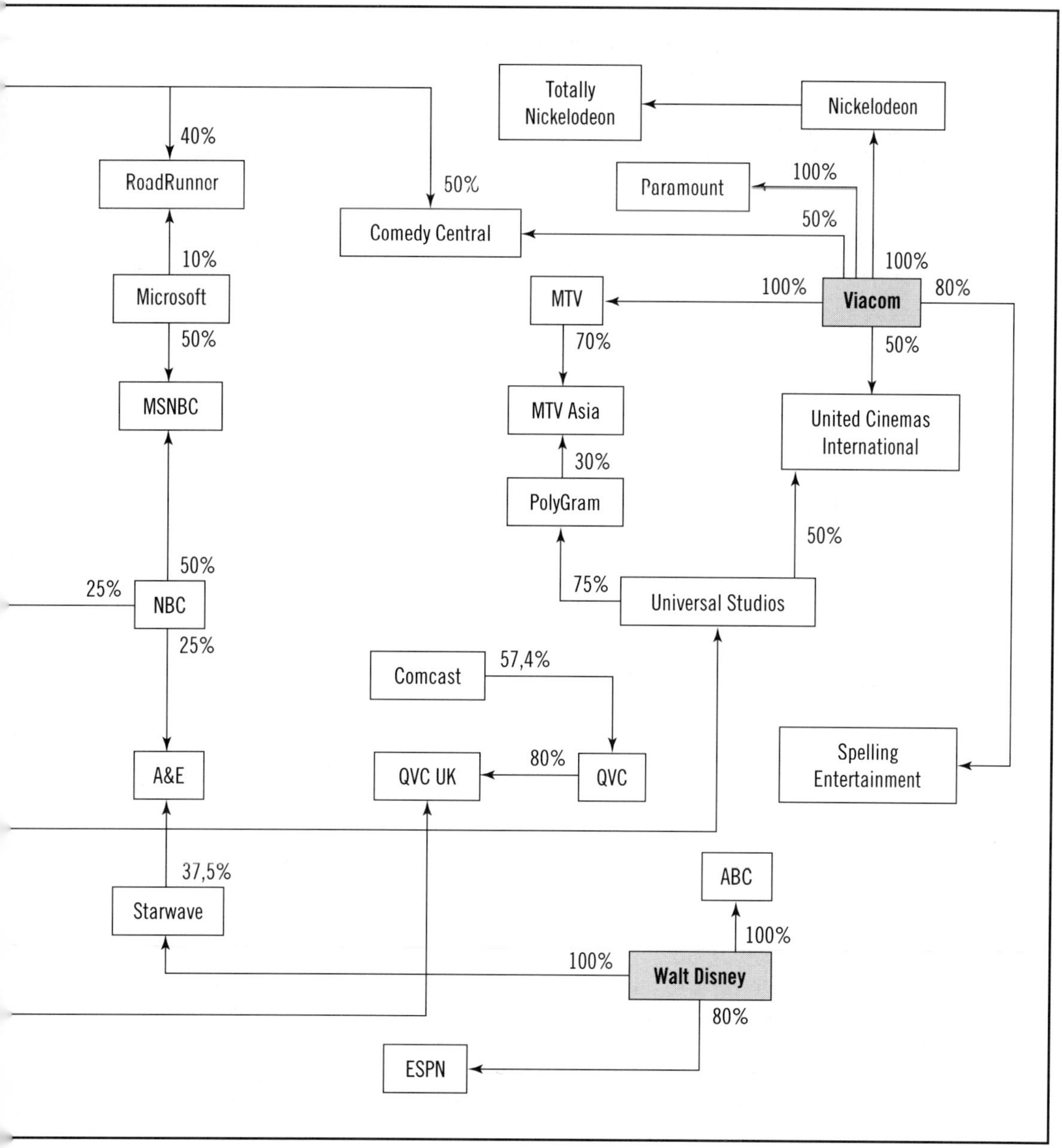
Totally Nickelodeon
Nickelodeon
RoadRunner
40%
50%
Paramount
100%
Comedy Central
50%
10%
100%
Microsoft
MTV
100%
Viacom
80%
50%
70%
50%
MSNBC
MTV Asia
United Cinemas International
30%
PolyGram
50%
50%
25%
NBC
75%
Universal Studios
25%
Comcast
57,4%
Spelling Entertainment
A&E
QVC UK
80%
QVC
ABC
37,5%
Starwave
100%
100%
Walt Disney
80%
ESPN

TABLEAU 2.6
Les revenus et les activités des sept plus grandes entreprises médiatiques à l'échelle mondiale en 1998

Entreprise	Revenus (milliards de dollars américains)	Production Télé	Production Film	Musique	Édition	Radio-diffusion Télé	Câble Télé	Satellite Télé	Internet	Parcs théma-tiques	Vente au détail
Time Warner*	24,6	X	X	X	X	X	X	X	X	X	X
Disney	22,5	X	X	X	X	X	X		X	X	X
Sony	15,9	X	X	X			X	X	X		
Seagram**	15,4	X	X	X			X		X	X	X
Bertelsmann	14,3	X	X	X	X	X		X	X		X
Viacom	13,2	X	X		X	X	X		X	X	X
News Corp.	12,9	X	X	X	X	X	X	X	X		

* Devenue AOL–Time Warner par suite de la fusion avec America Online en janvier 2000.
** Les revenus de Seagram incluent l'acquisition de PolyGram en juin 1998.

Source: E. Duncan, « Wheel of Fortune — Technology and Entertainment Survey », *The Economist*, 21 novembre 1998.

croissance est fulgurante: en 1991, les mêmes entreprises ne comptaient que pour environ 30 % des revenus. En bref, voici de quelles entreprises il s'agit:

— Time Warner, la doyenne de l'industrie, qui a inscrit 24,6 milliards de dollars américains en revenus en 1998. Elle est née de la fusion de Time Inc. et de Warner Communications en 1989, la plus importante fusion à ce jour dans le secteur des médias. Time Warner est la seule des sept grandes à être présente dans tous les secteurs d'activité médiatique. Ses avoirs incluent Turner Broadcasting (parrain de CNN) ainsi que la famille des revues associées à Time.

— Disney, présente dans tous les secteurs à l'exception de la distribution par satellite, a grimpé à la deuxième position du palmarès après avoir fait l'acquisition de Capital Cities/ABC en 1995. L'ajout de ce réseau de télévision a apporté au célèbre créateur d'œuvres pour enfants une synergie essentielle en lui fournissant un débouché pour ses produits. Les revenus de Disney s'élevaient à 22,5 milliards de dollars américains en 1998.

— Sony Corporation of America, filiale de la firme japonaise de fabrication d'équipements électroniques Sony, a inscrit en 1998 des revenus de 15,9 milliards de dollars américains, après avoir étendu ses intérêts dans l'industrie des médias en 1989 avec l'acquisition de Columbia TriStar Pictures. Elle est désormais un des plus importants protagonistes à Hollywood.

- — Seagram, de propriété canadienne, est un autre des piliers du *global entertainment*, ayant ajouté à ses actifs PolyGram Records en 1998. L'entreprise de boissons n'est apparue dans le marché des médias qu'en 1995, lorsqu'elle a acheté Universal Studios. En intégrant PolyGram, elle se trouve déjà au quatrième rang des géants avec des revenus de 15,4 milliards de dollars américains en 1998.
- — Bertelsmann, de propriété allemande, est le chef de file mondial de l'édition en plus d'être présente dans une gamme d'autres secteurs (sauf la distribution par câble et les parcs thématiques). Elle occupe une place de plus en plus importante dans l'industrie du livre et a acquis la firme américaine Random House en 1998. Elle a inscrit des revenus de 14,3 milliards de dollars américains en 1998.
- — Viacom, dont les intérêts incluent la chaîne de magasins vidéo Blockbuster et le groupe Paramount, est également présente dans une foule de secteurs, sauf la musique et la distribution par satellite. Elle a enregistré des revenus de 13,2 milliards de dollars américains en 1998. Par ailleurs, l'organigramme de cette entreprise démontre à quel point les intérêts des grands sont croisés, Viacom étant propriétaire à parts égales avec Universal (Seagram) des United Cinemas International.
- — La dernière mais non la moindre, News Corp., du célèbre baron de la presse Rupert Murdoch, arrive septième au palmarès avec des revenus de 12,9 milliards de dollars américains en 1998. Les intérêts de Murdoch, connu pour son approche novatrice et dynamique, s'étendent sur tous les continents et incluent des grands journaux britanniques, le réseau Fox aux États-Unis, les distributeurs par satellite SkyPerfecTV et BSkyB, et la maison d'édition HarperCollins.

2.4.3 L'ÈRE DE LA CONSOLIDATION ET DE LA DIVERSIFICATION

À l'image des mégagroupes internationaux, les groupes québécois de communication multiplient de plus en plus leurs champs d'activité. Un tour d'horizon des principaux domaines dans lesquels s'illustrent les chefs de file de ce secteur suffit à nous en convaincre. (Les profils et les organigrammes de la plupart de ces groupes figurent à l'annexe II.)

- — Quebecor inc. domine nettement le marché de l'imprimé avec ses intérêts importants dans les quotidiens, les hebdos, les magazines et les messageries au Québec, sans compter qu'il est propriétaire de nombreuses imprimeries (il se classe au premier rang en Amérique du

Nord à ce chapitre[20]), de plusieurs papeteries et maisons d'édition. En 1997, il a chapeauté le consortium qui a pris la relève de Télévision Quatre Saisons et, en 1999, il faisait l'acquisition de la compagnie torontoise Sun Media. Son chiffre d'affaires est le plus important de toutes les entreprises médiatiques québécoises.

— Power Corporation du Canada, grande société de gestion diversifiée, possède des intérêts majeurs dans les quotidiens et exploite divers autres secteurs de l'industrie médiatique: hebdos locaux et régionaux, radio (au Québec et en Ontario), télévision et édition[21]. Ce groupe possède également des intérêts dans des services diffusés par satellite aux États-Unis et a récemment annoncé son intention d'étendre sa présence dans les industries médiatiques.

— Hollinger Inc., dont le siège social est à Toronto, est le plus grand propriétaire de la presse quotidienne du Canada depuis qu'il a fait l'acquisition du groupe Southam dans une série de transactions échelonnées sur sept ans (de 1992 à 1999). Il compte des intérêts aussi bien aux États-Unis et en Grande-Bretagne qu'au Canada, et édite en plus *The Jerusalem Post*. En 1998, il a lancé un nouveau journal national canadien, *The National Post*, avec l'ambition de détrôner le *Globe and Mail* (Thomson) en tant que lecture « incontournable » pour l'élite canadienne. Son patron, Conrad Black, serait prêt à investir 100 millions de dollars dans ce projet.

— Le Groupe Transcontinental (GTC) ltée, passablement plus discret par rapport aux entreprises plus flamboyantes de la presse quotidienne, domine, quant à lui, le secteur des hebdos ainsi que le marché de la publicité directe et des magazines d'affaires, tout en étant actif dans les sphères de la distribution et de l'imprimerie. En 1997, GTC avait le chiffre d'affaires le plus élevé après Quebecor au chapitre des activités des entreprises médiatiques au Québec.

— Rogers Communications, connu surtout comme le plus important câblodistributeur du Canada, a une présence importante au Québec grâce aux intérêts acquis dans le secteur des magazines après l'achat de Maclean Hunter Publishing en 1994. Parmi les titres de Maclean Hunter au Québec, on trouve *L'actualité* et *Châtelaine*.

— Le Groupe Vidéotron ltée est la plus importante entreprise québécoise de médias électroniques, se classant première dans deux sec-

---

20. Depuis sa mainmise sur 50,4% des actions ordinaires de l'imprimeur américain World Color Press à l'été 1999, la société Imprimeries Quebecor est devenue le plus grand imprimeur commercial à l'échelle mondiale.

21. Sans tenir compte de la vente des stations de radio et de télévision de Power à Corus Entertainment, filiale de Shaw Communications, en septembre 1999. La transaction n'avait pas encore été approuvée par le CRTC au moment de mettre cet ouvrage sous presse.

teurs importants: la câblodistribution et la télévision traditionnelle. Outre qu'elle possède les stations et le réseau du Groupe TVA, Vidéotron exploite des services spécialisés de télévision et également des compagnies de production, de publicité, de doublage, de télévision interactive, de location d'équipements et de ventes au détail. Vidéotron est aussi un important fournisseur d'accès à Internet et a l'ambition de devenir un acteur majeur dans le secteur de la téléphonie locale. L'entreprise a réussi à éliminer un concurrent de taille en faisant l'acquisition de CFCF Inc. en 1996.

— Cogeco Radio-Télévision inc. tient une deuxième place considérable dans les secteurs de la câblodistribution et de la télévision traditionnelle, où il talonne Vidéotron. Cogeco est également présent dans la radio, mais ses perspectives d'avenir visent surtout les secteurs des nouveaux médias et de la téléphonie.

— CHUM Limited, de Toronto, dont les intérêts s'étendent à tous les secteurs de la radiodiffusion, exploite deux stations de radio à Montréal et, conjointement avec Radiomutuel, le service spécialisé MusiquePlus. Ce groupe possède également des services spécialisés de télévision, dont Bravo!, qui est diffusé au Québec.

— Télémédia Communications inc. domine, avec Radiomutuel, le secteur radiophonique et s'illustre sur le marché des magazines, dans la distribution de coupons-rabais aux consommateurs ainsi que dans la représentation publicitaire.

— Astral Communications inc. est notamment présent dans les secteurs de la télévision payante (TMN-The Movie Network, MOVIEPIX, Super Écran), de la télévision à la carte (Viewer's Choice Canada et Canal Indigo) et des services spécialisés (Canal Famille, Canal D, Canal Fiction, Canal Histoire et Teletoon). Ce groupe est également très actif dans les secteurs reliés à la production, au doublage et à la distribution de films et de vidéocassettes. De plus, si Astral procède à l'acquisition de Radiomutuel tel qu'il le prévoyait au moment de clore ce volume, il sera également actif dans les secteurs de la radio et de l'affichage extérieur. En effet, Radiomutuel est propriétaire à part entière de 11 stations radiophoniques au Québec, il participe à 50% dans deux autres stations de radio ainsi que dans le réseau d'information Radiomédia, possède une participation de 72% dans la société d'affichage extérieur Omni et finalement contrôle les services spécialisés MusiquePlus et MusiMax à 50%, ainsi que Le Canal Vie et Canal Z à 100%.

— Téléglobe est principalement actif dans le secteur des télécommunications intercontinentales. Il possède un réseau de câbles et de satellites qui répond aux besoins de télécommunicateurs, de fournisseurs

Internet, de radiodiffuseurs, de multinationales et de consommateurs de partout dans le monde. Le groupe touche également aux secteurs des communications mobiles par satellite et des nouveaux médias, où il concentre ses activités dans les applications large bande et les médias numériques.

— Radio-Nord exploite le secteur de la radiodiffusion. Il compte six stations de radio et cinq de télévision, qui sont présentes en Outaouais, en Abitibi, à Lachute et à Hawkesbury. Les stations de télévision de Radio-Nord diffusent le signal et les émissions de Radio-Canada, TVA et TQS, et elles produisent aussi de l'information régionale.

— Bell Canada est le plus grand fournisseur de services de télécommunications au Canada. Ainsi, il fournit des services téléphoniques locaux et interurbains sur fil et sans fil, des services d'accès à Internet, des services d'annuaires ainsi que de transmission de données à haute vitesse. Il couvre plusieurs territoires au sein du Canada, soit le Québec, l'Ontario, les Maritimes, le Manitoba, la Colombie-Britannique, le Yukon et les Territoires du Nord-Ouest.

Tous ces groupes semblent par ailleurs de plus en plus attentifs à établir entre eux des relations d'affaires et des liens financiers. Il se crée ainsi peu à peu dans cette sphère économique un tissu industriel et financier très complexe.

2.5 LA SITUATION FINANCIÈRE DES MÉDIAS

Manifestement, à la lumière de tout ce qui précède, c'est l'argent qui fait tourner les industries médiatiques. Nous nous attarderons donc, dans cette section, sur quelques aspects pertinents de la situation financière des médias.

bases financ. ex: publicité, subventions, abonnements (sources de revenus)

Comme point de départ, soulignons que les différents secteurs médiatiques fonctionnent selon des bases financières distinctes (voir le tableau synthèse 1.31, p. 72). Ces distinctions font en sorte que, sans égard au succès relatif de chaque secteur par rapport à son public, la situation financière de chacun repose beaucoup sur des éléments du contexte de l'économie en général.

La presse écrite, essentiellement de propriété privée et non réglementée, existe grâce à la publicité et aux ventes directes. À titre d'exemple, pour les journaux quotidiens du Canada — le secteur le plus important de la presse écrite financièrement —, les ventes ne représentent qu'environ le quart des revenus totaux (voir le tableau 2.7). Dans l'ensemble du secteur de la presse écrite, la publicité représente environ 70% des revenus. Les ventes servent à déterminer en bonne partie les

TABLEAU 2.7
Revenus de la presse écrite au Canada selon les catégories de publications, 1995 (en millions de dollars et en pourcentages)

Catégorie de publications	Publicité		Vente	
	$	%	$	%
Journaux				
Journaux quotidiens	1804,3	59,1	617,7	49,9
Journaux nationaux de fin de semaine	14,7	0,5	n.d.	n.d.
Journaux régionaux	429,5	14,1	46,3	3,7
Autres journaux	185,4	6,1	n.d.	n.d.
Total partiel	**2433,9**	**79,8**	**877,6**	**70,9**
Périodiques				
Revues à circulation générale	336,0	11,0	206,7	16,7
Publications techniques, professionnelles, financières et commerciales	222,1	7,3	132,2	10,7
Publications agricoles	20,8	0,7	6,6	0,5
Autres périodiques*	42,5	1,4	15,5	1,3
Total partiel	**621,4**	**20,4**	**361,0**	**29,2**
Total	**3055,3**	**100,2**	**1238,6**	**100,1**

* Y compris des publications religieuses, scolaires et collégiales.

Source: Statistique Canada, *Imprimerie, édition et industries connexes*, 1995, n° 36-251 au catalogue.

tarifs que chaque journal ou périodique peut demander aux annonceurs. Aussi la santé financière de la presse va-t-elle dépendre de celle de l'économie en général dans la mesure où cette condition détermine l'ampleur de la «tarte» publicitaire disponible à tout moment.

Ce fait est encore plus évident dans un secteur tel que la radio commerciale, qui dépend exclusivement de la publicité pour ses revenus (voir le tableau 2.8, p. 108). Dans le contexte actuel, cette dépendance fait en sorte que les radiodiffuseurs ont tendance à chercher des associations avec des entreprises de communication dont les sources de revenus sont plus diversifiées. La radio commerciale est présentement le secteur le

TABLEAU 2.8
Évolution des recettes des stations de radios privées de langue française et de langue anglaise au Québec et au Canada (en millions de dollars), 1989-1997

Langue de diffusion	Québec		Canada	
	1989	1997	1989	1997
Anglais	25,3	28,2	621,0	714,5
Français	145,9	145,5	148,4	147,6
Toutes les stations	171,2	173,7	769,4	862,1

Sources: CRTC, *Relevés statistiques Radio privée*, 1987-1992 (pour les données de 1989); *Relevés statistiques Radio privée*, 1993-1997 (pour les données de 1997).

moins intéressant pour les investisseurs financiers; cela explique pourquoi le taux de concentration dans la radio est le moins élevé de tous les secteurs médiatiques. Par contre, la radio — comme la télévision — jouit d'un avantage économique que la presse écrite ne possède pas. La radiotélévision étant réglementée par le CRTC, les marchés des diffuseurs autorisés sont protégés. Le CRTC se préoccupe beaucoup de la santé financière des industries qu'il réglemente et veille autant que possible à ce que le nombre d'acteurs présents dans chaque secteur concorde avec l'assiette publicitaire qu'ils doivent se partager.

En ce qui concerne la télévision, la situation est semblable: la télévision commerciale tire tous ses revenus de la publicité, et l'accès au marché est régi par le CRTC. De plus, les diffuseurs doivent composer avec la Société Radio-Canada, qui participe de façon importante au marché publicitaire pour la télévision (mais pas pour la radio). La télévision suscite chez les annonceurs beaucoup plus d'intérêt que la radio, mais il faut reconnaître également que ses frais d'exploitation sont beaucoup plus élevés. Depuis quelques années, presque tous les grands télédiffuseurs du Canada s'associent avec des groupes plus importants, entre autres des entreprises de câble et des services spécialisés (voir le tableau 2.9).

Le tableau 2.10 (p. 110) démontre l'importance globale et relative de la publicité pour les industries médiatiques qui en dépendent. En termes généraux, les revenus frôlent les 10 milliards de dollars, mais la distribution de l'argent publicitaire indique la fragilité de ce mode de financement pour certains secteurs. On note la baisse graduelle de la part de marché que détiennent respectivement la radio et la presse écrite depuis

TABLEAU 2.9
Répartition des revenus commerciaux des entreprises du secteur de la télévision au Canada, 1996

Type d'entreprise	Revenus (millions de dollars)
Câble (service de base)	1903
Télévision privée	1605
Télévision spécialisée	542
SRC et CBC	392
Télévision payante et à la carte	122
Total	**4564**

Source: CRTC, Base de données financières, 1997.

1983. De plus, il est étonnant de noter que la presse écrite (32,2%) dépasse maintenant la radio-télévision (27,3%), compte tenu des idées reçues à propos de l'importance des différents médias. Depuis quelques années, plusieurs entreprises tendent à réduire leurs dépenses publicitaires dans les médias au profit de la promotion. On remarque d'ailleurs l'importance de la publicité directe (40,4%) comme véhicule privilégié des annonceurs. En effet, la publicité directe a fait de nets progrès, au détriment des quotidiens surtout. Les circulaires, dont le marché est dominé par le Groupe Transcontinental (GTC), présentent des avantages certains pour les entreprises, notamment les chaînes d'alimentation. Ce secteur en pleine croissance est aussi le créneau visé par les services hors programmation du câble. On prévoit d'ailleurs que la publicité hors programmation remplacera à long terme la publicité directe à la télévision; encore faudra-t-il pour cela réussir à câbler l'ensemble de la population et habituer le public à ce nouvel usage de la télé!

Mais la publicité n'est plus la source de revenus la plus importante pour plusieurs secteurs des médias où elle est désormais dépassée par les abonnements. Introduit modestement par l'industrie du câble à ses débuts, ce mode de financement prend de plus en plus de place dans les médias électroniques (voir le tableau 2.11, p. 111). L'abonnement au câble (ou au satellite) représente aujourd'hui la dépense la plus importante des familles canadiennes pour la télévision, toutes catégories confondues. L'évolution de l'économie générale des médias électroniques se poursuit dans ce sens: service de base, services facultatifs, services payants, services à la carte... Éventuellement, nous nous dirigerons vers

TABLEAU 2.10
Distribution des revenus publicitaires canadiens selon les médias (en millions de dollars et en pourcentages), 1960-1994

Média	1960	1970	1983		1990		1992		1994	
	%	%	$	%	$	%	$	%	$	%
Radio	9,2	10,7	480	9,5	765	8,5	745	8,2	741	8,0
Télévision	9,1	13,1	864	17,1	1616	17,9	1735	19,1	1768	19,3
Total partiel	**18,3**	**23,8**	**1344**	**26,6**	**2381**	**26,4**	**2480**	**27,3**	**2509**	**27,3**
Quotidiens	30,9	28,4	1261	25,0	2205	24,3	1907	21,0	1844	20,0
Hebdomadaires*	4,3	4,9	289	5,7	559	6,2	570	6,3	562	6,1
Magazines	3,8	2,5	229	4,5	266	2,9	315	3,5	317	3,4
Publications sur le monde des affaires	—	—	137	2,7	232	2,6	158	1,7	161	1,7
Autres médias écrits	—	—	36	0,7	124	1,4	120	1,4	91	1,0
Total partiel	**39,0**	**35,8**	**1952**	**38,6**	**3386**	**37,4**	**3070**	**33,9**	**2975**	**32,2**
Catalogues et vente directe par courrier	21,4	20,5	1079	21,4	1640	18,1	1901	21,0	2087	22,6
Panneaux-réclames et publicité extérieure	6,7	9,1	308	6,1	804	8,9	756	8,3	796	8,6
Annuaires	—	—	368	7,2	832	9,2	862	9,5	847	9,2
Total partiel	**28,1**	**29,6**	**1755**	**34,7**	**3276**	**36,2**	**3519**	**38,8**	**3730**	**40,4**
Total	—	—	**5051**	**99,9**	**9043**	**100,0**	**9069**	**100,0**	**9214**	**99,9**

* Comprend les hebdomadaires régionaux et nationaux ainsi que les journaux mensuels, bimensuels et semestriels.

Source : *CARD*, mai 1998 (d'après Statistique Canada et les estimations du *CARD*).

un système où la consommation des médias électroniques sera payable à la pièce.

C'est, encore une fois, le CRTC qui veille sur cette évolution du système. Premièrement, c'est lui qui a déterminé dans les années 1970 et 1980 que l'industrie de la câblodistribution serait le véhicule de choix pour la diffusion des contenus canadiens. C'est le CRTC qui attribue les

TABLEAU 2.11
Revenus des médias électroniques (radio, télévision, câblodistribution) au Québec et au Canada selon les sources de financement, 1984-1988-1996 (en millions de dollars)

Sources de financement	Québec		Canada		
	1988	1996	1984	1988	1996
Publicité					
Radio privée	163,4	156,6	559,0	705,0	792,0
Télévision privée	254,9	321,9	817,0	1092,1	1487,2
Radio-Canada (télé)	*69,0	n.d.	154,0	330,0	339,7
Télés provinciales	5,5	3,0	*1,0	*11,0	n.d.
Radios communautaires	1,9	**3,3	n.d.	n.d.	***5,7
Télés communautaires	0,0	n.d.	n.d.	n.d.	n.d.
Total partiel	**492,8**	**†576,4**	**1531,0**	**2138,7**	**2 628,1**
Subventions gouvernementales					
Radio-Canada	n.d.	n.d.	850,0	810,0	854,4
Télés provinciales	61,7	56,7	*100,0	*120,0	†171,0
Radios communautaires	1,2	**1,2	n.d.	n.d.	***0,7
Télés communautaires	0,6	††0,5	n.d.	n.d.	n.d.
Total partiel	**n.d.**	**n.d.**	**950,0**	**930,0**	**1026,1**
Abonnements au câble					
Service de base	n.d.	502,1	594,0	*880,0	1838,3
Services facultatifs	n.d.	86,3	108,0	*109,0	674,5
Total partiel	**297,0**	**588,4**	**702,0**	**989,0**	**2512,9**
Revenus d'activités et de collectes de fonds					
Radios communautaires	1,4	**1,6	n.d.	n.d.	***3,1
Télés communautaires	1,5	n.d.	n.d.	n.d.	n.d.
Total partiel	**2,9**	**n.d.**	**n.d.**	**n.d.**	**n.d.**
Total général	**n.d.**	**n.d.**	**3183,0**	**4057,7**	**6167,1**

* Données estimées.
** Revenus des radios membres de l'ARCQ.
*** Ne comprend pas les revenus des stations qui ne sont pas membres de l'ARCQ ou de l'ARC.
† Données de 1995.
†† Donnée de 1997.

Sources : Statistique Canada, *Radiodiffusion et télévision 1996*, 56-204 au catalogue (pour la publicité de la radio et de la télévision privées, au Québec et au Canada ; pour la publicité et les subventions gouvernementales de Radio-Canada, au Canada ; pour le total partiel des revenus tirés de la publicité au Canada) ; Statistique Canada, *Le Canada, sa culture, son patrimoine et son identité : perspective statistique*, édition 1997, 87-211 au catalogue (pour les subventions gouvernementales des télévisions provinciales au Canada) ; Bureau de la statistique du Québec, *Indicateurs d'activités culturelles au Québec*, édition 1997 (pour le total partiel des revenus tirés de la publicité au Québec) ; Télé-Québec (pour les revenus tirés de la publicité) ; Télé-Québec, *Rapport annuel 1996-1997* (pour les subventions gouvernementales de la télévision provinciale, au Québec) ; Ministère de la Culture et des Communications (pour les subventions gouvernementales aux télévisions communautaires, au Québec) ; Alliance des radios communautaires du Canada (ARC) (pour la publicité, les subventions gouvernementales et les revenus d'activités et de collectes de fonds des radios communautaires, au Canada) ; Association des radios communautaires du Québec (ARCQ) (pour la publicité, les subventions gouvernementales et les revenus d'activités et de collectes de fonds des radios communautaires, au Québec) ; Statistique Canada, *Télédistribution 1996*, 56-205 au catalogue (pour les revenus tirés des abonnements au câble, au Québec et au Canada).

permis d'exploitation des monopoles de câble sur chaque territoire et qui fixe les tarifs de leurs services de base. Le CRTC détermine les balises de l'extension du système en décidant à quel moment, par quels moyens et sur quelle base financière introduire de nouveaux services. Mais il fait tout cela en concertation étroite avec l'industrie elle-même, qui est jusqu'à présent sans aucun doute l'acteur le plus influent du système[22].

La place de l'industrie du câble sera appelée à évoluer dans les prochaines années, avec la concurrence éventuelle de la diffusion directe par satellite d'un côté, et celle de l'industrie des télécommunications de l'autre. Les satellites tardent à attirer l'attention du public canadien; il reste à voir si les entreprises de télécommunication sauront faire mieux. La balle est dans leur camp et elles ont les reins assez solides. Mais du point de vue du consommateur, le résultat risque d'être le même: plus on va lui offrir de services, plus il sera appelé à payer et plus on va assister à l'édification d'un système «étagé», où les mieux nantis bénéficieront de tout ce qui est valeur ajoutée et où la qualité sera nivelée vers le bas.

Cette situation nous fait insister sur l'importance de revaloriser la place des services publics qui, par définition, n'ont pas de vocation commerciale. Les débats des dernières années à propos de l'avenir de Radio-Canada ou de Télé-Québec n'ont pas suffisamment fait ressortir les aspects fondamentaux de cet enjeu. En bref, dans un système de plus en plus axé sur les rapports marchands, seuls des services publics peuvent assurer que les récepteurs sont interpellés en tant que *citoyens* et non simplement en tant que consommateurs. La part du financement public de ces services diminuant, ceux-ci se trouvent dans la courbe d'une spirale de décroissance: moins ils ont d'argent, moins ils sont en mesure de remplir leur mandat et moins les gouvernements sont tentés d'y investir de l'argent; plus ils sont obligés d'avoir recours aux mêmes stratégies de financement que le secteur privé, plus ils ressemblent à ces derniers et moins ils trouvent des appuis auprès de leurs publics.

Le débat est loin d'être réglé, et nous l'engagerons à nouveau dans le chapitre suivant lorsqu'il sera question des politiques publiques.

22. Raboy (1995).

TABLEAU 2.12
Dépenses totales et dépenses par habitant ($) au titre de la culture du gouvernement fédéral, des gouvernements provinciaux et des municipalités au Québec et au Canada, 1994-1995

Indicateur	Québec	Canada
Dépenses fédérales	842196000	2875041000
Par habitant	116	98
Dépenses provinciales	602229000	1824220000
Par habitant	83	62
Dépenses municipales	272147000	1426266000
Par habitant	37	49
Dépenses totales	**1716572000**	**6125527000**
Par habitant	**236**	**209**

Source : Statistique Canada, *Dépenses publiques au titre de la culture*, n° 87F001 au catalogue, 1994-1995.

TABLEAU 2.13
Répartition (%) des dépenses totales du gouvernement fédéral, des gouvernements provinciaux selon les secteurs culturels, Québec et Canada, 1995-1996

Secteur	Gouvernement fédéral (%)		Gouvernements provinciaux (%)	
	Québec	Canada	Québec	Canada
Radio-télédiffusion	58,1	61,8	19,1	16,4
Cinéma et vidéo	17,8	8,6	7,8	6,2
Patrimoine	7,5	6,7	5,8	7,9
Musées	4,6	6,1	20,6	20,9
Édition	2,3	5,4	1,8	n.d. *
Arts de la scène	3,4	4,0	15,1	10,9
Activités multidisciplinaires	3,1	2,5	n.d.*	n.d.*
Archives publiques	n.d. *	2,2	2,4	2,8
Autres secteurs	3,3	2,7	27,4	34,9

* Données incluses dans « autres secteurs ».

Source : Ministère de la Culture et des Communications, direction de la recherche et de la statistique, *Dépenses du gouvernement fédéral et des gouvernements provinciaux au titre de la culture, 1991-1992 à 1995-1996*, mars 1998. Reproduit avec l'autorisation des Publications du Québec.

TABLEAU 2.14
Où vont nos télédollars ?*

Services	($)*
Dépenses annuelles moyennes *per capita* pour les abonnements au câble, Canada (2 700 millions de dollars ; population de 30 millions)	90
Dépenses annuelles moyennes *per capita* pour la publicité télévisuelle, Canada (1 800 millions de dollars ; population de 30 millions)	60
Dépenses publiques annuelles *per capita* pour les services de CBC / Radio-Canada (octroi de 854 millions de dollars ; population de 30 millions)	28
Dépenses publiques annuelles *per capita* pour les services de Télé-Québec (octroi de 54 millions de dollars ; population de 7 millions)	8
Dépenses publiques annuelles *per capita* pour les productions financées par Téléfilm Canada (octroi de 132 millions de dollars ; population de 30 millions)	4
Dépenses publiques annuelles *per capita* pour les production de l'ONF (budget de 55 millions de dollars ; population de 30 millions)	2
	(%)
Dépenses par catégorie en pourcentage de l'économie globale de la télévision, Canada (subventions du fédéral et des provinces, par rapport à la publicité et aux abonnements au câble)	
Subventions 1 200 $ approx.	21,0
Publicité 1 800 $ approx.	31,6
Abonnements 2 700 $ approx.	47,4
5 700 $ approx.	100,0

* Chiffres approximatifs.

Source : Diverses sources officielles pour l'année 1998, notre compilation.

2.6 LES MÉDIAS EN TANT QU'INDUSTRIES CULTURELLES

Compte tenu des interrelations de plus en plus nombreuses qui s'établissent tant sur le plan économique que sur le plan politique entre les médias et les autres secteurs dits « culturels », il nous a semblé intéressant de placer notre analyse sous l'angle particulier des *industries culturelles*. Bien que ce concept, vieux de 40 ans, ne fasse pas l'unanimité chez les chercheurs et les professionnels de la communication et de la culture[23], l'approche théorique qui le sous-tend nous semble néanmoins bien adaptée à notre propos.

Cette approche s'intéresse plus particulièrement aux formes d'appropriation de la culture, à l'organisation du travail, aux caractéristiques des produits culturels ainsi qu'à la réception de ces «produits». Elle tente de saisir «l'ensemble en constante évolution des activités de production et d'échanges culturels soumises aux règles de la marchandisation, où les techniques de production industrielle sont plus ou moins développées, mais où le travail s'organise de plus en plus sur le mode capitaliste d'une double séparation entre le producteur et son produit, entre les tâches de création et d'exécution», rupture qui entraîne «une perte croissante de contrôle des travailleurs et des artistes sur le produit de leur activité[24]».

Le concept d'«industries culturelles» recouvre donc l'ensemble des domaines liés à la production de la culture: théâtre, cinéma, peinture, muséologie, etc. Les médias de communication (presse, radio, télévision, câblodistribution, industrie de la publicité, etc.), qui sont responsables de la diffusion de cette culture et qui sont soumis aux mêmes changements que les autres secteurs mentionnés précédemment, sont alors considérés comme faisant partie intégrante de cet ensemble.

Il fallait attendre le début des années 1980 pour voir se manifester, dans les deux ordres de gouvernement, un intérêt particulier pour la culture en tant que secteur industriel[25]. Mentionnons, entre autres, le *Rapport du Comité d'étude de la politique culturelle fédérale* (Applebaum-Hébert)[26], publié en 1982. Pour la première fois, dans un document gouvernemental d'envergure, l'accent est mis sur la notion d'«industries culturelles» d'inspiration néo-libérale plutôt que sur la culture comme valeur sociale ou service public. La création de Téléfilm Canada — société d'État dont la mission est de financer la production du contenu audiovisuel canadien par des producteurs indépendants — s'inscrit dans cette nouvelle tendance. Au Québec, le ministre Jean-François Bertrand publie pour sa part, en 1983, un document intitulé *Le Québec et les communications: un futur simple?*[27], dans lequel il annonce l'application à ce secteur du «virage économique» entrepris par le gouvernement Lévesque au cours de son deuxième mandat (1981-1985).

23. Lacroix (1986, p. 5-18).
24. Tremblay (1990, p. 44).
25. Lacroix et Lévesque (1986, p. 129-168).
26. Applebaum et Hébert (1983).
27. Québec, ministère des Communications du Québec (1983).

Le changement de cap annoncé dans ces documents nécessitait au départ que, stratégiquement, l'on soutînt l'entreprise privée plutôt que les services publics. On ne vend pas le secteur public, on le démantèle: ainsi le veut le modèle de privatisation pour le moins singulier qui se profile alors au Québec et au Canada tout entier. La politique du «faire faire» dans le domaine de la télévision s'enracine directement dans cette tendance; ainsi Radio-Québec et Radio-Canada conçoivent-elles de moins en moins de produits maison, préférant confier à des producteurs indépendants — par l'accord de subventions fédérales, comme ce fut le cas des téléséries *Lance et compte* et *Scoop* — le soin de créer de nouvelles émissions. Les suggestions d'un rapport au gouvernement libéral du Québec élu en 1985 (rapport Gobeil) quant à l'abolition de nombreux organismes publics existants (l'Institut québécois de recherche sur la culture, l'Institut québécois du cinéma, la Commission des bibliothèques publiques du Québec, etc.) et à la privatisation de Radio-Québec — recommandations qui, fort heureusement, n'auront pas eu de suite — en constituent un second exemple. Le désaveu exprimé par Brian Mulroney à l'époque des négociations sur le libre-échange à l'égard de son ministre des Communications, Marcel Masse (jugé trop nationaliste, au sens canadien du terme), s'inscrit aussi dans cette ligne de pensée.

C'est donc essentiellement sous le signe de la privatisation et sous la pression de l'internationalisation que s'opérera ensuite, au cours de la décennie suivante, ce développement «industriel», à l'opposé de tout ce qui s'était vu auparavant. En effet, au Québec comme dans le reste du Canada, la promotion de la spécificité culturelle relevait alors des institutions et des appareils publics. Mais à partir du milieu des années 1980, on misera sur le développement du secteur privé.

Cette nouvelle approche du développement culturel permet-elle d'atteindre les objectifs attribués aux médias et à la culture? On nous permettra d'en douter…

2.7 COMMERCE, CULTURE ET MONDIALISATION

La globalisation est un de ces mots pièges qui fait partie des notions instrumentales qui, sous l'effet des logiques marchandes et à l'insu des citoyens, se sont naturalisées au point de devenir indispensables pour établir la communication entre ressortissants de cultures fort différentes. Ce langage fonctionnel constitue un prêt-à-porter idéologique qui dissimule les désordres du nouvel ordre mondial. Aussi le temps est venu de départager ce qui revient à la mythologie globaliste et ce qui incombe à la réalité concrète dans ce moment de l'intégration internationale. Contrastant avec la vision économiste d'un monde cohésionné

> par le libre-échange, apparaît la fracture entre des systèmes sociaux spécifiques et un champ économique unifié, entre des cultures singulières et les forces centralisantes de la «culture globale»[28].

La tension entre économie et culture qui se manifeste dans cette description de l'économie politique des médias ne date pas d'hier; cela dit, elle prend une importance accrue dans le contexte de ce qu'il convient d'appeler la mondialisation[29].

La mondialisation n'est pas un phénomène nouveau. En fait, cette notion a une *histoire* longue et complexe, qui peut remonter jusqu'aux débuts de l'humanité — à tout le moins jusqu'à l'époque des grandes conquêtes des espaces qui a débuté avec les explorations européennes de 1492. De nos jours, la mondialisation se caractérise par un certain nombre de facteurs que nous pouvons résumer comme suit:

- La remise en question du rôle de l'État;
- L'intégration des marchés économiques;
- L'explosion technologique;
- La remise en question des notions d'identité nationale et culturelle;
- L'émergence de nouveaux types de réseaux tous azimuts;
- De nouvelles structures de gouvernance;
- Un nouveau contexte géopolitique.

Chacune de ces caractéristiques révèle des aspects très spécifiques en ce qui concerne les médias. Ainsi, la diminution dans la capacité d'intervention des États nationaux signifie qu'il est plus difficile de parler de la réglementation des médias, ou du financement des médias publics. De façon générale, l'État interventionniste est appelé à devenir moins présent dans ce secteur qu'il ne l'était tout au long du XXe siècle. Cela signifie également qu'on a plutôt tendance à laisser les aspects marchands déterminer l'évolution des médias, comme pour bien d'autres secteurs d'activité, d'ailleurs. En ce qui concerne l'émergence d'un marché économique uni à l'échelle mondiale, nous avons déjà fait état de la concentration transnationale des capitaux et du pouvoir accru des grands acteurs économiques qui l'accompagne. Cela veut dire une concentration transnationale dans la propriété des médias, et une concentration du pouvoir économique agissant sur les médias.

Les transformations technologiques que nous connaissons présentement sont en train d'éliminer les contraintes techniques du temps et de

28. Mattelart (1996, p. 99).
29. Raboy et autres (1994).

l'espace, comme en témoigne le cas le plus évident, Internet. Il y a également multiplication des chaînes, émergence de nouveaux médias, moins de possibilités de maîtrise autoritaire étatique sur les contenus, et de nouvelles possibilités de mise en réseau. Quant à la remise en question des notions d'identité nationale et culturelle, elle appelle pour certains à des affrontements entre les cultures et les civilisations. Mais il y a aussi la parution de diverses cultures «hybrides», qui adoucissent les nationalistes les plus durs. D'un seul coup, les médias ne peuvent plus servir d'instruments de propagande comme autrefois, et l'idée des médias «nationaux» n'a plus le même sens. On assiste à une déterritorialisation sur tous les plans, y compris celui des médias, et c'est dans ce contexte que des médias globaux évoluent.

En général, la mondialisation entraîne une imbrication du local et du global chez tous les acteurs sociaux. Les médias facilitent la création des liens à distance; ils sont à la fois des agents de solidarité et d'harmonisation — les deux côtés de la médaille de ce qu'on peut appeler la culture globale. Mais l'émergence du «global» donne aussi un nouveau sens à la notion de médias «parallèles», «communautaires» ou «alternatifs», et on assiste à une explosion d'expériences de communication artisanales qui sont parfois aussi importantes pour l'évolution des sociétés que l'impact des grands médias dominants.

Dans le contexte actuel de mondialisation, nous apercevons les nouvelles configurations des États au sein des regroupements tels que l'ALENA, le G7 ou l'Union européenne. Cela signifie de nouveaux régimes de réglementation des médias, structurés à l'échelle transnationale plutôt qu'à l'échelle nationale. Le système multilatéral et ses agences (Organisation des Nations Unies, Union internationale des télécommunications, Organisation mondiale du commerce, etc.) deviennent le nouveau lieu des discussions et des décisions à propos des enjeux touchant les médias. Les accords internationaux, tel le défunt Accord multilatéral sur les investissements (AMI), contiennent de nouvelles contraintes à propos de l'encadrement des médias. Un nouvel ordre mondial est en train d'émerger en communication. Quelle allure aura-t-il? Quelles seront les possibilités d'intervention auprès des médias dans ce contexte? Pourra-t-on parler un jour d'un système médiatique mondial au service de la population planétaire? Ces questions nous fournissent amplement matière à réflexion maintenant que nous nous préparons à passer au chapitre suivant, portant sur les politiques publiques dans le secteur des médias.

CHAPITRE 3

Le cadre législatif et réglementaire des médias

PLAN

3.1 Les politiques de communication dans les sociétés contemporaines
3.2 L'État et les communications dans le contexte canadien
3.2.1 Les droits fondamentaux du citoyen
3.2.2 Le cadre institutionnel des politiques canadiennes en matière de communication
La législation
L'orientation
La réglementation
3.3 L'évolution historique de la politique canadienne à propos des médias
3.3.1 La presse
3.3.2 La radiodiffusion
La mise en place d'un service public
La télévision: une nouvelle venue qui change les règles du jeu
La création du CRTC
Nouvelles technologies: nouvelles politiques
3.3.3 L'inforoute
3.4 Le rôle du Québec dans la «bataille des compétences»
3.4.1 Les communications: fer de lance de la conquête de la souveraineté culturelle
3.4.2 Du virage économique à l'«État partenaire»
3.4.3 L'enjeu constitutionnel refait surface
3.5 Les politiques de communication dans le contexte de la mondialisation

3.1 LES POLITIQUES DE COMMUNICATION DANS LES SOCIÉTÉS CONTEMPORAINES

> La réalisation d'une politique entraîne quatre opérations : la proposition des fins, le choix des moyens, l'exécution des décisions et l'évaluation des résultats[1].

Dans les sociétés modernes, tous les domaines de la vie publique sont gouvernés par des politiques publiques. D'après le politologue canadien Stephen Brooks, « la politique publique est le cadre général des idées et des valeurs à l'intérieur duquel les décisions sont prises et les gouvernements agissent, ou n'agissent pas, en rapport avec un enjeu ou un problème quelconque[2] ». Autrement dit, les politiques publiques définissent le rôle de l'État dans un secteur donné.

Les politiques publiques peuvent toucher des aspects culturels, économiques, politiques, sociaux ou techniques. Cela ne veut pas dire que l'État s'occupe nécessairement de tous ces aspects ; mais il en a la capacité et s'en sert à un certain degré, selon le contexte. Par ailleurs, les politiques publiques ne concernent pas que les gouvernements : les industries et les associations de la société civile, dans la mesure où elles sont touchées par les politiques, tentent toujours d'influer sur leur orientation. Enfin, quoiqu'on pense souvent aux politiques *nationales* quand on évoque la notion de politiques publiques, celles-ci sont également élaborées à d'autres niveaux, à partir du local (concernant une communauté en particulier) jusqu'au global (concernant le monde entier), en passant par l'international (concernant plusieurs pays) et le régional (concernant une ou des parties d'un ou de plusieurs pays).

Une *politique des communications* est une ligne de conduite et une série de mesures adoptées par un gouvernement pour atteindre ses objectifs en matière de communication publique. Elle repose sur le principe selon lequel les communications constituent un service public, au même titre que l'eau, les transports, etc.[3] (voir le tableau 3.1, p. 122). La justice sociale, le bien commun, la qualité de vie, le respect de la personne, la promotion de la démocratie sont autant de valeurs qu'il faut intégrer à une politique des communications qui se veut au service de la collectivité. D'autres motifs d'intervention, d'ordre économique, viennent s'ajouter à cette liste : le développement harmonieux des réseaux et la coordination des différentes composantes économiques et industrielles.

---

1. Caplan et Sauvageau (1986, p. 187), d'après Lemieux (1985, p. 4).
2. Brooks (1989, p. 16). Notre traduction.
3. Deschênes (1986, p. 75-86).

TABLEAU 3.1
Les secteurs touchés par les politiques de communication au Canada

Secteur	Subventionné ?	Réglementé ?
Transports	En partie	OUI
Arts	En partie	NON
Industries culturelles	En partie	NON
Radiodiffusion	En partie	OUI
Télécommunications	NON	OUI
Inforoute	En partie	Ne fait pas actuellement l'objet d'une réglementation

Enfin, la mise en place d'un système de communication publique adéquat est souvent considérée comme un acte essentiel à la préservation de l'intégrité politique d'un territoire, à sa définition comme État.

En ce qui concerne les communications dans un pays comme le Canada, les politiques publiques visent un vaste éventail de secteurs qui va des transports (ferroviaire, maritime, routier, aérien) jusqu'aux arts (financement de la création, diffusion, consommation et conservation), et elles incluent les industries culturelles (cinéma, édition, enregistrement sonore, production audiovisuelle), la radiodiffusion (radio, télévision, câblodistribution), les télécommunications (télégraphie, téléphonie et satellites) ainsi que le nouveau secteur de l'inforoute (ses infrastructures, ses contenus).

Compte tenu du rôle attribué à la culture dans un système démocratique, l'intervention de l'État en matière de communications se limite généralement à la création des conditions favorables à la mise en place et au soutien des activités qui contribuent à l'intérêt public. Habituellement, sur le plan intérieur, l'État intervient dans les communications par deux grands types d'activités : les programmes de subvention directe ou indirecte et la réglementation par une agence indépendante du pouvoir politique. Les États nationaux sont également de plus en plus appelés à promouvoir divers intérêts nationaux sur le plan international.

L'élaboration, l'implantation et l'exécution des politiques publiques ont toujours lieu à l'intérieur d'un cadre institutionnel très précis. Ce cadre institutionnel fait partie du système politique du pays et découle des lois constituantes, des normes et des traditions politiques. Ainsi, pour prendre le cas qui nous intéresse, le cadre général des politiques publiques au Canada est défini en partie par la *Loi constitutionnelle* de 1982 (qui limite le pouvoir de l'État par rapport aux citoyens), par le partage des pouvoirs entre Ottawa et les provinces (qui détermine la compétence juridique des différents ordres de gouvernement) et de plus en plus par des accords internationaux dont le Canada est signataire (qui contraignent la marge de manœuvre de l'État sur son territoire). Pour les médias, cela veut dire que :

— l'intervention de l'État a tendance à toucher les institutions plutôt que les contenus, puisque ces derniers sont considérés généralement comme étant du domaine de la liberté d'expression ;
— les médias *québécois* évoluent essentiellement à l'intérieur d'un cadre politique pancanadien, dans la mesure où le fédéral a su affirmer sa compétence juridique par une série de décisions des tribunaux depuis 1931 ;
— le Canada trouve sa souveraineté culturelle contestée depuis l'émergence d'un environnement politique global marqué par ce qu'il convient d'appeler la mondialisation.

Nous examinerons chacun de ces aspects du cadre juridique et réglementaire des médias dans ce chapitre.

3.2 L'ÉTAT ET LES COMMUNICATIONS DANS LE CONTEXTE CANADIEN

3.2.1 LES DROITS FONDAMENTAUX DU CITOYEN

Au Canada, toutes les politiques publiques découlent de droits fondamentaux inscrits dans la *Loi constitutionnelle* de 1982 ou dans la Charte canadienne des droits et libertés de la personne. Certains d'entre eux, telle la liberté d'entreprise, peuvent avoir une incidence sur plus d'un domaine, dont celui des communications.

La *liberté d'expression*, inscrite dans la Charte canadienne des droits et libertés, est le droit, reconnu à tout individu, de donner son avis sur n'importe quel sujet, sauf si les propos tenus ont un caractère d'obscénité, de sédition, de diffamation ou de blasphème — délits dont la définition change nécessairement avec les époques suivant le degré de tolérance des sociétés et la souplesse des tribunaux.

Le *droit* du public *à l'information*, inscrit dans la Charte québécoise des droits et libertés de la personne, est une composante du «principe de la liberté d'expression. Il se manifeste surtout comme un standard d'appréciation de l'intérêt que comport[e] [un] message pour le bon fonctionnement de la démocratie ou pour l'information du public[4] ».

Le *droit à la communication* est une notion plus générale, qu'a définie la commission internationale chargée d'étudier les problèmes de communication dans le monde sous l'égide de l'UNESCO à la fin des années 1970 (la commission MacBride[5]). Il a trait à la fois à la liberté de communiquer (droit d'assemblée, de discussion, de participation), à la liberté d'informer et d'être informé ainsi qu'à la liberté de culture (droits relatifs au développement de l'individu). Ces composantes de la liberté de communication sont loin de faire l'unanimité sur la scène internationale.

Depuis l'adoption de la Charte canadienne des droits et libertés, en 1982, on invoque souvent le *droit à l'égalité*. D'ailleurs, la *Loi sur la radiodiffusion* adoptée en 1991 contient plusieurs clauses touchant la reconnaissance des droits fondamentaux des différents groupes sociaux qui composent la société canadienne.

3.2.2 LE CADRE INSTITUTIONNEL DES POLITIQUES CANADIENNES EN MATIÈRE DE COMMUNICATION

Réduites à leur plus simple expression, les politiques publiques en matière de communication se résument à trois types d'opérations, dépendant chacun d'une série d'acteurs institutionnels distincts, responsables chacun d'un nombre restreint de mesures précises. Nous pouvons désigner ces types d'opérations comme suit : la *législation*, l'*orientation* et la *réglementation* (voir le tableau 3.2).

La législation

La législation se trouve au sommet de la hiérarchie des activités reliées aux politiques. Ce sont les lois qui délimitent les interventions de l'État, qui créent les institutions publiques et qui, jusqu'à un certain point, indiquent les éléments généraux des politiques. Dans notre système politique, c'est le *Parlement* qui a le dernier mot en ce qui concerne les lois : c'est lui qui les adopte après le débat. Cela dit, le pouvoir parlementaire est plutôt diffus. Puisqu'ils doivent couvrir l'ensemble des activités du pays et donner priorité à celles que le Parlement considère comme les

---

4. Trudel (1984, p. 14-15).
5. Commission internationale d'étude des problèmes de la communication (présidée par Sean MacBride) (1980).

TABLEAU 3.2

Le cadre institutionnel de l'élaboration des politiques de communication

Acteurs	Mesures
Législation	
Parlement	Lois (adoption)
Gouvernement	Lois (proposition)
Fonctionnaires	Lois (préparation)
Orientation	
Instances *ad hoc*	Étude des dossiers; recommandations
Comité parlementaire	Étude des dossiers; recommandations
Conseil des ministres	Lignes directrices, budgets
Premier ministre	Nominations
Ministres	Énoncé des politiques
Ministères	Suivi des dossiers, mise en œuvre des programmes
Réglementation	
CRTC	Surveillance, supervision
Sociétés d'État	Exécution des mandats
Associations d'entreprises	Autoréglementation

Note : Le tout dans le contexte des lois pertinentes et de l'interprétation que peuvent en faire les tribunaux.

plus pressantes, les débats législatifs dans un champ tel que les communications sont plutôt rares. Aussi est-il fort probable qu'une fois adoptée, une loi touchant ce secteur reste en vigueur pendant une période relativement longue (ainsi, l'actuelle *Loi de la radiodiffusion* date de 1991 ; le processus menant à son adoption fut entrepris en 1985). Toutefois, le Parlement reste l'instance suprême en ce qui concerne les politiques publiques.

Dans la mesure où il jouit de l'appui du Parlement, le *gouvernement* (par l'entremise du Conseil des ministres) est l'acteur le plus puissant par rapport aux politiques. C'est lui qui fixe le programme politique du pays, sur les plans tant parlementaire que général. C'est lui qui décide si le moment est propice pour proposer une simple modification à une loi existante ou un tout nouveau texte de loi. Le gouvernement jouit également d'autres pouvoirs, comme nous le verrons un peu plus loin dans la section sur l'orientation. Normalement, une politique publique est considérée comme étant celle du gouvernement en place, même si celui-ci l'a héritée de son prédécesseur.

Comme les mesures à prendre dans un secteur tel que les communications sont souvent passablement techniques, elles dépendent de connaissances spécialisées et d'une maîtrise des dossiers inaccessibles à la majorité des hommes et des femmes politiques. Les *fonctionnaires* des ministères concernés jouent alors un rôle privilégié dans la préparation des textes juridiques qui feront éventuellement l'objet des lois. En effet, dans des circonstances ou une conjoncture données, il n'est pas toujours possible pour les politiciens de mettre en vigueur les politiques idéales qu'ils souhaiteraient faire adopter. L'expertise confère donc aux fonctionnaires un pouvoir important dans l'élaboration des politiques, malgré leur statut de non-élus. C'est pour cela qu'on les appelle souvent « technocrates ».

L'orientation

La deuxième grande catégorie d'interventions est plus vague et varie énormément d'un secteur à l'autre. Nous nous concentrons ici évidemment sur celui des communications.

Ce que nous appelons les « instances *ad hoc* » ont joué un rôle très important, historiquement, en ce qui concerne l'élaboration des politiques des communications au Canada. Il s'agit des nombreux comités d'étude, commissions royales, groupes de travail et autres qui ont été mandatés au fil des ans pour faire enquête sur l'un ou l'autre aspect du système et pour en faire rapport au gouvernement. Bien sûr, les recommandations de ces enquêtes n'ont pas toujours eu de suites[6]. De mauvaises langues vont même jusqu'à suggérer que mandater une étude constitue la voie privilégiée du gouvernement pour gagner du temps jusqu'à ce que le dossier puisse décemment être enterré. Cela dit, il faut reconnaître que plusieurs de ces instances ont eu une très grande influence sur l'évolution des politiques.

Le *Comité parlementaire* qui est responsable de la culture et des communications à la Chambre des communes joue aussi un rôle d'enquête et

6. C'est d'ailleurs pourquoi j'ai nommé mon histoire de la politique canadienne de radiodiffusion *Occasions ratées*. Voir Raboy (1996).

de recommandation sur le plan des politiques. Bien que son existence soit statutaire — son incarnation actuelle s'appelle le Comité du patrimoine canadien —, sa façon de faire peut varier. Il peut prendre l'initiative de surveiller un aspect du champ qui relève de sa compétence; cependant, parfois, le gouvernement ou le ministre concerné lui confie un mandat précis. Minimalement, le Comité parlementaire intervient lorsqu'il est question d'approuver les budgets des institutions publiques. Ses recommandations n'ont pas force de loi, mais elles ont un certain poids dans l'élaboration des orientations gouvernementales.

Le *Conseil des ministres*, par contre, jouit de pouvoirs décisionnels importants, et cela sur deux plans. Premièrement, c'est lui qui débat et approuve les grandes orientations du gouvernement, qui deviennent ensuite les lignes directrices des politiques (lorsqu'il n'est pas nécessaire de les entériner dans la législation). Ensuite, c'est lui qui approuve les budgets des organismes relevant de l'État. C'est là une influence énorme quand on considère l'importance du financement public dans notre système, comme support direct non seulement au secteur public mais également au secteur privé, par la voie des programmes de subventions. Les mesures touchant les régimes fiscaux et les accords internationaux sont d'autres éléments qui relèvent du pouvoir gouvernemental et qui ont une incidence sur l'orientation des politiques des communications.

Le bureau du *premier ministre*, quant à lui, conserve des prérogatives importantes en ce qui concerne la nomination des officiers (présidents et membres du conseil) des institutions publiques telles que la Société Radio-Canada, le CRTC, l'Office national du film, etc. Ces nominations importantes affichent malheureusement trop souvent une allure partisane. Il faut cependant noter que dans le système canadien — contrairement à la tradition dans d'autres pays tels que la France — un officier déjà nommé ne peut être démis de ses fonctions autrement que «pour cause». Comme la plupart de ces nominations couvrent des périodes de cinq ou sept ans, il arrive alors souvent que les officiers «survivent» au gouvernement qui les a nommés.

Les *ministres* responsables des communications jouissent d'un important pouvoir d'initiative par rapport à l'ensemble du secteur. Quoiqu'il soit forcément lié aux grandes orientations de son gouvernement, un ministre fort peut laisser des traces importantes. Habituellement, un ministre privilégiera deux ou trois dossiers prioritaires avec lesquels il a de bonnes chances de réaliser son programme politique. Le ministre est également le porte-parole gouvernemental dans le domaine concerné. En ce qui a trait aux communications, on vit depuis quelques années une situation complexe puisque les dossiers sont en fait distribués entre deux ministères à vocation différente: Patrimoine canadien, responsable des aspects culturels, et Industrie Canada, responsable du développement industriel et technologique. Il en résulte souvent des politiques paradoxales.

Quoi qu'il en soit, les *ministères* jouent un rôle clé dans le suivi des dossiers et la mise en œuvre des programmes. Comme nous l'avons vu dans le cas de la législation, l'expertise réside chez les spécialistes de la fonction publique qui, eux, restent en place pendant que les gouvernements changent. Cette expertise s'accompagne d'un pouvoir non négligeable. Un fonctionnaire peut très bien faire sa carrière en ne suivant et en ne s'occupant que d'un seul dossier important. Il n'est pas impossible qu'une politique précise, sinon plusieurs, porte sa marque distincte.

La réglementation

La réglementation fait référence à l'ensemble des procédures et des contraintes formelles découlant des politiques. En ce qui concerne les médias électroniques et les télécommunications canadiennes, il existe un organisme de réglementation incontournable, le *Conseil de la radiodiffusion et des télécommunications canadiennes* (CRTC). Cette agence est mandatée par la loi pour surveiller et superviser les secteurs de la radiodiffusion et des télécommunications. Il est important de comprendre que le CRTC reçoit son mandat directement de la loi et est donc indépendant du gouvernement dans son fonctionnement[7]. Nous y reviendrons plus loin.

Les *sociétés d'État* telles que Radio-Canada, l'ONF ou Téléfilm jouent également un rôle de réglementation dans la mesure où leur mandat — toujours encastré dans la législation — peut aussi être perçu comme une série de règlements. Les sociétés d'État se dotent généralement de politiques internes afin d'exécuter leur mandat correctement.

Les entreprises privées, notamment les plus grandes, peuvent aussi se doter de politiques internes, mais elles ont plutôt tendance à fonctionner au «pifomètre». Cependant, comme le CRTC compte beaucoup depuis une quinzaine d'années sur l'autoréglementation des industries concernées, les *associations d'entreprises* jouent désormais un rôle important en créant et en mettant en œuvre des codes de conduite sur des sujets divers tels que la publicité, les stéréotypes ethniques et sexuels dans la programmation, et les contenus à caractère violent.

7. Cette autonomie est cependant relative, dans la mesure où la loi confie au gouvernement un important «pouvoir de directive» sur certains éléments généraux du champ de compétence du CRTC, ainsi que le pouvoir de renverser une décision ou de renvoyer un dossier au CRTC advenant l'appel d'une décision par une partie concernée.

FIGURE 3.1
Représentation schématique du cadre d'élaboration des politiques des communications au Canada

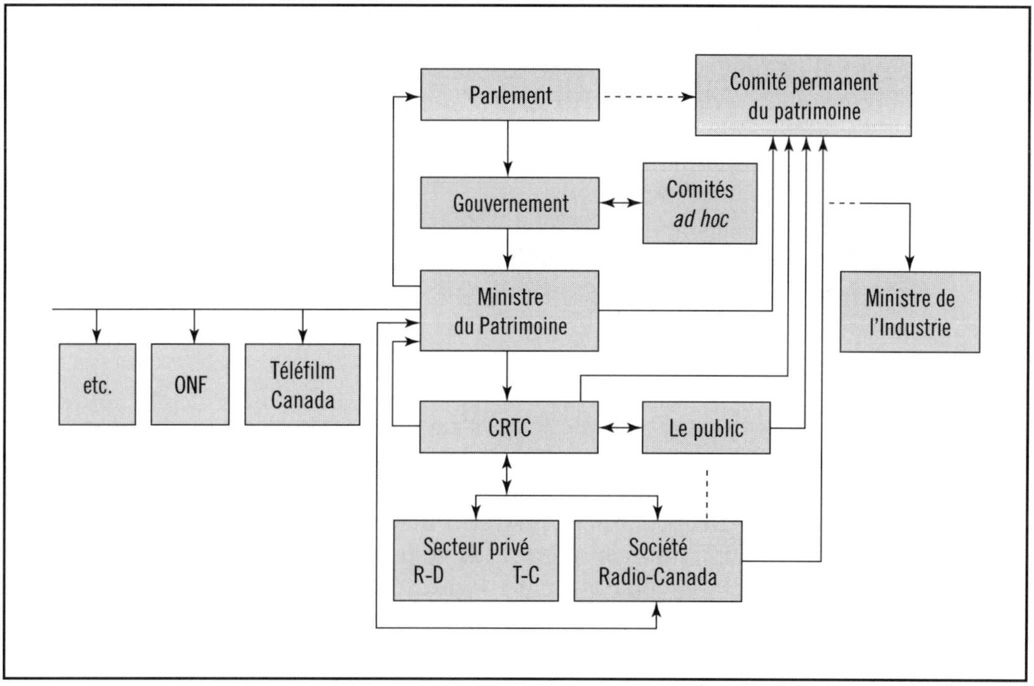

Finalement, il faut considérer les rôles particuliers de trois catégories d'acteurs importants qu'il est malaisé de situer dans le schéma général que nous venons d'esquisser :

1. Dans le cadre spécifique du contexte canadien, les *provinces* entrent en ligne de compte dans la mesure où elles s'intéressent au secteur des communications ; dans le cas du Québec, bien sûr, il s'agit d'un dossier extrêmement important (voir la section 3.4). Il faut reconnaître, cependant, que la constitution canadienne relègue les provinces à un rôle de deuxième plan par rapport à l'encadrement juridique et réglementaire du système. Cela dit, les provinces sont des porte-parole importants des intérêts qu'elles choisissent de promouvoir auprès des instances décisionnelles.
2. Le *public*, en tant qu'intervenant politique, jouit aussi d'un statut privilégié dans le système canadien où, pour des raisons historiques, une place lui est accordée dans les processus menant à l'adoption et à la mise en œuvre des politiques. À différents degrés, la participation du public est prévue dans les diverses activités des instances de

législation et de réglementation. Le plus souvent, ce sont évidemment des représentants d'intérêts précis qui arrivent à en profiter après s'être donné la peine d'intervenir[8]. Néanmoins, la capacité du public de se mobiliser afin d'influer sur les politiques de communication demeure un aspect important du système médiatique.

3. Enfin, il ne faut pas négliger le rôle des *tribunaux* en ce qui concerne l'interprétation des lois et l'exécution des politiques. Quoique peu de cas concernant les communications aboutissent devant les tribunaux, ces derniers en constituent les instances d'ultime recours.

3.3 L'ÉVOLUTION HISTORIQUE DE LA POLITIQUE CANADIENNE À PROPOS DES MÉDIAS

3.3.1 La presse

Les premiers journaux occidentaux s'étant donné comme vocation essentielle l'expression de l'opinion dans la lutte contre l'autorité politique et pour la démocratie, on peut considérer globalement qu'ils se sont édifiés en opposition par rapport à l'État. La reconnaissance de la liberté de presse au XIXe siècle marque, de ce point de vue, une étape cruciale dans l'histoire des relations entre l'État et les médias : en consacrant l'indépendance de la presse, on niait du même coup aux gouvernements tout droit d'intervenir par voie de réglementation dans ce secteur.

Au Québec, une seule loi fait exception à ce principe de la non-réglementation de la presse écrite : la *Loi sur la presse* — décret provincial qui date de 1929. Elle s'applique essentiellement aux journaux ou périodiques publiés à des fins commerciales plus d'une fois par mois et « dont l'objet est de donner des nouvelles, des opinions, des commentaires ou des annonces[9] ». Cette loi protège, d'une part, les journalistes contre les poursuites civiles de citoyens se sentant lésés par le contenu d'un article et, d'autre part, les victimes de diffamation. Elle accorde toutefois à la presse écrite une position privilégiée quant au traitement de certaines matières quand l'intérêt public prévaut sur les intérêts particuliers, ce qui constitue une dérogation au régime général de la responsabilité civile.

S'ils veulent s'en prévaloir, les journaux se voient obligés de se soumettre au préalable aux exigences de la *Loi sur les journaux et autres publications*[10], selon laquelle une déclaration assermentée énonçant le titre de

8. Raboy (1995).
9. Article 1 de la *Loi sur la presse*, LRQ, chap. P-19. Voir Vallières et Sauvageau (1981) et Trudel (1984).
10. *Lois refondues du Québec*, chap. J-1.

ENCADRÉ 3.1
Le Conseil de presse du Québec

Organisme d'autoréglementation de l'industrie des médias au Québec, le Conseil de presse du Québec (CPQ) a été instauré en 1973 par la Fédération professionnelle des journalistes du Québec (FPJQ), l'Association canadienne de la radio et de la télévision de langue française (ACRTF), l'Association des hebdos de langue française du Canada, l'Association des quotidiens du Québec et la Société Radio-Canada. Télé-Québec, alors nommée Radio-Québec, devait plus tard adhérer au Conseil.

La mission du CPQ est de protéger la liberté de presse et de défendre le droit du public à une information exacte, complète et de qualité. Pour ce faire, il recueille les plaintes de citoyens (près de 1500 plaintes reçues entre 1973 et 1998) à l'encontre de la presse. Aussi, il sert d'éducateur, tant auprès du public que de l'ensemble des médias d'information et de la communauté journalistique. L'adhésion au Conseil est volontaire et son action s'étend à tous les médias d'information au Québec, qu'ils soient membres ou non du Conseil.

Le CPQ s'inspire grandement du Conseil de presse britannique créé en 1953. Il ne possède aucun pouvoir judiciaire, réglementaire, législatif ou coercitif. L'organisme n'étant qu'une «autorité morale», ses décisions ne sont que des recommandations et le respect de ses actions repose uniquement sur la bonne volonté des organes d'information. Les cas qu'il a jugés et les avis qu'il a émis ont établi une certaine jurisprudence.

Le conseil d'administration du Conseil de presse est formé de six journalistes, de six représentants des entreprises de presse et de sept membres provenant du public québécois, dont le président actuel, l'ancien journaliste Michel Roy. L'organisme se distingue des autres conseils de presse canadiens par son caractère tripartite (et non bipartite, c'est-à-dire composé des dirigeants et des employés) et par le fait qu'il couvre l'ensemble de la presse écrite et électronique au Québec.

Les années 1990 ont été particulièrement difficiles pour le Conseil de presse du Québec. Dès le début de cette décennie, l'organisme est entré en crise alors que les entreprises de presse menaçaient de le quitter et de cesser de le subventionner. Leur retrait n'a pas eu lieu, mais le Conseil est entré dans une profonde remise en question de son fonctionnement, de son financement et de ses objectifs. Sa phase de restructuration a débuté par le déclenchement d'un important travail de rattrapage des retards dans l'étude des plaintes. Puis, au cours de l'année fiscale 1996-1997, le siège social du Conseil est déménagé de Québec à Montréal; le personnel du secrétariat a été réduit, puis renouvelé; les méthodes de travail reliées à l'étude des plaintes ont été revues; un groupe de travail interne chargé de revoir la structure de financement de l'organisme a été mis sur pied;

→

finalement, les commissions ainsi que les comités permanents ont été remplacés par des comités *ad hoc* recevant des mandats précis.

En 1998, après un quart de siècle d'existence, le Conseil souffrait toujours d'un manque de crédibilité, de visibilité et de moyens financiers. Sur le plan de la crédibilité, c'est principalement son manque de régularité dans les prises de décision ainsi que ses retards dans le traitement des plaintes qui le désavantagent. En effet, entre 1988 et 1998, il fallait au CPQ plus d'un an pour traiter une plainte et rendre sa décision. Quant à la visibilité de l'organisme, notons que plus des deux tiers des Québécois (69 %) n'avaient jamais entendu parler du Conseil de presse en 1998. Finalement, côté financement, le CPQ se trouve dans une situation très précaire. Par exemple, pour l'année fiscale 1996-1997, l'organisme cumulait un déficit de 16 000 $ pour des revenus de 313 000 $. En fait, ses problèmes financiers sont principalement reliés au manque d'équilibre dans les contributions des six membres constitutifs, qui fournissent plus de la moitié du budget du CPQ, l'autre moitié provenant de la Fondation du Conseil de presse.

Sources : L. Laplante, « Informer ou manipuler », dans F. Sauvageau et autres (sous la dir. de), *Les journalistes : dans les coulisses de l'information*, Montréal, Éditions Québec/Amérique, 1979, p. 322-330 ; Conseil de Presse du Québec, site Internet : <http://www.conseildepresse.qc.ca> ; Conseil de presse du Québec, *L'état de l'information au Québec — Rapport annuel 1996-1997* ; M. Fontaine, « Les Québécois estiment que les médias ont déjà assez de pouvoir », *La Presse*, 18 avril 1998, p. B1 ; C. Grandmont, « Conseil de presse : 25 ans à oublier ? », *Le 30*, mai 1998 ; C. Masson, « Pourquoi un Conseil de presse ? », *La Presse*, 25 juillet 1998, p. B2 ; M. Roy, « Un Conseil de presse : pourquoi pas ? », *La Presse*, 3 août 1998, p. B2 ; Réseau Éducation-Médias, *Le Conseil de presse du Québec*, site Internet : <http://www.media-awareness.ca/fre/industri/cpresse.htm>.

la publication, les nom, titre et qualité de l'imprimeur ou de l'éditeur ainsi que la désignation de l'édifice où cette publication est imprimée doit être produite. Ces informations doivent aussi paraître dans le journal. Afin d'éviter toute poursuite judiciaire, le journal à qui la victime de diffamation aura demandé rétractation est tenu de publier, dans un court délai et à ses frais, une rétractation complète établissant la bonne foi du journal, sans autre commentaire, dans un endroit aussi en vue que l'article incriminé, ainsi qu'une réponse sans autre commentaire[11].

---

11. Vallières et Sauvageau (1981, p. 38).

3.3.2 La radiodiffusion

Contrairement à la presse écrite, la radiodiffusion est un secteur *réglementé* par un ensemble de lois et de mesures bien définies. Le Parlement, le gouvernement, le ministère du Patrimoine et le Conseil de la radiodiffusion et des télécommunications canadiennes (CRTC) sont autant d'instances qui voient au respect des principes de base et des règles de la politique de radiodiffusion canadienne.

Quand la radio fut inventée, au début du XXe siècle, la technologie utilisait pour la première fois les ondes électromagnétiques pour la diffusion d'informations. Les ondes étant une ressource naturelle limitée et chaque fréquence ne pouvant accommoder qu'un diffuseur à la fois, leur usage se prêtait nécessairement au monopole, d'où la nécessité d'une grande vigilance des pouvoirs publics en cette matière. La «rareté des fréquences» fut donc la première raison qu'invoquèrent les partisans d'une *réglementation* de l'usage des ondes.

Il faut dire que le climat idéologique et sociopolitique de la plupart des pays occidentaux durant les années 1920 et 1930 était assez favorable à l'intervention étatique dans les affaires sociales. Considérant les ondes radioélectriques non seulement comme une richesse collective mais aussi comme un bien public, tous les pays mirent donc en place à cette époque des mécanismes de réglementation pour en régir l'utilisation.

La structure des activités d'exploitation de ce secteur variait cependant considérablement d'un pays à l'autre: il y avait en effet un écart important entre le monopole étatique exercé par plusieurs pays européens et la domination totale du marché par l'entreprise privée aux États-Unis.

La mise en place d'un service public

Le Canada représentait un cas tout à fait à part[12]. Le modèle de service public alors en vigueur en Angleterre (*Public Service Broadcasting*) commençait à exercer un très grand attrait, surtout au Canada anglais, et à ébranler quelque peu les tenants du modèle américain qui régissait jusque-là la gestion des stations radiophoniques. De nombreux groupes sociaux revendiquaient par ailleurs l'intervention de l'État dans la définition et l'accomplissement de la mission sociale et éducative de la radio,

---

12. Raboy (1996).

menacée selon eux d'une soumission exclusive aux impératifs économiques. Au même moment se déclarait une lutte serrée entre certaines provinces, dont le Québec, et Ottawa pour que ce champ d'activité soit reconnu comme étant de compétence provinciale.

Dans son rapport de 1929, la Commission royale d'enquête sur la radiodiffusion (commission Aird) recommandait la création d'un service public unique pour l'ensemble du pays, tout en reconnaissant aux provinces un rôle important dans la définition des contenus. Malgré les protestations des entrepreneurs privés devant la perte de leurs droits acquis, Ottawa réaffirma son intention d'assurer la tutelle de ce secteur médiatique.

Ce n'est qu'en 1932, un an après que la Cour suprême eut tranché le débat en faveur du gouvernement fédéral, que fut édictée la première loi sur la radiodiffusion. Lors de son adoption, le premier ministre du Canada de l'époque, R.B. Bennett, déclara: «D'abord ce pays doit contrôler absolument la radiodiffusion de source canadienne [...] Sans ce contrôle, elle ne saurait devenir l'agence pour la diffusion de la pensée et de l'unité nationale[13].» Par cette loi se trouvait mise sur pied la Commission canadienne de la radiodiffusion (CCR), qui avait le mandat de gérer les stations, de produire et de commander des émissions, puis de réglementer toutes les activités radiophoniques au pays (y compris celles de l'entreprise privée, maintenue en place). Contrairement aux recommandations de la commission Aird, la loi ne définissait cependant nulle part le rôle particulier des provinces en ce domaine. En 1936, une autre loi venait abolir la CCR et la remplacer par la Société Radio-Canada. On vit alors se constituer peu à peu un système mixte dans le secteur médiatique canadien.

La télévision: une nouvelle venue qui change les règles du jeu

À la suite de la publication en 1951 du rapport de la Commission royale d'enquête sur l'avancement des arts, des lettres et des sciences au Canada (commission Massey-Lévesque, officiellement boycottée par le gouvernement du Québec) — rapport où se trouvait à nouveau mise de l'avant l'idée que la radiodiffusion forme un seul régime public —, et avec l'arrivée de la technologie télévisuelle à la fin des années 1940, Ottawa décida de confier à la Société Radio-Canada le mandat de créer un service national de télévision en anglais et en français sur lequel elle

13. Caplan et Sauvageau (1986, p. 6).

exercerait son monopole. L'exploitation de ce nouveau secteur étant beaucoup plus coûteuse que celle de la radio, le Parlement se vit obligé à cet égard d'accorder annuellement des subventions à Radio-Canada.

Peu après l'avènement de la télévision canadienne (1952), le permis de l'usager, devenu financièrement marginal, fut aboli. La Société se vit alors forcée de s'affilier à des diffuseurs privés (comme dans le secteur de la radio) pour parvenir à couvrir tout le territoire canadien: en 1954, on dénombrait ainsi 7 stations de Radio-Canada pour 19 stations privées retransmettant les émissions de la société d'État.

Séduits par les perspectives alléchantes de ce nouveau marché, plusieurs groupes financiers exercèrent de fortes pressions pour se voir reconnaître le droit de participer à l'exploitation de la télévision; les entrepreneurs des stations de radio privées firent savoir, quant à eux, qu'ils ne voulaient plus être réglementés par Radio-Canada, leur concurrent. Pour faire suite aux recommandations d'une autre commission royale sur la radiodiffusion qui fit rapport en 1957 (commission Fowler), le nouveau gouvernement conservateur reconsidéra en 1958 les dispositions de la *Loi sur la radiodiffusion*, confiant cette fois à une instance indépendante, le Bureau des gouverneurs de la radiodiffusion (BGR), le soin de réglementer l'organisation et les activités du secteur. La commission recommanda, entre autres, que cet organisme de contrôle public soit chargé de régir tant le privé que le public, ce qui ne répondait pas tout à fait aux demandes de l'Association canadienne des radiodiffuseurs (ACR) — porte-parole des entreprises privées —, qui s'attendait à ce que les deux régimes soient considérés comme des entités distinctes.

En 1960, le gouvernement autorisa finalement l'attribution de permis de télévision aux entreprises privées non affiliées à Radio-Canada: ce fut le début du régime de concurrence que connaît depuis ce domaine.

La création du CRTC

Avec le durcissement de la contestation sociale et politique dans les années 1960, Radio-Canada connut plusieurs crises. Les membres du Parlement s'entendirent alors pour affirmer que la société d'État devait jouer un rôle unificateur et servir ainsi les intérêts du pays plutôt que de se faire le reflet des tensions sociopolitiques. En 1964, le gouvernement Pearson nomma un comité consultatif sur la radiodiffusion. Dans le rapport qu'il déposa l'année suivante, le comité (présidé par le même Robert Fowler qui avait dirigé la commission royale de 1957) proposait que le gouvernement accorde plus de pouvoir à une régie canadienne des ondes, nouvel organisme de contrôle, et qu'il expose dans un livre blanc les objectifs et les buts du système canadien de radiodiffusion.

Le livre blanc fut déposé en 1966, et devait servir de base au renouvellement de la *Loi sur la radiodiffusion*, effectué en 1968. Après avoir rappelé que les fréquences sont un bien national et que l'intérêt public, en cas de conflit, doit toujours prévaloir sur les intérêts du secteur privé, le livre blanc faisait ressortir l'importance des éléments suivants: la liberté d'expression; la responsabilité des radiodiffuseurs à l'égard de leur programmation; l'appropriation des installations de radiodiffusion par des citoyens canadiens; l'accessibilité du service public à tous les Canadiens, dans les deux langues officielles.

De plus, le gouvernement apporta les modifications suivantes à la *Loi sur la radiodiffusion* en 1968: inclusion — pour la première fois — de l'énoncé d'une politique de radiodiffusion pour le Canada; clarification du mandat de Radio-Canada; création, pour remplacer le BGR, du Conseil de la radio-télévision canadienne (CRTC, devenu par la suite le Conseil de la radiodiffusion et des télécommunications canadiennes, avec l'extension de son mandat en 1976).

Nouvelles technologies: nouvelles politiques

De 1978 à 1991, les études continuèrent à se multiplier. Un comité du ministère des Communications (le comité Clyne) proposa en 1978 d'amender à nouveau la Loi, notamment au chapitre de la distribution des signaux par satellites et de l'intégration des nouvelles technologies. Un comité du CRTC (le comité Therrien) recommanda en 1980, quant à lui, l'extension des services aux localités du nord du pays et l'exploitation de la télévision à péage. En 1982, le comité d'étude de la politique culturelle fédérale (le comité Applebaum-Hébert) conseilla de son côté au gouvernement de supprimer les activités de production de Radio-Canada, à l'exception de l'information, et de créer un fonds d'aide à la production. Toutes ces propositions donnèrent lieu à l'application de mesures *ad hoc*, sans toutefois être enchâssées dans la politique gouvernementale énoncée par la Loi.

En 1985, le gouvernement Mulroney nouvellement élu confia au groupe de travail sur la politique de la radiodiffusion dirigé par Gerald Caplan et Florian Sauvageau la révision complète de la politique de radiodiffusion. Remis en 1986, le rapport du groupe de travail est à l'origine de la nouvelle *Loi sur la radiodiffusion* adoptée en 1991. L'article 3 de la Loi, intitulé «Politique canadienne de radiodiffusion», reconduit l'essentiel de celui de 1968 en en modifiant toutefois certains aspects et en y ajoutant de nouveaux éléments importants. Sur le plan de la politique *formelle*, il n'y a pas eu de changements importants depuis l'adoption de la *Loi sur la radiodiffusion* en 1991. Notons toutefois qu'en 1993 le

Parlement adopta, pour la première fois, une *Loi sur les télécommunications*[14]. Dans le nouveau contexte dit de «convergence» (voir le chapitre 5), il y a donc, depuis 1993, deux législations fondamentales touchant les médias électroniques au Canada (les éléments pertinents de ces deux lois sont reproduits à l'annexe IV).

À l'automne 1994, le gouvernement Chrétien chargeait le comité parlementaire du patrimoine canadien (présidé par le député John Godfrey) d'examiner le rôle et le mandat de la SRC et de lui faire des recommandations quant à son financement. Le mot d'ordre donné au comité: trouver de nouvelles sources de financement et des façons de réduire le fardeau des dépenses publiques. Le comité reçut plusieurs propositions d'experts et de divers groupes intéressés, mais ses travaux furent marqués surtout par des différences partisanes mettant en opposition le gouvernement libéral, le Bloc québécois et le Parti réformiste. Avant qu'il puisse remettre son rapport[15], le gouvernement lui a coupé l'herbe sous le pied en créant encore un autre comité d'examen des mandats, sous la présidence de Pierre Juneau. Le rapport de ce comité, déposé en janvier 1996, réitéra l'importance et la place centrale de la radio-télévision publique, mais ses nombreuses recommandations spécifiques furent occultées par une proposition fort controversée, à l'effet de remplacer l'octroi parlementaire annuel de la SRC par une «taxe» sur les factures de câblodistribution et de téléphonie interurbaine[16].

Le tableau 3.3 (p. 138) présente sous forme de synthèse la liste chronologique des commissions, comités et groupes de travail qui se sont penchés sur la politique canadienne de la radiodiffusion de 1928 à nos jours ainsi que des mesures prises à la suite des recommandations de ces derniers. Ce tableau synthèse indique en outre quel parti politique était au pouvoir à Ottawa au moment où ces groupes d'étude furent créés et lors de la promulgation des lois, ce qui fait ressortir clairement l'évolution de la législation canadienne en matière de radiodiffusion. Il est intéressant de noter que c'est seulement au cours de leur second mandat que les partis politiques canadiens ont généralement été en mesure de donner suite aux études commandées au cours de leur mandat précédent, comme ce fut le cas, par exemple, pour le groupe Caplan-Sauvageau (mandat: 1985; loi: 1991).

---

14. *Statuts du Canada*, 40-41-42 Elizabeth II, ch. 38, sanctionnée le 23 juin 1993.
15. Canada, Chambre des communes (1995).
16. Canada, Comité d'examen des mandats SRC, ONF, Téléfilm (présidé par Pierre Juneau) (1996).

TABLEAU 3.3
Évolution de la législation canadienne en matière de radiodiffusion, 1928-1991

Année	Nom du groupe d'étude	Document déposé	Loi, amendement ou mesure adoptés	Organisme, société ou média créés ou modifiés par la Loi	Parti au pouvoir (année du changement de parti)
1928	Commission Aird				Libéral
1929		Rapport			(1930)
1932			*Loi sur la radiodiffusion*	CCR	Conservateur (1935)
1936			*Loi sur la radiodiffusion*	SRC	Libéral
1949	Commission Massey-Lévesque				
1951		Rapport			
1952			Amendements à la Loi	SRC-Télé	
1955	Commission Fowler				
1957		Rapport			(1957)
1958			*Loi sur la radiodiffusion*	BGR-SRC	Conservateur
1960			Décision du BGR	Télé privée	(1963)
1964	Comité Fowler				Libéral
1965		Rapport			
1966			Livre blanc		
1968			*Loi sur la radiodiffusion*	CRTC-SRC	
1976			*Loi sur le CRTC*	CRTC	
1978	Comité Clyne				
1979	Comité Therrien				(1979)
1982	Comité Applebaum-Hébert		Mesures *ad hoc* non enchâssées dans la Loi		Conservateur (1980) Libéral (1984)
1985	Groupe de travail Caplan-Sauvageau				Conservateur
1986		Rapport			
1991			*Loi sur la radiodiffusion*	CRTC-SRC	(1993)
1994	Comité Godfrey	Rapport			Libéral
1996	Comité Juneau	Rapport			

Source : Notre synthèse.

ENCADRÉ 3.2
Les pouvoirs réglementaires du CRTC

… en matière de radiodiffusion

— Élabore des politiques;
— Établit des catégories de licences;
— Établit des règlements;
— Attribue des licences et en fixe les conditions;
— Peut modifier, renouveler, suspendre ou révoquer des licences.

… en matière de télécommunications

— Établit les tarifs locaux des entreprises de téléphone;
— Revoit les modalités de service des entreprises;
— Réglemente les services offerts aux abonnés commerciaux.

La *Loi sur la radiodiffusion* spécifie que «la meilleure façon d'atteindre les objectifs de la politique canadienne de radiodiffusion consiste à confier la réglementation et la surveillance du système de radiodiffusion à un seul organisme public autonome». Il s'agit du CRTC, dont le champ d'action est toutefois bien circonscrit par la Loi. Par ailleurs, au cours des dernières années, la révision de la politique canadienne de radiodiffusion a suscité des discussions sur la question du rôle du Conseil, de son autonomie par rapport au gouvernement et de l'avenir de la réglementation des communications en général.

Le CRTC est chargé d'attribuer, de renouveler, de modifier, de suspendre et de révoquer les licences de radiodiffusion sur la base de la réglementation et de certaines prescriptions établies dans la Loi. Il peut également imposer des «conditions de licence» obligeant un diffuseur ou une catégorie de diffuseurs à se plier aux objectifs de la politique de radiodiffusion. Les études démontrent cependant que, dans les cas d'accord de licences, le Conseil arrive rarement à «imposer» sa volonté aux diffuseurs, ses interventions se limitant la plupart du temps à des négociations officieuses avec eux, notamment quand des questions économiques touchant aux intérêts du secteur privé sont en jeu.

Mettant plutôt l'accent sur son rôle de «superviseur» du système, le CRTC tente depuis plusieurs années d'amener les divers secteurs de l'industrie à participer directement à la définition des règles par la voie de l'«autoréglementation». Ainsi l'Association canadienne des radiodiffuseurs (ACR) a-t-elle élaboré elle-même les lignes directrices de la politique sur les stéréotypes sexuels dans la programmation des médias; le CRTC, de son côté, oblige désormais tout diffuseur à suivre cette orientation s'il veut qu'une licence lui soit accordée. De nombreux observateurs du milieu, notamment les groupes représentant les femmes, se sont avoués sceptiques quant au bien-fondé et à l'efficacité d'une telle pratique.

→

La notion même de réglementation en matière de médias a subi un choc dans les années 1990, dans le contexte de la mondialisation des communications et de la vague de déréglementation qui l'a accompagnée. Néanmoins, le CRTC a continué à s'occuper de ses fonctions habituelles et a même ajouté certains nouveaux aspects à son champ de surveillance, telle l'équité en matière d'emploi que prévoyait la nouvelle *Loi sur la radiodiffusion*. Il a refait sa réglementation à propos du canal communautaire et a tenu à revaloriser ce service fondamental dans certaines décisions concernant les entreprises de câblodistribution — avant de statuer que ces dernières ne seraient plus tenues de fournir le canal communautaire de façon obligatoire à partir du 1er janvier 1998. Enfin, le CRTC a piloté une campagne pour responsabiliser les entreprises de radiodiffusion canadienne à l'égard des problèmes créés par les contenus violents.

Les règlements généraux du CRTC sur la radio, la télévision et la câblodistribution ont tous été mis à jour au cours des années 1990. Ce sont ces règlements qui stipulent, entre autres, les quotas de contenu canadien que les différents diffuseurs sont tenus de respecter, ainsi que les règles de télédistribution. De façon générale, l'évolution de la réglementation au cours des dernières années tend vers un assouplissement des obligations exigées de la part des diffuseurs privés. Dans ses décisions les plus récentes, d'ailleurs, le Conseil semble pencher nettement vers le secteur privé comme force motrice du système: c'est ainsi qu'en 1999 — à titre d'exemple —, il a refusé systématiquement les projets de la Société Radio-Canada de créer de nouveaux services et a décidé qu'il ne réglementera pas les nouveaux médias sur Internet. Cette tendance inquiète de nombreux observateurs et fait appel à un débat général quant au rôle du CRTC.

Sources: M. Legros et M. Raboy, *Le CRTC et la télévision québécoise: une analyse des avis de décision du Conseil de la radiodiffusion et des télécommunications canadiennes relativement à la télévision québécoise entre 1968 et 1989* (rapport réalisé pour l'Institut canadien d'éducation des adultes), 1990; M. Raboy, «Où va le CRTC?», *Le Devoir*, 5 juin 1999.

3.3.3 L'INFOROUTE

Au milieu des années 1990, l'attention fut braquée sur le dossier des «autoroutes de l'information», expression fourre-tout pour désigner les nouveaux systèmes de distribution d'information numérique qui englobent les contenus autrefois considérés comme relevant de la radiodiffusion. Plusieurs rapports issus des instances gouvernementales ont examiné les nouveaux éléments réglementaires à envisager sur cette question, mais, au moment d'écrire ces lignes, nous attendions toujours une politique d'ensemble concernant l'inforoute québécoise et canadienne.

L'orientation générale du gouvernement fédéral est énoncée dans un document rendu public en décembre 1992[17]. On y expose l'enjeu: alors que les industries des communications étaient autrefois des entités distinctes (p. ex., industries culturelles, radiodiffusion, télécommunications, câblodistribution, industries informatiques), «les barrières s'estompent pour créer des industries de nouveaux médias dans l'économie de l'information[18]». Dans ce contexte, il faudra à brève échéance revoir le cadre législatif canadien, adapter les programmes existants et formuler de nouvelles stratégies. La collaboration entre l'industrie et le gouvernement est désignée comme l'élément fondamental de ce processus.

En décembre 1993, le CRTC tient une audience importante sur la *convergence*. L'un après l'autre, les secteurs traditionnels s'opposent à l'entrée de la téléphonie dans le champ de la radiodiffusion. Leur position est un peu contradictoire quand on pense que la câblodistribution a, après tout, profité de la déréglementation de la téléphonie interurbaine en 1992, au grand dam de Bell Canada et de sa société parente, BCE, la plus grande entreprise industrielle du pays.

La décision du CRTC est rendue publique en septembre 1994[19]; elle augure une véritable révolution. Le secteur de la téléphonie locale est ouvert à la concurrence et, en contrepartie, les entreprises de téléphone sont autorisées à faire des essais expérimentaux en vue d'offrir des services vidéo. Advenant le cas, les demandes de licence de radiodiffusion de la part des compagnies de téléphone seront désormais recevables.

Ce dossier évolue parallèlement à celui de l'implantation de l'inforoute. Enjeu international par excellence, les possibilités présentées par la «nouvelle infrastructure de l'information» sont évoquées aux États-Unis par l'administration Clinton-Gore dans une série d'interventions débutant en 1993. Cela capte l'imagination des publics avides de nouvelles utopies et pousse les entreprises à concevoir de nouveaux projets[20]. Quant au Canada, les autorités s'affichent prudemment au départ, puis s'adaptent.

Ottawa met sur pied un comité consultatif sur le sujet en mars 1994, dans le cadre d'une stratégie qui repose sur trois grands objectifs:

---

17. Canada, Communications Canada (1992).
18. *Ibid.* (p. 16).
19. CRTC (1994b).
20. Lacroix, Miège et Tremblay (1994).

« la création d'emplois grâce à l'innovation et à l'investissement; la consolidation de la souveraineté et de l'identité culturelle du Canada; l'accès universel à un coût abordable[21] ». Ce comité, composé d'un fort contingent de têtes d'affiche de l'industrie, multiplie les rencontres, les consultations, et publie des rapports d'étape et des rapports sectoriels. Entre-temps, le gouvernement demande au CRTC de tenir encore une audience sur le nouveau cadre réglementaire à mettre en place pour accueillir l'embryonnaire « réseau des réseaux ». Cette audience a lieu au mois de mars 1995.

Ce dossier fut véritablement à l'avant-plan d'un ensemble d'enjeux auxquels le Canada faisait face dans le milieu des années 1990. Il n'est donc pas surprenant que parmi la gamme d'études commandées et de déclarations faites au sujet de l'inforoute, on retrouvait des contradictions de fond. Selon un rapport commandé par l'ancien haut fonctionnaire Bernard Ostry, par exemple, il fallait que l'inforoute soit « publique, accessible, et réglementée[22] ». Le comité consultatif, par contre, optait plutôt pour l'initiative du secteur privé et tendait à restreindre la participation de l'État[23]. Un groupe de travail sur la culture et le contenu canadien créé par le comité consultatif, toutefois, affirmait le besoin de maintenir en place les politiques réglementaires favorisant les industries culturelles canadiennes, tout en les adaptant au nouveau contexte technologique[24]. Le CRTC, pour sa part, abondait dans le même sens[25].

Avec tout cela à soupeser, et compte tenu de la prudence habituelle de l'État canadien dans ces matières, il ne fallait pas s'étonner que le gouvernement laisse les choses évoluer au lieu d'énoncer une politique qui ne pouvait faire autrement que de soulever des opposants. En 1996, il réagissait aux recommandations préliminaires de son comité consultatif et retardait toujours l'inévitable prise de responsabilité en demandant encore des études[26]. Le comité consultatif publia son rapport final en 1997[27], mais le Canada n'a toujours pas de politique d'ensemble dans ce domaine.

21. Canada, Industrie Canada (1994, p. 2).
22. Ostry (1993, p. 7).
23. Canada, Comité consultatif sur l'autoroute de l'information (1995b).
24. *Id.* (1995a).
25. CRTC (1995).
26. Canada, Industrie Canada (1996).
27. Comité consultatif sur l'autoroute de l'information (1997).

3.4 LE RÔLE DU QUÉBEC DANS LA « BATAILLE DES COMPÉTENCES »

Pour compléter la toile de fond historique que nous venons d'esquisser, attardons-nous un peu sur les événements au cours desquels s'est manifestée depuis le début du siècle la résistance québécoise à l'endroit des politiques canadiennes de communication[28].

3.4.1 LES COMMUNICATIONS : FER DE LANCE DE LA CONQUÊTE DE LA SOUVERAINETÉ CULTURELLE

Le gouvernement de Louis-Alexandre Taschereau est le premier à contester les prétentions du fédéral à exercer son autorité dans le secteur des communications de masse; comme on l'a vu, la Cour suprême tranche cependant en faveur d'Ottawa en 1931. Maurice Duplessis manifeste à son tour en 1945 son opposition à la mainmise fédérale en créant Radio-Québec, service provincial de radiodiffusion, qui n'entrera toutefois jamais en activité, Ottawa signifiant clairement au gouvernement du Québec qu'il lui refuserait tout permis d'exploitation de ce secteur.

En 1968, le gouvernement québécois revendique, cette fois dans le cadre des pourparlers constitutionnels, le droit de légiférer en matière de télévision éducative; il aura finalement gain de cause dans ce débat, ce qui permettra à Radio-Québec d'être enfin opérationnel au début des années 1970. Le ministère des Communications du Québec voit le jour en 1969, soit au même moment que celui du Canada.

La « bataille des compétences » entre Québec et Ottawa atteint son paroxysme au cours des années 1970 lorsque se multiplient les interventions parallèles, souvent contradictoires d'ailleurs, des deux ordres de gouvernement et les prises de position antagonistes sur des sujets aussi divers que les télécommunications, la télévision payante, le câble et la télématique[29]. On voit que ce n'est pas d'hier que les communications sont le fer de lance de la conquête de la souveraineté culturelle ou politique : les concepts d'unité nationale canadienne et de société distincte québécoise se heurtent toujours de plein fouet lorsqu'on aborde ce terrain.

Sous le premier gouvernement de Robert Bourassa, le ministre Jean-Paul L'Allier réclame rien de moins que l'ensemble des pouvoirs en matière de communication, dans le cadre de l'objectif politique de la

---

28. Raboy (1991b, p. 1304-1329).
29. Deschênes (1986, p. 75-86).

« souveraineté culturelle[30] ». Le Québec requiert par ailleurs que la câblodistribution — nouvelle technologie non couverte par la décision de la Cour suprême de 1931 — relève aussi de sa compétence. On assistera alors pendant quatre ans (1973-1977) à ce qu'on appellera la « guerre du câble », au cours de laquelle les câblodistributeurs se verront obligés de défiler devant la Régie des services publics du Québec et devant le CRTC jusqu'à ce que la Cour suprême confirme finalement, encore une fois, la compétence fédérale en cette matière. Ottawa ne se montrant pas intéressé à intervenir dans le nouveau secteur des médias électroniques communautaires, c'est cependant Québec qui les subventionnera.

En intégrant à son contenu un volet particulier sur les communications, un document important du gouvernement du Parti québécois intitulé *La politique québécoise du développement culturel*[31], publié en 1978 sous la direction du ministre Camille Laurin, fait un pas en avant dans la classification des principes fondamentaux à la base de l'exploitation et du développement de ce secteur. Ces principes sont les suivants :

- Les communications sont d'abord au service de la communauté ;
- Tous les Québécois ont droit à l'information ;
- Les sources de communication doivent être décentralisées et accessibles à tous ;
- Les interventions de l'État doivent être sobres mais suffisantes.

Ces principes étant énoncés, on précise ensuite la nature de l'intervention gouvernementale préconisée dans chacun des secteurs suivants :

- La téléphonie et les télécommunications : assurer la disponibilité, l'accessibilité et l'égalité des services ;
- La radio-télévision (domaine qui devrait relever de la compétence pleine et entière du Québec, rappelle le document) : donner priorité à l'expression régionale, à la propriété québécoise et aux services minimaux selon la langue ;
- La presse écrite : respecter la liberté de presse (donc, non-intervention de l'État) ;
- La télématique : protéger la vie privée, affirmer l'identité culturelle, pallier les incidences négatives sur la main-d'œuvre.

3.4.2 Du virage économique à l'« État partenaire »

Au début des années 1980, lorsque le Québec se met à l'heure du « virage technologique », les arguments économiques font surface. En octobre

30. L'Allier (1971).
31. Ministère d'État au Développement culturel (1978).

1983, la Conférence socio-économique sur les communications met en lumière la volonté de concertation manifestée par les différents acteurs de cette sphère d'activité et leur désir d'instaurer un équilibre entre les impératifs économiques (compétitivité, rentabilité, efficacité) et les priorités sociales (identité culturelle, valeurs sociales, emploi). L'État s'y montre plus libéral, moins interventionniste, plus près aussi du milieu industriel; il se présente alors comme un agent, un catalyseur des forces du marché dans un document intitulé *Le Québec et les communications: un futur simple?*[32], où il préconise la concurrence, la déréglementation graduelle des secteurs et l'adoucissement de certains monopoles. Le rôle de l'État en tant que propriétaire des moyens de communication est, selon le document, de plus en plus remis en question.

Le gouvernement du Parti québécois, lors de son mandat de 1981-1985, semble donc de plus en plus enclin à percevoir les communications comme un secteur de pointe de l'économie plutôt qu'un pivot du développement culturel — situation pour le moins paradoxale. Après l'élection des conservateurs à Ottawa en 1984, on verra ainsi les ministres Marcel Masse (Ottawa) et Jean-François Bertrand (Québec) signer la première entente prévoyant un appui financier substantiel aux entreprises de ce secteur et la collaboration des deux ordres de gouvernement à certains projets, dont une importante étude conjointe sur l'avenir de la télévision francophone[33] et la fondation du consortium international TV5-Québec-Canada.

Après le retour au pouvoir des libéraux à Québec, en 1985, des ministres des Communications successifs poursuivront les politiques entreprises par les péquistes en réduisant toutefois de beaucoup le soutien financier apporté à certains services non commerciaux tels que Radio-Québec et les médias communautaires. L'année 1986 marque le début de l'ère de l'«État partenaire[34]». Subventions, programmes, mesures fiscales, planification, création d'organismes d'État favorisant l'accélération du développement industriel des groupes de communication du secteur privé, voilà autant de mesures qui reflètent ce nouveau partenariat basé sur les relations d'affaires.

3.4.3 L'ENJEU CONSTITUTIONNEL REFAIT SURFACE

Dans les années 1990, la bataille de compétences entre Ottawa et Québec se poursuivait, à la mesure de l'évolution du débat sur l'avenir constitutionnel du Canada.

32. Ministère des Communications du Québec (1983).
33. Comité fédéral-provincial (1985).
34. La phrase est de Deschênes (1986).

Sur ce plan, la *Loi sur la radiodiffusion* de 1991 correspondait à la vision du pays qu'affichait le gouvernement Mulroney: sans céder le moindre pouvoir aux provinces, elle fut conciliante quant à la reconnaissance du caractère du Québec en tant que société distincte. Mais, au rythme où le dossier des communications se complexifiait, les enjeux se déplaçaient aussi. Dès le début des années 1990, Ottawa visait à nouveau les télécommunications.

Outre sa revendication d'une autorité totale sur tout ce qui touchait la culture — une position maintenue de façon non équivoque par les diverses instances qui se sont penchées sur le sujet pendant cette période[35] —, le Québec réclamait la compétence en matière de télécommunications, qu'il estimait essentielles pour son épanouissement culturel.

À l'été 1991, la Cour supérieure du Québec estimait que le fédéral avait la compétence exclusive en télécommunications dès qu'un service tel que la téléphonie permettait la communication interprovinciale. Québec allait en appel, mais la Cour d'appel statuait dans le même sens en décembre 1992. Enfin, en avril 1994, la Cour suprême du Canada confirmait la décision de la Cour d'appel dans un jugement unanime[36]. C'était effectivement la fin de toute prétention québécoise au pouvoir réglementaire en communications, et le gouvernement de Daniel Johnson annonça, peu après, le démantèlement de la Régie des télécommunications du Québec.

Son manque de leviers décisionnels n'a pas empêché le Québec de poursuivre sa démarche vers une politique culturelle, qui fut enfin adoptée en juin 1992[37]. Mais la stratégie d'Ottawa était toujours d'investir des fonds dans des programmes culturels où les parts attribuées aux activités en français étaient légèrement plus généreuses que ce qu'aurait dicté une simple répartition selon des critères démographiques[38].

La contradiction inhérente à la position de principe du gouvernement québécois sous le régime des libéraux était évidente dans son incapacité d'élaborer une politique des communications. Comment pouvait-on parler d'un rapatriement de pouvoirs dans un contexte politique où le gouvernement central tiendrait à maintenir des institutions nationales telles que Radio-Canada, l'Office national du film, le Conseil des arts, etc.? Ce n'est pas sans raison que l'accord de Charlottetown qui

---

35. Voir notamment Québec, Commission sur l'avenir politique et constitutionnel du Québec (1991), Parti libéral du Québec (1991) et Québec, ministère des Affaires culturelles (1991).

36. Canada, Cour suprême (1994, p. 878-880).

37. Gouvernement du Québec, ministère des Affaires culturelles (1992).

38. Voir, comme toile de fond à ce phénomène, Canada, Chambre des communes (1992).

fut soumis au référendum pancanadien d'octobre 1992 était presque muet sur les sujets de la culture et des communications.

La performance du Québec dans les secteurs où il possédait déjà la compétence juridique — la télévision éducative et les médias communautaires — ne laissait pas présager des lendemains plus glorieux dans la perspective de pouvoirs accrus. En fait, le budget de Radio-Québec fit l'objet de compressions et d'amputations, pendant que le gouvernement réduisait presque à néant son appui aux médias communautaires. À Québec comme à Ottawa, les médias évoluaient alors sous le signe du dollar. Les communications ne furent pas non plus à l'avant-scène lors de la campagne référendaire de 1995.

Finalement, comme cela a toujours été le cas, l'interminable bataille des compétences a mis des embûches dans le chemin des dossiers les plus urgents. Les incohérences provoquées par le manque de compétence juridique à Québec furent évidentes, notamment lorsqu'il fut question d'une politique de mise sur pied de l'inforoute où, encore une fois, les leviers du pouvoir se trouvaient presque tous du côté d'Ottawa pendant que le Québec se voulait maître des impératifs de développement social et culturel[39].

ENCADRÉ 3.3
Communications et culture

Le Québec cherche depuis plus de 60 ans à affirmer son droit de légiférer dans le champ des communications. En plus des initiatives particulières que nous avons mentionnées à la section 3.3, beaucoup d'autres interventions dans le domaine de la culture depuis 1960 témoignent du grand intérêt qu'a toujours manifesté le gouvernement québécois à cet égard. Les documents suivants rendent compte des objectifs généraux et de l'orientation globale qui les sous-tendent:

— *Le Livre blanc de la culture*, de Pierre Laporte (1964);
— *Pour l'évolution de la politique culturelle*, de Jean-Paul L'Allier (1976);
— *La politique québécoise du développement culturel*, de Camille Laurin (1978);
— *La politique culturelle du Québec: notre culture, notre avenir*, de Liza Frulla-Hébert (1992).

→

39. Voir, par exemple, Québec, Conseil de la science et de la technologie (1995) et Québec, Secrétariat de l'autoroute de l'information (1996).

Ce dernier découle directement du rapport du groupe-conseil sur la politique culturelle du Québec, présidé par Roland Arpin, qui fondait son argumentation sur les trois principes suivants:

— la culture est un bien essentiel et la dimension culturelle est nécessaire à la vie en société, au même titre que les dimensions sociale et économique;

— le droit à la vie culturelle fait partie des droits de la personne et c'est pourquoi l'activité culturelle doit être accessible à l'ensemble des citoyens;

— l'État a le devoir de soutenir et de promouvoir la dimension culturelle de la société, en utilisant des moyens comparables à ceux qu'il prend pour soutenir et promouvoir les dimensions sociale et économique de cette même société[40].

Par ailleurs, un quart de siècle après avoir créé respectivement des ministères des Communications, Ottawa et Québec les démantelaient tous les deux dans les années 1990, en faveur d'une nouvelle rupture entre les aspects culturels et économiques des communications. Au fédéral, le nouveau ministère du Patrimoine fut chargé des dossiers culturels, relevant autrefois du Secrétariat d'État, pendant que les dossiers «lourds», tel le développement de l'inforoute, furent récupérés par le ministère de l'Industrie. Une tendance semblable s'annonçait à Québec où, malgré l'accueil positif donné à la création du ministère de la Culture en 1993, on ressentait trop souvent que les véritables enjeux se déroulaient ailleurs.

ENCADRÉ 3.4
Quelques repères

1961 Création du ministère des Affaires culturelles du Québec.

1969 Ottawa et Québec créent tous les deux des ministères des Communications.

1976 Les télécommunications passent sous la compétence du CRTC.

1978 La Cour suprême du Canada statue que la câblodistribution est de compétence fédérale.

1983 Ottawa désigne la câblodistribution comme «le véhicule privilégié de la révolution informatique au Canada».

1991 Adoption de la *Loi* (fédérale) *sur la radiodiffusion.*

1992 Le CRTC autorise la concurrence dans la téléphonie interurbaine.

→

40. Québec, ministère des Affaires culturelles (1991).

1992	Adoption de la politique culturelle du Québec.
1993	Les États-Unis annoncent un plan d'action à propos de leur « infrastructure de l'information nationale ».
1993	Adoption de la *Loi* (fédérale) *sur les télécommunications*.
1994	La Cour suprême du Canada statue que les télécommunications sont de compétence fédérale.
1994	Le CRTC ouvre la voie à la concurrence générale entre entreprises de téléphonie et de câblodistribution.
1994	Le ministère des Communications du Canada devient le ministère du Patrimoine canadien.
	Le ministère des Communications du Québec devient le ministère de la Culture et des Communications du Québec.
	Le ministère fédéral de l'Industrie crée un comité consultatif sur l'implantation de l'inforoute.
1994	Les États-Unis font appel à la création d'une « infrastructure de l'information mondiale ».
1995	Audiences publiques et rapport du CRTC sur la convergence.
1995	Dépôt du premier rapport du comité consultatif fédéral sur l'inforoute.
1996	Le gouvernement fédéral annonce qu'il publiera prochainement un énoncé de politique à propos de l'inforoute.
1996	Le Québec publie sa stratégie de mise en œuvre de l'inforoute.
1997	Dépôt du rapport final du comité consultatif fédéral.
1998	Publication de la politique québécoise de l'inforoute.
1998	Audiences du CRTC sur la réglementation de la télévision et sur la réglementation des nouveaux médias.

3.5 LES POLITIQUES DE COMMUNICATION DANS LE CONTEXTE DE LA MONDIALISATION

Mais quelle importance tout cela peut-il avoir dans le contexte global de « mondialisation » que nous avons décrit à la fin du chapitre 2 ? À l'ère de la mondialisation, la capacité des États à mettre sur pied et à soutenir des politiques publiques dans un secteur tel que les communications est sérieusement remise en question, mais le débat à ce sujet n'est pas mort. En fait, il se fait orageux et se poursuit non seulement à l'intérieur du pays mais de plus en plus dans le cadre des négociations internationales sur les régimes commerciaux — par exemple, au sein de l'Organisation mondiale du commerce (OMC). Il faut reconnaître que même en tenant compte des nouveaux défis de la mondialisation, les États nationaux ont toujours un très grand rôle à jouer, et cela à plusieurs titres :

— En tant que structure pour déterminer l'intérêt général de la collectivité qu'ils représentent et élaborer des éléments de politique en conséquence ;
— En tant que « traducteur local » des règles de jeu internationales ;
— En tant que représentant des collectivités nationales dans l'élaboration des politiques de communication à l'échelle globale.

Il faut reconnaître que nous assistons présentement à l'émergence d'un *environnement politique global* des communications, avec des règles, des normes, des institutions et des pratiques — bref, avec toutes les caractéristiques auxquelles nous sommes habitués sur les plans national et local. Cet environnement évolue selon l'orientation que lui donnent les grands acteurs à l'échelle internationale : les États, les entreprises transnationales et les associations de la société civile. Bien sûr, le pouvoir de chacun est relatif — tout comme c'est le cas à l'intérieur des frontières nationales.

Dans ce nouveau contexte, les organismes internationaux commencent à jouer un rôle plus important qu'autrefois. De vénérables agences telles que l'UNESCO et l'Union internationale des télécommunications (UIT) se disputent le terrain avec celles de mouture plus récente telles que l'OMC. Il est illusoire de croire que la mondialisation signifie la fin des politiques ; ce sont plutôt les lieux d'élaboration, de débat et de mise en œuvre des politiques qui ont changé.

Ce fait a été reconnu implicitement en 1995 dans un important rapport de la Commission mondiale pour la culture et le développement, mise sur pied conjointement par l'Organisation des Nations Unies (ONU) et l'UNESCO. Dans ce rapport, intitulé *Notre diversité créatrice*, la commission suggère qu'il est temps qu'on songe à la création, à l'échelle internationale, d'un système d'encadrement des médias qui compléterait ceux qui existent déjà à l'échelle nationale. Compte tenu que les médias constituent un support essentiel à la démocratie et au développement culturel, il y aurait lieu de considérer que les médias font partie de l'« indivis commun » à l'échelle mondiale[41].

En fait, on peut imaginer plusieurs champs d'intervention à l'échelle mondiale pour faire en sorte que les médias continuent à jouer un rôle de premier plan dans l'évolution de la démocratie :

41. Commission mondiale pour la culture et le développement (1995).

— La réglementation des activités commerciales dans l'intérêt public (par entente internationale, une taxe serait imposée aux activités transnationales des entreprises commerciales de communication afin de générer des fonds pour des services publics mondiaux) ;

— La création de médias transnationaux de service public (pour programmer des activités médiatiques d'intérêt public, selon le modèle des radio-télévisions publiques, et pour fournir l'accès aux moyens de communication aux groupes non commerciaux provenant de la société civile, selon le modèle des médias communautaires ; des consortiums transnationaux pourraient aussi être créés pour constituer des médias de mission spécifique autre que « nationale », à l'instar de TV5) ;

— L'établissement de règles pour limiter la concentration du pouvoir économique des sociétés transnationales des médias nouveaux et traditionnels (par ex., une entente globale pour gouverner la concentration de la propriété des entreprises de communication à l'échelle mondiale) ;

— L'assurance d'accès aux canaux de communication pour les usagers, les émetteurs et les récepteurs (par ex., en échange du droit d'utiliser l'espace commun mondial de communication, les fournisseurs des services assureraient la diffusion des contenus sur une base plus large que la capacité à payer, ainsi que des vitrines de diffusion pour des contenus moins rentables) ;

— L'établissement de codes et de standards universels pour prévenir la diffusion des contenus nocifs (par une entente internationale que chaque État signataire pourrait adapter à son usage interne tout en s'assurant qu'aucune activité transnationale livrée à partir de son « territoire » ne déroge à l'entente) ;

— La facilitation de l'intégration au réseau pour les associations sans but lucratif (par ex., fournir des ressources et garantir des conditions favorables à la communication transnationale entre des associations de la société civile) ;

— La création d'espaces communs de communication publique dans le but de résoudre les conflits et de promouvoir le dialogue démocratique sur les enjeux mondiaux (par ex., par la création de moyens de communication dédiés à la démocratisation des débats de l'ONU et d'autres organismes transnationaux).

Tout cela implique forcément la création de nouvelles structures (organismes de réglementation, de gestion, de programmation des contenus, de règlement des conflits) à l'échelle internationale. C'est tout un programme ! Mais on ne peut pas se permettre de le laisser de côté.

CHAPITRE 4

Les professionnels des médias

PLAN

4.1 Le journalisme
4.1.1 Le travail à la pige
4.1.2 Les journalistes de la presse électronique
4.1.3 Associations professionnelles et syndicales
La Fédération nationale des communications
La Fédération professionnelle des journalistes du Québec
L'Association des journalistes indépendants du Québec
L'Association canadienne des journalistes
4.2 Les relations publiques
4.2.1 L'industrie des relations publiques
4.2.2 La profession de relationniste
4.2.3 Les associations professionnelles
4.3 La publicité
4.3.1 Le métier de publicitaire
4.4 Les métiers de la radio-télévision et des télécommunications
4.4.1 L'industrie de la radio et de la télévision
4.4.2 L'industrie de la télédistribution
4.4.3 L'industrie du téléphone
4.4.4 Les industries des communications: une vue d'ensemble
4.5 Le travail en multimédia
4.5.1 Les services Internet
4.5.2 L'édition multimédia
4.5.3 L'Association des producteurs en multimédia du Québec (APMQ)
4.6 La recherche sur les médias
4.6.1 Les entreprises privées
4.6.2 Les organismes gouvernementaux
4.6.3 La recherche universitaire

4.1 LE JOURNALISME

Au Québec, le journalisme est un métier non réglementé. Ainsi, toute personne peut s'improviser journaliste sans avoir reçu de scolarité précise ni détenir de carte de presse reconnue par la loi. La concurrence est donc rude dans ce milieu, qui reste marqué par un certain romantisme.

Le président actuel du Conseil de presse du Québec, Michel Roy, a bien montré, dans un texte publié il y a maintenant 20 ans, combien le métier de journaliste a évolué entre les années 1940 et 1970[1]. À la fin de la Seconde Guerre mondiale, les conditions misérables dans lesquelles travaillaient alors les professionnels de l'information témoignent du peu de respect qu'on vouait à leur métier; on exigeait tout juste qu'ils soient dociles et qu'en fidèles reporters ils se fassent les courroies de transmission du pouvoir. Plus d'un s'est vu confiné, à l'époque, à des tâches ne laissant aucune place à l'initiative personnelle, telle la traduction des dépêches. Sans compter l'atmosphère autoritaire des salles de rédaction, les longues heures de travail, les maigres salaires, etc.

Ce n'est qu'à la faveur des revendications syndicales et professionnelles des années 1950, qui ont contribué à l'amélioration des tâches et au changement des attitudes à l'égard de leur travail, que les journalistes ont peu à peu été reconnus comme étant des membres influents de la société. Leur syndicalisation serait d'ailleurs à la source du rôle important qu'ils ont joué durant la Révolution tranquille.

De plus en plus scolarisés et désormais intégrés à la nouvelle classe montante (à côté des fonctionnaires, des enseignants et des professionnels des affaires sociales), les journalistes des années 1960 devaient à leur tour faire valoir leurs droits et reconnaître leur devoir d'exercer une influence véritable sur la vie politique québécoise, de transmettre un idéal à leurs concitoyens. Ils devaient réclamer notamment le droit de défendre l'*intérêt public* plutôt que celui des patrons (aussi bien ceux des entreprises de presse privées que de la radio-télévision d'État) et, sur le plan individuel, celui de communiquer leur propre interprétation de l'actualité. S'ils se disaient prêts à se rendre responsables des articles qu'ils signaient, ils exigeaient cependant en retour que ces textes soient toujours publiés dans leur intégralité.

Ces exigences mettaient bien sûr en cause le fonctionnement traditionnel — hiérarchique et autoritaire — des salles de nouvelles. Aussi a-t-on assisté, au cours des années 1960 et 1970, à plusieurs conflits

---

1. Roy (1980, p. 15-42). Voir également Gagnon (1981).

syndicaux à l'issue desquels les journalistes ont souvent eu gain de cause. Aujourd'hui, ils jouissent d'une certaine protection sur ce plan. Les patrons ont cependant trouvé d'autres moyens de diriger leurs activités: les affectations, les promotions, l'embauche...

Durant la crise économique et les transformations structurelles et technologiques des années 1980, on pouvait qualifier les journalistes comme étant des maillons des chaînes de production industrielle des médias. Bien qu'il soit injuste de prétendre que *tout* le travail journalistique se résumait à cela, il reste néanmoins que le rôle des journalistes s'est redéfini peu à peu, faisant d'eux des fournisseurs de la matière première des médias d'information, responsables de l'attrait qu'exercent les médias sur les consommateurs. Si leur rang social est aujourd'hui relativement élevé, leur rôle de promoteur d'idéaux démocratiques s'est, par contre, passablement affaibli[2].

Il n'y a pas si longtemps, les jeunes journalistes apprenaient le métier «sur le tas», directement dans les salles de rédaction. Aujourd'hui, les grandes entreprises de presse ont tendance, de plus en plus, à embaucher des personnes possédant une formation universitaire. Celle-ci varie d'un individu à l'autre. À titre d'exemple, certains candidats se spécialisent en droit ou en politique; d'autres préfèrent l'histoire ou l'économie. Après avoir acquis leurs connaissances, ces diplômés n'ont plus qu'à apprendre les techniques propres au journalisme. Outre qu'elle s'acquiert par la pratique, cette discipline s'enseigne de plus en plus dans les collèges et les universités du Québec.

En règle générale, le journaliste débutant devra faire preuve de polyvalence, c'est-à-dire qu'il devra être en mesure de couvrir n'importe quel sujet. Avec le temps, certains d'entre eux se spécialiseront dans des domaines particuliers comme la politique, les arts, les sports, etc. Ces journalistes seront de bons candidats pour les périodiques spécialisés ou encore les grands médias d'information comme les quotidiens et la télévision.

Le milieu journalistique est mouvant et changeant, et il est difficile d'en suivre l'évolution. De plus, le champ d'activité très large de cette profession ne permet pas d'en dégager des données statistiques fiables. Celles-ci doivent donc être considérées avec prudence.

FPJQ (déf. du journaliste)

La Fédération professionnelle des journalistes du Québec définit le journaliste de la façon suivante: «Un journaliste est une personne qui a comme occupation principale, régulière et rétribuée l'exercice d'une

2. Demers (1989, p. 15-27; 1991, p. 217-242).

fonction de journaliste pour le compte d'une ou de plusieurs entreprises de presse[3]. » Selon cette définition, la FPJQ dénombrait dans son rapport annuel de 1998 quelque 3852 journalistes au Québec. Plus de la moitié d'entre eux exerçaient dans la région de Montréal et le tiers était composé de femmes. Quant à la catégorie d'emploi, le recensement relevait près de 60 % de salariés, les autres journalistes étant, dans l'ordre décroissant, des cadres, des pigistes, des employés à forfait et finalement des journalistes surnuméraires. Il est intéressant de noter que près du tiers des journalistes sont à l'emploi de la télévision et qu'une autre grande proportion se retrouve dans les quotidiens. Suivent en troisième et en quatrième place les employés de la radio et des hebdomadaires régionaux. Les magazines, les périodiques et les agences d'information occupent quant à eux les trois derniers rangs en ce qui a trait à l'embauche de journalistes.

Depuis quelques années, le nombre de journalistes a diminué dans les salles de rédaction de plusieurs grandes entreprises de presse. Toutefois, bon nombre d'entre elles se sont engagées dans un processus de rajeunissement de leur effectif.

Sur le plan salarial, un journaliste permanent dans une grande entreprise de presse gagne annuellement 50000$ en moyenne, après quelques années d'expérience. Par contre, un pigiste débutant dans le métier gagnera difficilement 15000$ ou 20000$. Le journaliste à forfait de la télévision aura quant à lui un salaire annuel d'environ 40000$ et le salarié d'un hebdo touchera entre 20000$ et 35000$ après plusieurs années d'expérience[4]. Un profil des journalistes travaillant dans des hebdomadaires régionaux est d'ailleurs présenté au tableau 4.1 (p. 158-159).

4.1.1 Le travail à la pige

Aujourd'hui, peu de journalistes obtiennent des postes permanents au Québec. En fait, plusieurs commencent leur carrière comme pigistes, en vendant leurs articles à la pièce à différentes entreprises de presse. On compte environ 300 journalistes pigistes réguliers au Québec[5]. L'Association des journalistes indépendants du Québec estime au même nombre le groupe des collaborateurs occasionnels, c'est-à-dire ceux qui ne vivent pas principalement du journalisme.

3. FPJQ (1999a). Internet: <http://www.fpjq.org>.
4. *Ibid.*
5. AJIQ (1999). Internet: <http://www.ajiq.qc.ca>.

TABLEAU 4.1
Profil des journalistes travaillant dans les hebdomadaires régionaux du Québec, 1995

Caractéristiques	%
Sexe Hommes	69
Femmes	31
Âge Moins de 35 ans	56
35 à 44 ans	31
45 ans et plus	13
Nombre d'années d'expérience en journalisme Moins de 5 ans	30
De 5 à 10 ans	24
Plus de 10 ans	46
Formation Cégep (diplôme d'études collégiales)	33
Université (baccalauréat ou maîtrise)	61
Autres	6
Études en journalisme Oui	57
Grade universitaire en journalisme	(58)
Non	43
Journalistes faisant partie d'un syndicat Oui	28
Non	72
Salaire moyen Moins de 30 000 $	62
Plus de 30 000 $	38
Nombre d'articles écrits par un journaliste par numéro Moins de 6 articles	11
6 à 15 articles	72
16 articles et plus	17

→

TABLEAU 4.1
Profil des journalistes travaillant dans les hebdomadaires régionaux du Québec, 1995 (*suite*)

Caractéristiques	%
Nombre de feuillets par article	
1 à 2 (1500 caractères par feuillet)	87
Autres	13
Nombre d'heures de travail par semaine	
30 à 40 heures	66
Plus de 40 heures	44
50 à 60 heures	(15)
Journalistes qui exercent une autre tâche que la rédaction	
Oui	87
Mise en pages et montage	(64)
Photographie	(53)
Direction de l'information, affectation	(26)
Révision, correction	(19)
Non	13

Source: Fédération professionnelle des journalistes du Québec, «Enquête sur le journalisme dans les hebdos régionaux», *Le 30*, novembre 1995.

Comme nous l'avons mentionné précédemment, les revenus tirés du travail à la pige sont maigres. L'Association des journalistes indépendants du Québec (AJIQ) estime même que les tarifs offerts par les quotidiens et les magazines n'ont pas été augmentés depuis une quinzaine d'années et souligne que «comme les textes doivent être plus courts, leur cachet a même baissé pour un travail équivalent[6]». En presse écrite, les articles sont vendus entre 50$ et 100$ le feuillet (25 lignes × 60 frappes). Toutefois, les hebdomadaires (ou les magazines) peuvent offrir des tarifs variant entre 25$ et 130$, selon leur situation financière. Certains offrent même jusqu'à 200$ le feuillet à leurs meilleurs journalistes[7].

De façon générale, il est difficile de vivre exclusivement du travail de pigiste. Au Québec, les journalistes gagnant plus de 50000$ l'an grâce à

6. AJIQ (1999). Internet: <http://www.ajiq.qc.ca>.
7. FPJQ (1999a). Internet: <http://www.fpjq.org>.

la vente de leurs articles ou de leurs recherches sont perçus comme des exceptions. On en compte quelques dizaines tout au plus au Québec[8].

4.1.2 Les journalistes de la presse électronique

Les apprentis journalistes ont parfois la chance de s'intégrer au milieu de la presse électronique en débutant comme recherchistes. Toutefois, leur salaire variera d'une entreprise à une autre, la grande entreprise offrant bien souvent un salaire plus intéressant que la petite.

La plupart des journalistes de la presse électronique ont le statut de travailleurs à forfait. Leur contrat de travail s'échelonne, la plupart du temps, sur une saison de production avec possibilité de renouvellement.

Le nombre de journalistes dans le secteur de la télévision a augmenté ces dernières années avec l'arrivée des chaînes d'information spécialisées au Québec (quatre chaînes depuis 1989). Toutefois, cette augmentation est loin d'être proportionnelle à la multiplication des chaînes de nouvelles. En fait, les entreprises ont préféré centraliser leurs activités de façon à réduire au minimum leurs frais d'exploitation. Par exemple, bien qu'il dispose de ses propres chefs de pupitres, le Réseau de l'information — tout comme sa contrepartie anglophone, CBC Newsworld — travaille dans la même salle de nouvelles que sa chaîne mère. En fait, les deux réseaux publics nationaux ne disposent pas d'un nombre supérieur de journalistes depuis la création des deux chaînes publiques d'information spécialisées; la tendance est plutôt à l'inverse. Une seule équipe de journalistes fait le travail pour les deux chaînes (la chaîne générale et sa chaîne de nouvelles spécialisée). Évidemment, la charge de travail est plus grande pour les journalistes de la SRC/RDI et de CBC/CBC Newsworld, ce qui n'est pas sans leur déplaire. En fait, il devient plus difficile pour les journalistes d'étoffer leurs dossiers.

bon exemple

C'est surtout la création de CTV News1 et du Canal Nouvelles qui a contribué à l'augmentation du nombre de journalistes au sein de la presse électronique québécoise. Avec l'arrivée de CTV News1, une cinquantaine de journalistes se sont ajoutés à l'équipe existante, ce qui équivaut à une augmentation de 50 % du nombre de journalistes pour cette entreprise[9]. Du côté de TVA, la venue de LCN a engendré la création de

---

8. FPJQ (1999a). Internet: <http://www.fpjq.org>.
9. Gérin (1997).

18 nouveaux postes. Toutefois, aucun nouveau journaliste sur le terrain n'a été ajouté à l'équipe, ceux-ci travaillant tous pour les deux chaînes[10].

4.1.3 ASSOCIATIONS PROFESSIONNELLES ET SYNDICALES

La Fédération nationale des communications

La plupart des journalistes québécois sont membres des syndicats affiliés à la Fédération nationale des communications (FNC) créée en 1972, qui fait partie de la Confédération des syndicats nationaux (CSN). La FNC, qui comprend aussi des syndicats représentant les travailleurs d'autres métiers de ce secteur, compte au total quelque 5000 membres, dont plus de 1500 journalistes.

La FNC agit comme porte-parole syndical de l'ensemble des journalistes et intervient souvent dans certains dossiers d'actualité, plus particulièrement ceux qui touchent à la législation, aux relations de travail et à la qualité de l'information.

La Fédération professionnelle des journalistes du Québec

Fondée en 1969, la Fédération professionnelle des journalistes du Québec (FPJQ) compte, pour sa part, environ 1500 membres — dont quelques centaines de pigistes non syndiqués[11]. La Fédération organise des congrès annuels et des rencontres épisodiques où sont abordés divers problèmes ou questions liés directement à l'exercice du métier et à la qualité de l'information. Elle intervient surtout dans les cas où le travail ou l'avenir de ses membres sont menacés par une décision ou une transaction, ou dans les situations de conflit reliées de quelque manière à la concentration de la presse. Les intérêts de la Fédération s'étendent aussi à tout ce qui touche la structure de l'industrie, la législation, etc. Au début des années 1970, elle a joué un rôle actif dans la création du Conseil de presse du Québec. En 1976, la FPJQ lançait une revue, *Le 30*, consacrée exclusivement au journalisme québécois; publiée 10 fois l'an, elle est éditée par une société autonome, Les Éditions Le 30 inc.

En 1996, la FPJQ a adopté un guide de déontologie. Sans être un code au sens strict ni avoir de pouvoir coercitif, ce guide formule les règles qui doivent orienter le travail des journalistes. Il est un point de référence, non seulement pour les journalistes, mais également pour les directions

---

10. Gérin (1999).
11. FPJQ (1999b). Internet: <http://www.fpjq.org>.

des entreprises de presse, le Conseil de presse, le public et les sources d'information. Nous reproduisons un extrait de ce guide dans l'encadré 4.1.

ENCADRÉ 4.1
Guide de déontologie de la Fédération professionnelle des journalistes du Québec

Adopté en assemblée générale le 24 novembre 1996
[Extrait]

Le rôle essentiel des journalistes est de rapporter fidèlement, d'analyser et de commenter le cas échéant les faits qui permettent à leurs concitoyens de mieux connaître et de mieux comprendre le monde dans lequel ils vivent.

Une telle information complète, exacte et pluraliste est une des garanties les plus importantes de la liberté et de la démocratie.

Les informations d'intérêt public doivent circuler librement et en tout temps. Les faits et les idées doivent pouvoir être communiqués sans contraintes ni entraves. Les journalistes ont le devoir de défendre la liberté de presse et le droit du public à l'information, sachant qu'une presse libre joue le rôle indispensable de chien de garde à l'égard des pouvoirs et des institutions. Ils combattent les restrictions, les pressions ou les menaces qui visent à limiter la cueillette et la diffusion des informations.

Les journalistes servent l'intérêt public et non des intérêts personnels ou particuliers. Ils ont le devoir de publier ce qui est d'intérêt public. Cette obligation prévaut sur le désir de servir des sources d'information ou de favoriser la situation financière et concurrentielle des entreprises de presse.

[...]

Les journalistes basent leur travail sur des valeurs fondamentales telles que l'esprit critique qui leur impose de douter méthodiquement de tout, l'impartialité qui leur fait rechercher et exposer les divers aspects d'une situation, l'équité qui les amène à considérer tous les citoyens comme égaux devant la presse comme ils le sont devant la loi, l'indépendance qui les maintient à distance des pouvoirs et des groupes de pression, le respect du public et la compassion qui leur font observer des normes de sobriété, l'honnêteté qui leur impose de respecter scrupuleusement les faits, et l'ouverture d'esprit qui suppose chez eux la capacité d'être réceptifs aux réalités qui leur sont étrangères et d'en rendre compte sans préjugés.

[...]

Les journalistes doivent s'abstenir d'effectuer, en dehors du journalisme, des tâches reliées aux communications: relations publiques, publicité, promotion, cours donnés à ceux qui font l'événement sur la façon de

→

se comporter devant les médias, simulacres de conférences de presse pour préparer des porte-parole à faire face aux journalistes, etc. Ces tâches servent des intérêts particuliers et visent à transmettre un message partisan au public. Les journalistes ne peuvent pas communiquer un jour des informations partisanes et le lendemain des informations impartiales, sans susciter la confusion dans le public et jeter un doute constant sur leur crédibilité et leur intégrité.

[...]

Les journalistes sont responsables de leurs actes. Ils ne doivent pas être contraints de recourir à des pratiques contraires à l'éthique et à la déontologie de leur profession, pas plus qu'ils ne peuvent rejeter le blâme de leurs propres actions sur les autres. Ils ne peuvent être contraints de signer un de leurs reportages qu'on aurait modifié substantiellement.

Source: Fédération professionnelle des journalistes du Québec, *Déontologie et lois*, Internet: <http://www.fpjq.org>.

L'Association des journalistes indépendants du Québec

L'Association des journalistes indépendants du Québec, formée en 1988, s'intéresse aux problèmes et à l'avenir des pigistes ainsi que des journalistes à forfait et surnuméraires. Les membres de l'AJIQ sont des journalistes ou des travailleurs qui effectuent une tâche reliée à la recherche ou à la diffusion d'information ou d'opinions (reporter, recherchiste, rédacteur, etc.). L'Association défend les droits de ses membres dans différentes situations. Par exemple, elle lutte pour que les pigistes soient reconnus auprès des syndicats des quotidiens.

L'Association canadienne des journalistes

L'ACJ regroupe plus de 1500 membres actifs au pays, dont environ 125 au Québec, et se réunit annuellement en congrès[12]. Autrefois appelée Centre pour le journalisme d'enquête (CJE), l'ACJ est un organisme pancanadien qui «a pour but de promouvoir l'excellence en journalisme». Le CJE, dont l'ACJ est issue, fut créé en 1978 dans le but de «contribuer à rendre publiques les causes véritables des différents événements, notamment ceux que des pouvoirs quelconques voudraient dissimuler[13]».

---

12. ACJ (1999). Internet: <http://www.eagle.ca/caj>.
13. Objectifs du CJE tels qu'ils étaient formulés sur la page titre de chaque numéro du *Bulletin*.

ENCADRÉ 4.2
Vous avez dit journalisme d'enquête ?

VICTOR MALAREK

Les jeunes journalistes sont critiques, les «anciens» le sont encore plus. Victor Malarek, un vieux routier de l'information, constate que les médias font de moins en moins d'investigation. Raison? Frilosité et paresse. L'extrait qui suit est tiré du livre Journalism in the New Millennium, *Vancouver, 1998, publié par l'école de journalisme Sing Tao, de l'Université de la Colombie-Britannique.*

Le journalisme d'enquête est, sans l'ombre d'un doute, l'atout le plus précieux dont disposent les médias. Véritables chiens de garde de la société, les journalistes d'enquête jouent un rôle vital dans une société libre et démocratique. Bien sûr, on ne peut s'attendre à ce qu'ils déterrent tous les scandales, mais, par leur seule présence, ils obligent les gouvernements, les dirigeants des grandes entreprises, les personnages puissants et les individus louches à une certaine prudence.

Dans les salles de rédaction, on dit que cette forme de journalisme ne se porte pas très bien et que le reporter d'enquête est une espèce en voie d'extinction. De moins en moins de journalistes disposent du temps et des outils nécessaires pour dénicher des histoires significatives et dignes d'être rapportées.

Généralement, on leur demande plutôt de couvrir des nouvelles sans grand intérêt, tape-à-l'œil et stupides. Les journalistes, quant à eux, franchissent un pas de plus en essayant de donner l'impression que ces sujets sont d'une réelle importance.

Il existe une foule d'excuses pour expliquer l'état lamentable dans lequel se trouve, de nos jours, le journalisme d'enquête. Celle qu'on invoque le plus souvent est le manque de temps et d'argent. Mais, lorsque je repense à la plupart des enquêtes dont je me suis occupé au cours des années, je peux dire que l'argument ne tient pas. Ces reportages ne coûtaient presque rien, parce que je travaillais avec acharnement et que je me servais des contacts et des sources fiables que j'avais cultivés tout au long de ma carrière. Souvent, ces enquêtes ne nécessitaient qu'une série de coups de fil qui me mettaient sur la bonne piste. De plus, elles étaient peu coûteuses parce que je savais où dénicher l'information et comment utiliser les lois sur l'accès à l'information et la liberté de presse. Tout ça, bien sûr, était le fruit de l'expérience.

Toutefois, les affaires réellement difficiles et complexes requièrent plus de temps et d'argent. Pas moyen de s'en sortir autrement. [...]

Malheureusement, devant une enquête qui présente un certain niveau de difficulté, la plupart des rédacteurs en chef baissent les bras. Ils choisissent plutôt la voie de la facilité et s'en tiennent à de banales histoires

→

déjà toutes mâchées. Cette tendance est due principalement à la paresse et au manque de motivation des rédacteurs en chef et des journalistes. D'énormes efforts sont nécessaires pour mettre en branle une enquête. Il faut d'abord dénicher des sources et des contacts qui soient solides; ensuite, il faut les convaincre de nous faire confiance pour chaque information qu'ils nous procurent. Finalement, on doit surmonter une kyrielle d'embûches: portes claquées au nez, menaces de procès en diffamation, culs-de-sac, etc. Voilà qui est suffisant pour refroidir le plus aguerri des vétérans. Sans une direction prête à vous soutenir, le jeu n'en vaut souvent pas la chandelle.

[...]

Parfois, je suis découragé de voir comment les médias réussissent à passer à côté de nouvelles d'un intérêt évident. J'ai vu bien des scandales, dont la sortie au grand jour était pourtant précédée de signes avant-coureurs, passer sous le nez de tous les journalistes.

Le monde de la Bourse, par exemple, est un véritable nid à scandales. Et pourtant, en général, les marchés boursiers sont couverts par une meute de journalistes qui se prennent pour des meneurs de claque dans l'univers grisant des actions, des obligations et des contrats à terme sur la viande de porc.

Lorsqu'une importante fraude financière éclate au grand jour, ce n'est habituellement pas un reporter spécialisé en économie qui l'aura débusquée, mais plutôt un groupe de quasi-détectives chargé de surveiller une transaction ou encore une compagnie ayant des intérêts dans les résultats d'une entreprise.

[...]

Lorsqu'on me demande de parler de mon travail devant des étudiants en journalisme, ou même devant des journalistes professionnels, j'ai toujours l'impression qu'ils attendent que je leur révèle la formule magique permettant de sortir une grosse nouvelle. La formule existe, mais elle n'est pas magique.

Plusieurs éléments sont nécessaires pour réussir un bon reportage d'enquête. D'abord et avant tout, le journaliste doit être motivé et posséder un sixième sens très bien aiguisé, muni d'une lumière qui s'allume lorsqu'il est en présence d'une bonne histoire et d'un radar qui fait bip lorsque les mensonges commencent à sortir.

Le journaliste doit également savoir écouter les gens attentivement et ne pas les écarter du revers de la main parce que leur histoire semble tirée par les cheveux. Il m'est arrivé souvent de m'emparer d'histoires invraisemblables que les autres journalistes avaient rejetées parce qu'elles leur semblaient trop incroyables pour être vraies. Eh bien, elles étaient vraies, et elles m'ont permis de faire des manchettes sensationnelles et des documentaires fascinants.

→

Il n'y a rien qui m'agace davantage que d'entendre un journaliste déclarer, avec l'arrogance de quelqu'un qui sait tout, que, puisque la police a arrêté un suspect, celui-ci est forcément coupable. Allez dire ça à Guy Paul Morin, à Donald Marshall ou à David Milgaard, tous trois accusés à tort de meurtre, et, ensuite, reconnus coupables. Dès le départ, leurs cas étaient truffés d'incohérences, principalement à cause d'une enquête policière délibérément bâclée, dont le seul but était d'obtenir un verdict de culpabilité. La plupart des journalistes ont gobé tout ce qui était écrit dans les communiqués émis par le service de police. Ils n'ont jamais pensé qu'il pouvait exister une autre version des faits, celle des accusés. Tout ce qu'ils avaient à faire c'était de fouiller et d'écouter. J'ai appris une chose importante à force d'écouter: on ne sait jamais, en écoutant quelqu'un, s'il dit la vérité ou s'il ment. Tout ce que ça demande, c'est un petit peu de temps et d'effort pour découvrir ce qui est vrai.

La motivation et la persévérance sont les principales qualités nécessaires à un journaliste pour mener une enquête jusqu'au bout. Elles lui permettent de trouver et de cultiver des contacts loyaux et des sources placées à des endroits stratégiques. Pour mener son enquête, le journaliste doit savoir se servir de son téléphone, parfois même en plein milieu de la nuit, et doit suivre à la loupe des pistes interminables. Avant toute chose, un journaliste d'enquête doit être prêt à faire plus qu'un travail de neuf à cinq. Les journalistes qui peuvent faire de bonnes enquêtes sont d'une race à part. Certains ont été comparés à des croisés partis à la défense de la veuve et de l'orphelin, d'autres ont été qualifiés de fouineurs travaillant pour leur propre gloire, excités par l'odeur du scandale. Mais, quelle que soit la motivation, la seule chose qui compte, c'est de trouver la vérité et de la rapporter.

Le rôle de tous les journalistes est de douter et de poser des questions. Et ce, dans le but de fournir une information juste et étoffée afin que le public puisse prendre des décisions éclairées.

De nos jours, les médias sont sans doute une des plus puissantes institutions qui existent. Nous avons la responsabilité et l'obligation d'informer nos lecteurs, nos auditeurs et nos téléspectateurs. Toute tentative pour empêcher les journalistes de mener une enquête jusqu'au bout est une abdication de notre responsabilité.

Source: *Le 30*, novembre 1998. Traduit par Joanna Gruda.

4.2 LES RELATIONS PUBLIQUES

La pratique des relations publiques est étroitement liée à l'industrialisation qui a marqué la fin du siècle dernier aux États-Unis.

De 1875 à 1900, parallèlement à l'augmentation de la population (qui a doublé en 25 ans) et à la multiplication des monopoles, la presse états-unienne connaît un grand essor[14]. Pour obtenir les faveurs d'un électorat extrêmement diversifié, les hommes politiques vont emprunter alors, avec l'aide d'intermédiaires, le canal de la presse populaire pour s'attirer la sympathie du public. Ainsi va se constituer peu à peu le métier d'attaché de presse politique.

Conscients de l'efficacité de cette publicité indirecte, tous les vendeurs d'événements et de potions magiques emboîteront le pas aux politiciens, cherchant, comme eux, à s'assurer que les journalistes feront mousser leurs spectacles ou leurs produits par des commentaires favorables. En même temps que se développe cette pratique, la presse prend de plus en plus d'importance auprès de la population, en quête d'identité.

Les journaux commencent alors à dénoncer à qui mieux mieux les abus et les combines de certains représentants du capital ou de l'industrie, n'hésitant pas parfois à compromettre la réputation de ceux d'entre eux qui prétendent aux plus hautes tâches politiques.

Ces dénonciations publiques incitent de plus en plus le gouvernement à intervenir ou à légiférer dans certains secteurs industriels. Afin de redorer son blason et de regagner la confiance du public — le meilleur moyen d'éviter les ingérences de l'État —, la grande entreprise décide alors de s'adjoindre des personnes chargées de faire le pont entre elle et ses clients. Les relationnistes viennent de faire leur apparition[15].

Au Québec, ce n'est que dans les années 1960, à la faveur de l'accroissement des pouvoirs de la presse ainsi que des besoins en communications des différents ministères au moment de la Révolution tranquille, que se développe véritablement ce secteur professionnel, jusque-là limité au *lobbying* des multinationales, à la traduction et… au lunch avec les journalistes! De 1970 à 1980, les relations publiques, surtout institutionnelles, favorisées par le sens critique et le désir d'affirmation des Québécois, se répandent de plus en plus dans les milieux d'affaires. Depuis 1980, l'organisation de ce secteur s'est beaucoup affermie et les relationnistes québécois ont appris à mieux cibler et joindre leur marché.

Aujourd'hui, les relationnistes sont appelés aussi agents (ou conseillers) d'information, de relations publiques ou de communication[16].

14. Huisman et Lougovoy (1981, p. 7).
15. Agee, Ault et Wilcox (1986, p. 39-40).
16. Cette section s'inspire directement de Dagenais (1999).

Ils exercent dans différents types d'entreprises, d'associations ou d'organisations, qu'elles soient publiques, privées ou communautaires, régionales, nationales ou multinationales.

Le métier de relationniste ne se définit pas uniquement par une technique mais surtout par un objectif, qui est d'établir un climat de confiance entre une entreprise et ses différents publics. De façon générale, le but du relationniste est d'attirer l'attention du public, notamment grâce aux médias, et de susciter sa sympathie à l'égard d'une entreprise (organisation ou association), d'un événement, d'une idée ou d'une cause. Ainsi, comme l'indique Bernard Dagenais, « les relations publiques constituent une attitude, une approche et un état d'esprit[17] ». De façon plus précise, la Société des relationnistes du Québec (SRQ) définit la profession de la façon suivante :

> Les relations publiques sont une fonction de direction, de gestion et de communication, à caractère permanent, grâce à laquelle un organisme public ou privé vise à établir, à maintenir et à promouvoir des relations de confiance fondées sur la connaissance et la compréhension mutuelle entre cet organisme et ses publics internes et externes, en tenant compte de leurs droits, besoins et attitudes, le tout, conformément à l'intérêt du public[18].

Depuis quelques années, on remarque une évolution croissante de ce secteur par rapport à celui des services de publicité traditionnels, qui sont remplacés de plus en plus par les activités de type promotionnel, les événements spéciaux, etc. De nos jours, tous les grands organismes et toutes les grandes entreprises sont dotés d'un imposant appareil de relations publiques, dont les journalistes, entre autres, doivent maintenant tenir compte dans l'exercice de leur travail : si ces derniers sont censés rester neutres lorsqu'ils portent un jugement, les relationnistes, eux, ont nécessairement un parti pris lorsqu'ils transmettent des informations ou émettent des commentaires.

Les médias de masse, en rapportant l'information à la population, servent souvent d'intermédiaires entre le relationniste et son public. Le relationniste doit donc réserver une grande partie de son temps à la préparation des documents et événements qui seront consacrés aux médias. Au chapitre des documents, le communiqué est un outil largement utilisé par le relationniste pour attirer l'attention des médias. Quant aux événements, ils prennent toutes sortes de formes : conférence de presse, rencontre de presse, exposé de presse (*briefing*), point de presse, participation aux émissions de radio ou de télévision, journée portes ouvertes, etc.

---

17. Dagenais (1999, p. 11).
18. *Ibid.* (p. 50).

En plus des communications de masse, le relationniste peut être appelé à effectuer des communications personnalisées à l'interne ou à l'externe, qui ne joignent qu'un petit groupe de personnes à la fois. Ce type de communication peut se traduire par des rencontres individuelles (tels le porte-à-porte ou les séances de signature d'autographes) ou par la communication directe, c'est-à-dire par courrier, par téléphone, par télécopieur, etc. Les rencontres en petits groupes comme les conférences, les séminaires ou encore les réunions constituent également des communications personnalisées.

4.2.1 L'INDUSTRIE DES RELATIONS PUBLIQUES

Le domaine des relations publiques est une industrie en plein essor. Chaque année au Québec, des dizaines de millions de dollars sont investis dans les relations publiques. Avec les années, plusieurs agences de relations publiques naissent et se développent au-delà des frontières provinciales et même nationales. D'autres, plus petites, se spécialisent dans des créneaux spécifiques, ce qui leur permet d'être compétitives par rapport aux grandes agences[19]. Le tableau 4.2 (p. 170) présente la liste des plus grands cabinets de relations publiques au Québec.

4.2.2 LA PROFESSION DE RELATIONNISTE

Les relations publiques sont enseignées depuis à peine 25 ans dans les établissements universitaires, ce qui explique pourquoi plusieurs travailleurs du métier ont acquis leur formation «sur le tas». En fait, la profession de relationniste n'est pas réglementée, donc n'importe qui peut se donner le titre de relationniste et pratiquer le métier sans formation préalable. De plus, la forte demande de spécialistes dans ce domaine pousse plusieurs travailleurs de disciplines connexes (tels le journalisme, la publicité ou le marketing) à se recycler dans le métier. Aussi les employeurs ont-ils de plus en plus tendance à exiger de leurs futurs relationnistes qu'ils détiennent une formation universitaire, de préférence en communication[20]. D'ailleurs, en 1997, le Comité d'éducation de la Société canadienne de relations publiques notait que «ceux qui réussissaient mieux dans la carrière étaient ceux qui, entre autres, détenaient déjà un baccalauréat quand ils entreprenaient leur formation en relations publiques[21]».

19. *Ibid.* (p. 48).
20. *Ibid.* (p. 148).
21. *Ibid.* (p. 125).

TABLEAU 4.2
Les principaux cabinets de relations publiques au Québec selon leur chiffre d'affaires, 1998 *

Nom de l'entreprise	Chiffre d'affaires (millions de dollars)		Nombre d'employés **		Villes
	Québec	Canada	Québec	Canada	
Le Cabinet de relations publiques National ***	25,4	45,0	112	260	Montréal, Québec, Ottawa, Toronto, Calgary, Vancouver, New York
Optimum	14,5	18,5	40	66	Montréal, Québec, Toronto, Vancouver, Washington
Edelman Relations publiques mondiales	7,3	11,1	49	84	Montréal, Toronto, + 35 bureaux Edelman & 61 affiliés dans le monde
Le Groupe BDDS	5,9	—	47	—	Montréal, Québec Affiliation au réseau mondial Worldcom
Everest Relations publiques	3,9	4,2	33	36	Montréal, Laval, Sherbrooke, Ottawa
Ducharme Perron Communication Affaires publiques	1,8	—	20	—	Québec
Pyramide Relations publiques	1,7	—	16	—	Montréal, Québec
Lebrun Messier & Associés	1,3	—	8	—	Montréal

* Dernier exercice financier terminé.
** En date du 31 mars 1999.
*** Excluant Pyramide Relations publiques.

Source : S. Lachapelle, « Bâtir dans la tourmente », *Info Presse Communications*, vol. 14, nº 8, mai 1999, p. 37.

À la fin des années 1990, la Société des relationnistes du Québec estimait le nombre de relationnistes à environ 4000. Toutefois, Dagenais jugeait ce chiffre comme étant «conservateur», évaluant à 1000 le nombre d'employés du secteur des communications au gouvernement du Québec seulement[22].

Selon sa formation et son expérience dans le domaine, le relationniste pourra être affecté à des tâches d'exécution à titre de technicien en information, ou encore à des tâches de décision en tant que professionnel

22. Dagenais (1999, p. 148).

ou cadre en communication. Le technicien en information, de par sa formation en principe moins poussée, occupera un poste de soutien et recevra un salaire inférieur à celui du professionnel en communication. Possédant un diplôme universitaire, le professionnel aura pour tâche de réaliser toutes les activités de communication. Quant au cadre en communication, ses pouvoirs de gestionnaire lui donneront la possibilité de diriger une équipe et de définir les stratégies de communication à adopter.

Notons toutefois que les tâches du relationniste travaillant au sein d'une petite ou d'une moyenne entreprise pourront aller de l'exécution à la prise de décision, selon les moyens qui seront consacrés par l'entreprise au secteur des communications.

Plusieurs travailleurs en relations publiques, en attente d'une possibilité de travail stable ou simplement par désir d'autonomie, exercent à titre de relationnistes pigistes. Souvent spécialisés dans des secteurs précis, ces travailleurs à la pige sont alors en mesure d'offrir un service de qualité aux agences ou aux entreprises qui les emploient pour la durée d'un contrat.

4.2.3 LES ASSOCIATIONS PROFESSIONNELLES

Parmi les associations professionnelles de relationnistes existantes, on trouve la Société des relationnistes du Québec (SRQ), à laquelle l'adhésion reste facultative. La SRQ regroupe plusieurs centaines de membres, qui, estime-t-on, représentent environ 10% de l'ensemble des relationnistes au Québec[23]. Dans le but d'assurer un exercice sain de la profession de relationniste au Québec, la SRQ a établi des principes de conduite qu'elle a regroupés dans un code de déontologie qui s'inspire de ceux édictés par les organisations auxquelles la SRQ est affiliée. L'encadré 4.3 (p. 172) présente ce code dans sa version intégrale.

En plus de pouvoir compter sur une association à l'échelle provinciale, les relationnistes du Québec peuvent être membres de la Société canadienne des relations publiques (SCRP), de la Public Relations Society of America (PRSA) et de l'International Public Relations Association (IPRA). Finalement, il existe aussi d'autres associations professionnelles actives au Québec, qui assurent la défense des intérêts des relationnistes:

23. *Ibid.* (p. 189).

ENCADRÉ 4.3
Le code de déontologie

Tous les *membres* s'engagent à appuyer l'esprit et les idéaux sous-jacents aux principes de conduite énoncés ci-dessous et à les juger essentiels à l'exercice des relations publiques:

a) Le *membre*, dans l'exercice des relations publiques, favorisera d'abord l'intérêt public et ne fera rien qui puisse être nuisible à l'exercice des relations publiques, à la collectivité ou à la société, et n'induira personne à le faire.

b) Le *membre* se conformera aux normes les plus strictes d'honnêteté, d'exactitude et de véracité et ne diffusera pas sciemment d'information fausse ou trompeuse.

c) Le *membre* protégera les confidences de ses clients ou employeurs actuels, antérieurs ou éventuels.

d) Le *membre* ne représentera pas des intérêts en conflit ou en concurrence les uns avec les autres sans le consentement explicite des intéressés, accordé après divulgation totale des faits.

e) Le *membre* ne fera rien qui ait pour objet de corrompre l'intégrité des moyens de communication publique.

f) Le *membre* se conformera aux normes les plus strictes de la déontologie et de la pratique en sollicitant des clients d'un autre *membre*, sauf sur invitation spécifique dudit client.

g) Le *membre* appuiera le présent code, collaborera avec les autres *membres* à cette fin et mettra en vigueur les décisions relatives à toute question découlant de son application. Si un *membre* a lieu de croire qu'un autre *membre* est impliqué dans des pratiques injustes ou contraires à la déontologie, y compris des pratiques enfreignant le présent code, il en informera les responsables de la Société afin que ceux-ci prennent les dispositions prévues aux présents règlements.

Source: B. Dagenais, *Le métier de relationniste*, Les Presses de l'Université Laval, Sainte-Foy, 1999, p. 193.

- L'Association internationale des professionnels de la communication;
- L'Association des communicateurs municipaux;
- Le Forum des directeurs et directrices du gouvernement du Québec;
- Le Conseil des communicateurs fédéraux du Québec;
- L'Association de la recherche en communication du Québec.

4.3 LA PUBLICITÉ

L'industrie québécoise de la publicité a commencé à s'affirmer au cours des années 1970 conséquemment au développement de la demande pour une production publicitaire s'adressant spécifiquement au marché francophone. Avant cette époque, la publicité présentée au Québec était fortement marquée par l'influence des États-Unis et du Canada anglophone, là où plusieurs concepts et messages étaient élaborés pour ensuite être adaptés au public québécois[24].

Mentionnons au passage qu'en 1997 les 10 premières agences de publicité au Canada enregistraient un chiffre d'affaires global de 460 856 000 $ (voir le tableau 4.3). On assiste depuis quelques années à un essor prodigieux des petites firmes: on recensait en effet pas moins de 793 agences de publicité au Québec en 1993 (voir le tableau 4.4, p. 174). Parmi les plus importantes — et aussi les plus anciennes — se trouve Cossette Communication-Marketing. Celle-ci trône d'ailleurs depuis plusieurs années au sommet de cette industrie pour la facturation, le

TABLEAU 4.3
Classement des 10 plus grandes agences de publicité canadiennes selon leurs revenus, 1997

Agence	Revenus (000 $)	Nombre d'employés
Cossette Communication-Marketing	66 727	702
BBDO Canada Inc.	61 286	382
MacLaren McCann	53 256	388
The Young & Rubicam Group of Cos., Ltd.	50 162	386
Wolf Group Integrated Communications Ltd.	44 336	325
Palmer Jarvis DDB	33 236	381
Ogilvy & Mather (Canada) Ltd.	32 100	264
Leo Burnett Co., Ltd.	30 385	217
Vickers & Benson Advertising Ltd.	28 941	200
FCB Canada Ltd.	28 191	235

Source: *Financial Post 500*, 1998.

24. Publicité-Club de Montréal (1992, p. 15).

TABLEAU 4.4
Les services de publicité au Québec, 1993

Type d'entreprise	Nombre d'entreprises	Recettes totales (millions de dollars)
Agences de publicité	793	303,3
Représentants des médias	82	50,6
Étalages et panneaux d'affichage publicitaire	60	36,3
Autres services de publicité	1584	390,2
Total	**2519**	**780,4**

Source : Bureau de la statistique du Québec, *Indicateurs d'activités culturelles au Québec*, Édition 1997, p. 70, d'après Statistique Canada, Division des services, compilation spéciale.

nombre d'employés et les prix qu'elle a remportés (voir le tableau 4.5). L'expansion de cette entreprise et de ses concurrentes atteint maintenant les marchés canadien et international.

Comme dans tous les secteurs des services, les agences de publicité ont tendance à fusionner avec des maisons étrangères pour étendre leur marché international ou pour s'attirer des clients étrangers, en particulier les grandes multinationales. L'agence québécoise BCP Communication en est un exemple manifeste depuis son acquisition par l'agence française Publicis en 1997. De cette transaction est née la filiale canadienne Publicis Canada, qui se classe d'ailleurs au troisième rang des agences de publicité au Québec selon sa facturation en 1996-1997 (voir le tableau 4.5).

4.3.1 LE MÉTIER DE PUBLICITAIRE

Les données statistiques fiables concernant l'industrie de la publicité sont souvent difficiles à trouver parce qu'elles se font rares. Ainsi, les chiffres concernant la profession de publicitaire ont tendance à varier d'une source à l'autre.

Selon Statistique Canada, les services de publicité ont connu un taux de croissance de l'emploi très fort entre 1984 et 1998. En effet, le nombre d'emplois dans ce secteur serait passé de 32000 à 90000 au cours des 15 dernières années[25]. Statistique Canada attribue cette augmentation à l'économie canadienne, qui se serait axée sur les services, notamment les

25. Statistique Canada (1998, p. 38-39).

TABLEAU 4.5
Les agences de publicité au Québec, 1996-1997

Rang/ Facturation au Québec, 1997	Agence	Facturation (millions de dollars)				Employés		Rang/ Employés au Québec, 1997
		Québec		Canada		Québec	Canada	
		1996	1997	1996	1997	1997		
1	Cossette Communication-Marketing	37,1	43,4	55,8	66,7	456	702	1
2	FCB Direct Montréal	5,0	34,0	8,5	60,5	45	80	11
3	Publicis Canada	14,0	13,2	17,8	21,2	109	227	4
4	Marketel	11,2	12,7	11,2	12,7	115	115	3
5	PNMD Communication	9,3	10,9	9,3	10,9	137	137	2
6	PDG stratégie concept	1,6	8,0	1,6	8,0	17	17	29
7	Groupaction / JWT	5,9	7,4	5,9	7,4	90	90	5
8	Groupe Everest International	5,1	7,1	5,1	7,1	85	85	6
9	Saint-Jacques Vallée Young & Rubicam	5,2	6,4	36,5	46,0	50	340	9
10	Allard et Associés	6,1	6,2	6,1	6,2	60	60	7

Sources : *Les Affaires, Guide des services aux entreprises / 1998*, pour les données de 1997 ; Info Presse, *Guide annuel des entreprises de services en communication 1998*, pour les données de 1996.

services aux entreprises, depuis les années 1980. Toutefois, il est important de noter qu'une grande partie des emplois créés dans le secteur des services depuis 1984 constituent des emplois à temps partiel.

Selon une étude effectuée en 1997 pour le compte du Publicité-Club de Montréal, la publicité créerait directement ou indirectement près de 196 000 emplois au Canada. De ce nombre, 45 000 se trouveraient au Québec seulement. Selon cette même étude, l'industrie publicitaire occuperait directement près de 126 000 personnes au Canada, dont 29 000 au Québec[26].

Les emplois dans les services de publicité sont de différente nature. Pour en avoir un aperçu, on peut consulter le tableau 4.6 (p. 176), qui présente la répartition des emplois à l'intérieur des services de publicité générant des revenus annuels de plus de 250 000 $ au Québec, en 1993.

26. Descarie & complices (1997, p. 15).

TABLEAU 4.6
Répartition des emplois dans les services de publicité pour les 535 entreprises ayant des revenus supérieurs à 250 000 $, au Québec, 1993

Type d'emploi	Nombre d'emplois
Temps plein	6 458
Temps partiel	1 448
À forfait	921
Autres	45
Total	**8 872**

Source : Bureau de la statistique du Québec, *Indicateurs d'activités culturelles au Québec*, Édition 1997, p. 71, d'après Statistique Canada, Division des services, compilation spéciale.

4.4 LES MÉTIERS DE LA RADIO-TÉLÉVISION ET DES TÉLÉCOMMUNICATIONS

Il est difficile de réunir des informations sur les métiers de la radio-télévision et des télécommunications au Québec et au Canada puisque les associations couvrant ces secteurs regroupent non pas des travailleurs, mais plutôt des entreprises de radio, de télévision, de télédistribution et de télécommunication. Toutefois, Statistique Canada compile, de façon périodique, quelques données sur le nombre d'emplois dans ce secteur.

4.4.1 L'INDUSTRIE DE LA RADIO ET DE LA TÉLÉVISION

Selon les données de Statistique Canada, le nombre total d'employés de l'industrie de la radio-télévision privée, au Québec, s'élève à 3738 en 1996 (voir le tableau 4.7). En fait, dans ce domaine, les salariés du Québec représentent plus de 20 % de l'effectif canadien, qui s'établit à 16 640.

Toujours pour le Québec, Statistique Canada signale qu'une grande partie des salariés de l'industrie de la radio-télévision privée travaillent dans la région de Montréal. Au sein de l'industrie de la radio privée AM et FM, par exemple, 598 des 1 620 employés ont un emploi dans la métropole. Ce nombre correspond en fait à une proportion de 36,9 %[27].

27. Statistique Canada (1996b).

TABLEAU 4.7
Effectifs* de l'industrie de la radiodiffusion et de la télévision privées, Québec et Canada, 1996

Secteur	Effectif Québec	% de l'effectif canadien	Effectif Canada
Radio privée	1620	18,8	8617
Stations AM	(605)	13,5	(4471)
Stations FM	(982)	24,6	(3998)
Télévision privée (traditionnelle)	2118	26,4	8023
Total	**3738**	**22,5**	**16640**

* Les effectifs sont calculés sur une moyenne hebdomadaire.

Source: Statistique Canada, *Radiodiffusion et télévision*, 1996, n° 56-204 au catalogue.

TABLEAU 4.8
Effectifs* de l'industrie de la radiodiffusion et de la télévision privées par catégorie de personnel, Québec et Canada, 1996

Secteur et catégorie de personnel	Effectif Québec	% de l'effectif canadien	Effectif Canada
Radio privée			
Programmation	843	19,1	4420
Services techniques	65	17,4	373
Ventes et promotion	434	18,1	2395
Administration	245	19,1	1281
Total	**1587**	**18,7**	**8469**
Télévision privée traditionnelle			
Programmation	1314	25,3	5200
Services techniques	132	19,7	670
Ventes et promotion	258	23,0	1121
Administration	414	40,1	1032
Total	**2118**	**26,4**	**8023**

* Les effectifs sont calculés sur une moyenne hebdomadaire.

Source: Statistique Canada, *Radiodiffusion et télévision*, 1996, n° 56-204 au catalogue.

Le tableau 4.8 (p. 177) offre un aperçu des différentes catégories d'emplois au sein de l'industrie de la radio-télévision privée au Québec et au Canada. On y remarque qu'une très large proportion des emplois de ce domaine est reliée à la programmation. En effet, au Québec comme au Canada, et ce pour l'année 1996, les salariés de cette catégorie d'emploi représentent 58 % de l'ensemble des travailleurs de l'industrie de la radio-télévision privée.

La proportion de travailleurs pour l'industrie de la télévision privée est sensiblement la même que celle de la radio privée. Toutefois, l'industrie canadienne de la télévision privée traditionnelle compte pratiquement cinq fois moins d'entreprises que celle de la radio privée. Ainsi, le nombre moyen de travailleurs par entreprise pour l'industrie de la télévision privée traditionnelle est beaucoup plus élevé que celui de la radio privée. Le tableau 4.9 en offre d'ailleurs un aperçu.

Dans le secteur public, les compressions budgétaires qui ont touché la Société Radio-Canada au cours de la dernière décennie ont obligé cette

TABLEAU 4.9
Effectifs* de l'industrie de la télévision et de la radio privées, par langue, au Canada, 1996

Industrie	Nombre d'employés	Nombre moyen d'employés par entreprise	Nombre d'entreprises
Radio privée			
Anglais	6873	17,6	391
Français	1394	14,7	95
Autres	350	38,9	9
Total partiel	**8617**	**17,4**	**495**
Télévision privée traditionnelle			
Anglais	6196	77,5	80
Français	1827	79,4	23
Total partiel	**8023**	**77,9**	**103**
Total (radio et télévision privées)	**16640**	**27,8**	**598**

* Les effectifs sont calculés sur une moyenne hebdomadaire.

Source : Statistique Canada, *Radiodiffusion et télévision*, 1996, n° 56-204 au catalogue.

dernière à restreindre son personnel. Ainsi la société d'État a-t-elle favorisé les départs volontaires afin de diminuer le nombre de licenciements à effectuer. Bref, entre 1995 et 1997, la société a réduit son effectif de 2388 personnes, ce qui équivaut à une diminution de personnel de l'ordre de 18,3 % (voir le tableau 4.10). Ainsi, plusieurs employés permanents, temporaires et à forfait ont quitté leur emploi entre ces deux années. Il n'en est toutefois pas de même pour les travailleurs occasionnels, dont le nombre a enregistré une hausse de 27,2 % entre 1995 et 1997.

Les tableaux 4.10 et 4.11 présentent la répartition de l'effectif de la Société Radio-Canada selon les différents types d'emplois et les diverses catégories de personnel.

TABLEAU 4.10
Effectif de la Société Radio-Canada par type d'emploi, 1995-1997

Type d'emploi	1995	1997	Variation (%) 1995-1997
Permanents	9015	7311	−18,9
Temporaires	888	609	−31,4
À forfait	2082	1384	−33,5
Occasionnels	1079	1372	+27,2
Total	**13064**	**10676**	**−18,3**

Sources : CBC/SRC, rapport annuel 1994-1995 et rapport annuel 1996-1997.

TABLEAU 4.11
Effectif de la Société Radio-Canada par catégorie de personnel, 1996

Catégorie de personnel	1996
Programmation	9256
Services techniques	300
Ventes et promotion	467
Administration	1344
Total	**11367**

Source : Statistique Canada, *Radiodiffusion et télévision*, 1996, n° 56-204 au catalogue.

Le tableau 4.12, réalisé à l'aide des différentes données de Statistique Canada, montre l'évolution de l'industrie canadienne de la radio-télévision en matière d'effectifs. On y remarque, entre autres, que le nombre de travailleurs des services de télévision spécialisés et payants a connu une forte croissance entre 1993 et 1996. Cela s'explique par l'expansion de ces secteurs au cours des dernières années. En fait, leur développement rapide et leur popularité ont certainement eu un effet néfaste sur la santé financière d'entreprises d'autres secteurs comme les réseaux de télévision privés et non commerciaux. On remarque d'ailleurs que ces derniers ont affiché des baisses d'effectifs entre 1993 et 1996.

Au chapitre de la radio, les stations privées FM ainsi que les réseaux privés ont enregistré une hausse de leurs effectifs entre 1993 et 1996 alors

TABLEAU 4.12
Effectifs de l'industrie de la télévision et de la radio au Canada, 1993-1996

Industrie	1993	1996	Variation (%) 1993-1996
Radio-télévision publique			
CBC / Société Radio-Canada	9208	11367	+23,4
Autres radiodiffuseurs publics (provinciaux)	1474	1595*	+8,2
Radio			
Stations AM privées	5805	4471	−23,0
Stations FM privées	3684	3998	+8,5
Réseaux de radio privés	102	148	+45,1
Réseaux de radio non commerciale	627	539	−14,0
Télévision			
Réseaux de télévision privés	8158	8023	−1,7
Réseaux de télévision non commerciale	1549	1384	−10,7
Services spécialisés	1268	1984	+56,5
Télévision payante	159	196	+23,3
Total	**32034**	**33715**	**+5,2**

* Donnée de 1995.

Sources: Statistique Canada, *Radiodiffusion et télévision*, 1996, n° 56-204 au catalogue; Statistique Canada, *Le Canada, sa culture, son patrimoine et son identité: perspective statistique*, édition 1997, n° 87-211 au catalogue (pour les données sur les autres radiodiffuseurs publics).

que les stations privées AM et les réseaux non commerciaux ont dû réduire les leurs.

4.4.2 L'INDUSTRIE DE LA TÉLÉDISTRIBUTION

L'industrie canadienne de la télédistribution se divise en deux volets: le volet de base et le volet facultatif. En 1996, 8733 personnes travaillaient au sein du premier volet sur un nombre total de 9453 employés pour cette industrie (voir le tableau 4.13). Ainsi, 92,3% de tous les travailleurs de l'industrie de la télédistribution sont employés au volet de base.

Selon les données de Statistique Canada, le nombre d'employés travaillant dans le secteur de la télédistribution canadienne a connu une légère hausse entre 1993 et 1996. Toutefois, c'est dans le volet facultatif que cette hausse s'est fait le plus sentir. En effet, 193 postes ont été ajoutés au volet facultatif entre ces deux années, ce qui constitue une augmentation de 36,6%. En ce qui concerne le volet de base, on a assisté à une hausse d'emplois de l'ordre de 0,6%, ce qui correspond à l'ajout de 49 employés (voir le tableau 4.13).

TABLEAU 4.13
Effectifs* de l'industrie de la télédistribution au Canada, 1993-1996

Industrie de la télédistribution	1993	1996	Variation (%) 1993-1996
Volet de base	8684	8733	+0,6
Volet facultatif	527	720	+36,6
Total	**9211**	**9453**	**+2,6**

* Moyenne hebdomadaire.

Source: Statistique Canada, *Télédistribution*, 1996, n° 56-205 au catalogue.

En 1996, Statistique Canada dénombrait 832 entreprises de télédistribution sur la scène canadienne. De ce nombre, 495 fournissaient leurs services à moins de 2000 abonnés tandis que 337 autres servaient chacune plus de 2000 abonnés[28]. Malgré le fait qu'elles soient moins nombreuses, les entreprises de télédistribution servant plus de 2000 abonnés emploient un très grand nombre de travailleurs. En fait, environ 85% de

28. Statistique Canada (1996d).

tous les salariés de cette industrie, tant au Québec qu'au Canada, travaillent pour ces entreprises, ce qui s'explique facilement par le très grand nombre de clients qu'elles doivent satisfaire (voir le tableau 4.14).

Le tableau 4.14 présente, entre autres, la répartition des employés des entreprises de télédistribution de plus de 2000 abonnés, selon les différentes catégories d'emplois. On constate que, de toutes ces catégories, ce sont les travailleurs des services techniques qui sont les plus nombreux, et ce dans les entreprises tant québécoises que canadiennes. En deuxième place arrivent les administrateurs, suivis de loin par les travailleurs de la programmation et ceux de la vente et de la promotion.

TABLEAU 4.14
Effectifs* de l'industrie de la télédistribution au Québec et au Canada, selon le nombre d'abonnés par entreprise et la catégorie de personnel, 1996

Catégorie de personnel	Effectif Québec	% de l'effectif canadien	Effectif Canada
Entreprises de moins de 2000 abonnés			
Volet de base	301	25,7	1169
Volet facultatif	33	23,2	142
Total partiel	**334**	**25,5**	**1311**
Entreprises de plus de 2000 abonnés			
Volet de base	1730	22,9	7564
Programmation	(146)	(16,4)	(891)
Services techniques	(944)	(24,1)	(3925)
Vente et promotion	(91)	(20,9)	(436)
Administration	(549)	(23,7)	(2312)
Volet facultatif	18	3,1	578
Total partiel	**1748**	**21,5**	**8142**
Toutes les entreprises			
Volet de base	2031	23,3	8733
Volet facultatif	51	7,1	720
Total	**2082**	**22,0**	**9453**

* Moyenne hebdomadaire.

Source : Statistique Canada, *Télédistribution*, 1996, nº 56-205 au catalogue.

En 1996, de tous les travailleurs du volet de base au Canada, près du quart, soit 23,3 %, étaient employés au Québec. En ce qui a trait au volet facultatif, cette proportion n'était que de 7,1 %, l'Ontario comptant 60 % de tous les employés de ce volet (voir le tableau 4.14).

4.4.3 L'INDUSTRIE DU TÉLÉPHONE

En 1996, Statistique Canada dénombrait 59 réseaux téléphoniques au Canada. De ce nombre, 15 sont considérés comme étant les principaux. Ensemble, ces 15 systèmes rassemblaient 99,1 % de tous les travailleurs de cette industrie, regroupant 77808 des 78488 employés canadiens pour ce secteur (voir le tableau 4.15).

TABLEAU 4.15
Effectifs de l'industrie du téléphone par types d'emplois, Canada, 1993-1996

Type d'emploi	1993	1996	Variation (%) 1993-1996
*Systèmes principaux**			
Temps plein	83098	68387	−17,7
Temps partiel et occasionnels	7452	9421	+26,4
Total partiel	**(90 550)**	**(77808)**	**(– 14,1)**
*Autres systèmes***			
Temps plein	610	609	−0,2
Temps partiel et occasionnels	96	71	−26,0
Total partiel	**(706)**	**(680)**	**(– 3,7)**
Tous les systèmes (ou réseaux) téléphoniques			
Temps plein	83708	68996	−17,6
Temps partiel et occasionnels	7548	9492	+25,8
Total	**91256**	**78488**	**−14,0**

* Statistique Canada compte 15 systèmes principaux (ou réseaux téléphoniques importants) : Newfoundland Telephone Company Ltd., The Island Telephone Company Ltd., Maritime Telegraph and Telephone Ltd., New Brunswick Telephone Company Ltd., Bell Canada, Québec-Téléphone, Télébec ltée, Northern Telephone Ltd., Thunder Bay Telecommunications, Manitoba Telephone System, Saskatchewan Telecommunications, Edmonton Telephones, AGT Ltd., British Columbia Telephone Company, Northwestel Inc.

** Ces systèmes sont au nombre de 44.

Source : Statistique Canada, *Communications*, vol. 27, n° 3, 1996, n° 56-001 au catalogue.

Selon les données de Statistique Canada, le nombre d'emplois dans le secteur de la téléphonie au Canada — excluant les fournisseurs de services de cellulaire — a chuté de 14 % entre 1993 et 1996, passant de 91 256 à 78 488 (voir le tableau 4.15). En fait, ce sont les emplois à temps plein, qui représentaient 87,9 % de tous les travailleurs de ce secteur cette année-là, qui ont enregistré une forte baisse. En effet, nous avons assisté à une diminution de près de 15 000 emplois à temps plein, au Canada, entre les années 1993 et 1996 (voir le tableau 4.15). Contrairement aux travailleurs à temps plein, les employés à temps partiel et les travailleurs occasionnels ont augmenté de près de 2 000 entre 1993 et 1996, ce qui constitue une hausse de 25,8 % pour cette catégorie d'emplois.

4.4.4 Les industries des communications : une vue d'ensemble

Statistique Canada compile, sur une base annuelle, des données chiffrées générales sur les industries des communications, qui comprennent, entre autres, l'industrie de la diffusion des télécommunications et l'industrie de la transmission des télécommunications.

L'organisme de statistique national définit l'industrie de la diffusion des télécommunications comme étant « les établissements dont l'activité principale est la diffusion de signaux sonores ou visuels par radio et télévision, y compris par la télédistribution[29] ». L'industrie de la transmission des télécommunications, quant à elle, « œuvre dans l'exploitation de services téléphoniques et d'autres services de télécommunications électromagnétiques[30] ». Les tableaux 4.16 et 4.17 présentent quelques chiffres sur l'emploi et la rémunération des salariés des industries des communications.

Dans son rapport d'enquête, Statistique Canada indiquait que la rémunération moyenne des employés des services de communication était élevée par rapport à l'ensemble de l'économie. Toutefois, il ajoutait que cette rémunération était en décroissance, et ce de façon constante depuis le milieu des années 1980[31].

Outre Statistique Canada, le ministère de la Culture et des Communications du Québec ainsi que le Bureau de la statistique du Québec

29. Statistique Canada (1980).
30. *Ibid.*
31. *Ibid.*

TABLEAU 4.16
Estimation de l'emploi et de la rémunération annuelle moyenne*, pour les salariés de l'industrie des communications au Canada, 1984-1997

Emplois	Total des emplois			Moyenne annuelle de la rémunération ($)		
	1984	1992	1997	1984	1992	1997
Diffusion des télécommunications (radio, télévision, câblodistribution)	46000	52000	50000	38780	39643	43630
Transmission des télécommunications	122000	120000	137000	45114	44949	44510
Autres (services postaux et de messagerie)	97000	113000	128000	33874	28710	26931
Total	**265000**	**285000**	**315000**	**39256**	**37767**	**38357**

* Rémunération incluant les heures supplémentaires.

Source : Statistique Canada, *Emploi et rémunération dans le secteur des services depuis 1984 — Étude spéciale*, Indicateur des services — 3e trimestre 1998.

TABLEAU 4.17
Estimation de l'emploi et de la rémunération moyenne*, pour les salariés de l'industrie des télécommunications, Québec et Canada, 1998

Emplois	Québec		Canada	
	Emplois (milliers)	Rémunération hebdomadaire ($)	Emplois (milliers)	Rémunération hebdomadaire ($)
Diffusion des télécommunications (radio, télévision, câblodistribution)	11,6	820,89	n.d.	n.d.
Transmission des télécommunications	23,6	875,43	102,2	868,61
Autres (services postaux et de messagerie)	25,2	n.d.	n.d.	n.d.
Total	**60,4**	**712,26**	**259,8**	**709,98**

* Rémunération incluant les heures supplémentaires.

Sources : Statistique Canada, *Emploi, gains et durée du travail*, n° 72-002 au catalogue, 1998 (pour les emplois) ; Statistique Canada, *Emploi et rémunération dans le secteur des services depuis 1984 — Étude spéciale*, Indicateur des services — 3e trimestre 1998 (pour la rémunération annuelle).

fournissent quelques statistiques très générales sur l'emploi dans les industries médiatiques québécoises. On trouve celles-ci dans les tableaux 4.18 et 4.19 (p. 186).

TABLEAU 4.18
Chiffre d'affaires et nombre de travailleurs pour différents secteurs des médias québécois, 1997*

Secteur	Chiffre d'affaires (millions de dollars)	Nombre de travailleurs
Radio	200	2500
Télévision	770	5900
Production télévisuelle	300	4000
Services techniques**	80	1000
Médias écrits	1000	7000
Publicité	350	4000

* Données approximatives.

** Principalement en télévision, location de studios et de matériel, postproduction, création d'effets spéciaux, etc.

Source: Ministère de la Culture et des Communications, *Les médias et la publicité — Quelques statistiques*, 1999. Site Internet: <http:www.mcc.gouv.qc.ca>. Reproduit avec l'autorisation des Publications du Québec.

TABLEAU 4.19
Population active pour certaines industries culturelles au Québec, 1990-1996

Domaine culturel	1990	1996
Médias écrits	13994	16198
Film	6053	8045
Radio, télévision, câblodistribution	15427	14484
Publicité	16649	21278
Autres*	188005	197435
Ensemble des domaines culturels	**240128**	**257440**
Emploi total	**3172133**	**3212625**

* Comprend les emplois dans les musées, bibliothèques, théâtres; en architecture, design; dans les archives; comme artistes, etc.

Source: Bureau de la statistique du Québec, *Indicateurs d'activités culturelles au Québec*, Édition 1997, p. 122, d'après Statistique Canada, compilation spéciale.

4.5 LE TRAVAIL EN MULTIMÉDIA[32]

En 1997, le Bureau de la statistique du Québec (BSQ) dénombrait 666 entreprises reliées au domaine des services électroniques et du multimédia (SEM) au Québec. Ce secteur comprend en fait les produits et services suivants : l'édition multimédia hors ligne, les services Internet et autres services électroniques en ligne, le développement d'applications et de logiciels spécialisés, et diverses activités de support telles que la programmation, l'idéation, la numérisation, etc.

L'industrie des services électroniques et du multimédia est relativement jeune. En fait, les entreprises exerçant dans ce domaine ont une moyenne de 7,4 années d'existence. Toutefois, celles dont les activités se rapportent à plus de 50 % au secteur qui nous intéresse comptent en moyenne 4,5 ans, tandis que les autres (moins de 50 % de leurs activités dans le domaine des SEM) ont en moyenne 12,3 ans d'existence.

En 1996, les activités reliées aux SEM ont généré des revenus totaux d'environ 500 millions de dollars, ce qui correspond à une moyenne de 745 000 $ par entreprise. Il faut toutefois considérer que près de 90 % de ces revenus ont été réalisés par des établissements en activité dans la région de Montréal.

Quant au nombre de travailleurs, le BSQ en dénombrait plus de 34 000 dans le secteur des SEM au Québec en 1997. De ce nombre, 8 921 — dont 8 136 dans la région de Montréal — sont spécialisés dans cette sphère. En fait, les entreprises qui concentrent plus de 50 % de leurs activités dans les SEM comptent chacune en moyenne 15,5 employés, alors que celles qui y consacrent moins de 50 % en comptent en moyenne 109,7. Pour ce qui est de la nature des emplois, le BSQ note que la plupart sont à temps plein (voir le tableau 4.20, p. 188).

Près de la moitié des entreprises qui exercent dans le domaine des services électroniques et du multimédia avouent éprouver des difficultés à recruter du personnel spécialisé. Parmi les raisons expliquant ce phénomène, trois ressortent particulièrement :

1. 53,3 % des entreprises estiment que les candidats ne sont pas formés adéquatement ;
2. 39,5 % considèrent que les postulants manquent d'expérience ;
3. 38,3 % trouvent que les candidats qualifiés sont trop peu nombreux au sein de l'industrie.

32. Cette section a été élaborée à partir d'une enquête du Bureau de la statistique du Québec menée en 1997.

TABLEAU 4.20
Typologie de l'emploi au sein des entreprises qui exercent leurs activités dans le domaine des services électroniques et du multimédia, Québec, 1997

Type d'emploi	Estimation	
	Toutes les entreprises (nombre total)	Par entreprise (moyenne)
Emplois		
Temps plein	30553	45,9
Temps partiel	3505	5,3
Total / moyenne	**34058**	**51,1**
Emplois spécialisés		
Temps plein	8147	12,2
Temps partiel	601	0,9
Total / moyenne	**8748**	**13,1**

Source : Bureau de la statistique du Québec, *Enquête sur l'industrie québécoise des services électroniques et du multimédia — Analyse descriptive*, octobre 1997, p. 46 et 48.

4.5.1 Les services Internet

Le BSQ dénombre 435 entreprises actives dans le secteur des services Internet au Québec en 1997. Bien souvent, en plus d'offrir ces services, elles exercent des activités dans d'autres domaines. Le tableau 4.21 en offre un aperçu.

On évalue à 5,3 années l'existence moyenne des entreprises actives dans les services Internet. Toutefois, 52,6% d'entre elles comptaient moins de 3 ans d'activité en 1997. De plus, les entreprises dont les revenus proviennent à 50% de ce secteur ont une moyenne de 3,8 années d'activité.

Sur le plan fiscal, les revenus bruts générés par les secteurs reliés aux services Internet équivalent à environ 102 millions de dollars pour l'exercice financier 1996-1997, ce qui représente des sommes de 234000$ en moyenne pour chaque entreprise. De ces montants accumulés, 70% proviennent de la région de Montréal. Aussi, des 102 millions de dollars en revenus, 85 millions ont été générés par les entreprises spécialisées dans le domaine des services Internet.

Côté emploi, le BSQ estime à 22272 le nombre de travailleurs actifs dans l'industrie des services Internet au Québec en 1997. Évidemment, la région de Montréal regroupe la très grande partie des travailleurs, soit

TABLEAU 4.21
Aperçu des services offerts par les entreprises exerçant leurs activités dans le secteur des services Internet

Services offerts*	%
Service Internet	100,0
Activité de support (ex.: infographie, programmation, numérisation, etc.)	40,7
Multimédia sur cédérom	26,6
Multimédia sur autres supports (ex.: bornes interactives, consoles, disquettes, etc.)	24,6
Mise au point de logiciels spécialisés	24,0
Services en ligne autres qu'Internet	18,0
Autres activités	29,4

* Ces activités ne sont pas mutuellement exclusives, une même entreprise pouvant être active dans la plupart, voire la totalité de ces secteurs.

Source: Bureau de la statistique du Québec, *Enquête sur l'industrie québécoise des services électroniques et du multimédia — Analyse descriptive*, octobre 1997, p. 104.

TABLEAU 4.22
Typologie de l'emploi au sein des entreprises qui exercent leurs activités dans le domaine des services Internet au Québec, 1997

Type d'emploi	Estimation	
	Toutes les entreprises (nombre total)	Par entreprise (moyenne)
Emplois		
Temps plein	19765	45,4
Temps partiel	2507	5,8
Total / moyenne	**22272**	**51,2**
Emplois spécialisés		
Temps plein	6120	14,1
Temps partiel	642	1,5
Total / moyenne	**6762**	**15,6**

Source: Bureau de la statistique du Québec, *Enquête sur l'industrie québécoise des services électroniques et du multimédia — Analyse descriptive*, octobre 1997, p. 106 et 108.

21260. En ce qui concerne les travailleurs spécialisés dans le domaine des services Internet, le BSQ évalue leur nombre à 6762, dont 6240 proviennent de la région de Montréal. Le tableau 4.22 (p. 189) offre des renseignements supplémentaires quant à la nature et au nombre d'emplois dans le domaine des services Internet.

4.5.2 L'ÉDITION MULTIMÉDIA

Parmi les 666 entreprises actives dans le domaine des SEM, 228 figuraient entre autres dans le secteur de l'édition multimédia en 1997. De ces 228 entreprises, 40,1% avaient moins de 3 ans d'existence en 1997, 31,2% fonctionnaient depuis 3 à 10 ans, et 28,7% avaient 10 ans ou plus d'existence. Le tableau 4.23 offre une vue d'ensemble des services offerts par ces entreprises.

Sur le plan des revenus, les activités liées à l'édition multimédia ont généré, au Québec, des sommes brutes de l'ordre de 68 millions de dollars au cours de l'année financière 1996-1997. Notons que 90% de ces revenus ont été réalisés par les entreprises de la région de Montréal. Aussi, il est important de mentionner que les entreprises québécoises spécialisées dans le secteur de l'édition multimédia (qui réalisent plus de

TABLEAU 4.23
Vue d'ensemble des services offerts par les entreprises exerçant leurs activités dans le secteur de l'édition multimédia

Services offerts*	%
Multimédia sur cédérom	73,4
Service Internet	70,0
Multimédia sur autres supports (ex.: bornes interactives, consoles, disquettes, etc.)	61,6
Activité de support (ex.: infographie, programmation, numérisation, etc.)	47,4
Mise au point de logiciels spécialisés	33,9
Services en ligne autres qu'Internet	17,0
Autres activités	35,9

* Ces services ne sont pas mutuellement exclusifs, une même entreprise pouvant être active dans la plupart, voire dans la totalité de ces secteurs.

Source: Bureau de la statistique du Québec, *Enquête sur l'industrie québécoise des services électroniques et du multimédia — Analyse descriptive*, octobre 1997, p. 75.

TABLEAU 4.24
Typologie de l'emploi au sein des entreprises qui exercent leurs activités dans le domaine de l'édition multimédia au Québec, 1997

Type d'emploi	Estimation	
	Toutes les entreprises (nombre total)	Par entreprise (moyenne)
Emplois		
Temps plein	10396	45,0
Temps partiel	2290	9,9
Total / moyenne	**12686**	**54,9**
Emplois spécialisés		
Temps plein	3518	15,3
Temps partiel	411	1,8
Total / moyenne	**3929**	**17,0**

Source: Bureau de la statistique du Québec, *Enquête sur l'industrie québécoise des services électroniques et du multimédia — Analyse descriptive*, octobre 1997, p. 77 et 79.

50% de leurs revenus dans ce domaine) ont accumulé, grâce à leurs activités dans ce secteur, des revenus bruts de près de 53 millions de dollars, soit une moyenne de 302000$ par entreprise.

En ce qui concerne l'emploi, le BSQ estimait à 12686 le nombre de travailleurs au sein des entreprises d'édition multimédia en 1997. De ce nombre, 3929, dont 3640 pour la seule région de Montréal, seraient spécialisés dans le domaine de l'édition multimédia. Le tableau 4.24 offre des renseignements supplémentaires sur la nature des emplois dans le domaine de l'édition multimédia au Québec, en 1997.

4.5.3 L'ASSOCIATION DES PRODUCTEURS EN MULTIMÉDIA DU QUÉBEC (APMQ)

L'APMQ est l'association québécoise qui regroupe et représente les producteurs de contenus multimédias du Québec. En activité depuis 1997, elle compte une cinquantaine de producteurs membres[33]. Son objectif est de faire reconnaître l'industrie du multimédia au Québec ainsi que sur

33. Association des producteurs en multimédia du Québec (1998, p. 5).

les marchés extérieurs. En plus d'informer et de représenter ses membres, l'APMQ en fait la promotion auprès de clients potentiels et elle négocie leurs conditions de travail.

4.6 LA RECHERCHE SUR LES MÉDIAS

4.6.1 Les entreprises privées

Il existe au Québec plusieurs entreprises privées de recherche et de sondages. Celles-ci réalisent des études à caractère politique, économique, social ou autres, et ce en fonction de la demande de leurs clients. Une grande partie des maisons de recherche au Québec sont généralistes. Toutefois, ces entreprises ont tendance, depuis les dernières années, à étendre leurs champs de spécialisation de façon à répondre le plus adéquatement possible aux désirs de leurs clients. Ainsi, parmi les différentes firmes de recherche qui existent au Québec, certaines touchent au domaine médiatique, quelques-unes même s'y consacrent entièrement.

CROP, une firme de sondage fondée en 1965, est un exemple d'entreprise aux intérêts divers: tendances socioculturelles, habitudes alimentaires, lectorat des journaux hebdomadaires, etc. Nielsen Recherche Marketing, de son côté, se consacre exclusivement au domaine communicationnel. Fondée en 1944, cette filiale de Dun & Bradstreet de New York calcule les cotes d'écoute en télévision, mesure les dépenses publicitaires et s'intéresse à la recherche marketing.

Quelques-unes des firmes de recherche et de sondage en activité au Québec sont des filiales de grands groupes canadiens ou non canadiens qui s'intéressent également au milieu de la recherche et qui possèdent des filiales partout dans le monde. Évidemment, plus la firme s'étend sur la scène nationale et internationale, plus son chiffre d'affaires et son effectif tendent à être élevés.

D'autres firmes, plus modestes, sont des divisions d'entreprises québécoises ou canadiennes actives en communication dans des secteurs autres que la recherche proprement dite. Impact Recherche, par exemple, est une filiale du Groupe Cossette Communication, une entreprise de publicité et marketing. Mise sur pied en 1973, cette filiale se spécialise dans les tests de concepts, la réalisation de prétests et de post-tests de publicité, l'évaluation de commandite, la mesure de fréquentation des sites Internet ainsi que l'efficacité des publicités interactives.

En ce qui a trait au type d'études réalisées, certaines sont essentiellement quantitatives alors que d'autres sont qualitatives. En fait, la plupart des firmes de recherche au Québec consacrent la plus grande partie de leurs activités à la réalisation d'études quantitatives. Quant aux méthodes d'enquête utilisées, elles varient d'une entreprise à une autre, et ce en fonction des objectifs visés. Certaines utilisent une seule méthode, d'autres en emploient plusieurs. Il peut s'agir de sondages omnibus, d'entrevues, d'observations de groupes, d'études de cas, de sondages d'opinion, etc.

Au Québec, il existe une association rassemblant neuf firmes professionnelles de recherche. Il s'agit de l'Association de l'industrie de la recherche marketing et sociale (AIRMS). Celle-ci a pour objectifs «de favoriser des normes élevées de qualité, d'établir et de faire observer les règles strictes de conduite professionnelle et de pratique déontologique et enfin, de maximiser l'intégration du processus de recherche dans les prises de décision des gestionnaires[34]». Parmi les entreprises formant cette association, les plus connues sont CROP, Sondages BBM, SOM et Cogem Recherche.

4.6.2 Les organismes gouvernementaux

Il existe quelques organismes gouvernementaux qui se consacrent exclusivement à la recherche. Sur la scène fédérale, on trouve Statistique Canada. Celui-ci a pour fonction de recueillir, de compiler, d'analyser, de dépouiller et de publier des renseignements statistiques sur différents secteurs d'activité, dont les communications des médias de masse. Il existe un organisme similaire sur la scène québécoise. Il s'agit du Bureau de la statistique du Québec. Dans leurs activités quotidiennes, ces deux organismes collaborent avec les ministères à la collecte, à la compilation et à la publication de renseignements statistiques.

Le ministère de la Culture et des Communications du Québec, le ministère du Patrimoine canadien et le ministère de l'Industrie consacrent également une partie de leurs ressources à la réalisation d'études touchant au domaine des médias. Ces entités se divisent en différentes directions, qui prennent en charge des secteurs précis de l'industrie. Le ministère de la Culture et des Communications du Québec, par exemple, regroupe la Direction des inforoutes et du multimédia ainsi que la Direction des médias et des télécommunications. Le ministère de l'Industrie, de son côté, s'occupe des technologies de l'information et des télécommunications. Il englobe par exemple le Centre de recherche sur

34. Association de l'industrie de la recherche marketing et sociale (1996, p. 3).

les communications, qui s'intéresse entre autres à la radiodiffusion numérique, aux communications sans fil ainsi qu'aux nouvelles technologies.

Dans le but de suivre l'évolution des industries composant leurs secteurs, les ministères amassent différentes données, de diverses façons, et ce en fonction des ressources financières disponibles. Ils s'emploient donc à réaliser des études en cumulant leurs propres chiffres ou en utilisant les données de Statistique Canada et du Bureau de la statistique du Québec. Notons toutefois qu'en raison de la baisse de leurs ressources, ils confient de plus en plus cette tâche à des sous-traitants. De plus, les différents ministères participent financièrement à la réalisation d'études pour le compte d'associations ou d'organismes sans but lucratif, actifs dans le milieu des médias de masse.

Les sociétés d'État rattachées au domaine des médias travaillent également à la compilation de données chiffrées portant sur leurs activités et celles de leurs compétiteurs. Ces informations sont ensuite transposées dans leur rapport annuel respectif. C'est le cas, par exemple, de la Société Radio-Canada, dont le service de recherche a toutefois été durement touché, ces dernières années, à la suite des compressions budgétaires exercées sur les différents organismes gouvernementaux.

Le Conseil de la radiodiffusion et des télécommunications canadiennes est également actif dans la production de statistiques. En fait, il s'emploie à tracer un portrait des industries qui relèvent de sa compétence. Ainsi, sur une base annuelle, il publie des relevés statistiques sur la télévision privée, sur les services spécialisés — payants et « à la carte » —, sur la radio et sur la câblodistribution canadiens. Également, il effectue des recherches spécifiques lors d'une étape préliminaire à la tenue d'audiences clés. Toutefois, ses limites financières l'obligent à s'en tenir à la base. C'est pourquoi il invite les industries qui participent à de telles audiences à lui transmettre les résultats de leurs propres recherches.

4.6.3 La recherche universitaire

Des organismes de recherche évoluent également dans le milieu universitaire. Les universités québécoises comptent quelques groupes de recherche qui s'intéressent à diverses problématiques reliées aux médias et qui proviennent de disciplines liées de près ou de loin aux communications.

Subventionnés par des fondations, des programmes gouvernementaux et des organismes privés, ces groupes de recherche rassemblent des membres de différents secteurs reliés aux médias: chercheurs, spécialistes, producteurs, artisans, étudiants, etc.

Leurs activités sont variées et s'étendent de la réalisation de recherches à la publication de documents, en passant par l'organisation de conférences, de tables rondes, de séminaires et d'ateliers.

Pour plus de détails concernant la recherche sur les médias, consulter l'annexe I de ce volume, qui offre les descriptions ainsi que les coordonnées d'entreprises, d'associations et d'organismes québécois et canadiens dans ce domaine.

CHAPITRE 5

La production et la réception des contenus

PLAN

5.1 LA PRODUCTION DE L'INFORMATION

L'information que diffusent les médias ne tombe pas du ciel! Ceux qui collaborent à la préparation d'un journal quotidien, d'un bulletin de nouvelles radiophonique, d'un téléjournal, d'une émission d'affaires publiques ou même d'un site Web consacré à l'information du public doivent tous rechercher et recueillir l'information avant d'être en mesure d'écrire leur «papier» ou d'aller en ondes. Dans une entreprise de presse, l'information peut être «reçue» ou «recherchée» mais, peu importe, l'acte de *publication* relève toujours des choix rédactionnels. C'est la responsabilité de l'entreprise de s'assurer que l'information qu'elle publie est adéquate.

Divers facteurs intervenant dans la collecte de données — la fonction particulière du journaliste à l'intérieur de la salle de rédaction, le secteur de l'actualité dont il assure régulièrement la couverture, la structure de l'entreprise qui l'emploie, sa façon personnelle de se documenter —, il va de soi que le mode et la fréquence d'utilisation des sources varient considérablement d'un journaliste à l'autre.

Mais du point de vue éthique — aussi bien que pratique —, certaines règles de fonctionnement s'imposent. Nous reproduisons ici des extraits d'un document du Conseil de presse du Québec intitulé *Les droits et responsabilités de la presse*[1] qui donne quelques indications à ce sujet.

1. Cette section (p. 200 à 209) est tirée de Conseil de presse du Québec (1999).

5.1.1 La liberté d'informer

Accès des médias et des journalistes à l'information

[...]

Les médias et les journalistes doivent être à l'abri de toute pratique ou intervention qui les empêche de s'acquitter de leur fonction. Cette indépendance et cette latitude leur sont essentielles pour accomplir leur tâche convenablement et aider le public à porter des jugements éclairés pour refléter le plus fidèlement possible des idées qui ont cours dans la société et pour favoriser un débat démocratique élargi et ouvert.

Libre exercice du journalisme

Les médias et les professionnels de l'information doivent être libres de relater les événements et de les commenter sans entrave ni menace ou représailles. L'attention qu'ils décident de porter à un sujet particulier relève de leur jugement rédactionnel.

[...]

Censure et intervention de l'État

Les restrictions que peuvent prévoir les lois ne devraient autoriser aucune forme de censure des nouvelles, des commentaires et des opinions politiques et elles ne devraient pas être invoquées pour réduire le droit de critiquer le gouvernement.

[...]

Accès à l'information gouvernementale

Les institutions et les pouvoirs publics ont le devoir et l'obligation de rendre leur administration aussi transparente que possible.

[...]

La presse, en bénéficiant des effets d'une politique de transparence, sera plus en mesure d'informer la population sur l'administration publique.

Sondages

Les sondages sont un des moyens de recherche de l'information. Chercher à les régir, à les restreindre ou à interdire par quelque moyen leur diffusion, même en période électorale ou référendaire, c'est porter atteinte à la libre circulation de l'information.

Par ailleurs, il est primordial que la qualité des informations recueillies par sondages soit vérifiable. Pour formuler lui-même son propre jugement, en toute connaissance de cause, sur l'information qui lui est ainsi transmise, le public doit avoir accès à toutes les informations qui lui sont nécessaires : commanditaires, auteurs, échantillonnages, méthodes de recherche, d'enquête, d'analyse, de cueillette des données, etc.

Réclame publicitaire

Chacun est libre de faire de la réclame dans les médias de son choix.

[...]

L'utilisation de la publicité comme arme économique contre des médias, dans le but de restreindre ou d'orienter l'information qu'ils diffusent, constitue une violation du droit à l'information.

Accès des journalistes et des médias aux cours de justice

[...]

Les circonstances dans lesquelles les tribunaux ont à tenir leurs audiences en l'absence du public doivent demeurer exceptionnelles. Même dans ces cas d'exception, la presse ne devrait pas être exclue de ces audiences puisqu'elle a comme tâche de renseigner la population sur les questions d'intérêt public et de rendre compte de l'administration de la justice, conformément aux exigences de l'éthique journalistique.

[...]

Protection des sources d'information

La confidentialité des sources d'information des médias et des journalistes est essentielle à la liberté de la presse et au droit à l'information.

Les lois ne confèrent aucune immunité aux médias ou aux journalistes. Cependant, l'obligation faite à ces derniers par les instances judiciaires, quasi judiciaires ou policières de dévoiler leurs sources constitue un obstacle à la liberté de l'information.

Il en est de même des saisies dans les médias de documents destinés à l'information et de l'obligation faite aux journalistes de témoigner d'événements dont ils ont eu connaissance dans l'exercice de leurs fonctions.

[...]

5.1.2 La communication de l'information

Les genres journalistiques

L'information communiquée au public fait nécessairement l'objet de choix rédactionnels et subit un traitement journalistique suivant divers modes appelés genres journalistiques. [...]

La nouvelle, le reportage et l'analyse

La nouvelle, le reportage et l'analyse sont destinés à informer le public, c'est-à-dire à lui rappeler et à lui expliquer les faits en les situant dans leur contexte pour lui permettre de se faire, en toute connaissance de cause, une opinion sur les événements et l'actualité.

L'éditorial et le commentaire

L'éditorial et le commentaire se distinguent de l'information brute en ce qu'ils constituent des tribunes réservées soit à l'éditeur, soit à l'éditorialiste, soit au commentateur pour qu'ils expriment leurs convictions, leurs tendances et leurs points de vue. Ces genres sont essentiellement du journalisme d'opinion. [...]

[...]

La chronique et la critique

La chronique et la critique sont des genres qui tiennent autant de l'éditorial et du commentaire que du reportage d'information. Ces genres d'information laissent à leurs auteurs une grande latitude dans l'expression de leurs points de vue et de leurs jugements. Ils permettent aux journalistes qui les pratiquent d'adopter un ton polémiste pour prendre parti et exprimer leurs critiques, ce qu'ils peuvent faire dans le style qui leur est propre, même par le biais de l'humour et de la satire.

Les émissions d'affaires publiques, les tribunes téléphoniques (lignes ouvertes), les émissions de variétés à contenu informatif

Les émissions d'affaires publiques, les tribunes téléphoniques et les émissions de variétés à contenu informatif sont des genres assimilables à l'information. [...] Ces émissions confèrent aux animateurs une grande latitude qui leur permet de faire appel à la polémique, ce qui les oblige d'autant plus à respecter l'éthique journalistique.

Les supports visuels et sonores

Titres, manchettes et bas de vignettes

Le choix des titres, des manchettes et des bas de vignettes accompagnant photos et illustrations relève de la responsabilité de l'éditeur. [...] En ayant recours aux moyens les plus efficaces dont ils disposent pour rendre l'information qu'ils diffusent vivante, dynamique et susceptible de retenir l'attention du public, les médias doivent faire preuve d'une grande rigueur intellectuelle et se montrer soucieux d'exposer fidèlement la réalité.

Caricatures

La caricature est un mode d'expression très particulier. Sa fonction est d'illustrer ou de présenter, de façon satirique ou humoristique, un trait, un personnage, un fait ou un événement. C'est un véhicule d'opinions qui s'apparente à l'éditorial; elle confère au caricaturiste une grande latitude, laquelle n'est toutefois pas absolue.

Sons, voix, images et photos

La liberté de la presse et le droit à l'information seraient compromis si, dans leur façon d'illustrer les événements, les médias et les journalistes devaient donner à ces derniers un sens qu'ils n'ont pas ou encore cacher images, commentaires et sons qui font partie intégrante de l'information, même si, ce faisant, les médias heurtent la sensibilité des personnes en cause et du public.

[...]

5.1.3 L'ACCESSIBILITÉ DE L'INFORMATION

L'information livrée par les médias et les journalistes doit être accessible et aucune entrave ne peut ni ne doit être mise à la distribution des médias et à la libre circulation de l'information.

Collectivités locales

Une collectivité locale ne devrait pas être privée d'information à cause de sa situation géographique et tous les efforts devraient être entrepris pour que les grands médias aient la possibilité d'atteindre tous les groupes de citoyens.

Information régionale

Les médias régionaux devraient également être accessibles dans tous les milieux qu'ils desservent, les citoyens de toutes les régions ayant le droit d'être informés des événements locaux au même titre que les habitants des grands centres urbains.

5.1.4 La responsabilité d'informer

Conditions et exigences du respect du droit à l'information

Les médias et les journalistes doivent livrer au public une information complète et conforme aux faits et aux événements.

La rigueur intellectuelle et professionnelle dont doivent faire preuve les médias et les journalistes constitue la garantie d'une information de qualité. Elle ne signifie aucunement sévérité ou austérité, restriction, censure, conformisme ou absence d'imagination. Elle est plutôt synonyme d'exactitude, de précision, d'intégrité, et de respect des personnes, des événements et du public. Les médias et les professionnels de l'information ne doivent pas déformer la réalité en recourant au sensationnalisme.

L'information livrée par les médias fait nécessairement l'objet de choix. Ces choix doivent être faits dans un esprit d'équité et de justice. Ils ne se mesurent pas seulement de façon quantitative, sur la base d'une seule édition ou d'une seule émission non plus qu'au nombre de lignes ou au temps d'antenne, mais aussi de façon qualitative, tout étant fonction de l'importance de l'information et de son degré d'intérêt public.

C'est aussi la responsabilité des entreprises de presse et des journalistes de se montrer prudents et attentifs aux tentatives de manipulation de l'information. Ils doivent faire preuve d'une extrême vigilance pour éviter de devenir, même à leur insu, les complices des personnes ou des groupes qui ont intérêt à les exploiter pour imposer leurs idées au détriment d'une information complète et impartiale.

Enfin, les médias sont responsables de tout ce qu'ils publient et ils ne doivent en aucun temps se soustraire à cette responsabilité ou s'en dégager sous prétexte de difficultés administratives ou de contraintes de temps ou autres. Cette responsabilité englobe l'ensemble des photos, images, sons, lettres, illustrations, réclames, annonces et textes publiés ou diffusés. Les responsables des médias doivent donc énoncer des politiques claires à cet égard et faire en sorte que ces politiques soient connues et suivies.

L'autocensure

[...] La presse ne peut se permettre de taire ou de donner une image déformée des faits sous prétexte qu'ils sont l'objet de quelque tabou ou qu'ils sont susceptibles de compromettre certains intérêts particuliers. De même, elle ne devrait pas se limiter à la seule publication ou diffusion de l'information de source officielle, mais au contraire chercher à aller au-delà de celle-ci pour donner une image complète et exacte de la réalité.

[...]

Les journalistes, comme tout citoyen, jouissent des libertés d'expression, d'opinion et d'association. Ils sont libres de leurs appartenances et de leurs engagements. Ils ne devraient donc pas être l'objet de telles sanctions et l'entreprise n'a pas à exiger d'eux une autre «neutralité» que celle qui s'applique à l'exercice de leur fonction.

Les conflits d'intérêts

Les entreprises de presse et les journalistes doivent éviter non seulement les conflits d'intérêts, mais aussi toute situation qui risque de les faire paraître en conflits d'intérêts ou sembler avoir partie liée avec quelque pouvoir politique, financier ou autre.

[...]

L'intégrité dans la présentation et dans l'illustration de l'information

Illustrations visuelles et sonores

Les médias et les journalistes doivent respecter l'intégrité et l'authenticité de l'information dans la présentation et l'illustration (sons, voix, images et photos) qu'ils en font.

Ils doivent faire preuve de circonspection afin de ne pas juxtaposer illustrations et événements qui n'ont pas de lien direct entre eux et qui risquent ainsi de créer de la confusion sur le véritable sens de l'information transmise. Une telle confusion est susceptible de causer un préjudice aux personnes impliquées, lesquelles ont droit à ce que leur image ne soit pas altérée ou utilisée de façon dégradante ou infamante.

Titres, manchettes et bas de vignettes

Les titres et manchettes doivent respecter le sens, l'esprit et le contenu des textes auxquels ils réfèrent. Les responsables doivent éviter le sensationnalisme et veiller à ce que les titres et les manchettes ne constituent pas des véhicules aux préjugés et aux partis pris.

Les bas de vignettes répondent aux mêmes exigences de fidélité et de rigueur à l'égard des photos et des illustrations qu'ils accompagnent.

Signature des textes et utilisation de pseudonymes

Les journalistes sont libres de signer ou non les textes ou les reportages qu'ils produisent. Le fait de ne pas signer certains textes n'élude toutefois pas la responsabilité des auteurs à l'égard de leur production, ni celle des médias face à ce qu'ils publient.

Il en va de même en matière de responsabilité lorsque sont utilisés pseudonymes ou «noms de plume», cela constituant une pratique journalistique reconnue, sinon courante.

Le respect et l'identification des genres journalistiques

Les médias et les journalistes doivent respecter les distinctions qui s'imposent entre les différents genres journalistiques, lesquels doivent être facilement identifiables afin que le public ne soit pas induit en erreur sur l'information qu'il croit recevoir.

La nouvelle, le reportage et l'analyse

En ce qui a trait à la nouvelle, au reportage et à l'analyse, les médias et les professionnels de l'information doivent s'en tenir à rapporter les faits et à les situer dans leur contexte sans les commenter. Ils doivent respecter l'authenticité et la provenance de l'information afin de ne pas induire le public en erreur sur la vraie nature des situations, ou encore sur l'exacte signification des événements.

L'éditorial, le commentaire et la caricature

La liberté d'opinion de l'éditorialiste et du commentateur n'est pas absolue et la latitude dont ils jouissent doit s'exercer dans le respect le plus strict des droits et libertés d'autrui. Comme tous les professionnels de l'information, ils doivent être fidèles aux faits et faire preuve de rigueur et d'intégrité intellectuelles dans l'évaluation des situations qu'ils commentent. Le caricaturiste doit s'acquitter de la tâche avec la même conscience et le même souci de la qualité.

La chronique et la critique

Le chroniqueur et le critique ne sauraient se soustraire aux exigences de rigueur et d'exactitude. Ils doivent éviter, tant par le ton que par le vocabulaire qu'ils emploient, de donner aux événements une signification qu'ils n'ont pas ou de laisser planer des malentendus qui risquent de discréditer les personnes ou les groupes. Enfin, il importe qu'ils présentent d'abord les événements de façon factuelle, avant d'en faire la critique, pour que le public puisse se former une opinion en toute connaissance de cause.

Les émissions d'affaires publiques, les tribunes téléphoniques (lignes ouvertes), les émissions de variétés à contenu informatif

Les émissions d'affaires publiques, les tribunes téléphoniques et les émissions de variétés à contenu informatif sont soumises aux mêmes exigences d'authenticité, d'impartialité et de qualité que tout autre type de traitement de l'information.

[...]

L'information et la publicité

C'est la prérogative de l'éditeur d'établir la politique d'un organe d'information en matière de publicité et les médias sont responsables de l'information qu'ils diffusent par voie d'annonces publicitaires. Ils ont donc le devoir d'en surveiller la qualité.

[...]

Les médias doivent identifier clairement les textes publicitaires et éviter de faire de la publicité déguisée ou indirecte, ou encore de présenter des publi-reportages comme des articles d'information.

5.1.5 L'ACCÈS DU PUBLIC AUX MÉDIAS

La rétroinformation

Nul n'a accès de plein droit aux pages d'un journal ou aux ondes des stations de radio et de télévision. Cependant, les médias et les professionnels de l'information ont le devoir d'en favoriser l'accès au public. Ils doivent encourager la libre circulation des idées et l'expression du plus grand nombre de points de vue, soit en publiant les lettres des lecteurs, des documents, des communiqués, des opinions, des études, des sondages ou des analyses, soit en réservant au public des périodes sur les ondes. De tels espaces ou périodes favorisent le débat démocratique et diversifient l'information.

[...]

Les courriers des lecteurs, les communiqués, les opinions, les périodes réservées sur les ondes

Il importe que les médias se donnent des normes de publication des lettres ouvertes, documents, communiqués et opinions qui leur parviennent du public et adoptent des critères régissant la participation du public aux lignes ouvertes et aux émissions d'affaires publiques. Ces normes et critères peuvent varier selon que l'on s'adresse à la presse écrite ou à la presse parlée et les médias devraient les faire connaître.

[...]

La rectification, la mise au point, le droit de réplique des journalistes

[...]

Les rétractations et les rectifications devraient être faites de façon à remédier rapidement et pleinement au tort causé. Les médias n'ont aucune excuse pour se soustraire à l'obligation de réparer leurs erreurs, que les victimes l'exigent ou non, et ils doivent consacrer aux rétractations et aux rectifications qu'ils publient une forme, un espace et une importance de nature à permettre au public de faire la part des choses.

[...]

Le droit de réplique des journalistes aux commentaires des lecteurs est une pratique reconnue dans la presse. Il doit être exercé avec discernement et dans le plein respect de ces derniers. Les journalistes doivent agir promptement pour que leurs commentaires soient efficaces. Ils ne doivent pas se prévaloir de ce droit pour dénigrer, insulter ou discréditer les lecteurs.

Le respect des sources

Les médias et les professionnels de l'information doivent respecter la confiance du public lorsque ce dernier leur transmet des informations.

Informations confidentielles ou officieuses (*off the record*) et embargo

Les médias et les professionnels de l'information qui s'engagent à respecter le caractère confidentiel de certaines informations qui leur sont transmises par leurs sources (*off the record*) doivent tenir leur engagement. De telles informations ont comme objectif d'expliquer aux médias et aux professionnels de l'information le contexte d'un événement ou d'une situation d'intérêt public dont ils auront à traiter.

L'embargo est pour sa part une pratique courante de l'information, par laquelle les détenteurs d'informations distribuent certains documents en spécifiant la date et le moment où ceux-ci peuvent être rendus publics. Cette mesure a comme but de donner aux organes d'information et aux journalistes le temps d'approfondir leur connaissance de certains dossiers afin d'en mieux informer le public.

[...]

Repiquage et plagiat

L'information publiée dans les médias est du domaine public et n'importe qui peut s'y référer, en rapporter la substance ou la citer. Cependant, le fait qu'une information soit diffusée dans un média ne justifie pas un autre média de la copier impunément sans en mentionner la provenance ou sans l'autorisation de l'auteur. [...]

Fausse représentation et abus de confiance

Les journalistes doivent éviter de recourir à la fausse représentation dans la cueillette de l'information. [...]

Les journalistes doivent également s'interdire de recourir aux techniques qui relèvent de l'abus de confiance (par exemple enregistrer une conversation à l'insu d'une personne, ne pas informer un interlocuteur que ses propos sont diffusés en ondes) ou qui s'apparentent à la violation ou à l'invasion de la propriété et de la vie privée. [...]

Utilisation et vérification des sources journalistiques

Les médias et les journalistes doivent, de façon générale, mentionner la source ou la provenance de leurs informations et prendre tous les moyens à leur disposition pour s'assurer de leur crédibilité et pour vérifier l'authenticité de l'information qu'ils en tirent. Dans ce domaine comme dans les autres, ils doivent faire preuve d'esprit critique.

Le recours aux «sources autorisées», aux «observateurs», l'appui d'une information sur des «rumeurs», qu'elles proviennent d'autorités, de spécialistes ou de simples témoins de situations ou d'événements, sont nécessaires dans certains cas. Les médias et les journalistes doivent cependant le mentionner et s'assurer que [ceux-ci] ne sont pas des subterfuges pour manipuler l'opinion publique. [...]

Les médias et les journalistes doivent éviter de s'en remettre à des sources fictives ou de se retrancher derrière des sources anonymes pour diffuser n'importe quelle information.

ENCADRÉ 5.1
Les agences de presse

Les agences de presse sont des établissements qui se chargent de faire la collecte, de traiter et de distribuer des informations sous forme de textes, d'images, de graphiques ou de sons. Selon Patrick White, les agences de presse «agissent comme grossiste par rapport aux médias, ceux-ci n'ayant pas les moyens d'envoyer leurs correspondants dans les coins les plus reculés de la planète» (White, 1997, p. 25).

Les agences de nouvelles, ou agences télégraphiques d'information, transmettent surtout à leurs abonnés (dans le cas des agences privées) ou à leurs membres (dans le cas des coopératives) des informations à caractère événementiel, c'est-à-dire qui portent sur le qui-quoi-quand-où-comment-pourquoi des faits marquants de l'actualité. Elles peuvent leur fournir, en outre, des articles de synthèse, des reportages et des enquêtes sur des sujets d'actualité ou d'intérêt général et leur communiquer les plus récentes cotes de la Bourse.

Les médias ne sont pas les seuls clients des agences de presse, qui comptent aussi des banquiers, des courtiers financiers et autres clientèles ciblées. En fait, les données financières et économiques sont des secteurs d'information qui prennent de plus en plus de place dans les activités des agences de presse. Certaines, même, s'y consacrent exclusivement.

Depuis les deux dernières décennies, les développements technologiques dans le domaine des télécommunications et de l'informatique ont grandement accru la capacité et la vitesse de transmission des informations. En fait, c'est tout le mode de fonctionnement des agences de presse qui en a été transformé. Aujourd'hui, les informations sous forme de textes, de bulletins de radio et d'images photographiques ou vidéo parviennent aux salles de nouvelles des quatre coins du monde par la voie de satellites (grâce à des téléscripteurs fonctionnant jour et nuit) ou directement par l'ordinateur. En plus de modifier les méthodes de production et de distribution des informations, l'informatique a ouvert la porte à de nouvelles possibilités pour les agences de presse. Par exemple, le multimédia, le cédérom ou Internet leur offrent aujourd'hui d'autres voies pour la diffusion de leurs nouvelles. Aussi, ces nouvelles technologies de l'information permettent aux citoyens possédant un ordinateur, un modem et une ligne téléphonique d'accéder directement aux informations des agences de presse en ligne grâce à des services Internet.

Les agences nationales

Les agences nationales, au nombre de 201, collectent et diffusent dans leurs milieux respectifs les nouvelles reliées aux événements qui s'y produisent. Des correspondants disséminés partout au pays assurent ainsi une couverture strictement nationale de l'actualité. Plusieurs de ces agences possèdent

→

également leur propre réseau de correspondants étrangers et diffusent dans les limites de leur territoire les informations véhiculées par les agences mondiales. En fait, elles établissent des accords avec les agences mondiales ainsi qu'avec d'autres agences nationales afin d'échanger les informations.

La Presse Canadienne (PC), établie à Toronto, canalise les efforts de plus de 100 quotidiens pour faire connaître, dans les deux langues officielles, l'actualité canadienne et internationale: les médias membres de cette coopérative s'engagent à lui fournir rapidement l'information recueillie par leurs propres journalistes, de façon qu'elle puisse ensuite être diffusée dans tous les médias qui en font partie. La plupart des grands médias québécois sont abonnés à la PC, qui possède son propre groupe de correspondants répartis dans tout le Canada et rediffuse des reportages parus dans les médias canadiens. Ils utilisent aussi régulièrement les services d'information de certaines chaînes étrangères, américaines surtout. Il faut souligner que la PC est une agence nationale et non mondiale; elle ne couvre donc que les nouvelles internationales qui touchent le Canada de manière générale (comme les voyages des ministres canadiens).

Les agences mondiales

Quatre agences mondiales — les quatre «grands» du secteur — pourvoient par ailleurs les médias québécois en informations internationales: l'Agence France-Presse (AFP, Paris), l'agence Reuter (Londres) et les agences américaines Associated Press (AP, New York) et United Press International (UPI, New York). En fait, ces quatre grandes agences mondiales fournissent 90% de l'information internationale lue, vue et entendue dans les médias.

Depuis la fin des années 1970, ces agences mondiales sont en crise et cherchent à se redéfinir. Cette situation difficile a débuté avec le débat sur le Nouvel Ordre Mondial de l'Information et de la Communication (NOMIC) tenu dans les années 1970 et 1980, alors que les pays du Sud les accusaient de déformer l'information circulant entre les pays industrialisés et ceux en voie de développement. De plus, étant donné la surabondance d'informations à l'échelle internationale, les agences n'arrivent plus, aujourd'hui, à rentabiliser leurs activités de fournisseurs d'informations générales aux médias traditionnels; de là leur tendance à diversifier leurs produits et leur clientèle. Ainsi, de diffuseurs de nouvelles générales, elles sont devenues diffuseurs d'information dans un sens large. De ce fait, il serait maintenant plus approprié, selon Patrick White, de parler d'«agence d'information» plutôt que d'«agence de presse».

Les difficultés financières de la UPI, qui comptait 6000 employés et 5000 clients dans le monde en 1958, l'ont obligée à réduire considérablement ses effectifs au fil des ans. L'agence a d'ailleurs été à quelques reprises sous la protection de l'article 11 de la *Loi américaine sur la protection*

→

TABLEAU 5.1
Les quatre agences mondiales d'information, 1997

Noms des agences	Date de fondation	Sigle	Pays d'origine	Statut	Nombre			
					Abonnés	Bureaux	Employés	Pays desservis
Agence Havas, devenue Agence France-Presse	1835 1944	AFP	France	Établissement public mixte dirigé par un conseil d'administration dans lequel les directeurs de quotidiens ont la majorité	12500	95	2000	165
Reuter's Telegram Company Reuter Limited Reuter Trust Reuters Holding Plc	1851 1961 1941 1984	REUTER	Royaume-Uni	Société anonyme cotée en Bourse	54000	212	14600	158
The Associated Press	1848	AP	États-Unis	Coopérative de médias (journaux, stations de radio et de télévision)	15000	236	3374	112
United Press, devenue United Press International*	1907 1958	UPI	États-Unis	Entreprise commerciale	2000	57	300	75

* Depuis le début des années 1980, UPI est considérée comme une simple agence de presse nationale ayant un certain nombre d'abonnés étrangers.

Source: P. White, *Le village CNN — La crise des agences de presse*, Montréal, Les Presses de l'Université de Montréal, 1997, p. 167.

contre la faillite. En 1997, avec ses 300 employés et 2000 abonnés restants, elle s'éloigne du statut d'agence mondiale pour se rapprocher davantage de celui d'agence nationale. En effet, sa principale concurrente américaine, la coopérative AP, regroupe, cette même année, quelque 3374 employés ainsi que 15000 abonnés (voir le tableau 5.1).

En plus des nouvelles technologies comme le télécopieur et l'ordinateur, l'essor de l'audiovisuel, et notamment l'entrée en scène de multiples chaînes de nouvelles télévisées, a joué un rôle significatif dans le déclin de l'influence des agences de presse. Par exemple, la guerre du Golfe, en 1991, a révélé l'impact du service télévisé de Cable News Network (CNN) comme source d'informations internationales. Créé en 1980 par Ted Turner, CNN distribue ses contenus informatifs par liaison satellite-câble à partir d'Atlanta, aux États-Unis. Avec ses huit satellites de télédiffusion, CNN touche plus de 110 millions de téléspectateurs dans plus de 140 pays. En fait, le réseau compte 33 bureaux de nouvelles sur la scène internationale. Lors de la crise du Golfe, l'entreprise dépêchait sur place 50 de ses employés (en incluant les techniciens), dont 10 envoyés spéciaux. Précisons qu'après le début des bombardements de Bagdad, CNN était le seul télédiffuseur autorisé à filmer sur place.

La chaîne britannique de nouvelles BBC World (anciennement connue sous le nom de BBC World Service Television) occupe aussi une bonne part de marché dans le secteur des services d'information. Existant depuis 1991 et diffusant à partir de Londres, elle joint l'Amérique, l'Asie, l'Afrique et l'Europe, touchant 2,7 milliards de personnes. En fait, cette chaîne de nouvelles continues compte à son service 250 correspondants et possède 50 bureaux disséminés partout dans le monde. Toutefois, l'avenir de la BBC World semble s'assombrir alors que le Parlement britannique lui impose des compressions budgétaires depuis 1995.

Sources: Cet encadré s'inspire surtout de trois volumes, soit *Le journal en classe* (1981), 4e partie: « Les particularités des journaux quotidiens », section B: « Le journal comme contenu », Ottawa, Les quotidiens du Québec inc., 1981 (édition révisée, décembre 1983), p. 5-7; H. Pigeat, *Les agences de presse — Institutions du passé ou médias d'avenir ?*, Paris, La documentation Française, 1997; P. White, *Le village CNN — La crise des agences de presse*, Montréal, Les Presses de l'Université de Montréal, 1997.

5.2 LES «TÉLÉDOLLARS»

La fabrication des produits médiatiques dans les grandes entreprises de presse aussi bien qu'en radio-télévision n'est pas seulement affaire de contenus et de formes; c'est aussi — et de plus en plus, dirions-nous — une question de «gros sous», comme nous avons pu le voir dans les deux premiers chapitres du livre. Afin de représenter de façon plus concrète l'appareil financier (investissements, coûts de production, revenus publicitaires, etc.) qui sous-tend les entreprises de ce secteur, nous avons rassemblé ici quelques éléments d'analyse et tableaux sur la gestion financière de la télévision. Ils devraient donner au lecteur une idée globale des obstacles auxquels doivent faire face aujourd'hui les industries médiatiques.

5.2.1 Les coûts de production

La télévision est devenue, au cours de la seconde moitié du XXe siècle, une activité économique très importante: en 1997, les revenus de la télévision privée traditionnelle au Canada s'élevaient à 1707312904$ tandis que les dépenses totalisaient 1380888701$[2]. En fait, ces chiffres correspondent à une augmentation des revenus de 7,7% cette année-là, par rapport à un accroissement des dépenses de 3,7%. Malgré cette hausse des revenus, 36 stations, représentant 35% de l'ensemble des stations privées traditionnelles canadiennes, ont été déficitaires cette année-là[3].

En ce qui concerne le secteur public, la Société Radio-Canada à elle seule obtenait des revenus de l'ordre de 1137965000$ en 1997 alors que ses dépenses s'élevaient à 1219260000$ la même année (télévision et radio combinées). De ces revenus, 250522000$ provenaient de la publicité télévisuelle[4].

Du côté des services spécialisés et payants, les revenus se sont élevés à 716299519$ en 1997 et les dépenses ont atteint 580573123$[5].

Dans le secteur de la télévision privée traditionnelle, les télédiffuseurs tirent la plus grande partie de leurs revenus de la vente de temps d'antenne, c'est-à-dire de la diffusion de messages publicitaires au cours de leurs émissions. En fait, plus celles-ci sont populaires, plus le prix des annonces sera élevé. Le tableau 5.2 donne une idée du coût associé à l'achat de 30 secondes de publicité sur différents réseaux canadiens en période de grande écoute. Mais les revenus tirés de la publicité suffisent-ils à couvrir tous les frais de production des émissions télévisées? Et dans le cas contraire, comment les rentabiliser?

---

2. CRTC (1998g).
3. Centre d'études sur les médias (1999, p. 70).
4. Radio-Canada, rapport annuel, 1996-1997.
5. CRTC (1998f).

TABLEAU 5.2
Estimation du coût d'une publicité de 30 secondes pendant les heures de grande écoute, 1995-1996

Réseau	Échelle de coûts
Échelle nationale	
CBC	2500 — 25500
CTV	6000 — 33000
Radio-Canada	1000 — 17600
Échelle régionale	
ASN	40 — 500
ATV	200 — 2500
CBC (régions)	
Atlantique	600 — 2000
Centrale	2500 — 5000
Ouest	1200 — 5500
Pacifique	600 — 3000
Global	500 — 40000
MITV	80 — 1050
BBS Ontario	400 — 1000
Télévision Quatre Saisons	500 — 12000
Radio-Québec	250 — 5500
BBS Saskatchewan	350 — 3500
TVA	1500 — 18500
Chaînes spécialisées	
Fairchild	90 — 550
Météomédia/Weather Network	50 — 100
MuchMusic	735 — 2000
MusiquePlus	480 — 600
Newsworld	350 — 2000
YTV	400 — 3000

Source : *Canadian Media Directors' Council Media Digest*, Toronto, *Marketing Magazine*, 1996-1997, p. 26.

5.2.2 Les séries télévisées

Prenons d'abord le cas des téléromans. En 1986, il fallait payer 10000$ pour 30 secondes de publicité au cours de la diffusion du téléroman *Le Temps d'une paix*. Cela représentait le tarif le plus élevé jamais payé à la télévision canadienne francophone pour une série, dont le budget s'est néanmoins soldé par un déficit de 160000$ par épisode (lors de sa première diffusion)[6]. Douze ans plus tard, soit en 1998, 30 secondes de publicité diffusée au cours d'une grande série québécoise coûtaient entre 15000$ et 20000$[7], ce qui est loin de rejoindre les 1600000$US qu'il peut en coûter aux États-Unis pendant la finale du *Super Bowl*[8].

De nos jours, les coûts engendrés pour la production de téléromans québécois ne sont pas plus élevés qu'il y a 10 ans. Par exemple, alors qu'en 1986 il en coûtait 151000$ l'heure pour produire le téléroman *Des dames de cœur*, tourné en studio[9], il en coûte, en 1998, entre 130000$ et 150000$ l'heure pour le même type de série[10]. Cela est sans doute dû aux efforts des producteurs de ces émissions pour garder les dépenses au plus bas afin de maximiser les bénéfices. Le tableau 5.3 présente l'estimation des coûts de production des séries québécoises en 1998.

En ce qui a trait aux téléséries québécoises, leurs coûts de production sont nettement supérieurs à ceux des téléromans malgré des cotes d'écoute et des parts de marché similaires. Le tableau 5.4 présente d'ailleurs le palmarès des émissions régulières les plus regardées sur les grands réseaux francophones, de l'automne 1997 à l'été 1998. Parmi les 10 émissions les plus écoutées, on trouve 3 téléséries, 3 téléromans tournés en studio et 3 autres tournés à l'extérieur.

Les coûts de production par heure pour une télésérie comme *Paparazzi*, diffusée en 1998 à l'antenne de TVA, s'élèvent à 890000$. Toutefois, le réseau TVA ne peut se permettre d'assumer l'ensemble de ces coûts. Il en est de même pour les autres réseaux canadiens. En fait, les diffuseurs ne paient qu'environ 20% du coût global d'une telle production, somme qu'ils arrivent ensuite à récupérer par la vente de publicité. Ainsi, pour chaque épisode de la série *Paparazzi*, TVA fournissait la somme de

---

6. M. Cacopardo et P. Dupont, *Télé-dollars*, enquête diffusée à la télévision de Radio-Canada, 26 mars et 6 avril 1987.
7. *La télé...vision québécoise*, émission animée par Simon Durivage et diffusée le 18 février 1998 à l'antenne de TVA.
8. Ducas (1999, p. C4).
9. M. Cacopardo et P. Dupont, *Télé-dollars*, enquête diffusée à la télévision de Radio-Canada, 26 mars et 6 avril 1987.
10. *La télé...vision québécoise*, *op. cit.*

TABLEAU 5.3
Estimation des coûts de production par heure des séries québécoises, 1998

Type de série	Exemples	Échelle de coûts $/heure
Téléroman		
Tourné en studio	*4 et demi*	130000 — 150000
	Les Machos	
Tourné à l'extérieur	*Bouscotte*	150000 — 200000
	Le Retour	
Télésérie		800000 — 1100000
	Diva *	(450000)
	Omertà	(850000)
	Urgence	(850000)
	Paparazzi	(890000)
	Marguerite Volant **	(1100000)

* Les coûts de production pour *Diva* sont inférieurs étant donné le mode de tournage de la télésérie : en vidéo numérique plutôt qu'en film.

** Les coûts de production pour *Marguerite Volant* sont plus élevés étant donné les décors d'époque.

Source : *La télé... vision québécoise*, émission animée par Simon Durivage et diffusée le 18 février 1998 à l'antenne de TVA.

TABLEAU 5.4
Palmarès des émissions régulières les plus regardées sur les grands réseaux francophones entre septembre 1997 et juin 1998, Québec, 18 ans et plus

Rang	Émission	Type	Réseau	Auditoire
1	*Omertà II*	Télésérie	SRC	1569000
2	*L'Ombre de l'épervier*	Télésérie	SRC	1476000
3	*La Petite Vie*	Téléroman (studio)	SRC	1409000
4	*4 et demi*	Téléroman (studio)	SRC	1261000
5	*Le Retour*	Téléroman (extérieur)	TVA	1260000
6	*Paparazzi*	Télésérie	TVA	1200000
7	*Les Machos*	Téléroman (studio)	TVA	1117000
8	*Bouscotte*	Téléroman (extérieur)	SRC	989000
9	*Planète en folie*	Jeu-questionnaire	TVA	955000
10	*Sous le signe du Lion*	Téléroman (extérieur)	SRC	921000

Source : *Info Presse Communications, Guide annuel des médias 1999*, d'après Nielsen.

175 000 $ l'heure, qui couvrait les coûts reliés aux droits de diffusion pour cette télésérie.

Mais qui finance les 80 % des coûts restants, c'est-à-dire les 700 000 $ l'heure nécessaires à la production d'un épisode de *Paparazzi* ? En plus des producteurs indépendants et des commanditaires, on trouve le Fonds de production de la câblodistribution, Téléfilm Canada, la Société de développement des entreprises culturelles du Québec (SODEC) et les programmes de crédits d'impôt.

Téléfilm Canada contribue au financement de la production cinématographique et télévisuelle dans tout le Canada. L'organisme, qui relève du fédéral, fonctionne toutefois avec un budget d'exploitation qui a subi de lourdes compressions au cours des années 1990. La SODEC, pour sa part, relève du provincial. Tout comme son nom l'indique, elle touche tous les secteurs de l'activité culturelle québécoise, des métiers d'art jusqu'au multimédia. Son aide se répartit en divers programmes couvrant la scénarisation, la diffusion et la production. L'aide fournie par ces deux institutions n'est pas offerte à tous les producteurs. Ceux-ci doivent en faire la demande et ils ne sont pas assurés de l'obtenir. Il en est de même pour le Fonds de production de la câblodistribution, issu de la contribution des câblodistributeurs et des entreprises de diffusion par satellite à la production d'émissions canadiennes. Selon leur nombre d'abonnés, ces entreprises doivent y verser chaque année entre 5 % et 8 % des recettes brutes provenant de leurs activités de radiodiffusion. Ce fonds vise à faciliter la mise en ondes, au cours des heures de grande écoute, d'émissions canadiennes de qualité appartenant à des catégories sous-représentées. Quant aux crédits d'impôt, ils sont disponibles non seulement pour le secteur de la télévision mais également pour le milieu du cinéma et du multimédia. Les remboursements liés aux crédits d'impôt provincial pour les producteurs télévisuels peuvent atteindre 15 % du budget d'une production alors que le crédit fédéral peut atteindre 8 %.

S'il advenait que ces sources de revenus disparaissent, les grands réseaux de télévision devraient laisser tomber la diffusion de téléséries et se contenter de produire des téléromans.

Le tableau 5.5 présente une estimation du financement de la télévision francophone au Québec selon différentes sources.

Pour augmenter la rentabilité d'une série, les radiodiffuseurs peuvent choisir de la rediffuser. Cette pratique est toutefois assez peu courante au Québec, et somme toute peu rentable, compte tenu de l'exiguïté du marché. Une autre façon d'augmenter la rentabilité d'une série passe par l'exportation. Toutefois, les produits culturels de langue française, on

TABLEAU 5.5
Estimation du financement pour la télévision de langue française au Québec, 1998

Source de financement	Estimation du financement (millions de dollars)
Publicité TVA	200
SRC	120
TQS	65
Autres*	125
Total partiel	**500**
Fonds publics Subventions fédérales à Radio-Canada	250
Subventions provinciales à Télé-Québec	55
Autres**	195
Total partiel	**500**
Abonnements au câble	600
Total partiel	**600**
Total	**1600**

* Télé-Québec et les chaînes spécialisées.
** Tous les programmes et organismes fédéraux et provinciaux tels que Téléfilm et la SODEC.

Source: *La télé...vision québécoise*, émission animée par Simon Durivage et diffusée le 18 février 1998 à l'antenne de TVA.

le sait, sont difficilement exportables, le marché télévisé francophone étant extrêmement étroit et nos émissions ayant souvent une couleur locale très prononcée. En fait, les grands télédiffuseurs, à l'écoute des goûts de leurs auditeurs, doivent d'abord faire refléter les valeurs québécoises dans leurs émissions. Dans ces conditions, les émissions francophones ont moins de chance de joindre le marché international. Malgré cela, de grandes téléséries d'ici ont tout de même été exportées. *Urgence* et *Les Filles de Caleb*, par exemple, ont été diffusées en France. Quant à *Omertà*, *Scoop* et *Sous le signe du Lion*, elles ont même voyagé jusqu'en Chine.

5.2.3 LES SÉRIES AMÉRICAINES

Malgré la multiplication des chaînes spécialisées et la montée en popularité du produit américain partout dans le monde, la télévision généraliste et les produits francophones demeurent très forts au Québec.

Dans un grand marché comme celui des États-Unis, produire une télésérie coûte de deux à quatre millions de dollars par épisode, le salaire des vedettes y étant beaucoup plus élevé qu'au Québec. Toutefois, même si le coût d'une production est de deux à trois fois plus élevé qu'ici, il faut songer que le public des États-Unis est 50 fois plus important que le nôtre (voir le tableau 5.6).

TABLEAU 5.6
Coûts approximatifs de production pour un épisode d'une série américaine de 60 minutes comparativement à une série québécoise, 1998

Origine	Exemples	Dollars canadiens / 60 minutes
Séries américaines	*ER* *Beverly Hills* *Seinfeld*	2000000 — 4000000
Séries canadiennes	*Omertà* *Paparazzi*	800000 — 1100000

Source: *La télé...vision québécoise*, émission animée par Simon Durivage et diffusée le 18 février 1998 à l'antenne de TVA.

De plus, contrairement aux producteurs québécois, les producteurs américains peuvent recouvrer la majorité de leurs coûts de production grâce aux droits de licence sur le plan national. En amortissant la plus grande partie de leurs investissements sur le marché intérieur, les producteurs américains peuvent ensuite vendre les droits de diffusion de leurs émissions à l'étranger à très bas prix. Les droits de diffusion d'un épisode d'une série populaire américaine comme *Place Melrose*, *Salle d'urgence* ou *Beverly Hills*, par exemple, seront vendus entre 20000$ et 30000$ à un télédiffuseur canadien alors qu'il aura engendré des coûts de production de l'ordre de 2000000$ à 4000000$.

Ainsi, pour nos radiodiffuseurs, ces émissions américaines représentent des produits à bon marché dont la qualité technique et les contenus attirent un large auditoire. Il devient ainsi plus rentable d'acheter et de diffuser des séries américaines que de produire ses propres dramatiques. En effet, les radiodiffuseurs canadiens doivent payer plus cher pour des émissions canadiennes que pour des émissions américaines puisque la marge entre le coût de l'émission canadienne et les recettes qu'elle génère tend à être beaucoup plus petite que celle de l'émission non canadienne de popularité équivalente, ce qui peut même signifier une perte nette pour le radiodiffuseur.

5.2.4 Canada anglophone *vs* francophone

Au Québec, les productions canadiennes — si on fait exception des films, souvent américains — dominent largement le paysage télévisuel. En fait, les 10 téléromans ou téléséries les plus populaires sont canadiens et ils ont tous capté un auditoire de plus d'un million de personnes. Au Canada anglais, toutefois, les séries dramatiques canadiennes obtiennent moins de 4% de l'écoute totale[11]. De plus, les 10 émissions les plus regardées au Canada anglais sont toutes américaines, et ce dans un marché trois fois plus grand que le marché québécois francophone[12].

Contrairement aux télédiffuseurs canadiens anglophones, les grands réseaux francophones arrivent à faire des profits avec les séries locales qu'ils diffusent parce que ces dernières attirent de larges auditoires et coûtent beaucoup moins cher à produire. Un télédiffuseur traditionnel francophone comme la SRC ou TVA mise sur les téléromans aux heures de grande écoute. Aussi une heure typique de ce type de série lui coûte-t-elle environ 150000$, du fait qu'elle est enregistrée en mode vidéo et n'inclut pas de prises de vue extérieures. En retour, l'émission génère des profits de l'ordre de 30% en moyenne. Par contre, étant donné le désir des producteurs canadiens anglophones de faire concurrence au style des Américains, la plupart des dramatiques canadiennes anglophones diffusées aux heures de grande écoute sont des téléséries dont les coûts de production s'élèvent à un million de dollars l'heure. Avec de petits auditoires et de maigres revenus publicitaires, la plupart de ces séries engendrent des pertes de l'ordre de 14% en moyenne. Pour remonter la pente, les réseaux anglophones présentent des séries populaires américaines, qui rapportent de solides revenus de publicité.

Comme nous l'avons mentionné précédemment, les émissions canadiennes anglophones joignent moins d'auditoire. En réalité, un gros succès au Canada anglophone attire entre 800000 et 1000000 d'auditeurs alors que les coûts de production sont de deux à trois fois plus élevés

11. Cauchon (1999c, p. E2).
12. Dutrisac (1999a, p. E3).

qu'au Canada francophone pour la même heure de production. Toutefois, il faut tenir compte du fait que les productions canadiennes anglophones sont plus facilement exportables.

5.2.5 Émissions d'information, jeux-questionnaires et *talk-shows*

Les émissions quotidiennes d'information sont, avec les dramatiques, un des piliers de la programmation de tout réseau. Pendant la saison 1997-1998, chaque soir à 22 heures, les bulletins de nouvelles de TVA et de Radio-Canada attiraient en moyenne 628000 et 472000 auditeurs respectivement. Additionnés ensemble, ces chiffres dépassent largement le tirage en semaine de tous les journaux quotidiens de langue française au Québec. Ainsi, les bulletins d'informations font le prestige d'un réseau et jouissent de bonnes cotes d'écoute ainsi que d'un auditoire fidèle. Toutefois, le matériel technique extrêmement perfectionné et le grand nombre de techniciens nécessaires à leur réalisation sont en grande partie la cause de leurs coûts de production élevés.

En ce qui a trait aux jeux-questionnaires et aux *talk-shows*, ils représentent des formules d'émissions peu coûteuses à produire et très rentables (voir le tableau 5.7).

TABLEAU 5.7
Estimation des coûts de production par heure pour les jeux-questionnaires et les *talk-shows* québécois, 1998

Type d'émission	Exemples	Échelle de coûts $/heure
Jeux-questionnaires	*Les Mordus*	15000 — 30000
Talk-shows		35000 — 80000
En ondes 4 jours par semaine	*Le Point J*	(35000)
En ondes 1 jour par semaine	*L'Écuyer*	(80000)

Source: *La télé... vision québécoise*, émission animée par Simon Durivage et diffusée le 18 février 1998 à l'antenne de TVA.

5.2.6 Les grands réseaux francophones au Québec

Les grands réseaux de télévision explorent plusieurs moyens afin de faire face à la concurrence grandissante, tant nationale qu'internationale, ainsi qu'aux difficultés de financement.

La SRC

La Société Radio-Canada se heurte depuis plusieurs années à une concurrence accrue et à la fragmentation de son marché, ce qui n'est pas sans influer sur ses revenus. En fait, pour l'année financière 1996-1997, ses dépenses ont surpassé ses revenus, s'établissant à 1219260000$ pour des revenus de 1137965000$[13].

La piètre situation financière de Radio-Canada est due, en grande partie, aux compressions gouvernementales qui ont réduit ses crédits budgétaires de 425 millions de dollars (ou 38%) entre 1995 et 1999. Pourtant, le Canada est l'un des pays dont les fonds publics contribuent le moins *per capita* au financement de ses services publics de radiodiffusion (voir le tableau 5.8). En 1999, les subventions gouvernementales attribuées à Radio-Canada atteignaient 800 millions de dollars[14].

TABLEAU 5.8
Comparaison dans le financement par les États des services publics de radiodiffusion *per capita*, 1996

États	Financement *per capita* (dollars canadiens)
États-Unis	3,92
Canada	32,19
Italie	33,20
Australie	33,47
France	39,78
Japon	56,41
Belgique	58,21
Grande-Bretagne	60,82
Suisse	109,09
Suède	116,93

Source: Centre d'études sur les médias, *Nos observations*, n° 19, mars 1997.

13. Radio-Canada, rapport annuel 1996-1997.
14. *Le Devoir* (1999, p. A6).

Aux prises avec des réductions constantes, la Société Radio-Canada doit recourir de plus en plus à la publicité et se soucier davantage de la rentabilité de ses émissions. Son mandat d'autrefois, qui était de satisfaire tous les publics, n'est plus réalisable actuellement, l'impératif du rendement primant sur le reste dans l'établissement de sa programmation. Et bien que l'entreprise réponde actuellement de façon très satisfaisante aux exigences liées à la teneur canadienne de ses émissions, il risque d'en être autrement pour les années à venir. En fait, à partir de l'an 2000, l'accès de Radio-Canada à 50% des sommes du Fonds canadien de télévision pour la production d'émissions canadiennes sera aboli. Dans ces conditions, il sera plus difficile pour la société d'État d'offrir une grille de programmation canadienne de qualité, capable de soutenir la concurrence[15]. De plus, le radiodiffuseur public national craint de devoir éliminer, d'ici les prochaines années, ses ressources financières provenant de la publicité à la suite des pressions éventuelles du secteur privé.

Depuis le milieu des années 1990 et pour les années à venir, la stratégie de Radio-Canada consiste à maintenir l'attrait des auditeurs pour sa grande chaîne générale tout en étendant ses activités à Internet et aux chaînes spécialisées. Ces services plus ciblés lui permettront en fait de suivre l'évolution des auditoires et des tendances. D'ailleurs, le Réseau de l'Information, la chaîne d'informations continues de Radio-Canada, obtient une part de marché de 2,2% en 1997, ce qui lui donne une position dominante parmi les services spécialisés francophones[16].

TVA

Par le passé, TVA a éprouvé des problèmes économiques considérables. Aujourd'hui, le réseau présente un bénéfice important. Toutefois, étant donné les difficultés à financer des téléséries québécoises dans un petit marché comme le nôtre, TVA a décidé, à partir de 1998, de limiter les budgets des séries contemporaines à 800000$ l'heure tout en réduisant le nombre d'heures qui y sont allouées. Ainsi, alors qu'il faisait auparavant 22 ou 23 heures de séries à budget élevé (900000$ l'heure), TVA a décidé de réduire ses achats dans ce secteur à une dizaine d'heures, une réduction de plus de 50%.

Dans l'univers concurrentiel actuel, TVA établit également des alliances internationales. Par exemple, ses ententes de collaboration avec M6 en France ou encore avec des réseaux américains lui permettent de

15. Cauchon (1999d, p. A1 et A10).

16. Radio-Canada, rapport annuel 1996-1997.

produire des téléfilms, qu'il vend ensuite à l'étranger[17]. Ainsi, en 1998, TVA négociait la vente de six films au Fox Family Channel.

Depuis les dernières années, TVA s'intéresse aussi aux chaînes spécialisées et élabore des projets dans ce secteur, seul ou en partenariat. En fait, un service comme Le Canal Nouvelles (LCN) lui permet d'amortir ses coûts sur tous les plans. Malgré un auditoire encore restreint, LCN sert de laboratoire pour l'élaboration de nouvelles technologies et pour la mise en ondes de la télévision numérique. De plus, cette chaîne spécialisée permet à TVA de diversifier ses revenus et ses activités, de rentabiliser son équipement de base et d'offrir plus à ses annonceurs[18].

TQS

Depuis sa création en 1986, TQS a accumulé des pertes évaluées en 1998 à 150 millions de dollars[19]. Malgré cela, les nouveaux propriétaires du réseau visent la rentabilité pour l'année 2001. Pour y arriver, TQS diffuse, depuis l'automne 1998, une programmation similaire à celle du réseau américain Fox, c'est-à-dire composée d'émissions provocatrices. En fait, la nouvelle grille-horaire du réseau présente des émissions de catastrophe ou de voyeurisme, d'affaires criminelles et policières, et des films érotiques en fin de soirée. Ces émissions attirent un auditoire assez vaste et sont beaucoup moins coûteuses à produire que les téléromans ou les téléséries.

Télé-Québec

Télé-Québec occupe, sur le plan de l'auditoire, le dernier rang parmi les réseaux francophones du Québec et il lutte actuellement pour sa survie. En fait, ses parts de marché sont en constante diminution depuis les dernières années, s'établissant à 2,3 % pour la période s'étendant de septembre 1997 à janvier 1998. Pourtant, son rendement se compare favorablement à celui des autres télévisions publiques à caractère éducatif ailleurs dans le monde, qui se situe autour de 2 %.

Télé-Québec a entrepris des changements profonds ces dernières années. D'abord, son effectif permanent a été diminué. Ensuite, ses activités de production ont été réorganisées et confiées en grande partie au secteur privé. Finalement, sa programmation a été modifiée à 80 %, le

17. Cauchon (1999c, p. E2).
18. Cauchon (1998c, p. B1-B2).
19. Dutrisac (1998b).

télédiffuseur public ayant décidé de renforcer son mandat éducatif et culturel[20].

Le budget du diffuseur public provincial totalisait 65,7 millions de dollars en 1996-1997. De cette somme, 54,1 millions provenaient des subventions du gouvernement québécois, 3 millions de la publicité, et les 8,6 millions restants provenaient des ventes, des services, des participations et autres.

5.2.7 Les producteurs indépendants

Avec la multiplication des chaînes de télévision, les producteurs indépendants prennent de plus en plus de place dans l'industrie télévisuelle, et la production a tendance à se subdiviser en créneaux plus restreints et mieux ciblés. En fait, alors que la programmation était presque entièrement produite à l'interne dans les années 1970, il en était tout autrement au milieu des années 1990 alors que près de 45% des heures d'écoute de programmation originale étaient fournies par des producteurs indépendants[21].

Depuis les dernières années, des centaines de petites maisons de production ont vu le jour malgré l'étroitesse du marché. Elles diversifient aujourd'hui leur expertise dans la production de films, de téléséries, d'animation, de magazines, de documentaires, etc.[22].

En plus des marchés locaux, les maisons de production exportent leurs connaissances vers les marchés extérieurs alors que la demande en production est plus forte partout dans le monde. La force des producteurs québécois indépendants passe par la conception de productions de qualité avec des budgets moindres que ceux des Américains. En plus de l'exportation, les producteurs indépendants misent sur les droits, qui leur permettent de créer plusieurs produits dérivés — tels des cédéroms, des livres, des sites Internet — à partir d'un seul concept[23].

Les producteurs indépendants disposent de différentes sources pour financer leurs productions. Parmi celles-ci figure le Fonds canadien de télévision. Toutefois, étant donné l'accroissement considérable des demandes de financement ces dernières années, le Fonds exige, depuis 1999, que les projets subventionnés fassent davantage valoir la culture canadienne.

---

20. Inchauspé (1998, p. B3).
21. Cauchon (1999c, p. E2).
22. Bilodeau (1999, p. E11).
23. Bédard et Collard (1998, p. 30-35).

5.2.8 TÉLÉVISION SPÉCIALISÉE ET PAYANTE, CÂBLODISTRIBUTION ET MAGNÉTOSCOPES

L'accès du public, depuis plusieurs années déjà, aux services d'implantation de la télévision par câble — sans compter l'arrivée sur le marché des magnétoscopes et des vidéocassettes — a perturbé grandement le marché médiatique et chambardé passablement le petit écran. À titre d'exemple, le Groupe Vidéotron, qui a investi au départ dans la câblodistribution l'infime somme de 5000$, obtenait en 1998 des revenus annuels de 1,03 milliard de dollars. De cette somme, 21% provenaient de TVA, réseau acquis par Vidéotron en 1987 pour 127 millions de dollars, le prix le plus élevé jamais payé pour un réseau de télévision au Canada à l'époque[24].

Depuis les 15 dernières années, les chaînes spécialisées ont peu à peu détourné une partie de l'auditoire des chaînes traditionnelles. En fait, en 1998, les services spécialisés accaparaient 20% des parts d'écoute[25]. Toutefois, ces mêmes services n'obtenaient que 8% des parts d'investissements publicitaires au Canada comparativement aux chaînes traditionnelles, qui en récoltaient 92%. Ainsi, malgré une plus grande disponibilité de temps d'antenne dans les chaînes spécialisées, les annonceurs choisissent encore massivement les réseaux traditionnels[26].

En 1998, les chaînes spécialisées de télévision au Canada ont atteint un bénéfice total de 116 millions de dollars avant les amortissements. En fait, leurs revenus totaux se sont élevés à 717 millions de dollars alors que leurs dépenses d'exploitation ont atteint les 600 millions. Toutefois, la situation financière des 35 chaînes concernées par ces chiffres varie énormément d'un service à un autre. Bref, au bout du compte, ces services ne sont pas tous rentables.

Les trois types de services les plus performants sont ceux qui touchent le sport, la jeunesse et l'information. Ainsi, TSN, le réseau sportif anglophone, a obtenu des revenus de 154,9 millions de dollars pour des dépenses de 105 millions en 1998. Ensuite, YTV, la chaîne jeunesse, a vu ses revenus s'élever à 61,9 millions de dollars cette même année, tandis que ses dépenses sont passées à 47,3 millions. En troisième place, Newsworld, la chaîne spécialisée anglophone de Radio-Canada, a obtenu des revenus de l'ordre de 56,6 millions de dollars pour des dépenses de 55,5 millions, toujours en 1998. Au chapitre des services

---

24. Scott (1999, p. 76-81) et M. Cacopardo et P. Dumont, *Télé-dollars*, enquête diffusée à la télévision de Radio-Canada, 26 mars et 6 avril 1987.

25. Cauchon (1998c, p. E2).

26. *Ibid.*

spécialisés francophones, ce sont le Réseau des Sports (RDS) et le Réseau de l'Information (RDI) qui occupent les deux premières places : RDS avec des revenus de 43,7 millions pour des dépenses de 36,1 millions de dollars, et RDI avec des revenus de 30,6 millions pour des dépenses de 27,8 millions de dollars. Les autres chaînes dont les revenus ont atteint les 20 millions de dollars en 1998 sont, dans l'ordre, Discovery, MuchMusic, Météomédia/The Weather Network, WTN, Showcase et Life. En ce qui a trait aux chaînes francophones, TV5, Canal D, Canal Famille, Canal Vie, MusiquePlus, Le Canal Nouvelles et MusiMax s'en sont tirées avec des revenus variant entre 4 et 17 millions de dollars.

Toujours en 1998, les 12 chaînes de télévision payante canadiennes ont obtenu des revenus totalisant 124 millions de dollars. Leurs dépenses se sont élevées à 99 millions de dollars, pour un bénéfice total de 25 millions[27]. Parmi les chaînes payantes les plus connues au Québec, notons que Super Écran a obtenu 24,5 millions de dollars de revenus pour des dépenses de 18,2 millions[28].

En 1970, 21 % des foyers canadiens étaient abonnés au câble ; en 1986, ce taux avait plus que triplé, passant à 70 %. Quant aux revenus de ce secteur, ils sont aujourd'hui plus de 50 fois plus élevés qu'en 1970 (51 000 000 $ en 1970 comparativement à 2 784 213 501 $ en 1997). Cette expansion extrêmement rapide a eu pour effet de fragmenter l'auditoire des réseaux existants. Ainsi Radio-Canada et TVA ont-ils perdu respectivement 11 % et 8 % de leur part du marché montréalais entre 1970 et 1997 (voir le tableau 5.9).

TABLEAU 5.9
Part du marché montréalais détenue par Radio-Canada et TVA, 1970-1997 (en %)

Réseau	1970	1986	1997	Écart 1970-1997
Radio-Canada	29	23	18	– 11
TVA	35	24	27	– 8
Total	**64**	**47**	**45**	**– 19**

Sources : M. Cacopardo et P. Dumont, *Télé-dollars*, enquête diffusée à la télévision de Radio-Canada les 26 mars et 6 avril 1987 (pour les données de 1970 et 1986) ; Sondages BBM, Montréal, printemps 1997 (pour les données de 1997).

27. Cauchon (1999b).
28. *Ibid.*

À la fin des années 1990, la télévision québécoise connaissait des changements majeurs dans son mode de distribution. Avec la câblodistribution traditionnelle, le consommateur demeurait captif des tarifs des câblodistributeurs et des bouquets de chaînes qui étaient offerts. Toutefois, depuis 1997, les compagnies de distribution par satellite ont fait leur entrée sur le marché de la distribution, suivies en 1999 par une nouvelle entreprise de distribution de signaux par micro-ondes. Toujours en 1999, Vidéotron emboîtait le pas à ses concurrents en offrant à ses abonnés montréalais la câblodistribution numérique.

Ces nouveaux services de distribution permettent aux abonnés d'obtenir les chaînes voulues en fonction de leurs intérêts spécifiques. Toutefois, jusqu'à maintenant, le choix à la carte n'est offert qu'après l'achat d'un premier bloc de chaînes non divisible[29].

Le *zapping*, c'est-à-dire l'habitude de changer constamment de chaîne à l'aide de la télécommande, ainsi que l'utilisation de plus en plus fréquente du magnétoscope ont aussi bouleversé grandement les habitudes des téléspectateurs, ce qui oblige les publicitaires à repenser toute leur stratégie : les annonces devant être toujours plus divertissantes, plus attrayantes, elles nécessitent inévitablement des débours supplémentaires.

Quant à l'utilisation du magnétoscope, elle libère le téléspectateur des contraintes temporelles imposées par les programmateurs de la télévision. Cet appareil a également changé toutes les données de l'industrie télévisuelle avec la possibilité d'enregistrer des émissions pour ensuite les visionner en temps voulu.

5.2.9 Les cotes d'écoute

Pour calculer les cotes d'écoute, l'industrie canadienne de la télévision a recours à deux moyens : les cahiers d'écoute et l'audimétrie.

Au Québec, jusqu'en 1996, la méthodologie de mesure adoptée était celle du cahier d'écoute qui mesurait l'auditoire en moyenne au quart d'heure. À partir de l'automne 1996, des audimètres ont été installés sur le marché québécois, mesurant l'écoute moyenne à la minute. En fait, l'audimétrie était disponible depuis la fin des années 1980, mais elle était très peu utilisée par les annonceurs, les réseaux de télévision et les agences de publicité du Québec.

---

29. Cauchon (1999c, p. E2).

Au Canada, deux firmes se disputent la mesure d'écoute. Il s'agit de Sondages BBM — une coopérative formée de représentants des télédiffuseurs, des annonceurs et des agences de publicité — et de Nielsen, une compagnie privée.

BBM mène de grands sondages trimestriels auprès de plusieurs milliers de téléspectateurs, particulièrement dans des marchés locaux et régionaux précis comme la grande région de Montréal ou celle de Québec. La firme effectue principalement ses mesures grâce aux cahiers d'écoute. Les téléspectateurs sondés (qui reçoivent 1$ en échange de leurs services) remplissent à la main ces cahiers, indiquant quelles émissions ont leur préférence et quels membres de la famille les regardent; ils doivent préciser aussi l'âge et le sexe des invités, s'il y a lieu. Les données recueillies par BBM sont particulièrement utiles pour les ventes publicitaires locales. Toutefois, les données de la firme qui sont tirées des cahiers d'écoute ont tendance à sous-estimer la part de marché des chaînes spécialisées[30].

Nielsen, pour sa part, mène des sondages hebdomadaires — principalement à l'échelle nationale —, à l'aide de l'audimètre, un appareil électronique qui établit une mesure beaucoup plus précise que celle enregistrée par les cahiers d'écoute de BBM[31]. L'audimètre est un compteur connecté au téléviseur qui enregistre l'utilisation qui est faite du média: moment de la mise en marche, chaîne choisie, changement de chaîne, etc. Sur l'appareil, une série de touches correspondant à chaque membre de la famille permet en outre de signaler le moment où chacun commence à regarder la télévision et celui où il arrête; d'autres touches sont aussi prévues pour les visiteurs, et d'autres encore pour indiquer leur âge et leur sexe. L'audimètre imprime aussi un signal codé sur la vidéocassette lorsqu'on enregistre une émission. Il peut ensuite vérifier si l'émission enregistrée est regardée, puis combien de fois, et enfin si le téléspectateur tente d'échapper aux messages publicitaires durant le visionnage. L'échantillon recueilli par Nielsen pour mesurer l'écoute est toutefois très réduit. En 1998 par exemple, l'audimètre Nielsen était installé dans 550 foyers au Québec. De ce nombre, 46% étaient placés à Montréal tandis que les autres étaient répartis partout dans la province, à raison par exemple d'un ou deux foyers à peine à Rivière-du-Loup[32]. Malgré ses faiblesses, il semblerait que Nielsen soit en avance sur BBM et ses cahiers pour mesurer l'écoute des chaînes spécialisées. En effet, l'audimètre Nielsen mesure l'écoute à la minute, ce qui est beaucoup

30. Cauchon (1998a).
31. Cauchon (1999a, p. A3 et A8).
32. Cauchon (1998a).

plus proche de la réalité pour des chaînes qui n'ont pas une fréquentation très soutenue.

À partir des données qu'il est possible d'établir sur l'auditoire, les annonceurs peuvent choisir les émissions qu'ils sont intéressés à commanditer. Toutefois, depuis 1996, la concurrence entre BBM et Nielsen a entraîné des répercussions importantes tant pour les annonceurs que pour les réseaux de télévision puisqu'il existe un écart considérable entre les auditoires moyens enregistrés par BBM et ceux enregistrés par Nielsen (voir les tableaux 5.10 et 5.11, p. 232)[33]. Afin d'éviter des pertes de revenus importantes liées aux écarts entre BBM et Nielsen, les réseaux de télévision adaptent les tarifs pour tous les annonceurs, ce qui complique le processus d'achat pour toutes les parties concernées[34].

TABLEAU 5.10
Comparaison BBM / Nielsen pour l'écoute télévisuelle d'émissions canadiennes francophones, automne 1998, 2 ans et plus

Réseau	Émission	BBM	Nielsen	Écart	%
SRC	*La Petite Vie*	3666300	3006000	+ 660300	+ 18
SRC	*Un gars, une fille*	1813800	1453000	+ 360800	+ 20
SRC	*4 et demi*	2073000	1885000	+ 188900	+ 9
TVA	*Le Retour*	1828000	1731000	+ 97000	+ 5
TQS	*La fin du monde…*	390600	341000	+ 49600	+ 13
TQS	*Xena*	249100	308000	– 58900	– 24
Télé-Québec	*Le plaisir croît…*	40300	70000	– 29700	– 74
TQS	*Bleu nuit*	57800	256000	– 198200	– 343
RDS	*Sport 30 mag*	27300	37000	– 9700	– 36
Canal Vie	*Sortie gaie*	19400	21000	– 1600	– 8
Canal D	*Le Goût du monde*	55600	70000	– 14400	– 26

Source: C. G., « Le dilemme des cotes d'écoute », dans *Info Presse Communications*, vol. 14, nº 7, avril 1999, p. 9.

33. Heckmann (1996, p. 31-32).
34. *Ibid.*

TABLEAU 5.11
Écart des coûts entre BBM et Nielsen: achat réseau fictif — budget de 50 000 $

Type de données	Prix publicitaire de l'annonce	Auditoire total	Coût par mille
En BBM	50 000 $	4 078 000	12,26 $
En Nielsen	50 000 $	2 955 000	16,92 $
Écart BBM/Nielsen		– 28 %	+ 38 %

Source: P. Heckmann, « Nielsen vs. BBM », *Info Presse Communications*, vol. 12, nº 2, octobre 1996, p. 31-32.

Cet écart a un impact direct sur le coût du temps d'antenne puisque les publicitaires « vendent » les téléspectateurs par blocs de 1 000. L'unité de mesure est en effet le coût par mille (CPM), qui est influencé par plusieurs facteurs: le réseau de télévision, le groupe cible, le ratio pointe/hors pointe, la période de l'année, etc.

$$\text{CPM} = \frac{\text{Prix d'une annonce}}{\text{Nombre de téléspectateurs}}$$

$$\text{Ex.:} \quad \frac{\text{Annonce de } 15\,000\,\$}{1\,000\,000 \text{ d'auditeurs}} = 15\,\$ \text{ CPM}$$

Les firmes de sondage travaillent depuis quelques années à mettre au point des appareils entièrement automatiques, de manière à éviter les problèmes liés à l'utilisation même des instruments de mesure. On pense, entre autres, à un émetteur miniaturisé qui serait placé dans le bracelet d'une montre, ou encore à un appareil qui reconnaîtrait chaque membre de la famille dès qu'il entre dans la pièce où se trouve le téléviseur, simplement par la chaleur que dégage cette personne: une sorte d'empreinte digitale électronique, quoi!

Depuis 1998, BBM a installé à Vancouver ses propres audimètres, des appareils à la fine pointe de la technologie, c'est-à-dire adaptés au mode numérique. La technologie utilisée par BBM permet aux membres de la firme d'interpréter, grâce à un logiciel adapté, les chiffres relevés selon différentes combinaisons telles que les émissions les plus regardées en fonction de la semaine, du groupe sociodémographique, du jour, etc.[35]. BBM devrait installer de tels audimètres au Québec à compter de

35. Lejeune-Szydywar (1997, p. 53-55).

l'automne 1999, à raison de 600 foyers à Montréal et de 500 foyers dans le reste du Québec. La firme estime que d'ici l'année 2000-2001, cet audimètre sera implanté dans l'ensemble du Canada[36].

Le temps où on opposait les cahiers d'écoute et l'audimètre tend à être révolu. L'utilisation d'une seule méthode de mesure apportera plus de précisions sur les achats en télévision. Toutefois, les industries concernées par ces mesures d'auditoire devront choisir entre la coopérative BBM et la compagnie Nielsen, car si l'industrie continue actuellement à travailler à partir des sources (cahiers d'écoute et audimètres) des deux firmes, les agences et les réseaux n'auront par les ressources financières pour se prévaloir des deux services d'audimétrie dans l'avenir[37].

5.2.10 Les recettes publicitaires

Les recettes provenant de la vente de temps d'antenne des industries de la télévision privée (à l'exception des stations non commerciales et des services payants et spécialisés) au Canada ont été de 1,5 milliard de dollars en 1997, le reste provenant en grande partie des ventes de droits de diffusion. Ce montant représente 88 % de l'ensemble des revenus de cette industrie, le reste dérivant des paiements des réseaux aux stations, des infopublicités, des ventes de droits de diffusion et autres. Au Québec, les recettes des industries privées issues des ventes de temps d'antenne ont été de 257,8 millions de dollars la même année, ce qui équivaut à 69 % de l'ensemble des revenus pour ce secteur[38].

Pour ce qui est des revenus publicitaires des chaînes spécialisées canadiennes, ils ont pratiquement doublé entre 1993 et 1997, passant de 97,8 millions de dollars à 183,5 millions. Toutefois, les revenus tirés de la publicité représentent, pour ces deux périodes, pratiquement la même part de l'ensemble des revenus de ce secteur, c'est-à-dire 31 % pour l'année 1997 et 30,4 % pour 1993[39].

En 1998, les revenus publicitaires des chaînes spécialisées ont fait un autre bond, s'élevant à 240 millions de dollars, ce qui équivaut à 12 % des deux milliards de dollars dépensés en annonces publicitaires à la télévision cette même année. En fait, la source principale de revenus pour les chaînes spécialisées se compose des abonnements — environ 455 millions

36. Cauchon (1998b).
37. Lejeune-Szydywar (1997, p. 53-55).
38. CRTC (1998g).
39. CRTC (1998f).

de dollars en 1998 — et des paiements des câblodistributeurs et des autres distributeurs[40].

Quant aux chaînes spécialisées francophones, au Québec, leurs revenus publicitaires ont plus que quadruplé entre 1989 et 1996, passant de 4 millions de dollars à 18 millions de dollars. Ainsi, les chaînes spécialisées se taillent graduellement une place au sein du marché publicitaire de la télévision privée au Québec. En effet, alors qu'elles ne représentaient que 1,4 % de ce marché en 1989, elles ont atteint une part de 4,3 % 3 ans plus tard, soit en 1992, pour ensuite atteindre 5,3 % en 1996. Toutefois, cette croissance est relative si on considère l'ensemble des chaînes canadiennes qui accaparaient en 1996 18,6 % de la part publicitaire de la télévision privée au Canada[41].

Aux États-Unis, d'après la Federal Communications Commission, les services spécialisés vont chercher 15,6 % des revenus publicitaires télévisuels (4,9 milliards de dollars sur 31,1 milliards)[42].

La multiplication des chaînes de télévision donne davantage de possibilités aux annonceurs. Par exemple, alors que l'on notait 20 minutes de publicité à l'heure sur les chaînes canadiennes francophones au milieu des années 1980 (soit 8 minutes à Radio-Canada et 12 minutes à TVA), on trouve, en 1998, 118 minutes de publicité à l'heure toutes chaînes confondues[43].

5.3 DONNÉES SUR LES USAGES DES MÉDIAS

Les médias sont la principale source d'information et de divertissement des sociétés modernes. De même que l'école a remplacé l'Église dans le processus d'éducation populaire, de transmission des valeurs et de modèle social, les médias, prenant à leur tour le relais, assurent aujourd'hui en grande partie la transmission et le développement de la culture. Dans la mesure où le milieu médiatique s'étend et se complexifie, il en va de même pour les usages. L'implantation de la radio, par exemple, a complètement changé la manière dont les gens utilisaient les journaux; la télévision a transformé le rôle de la radio; et, de nos jours — a-t-on besoin de le souligner? —, l'arrivée d'Internet est en train de bouleverser les habitudes et les comportements des publics à l'égard de l'ensemble des médias.

---

40. Dalglish (1999, p. B9).

41. Centre d'étude sur les médias (1998, p. 66).

42. *Ibid.*

43. *La télé...vision québécoise*, émission animée par Simon Durivage et diffusée le 18 février 1998 à l'antenne de TVA.

Ce fait constitue un enjeu sociétal important, mais avant de pouvoir y réagir efficacement, il faut bien comprendre le caractère du phénomène de l'usage. Le changement technologique en soi n'amène pas forcément une réponse positive chez les gens. Il y a bien des innovations qui ne «prennent» pas; en fait, nul ne saurait prédire ce qui pourra ou ne pourra pas faire changer les comportements des «usagers». Malgré leurs bonnes intentions, les planificateurs, les programmateurs et les techniciens n'ont aucun pouvoir sur la façon dont le public reçoit et utilise les médias.

Afin de mieux saisir la nature de ce phénomène, nous présentons ici une sélection des nombreuses données statistiques dont on dispose sur l'usage des médias. Soulignons qu'on peut difficilement interpréter ces statistiques sans faire des enquêtes sociologiques plus approfondies[44]. Soulignons également que les statistiques de ce type ne font que confirmer la réussite ou l'échec de l'offre médiatique — elles nous informent peu quant à la demande sociale pour les médias —, et leur attribuer une valeur prédictive quelconque en ce qui concerne les innovations à venir serait une entreprise périlleuse.

5.3.1 L'USAGE DES MÉDIAS EN TANT QU'ACTIVITÉ DE LOISIR

Selon une étude entreprise pour le compte du ministère de la Culture et des Communications du Québec (voir le tableau 5.12, p. 236), les sports et les activités physiques sont de très loin l'activité de loisir préférée des Québécois. Ce qui est encore plus intéressant, c'est de constater que cette popularité est en nette croissance depuis une quinzaine d'années. La lecture aussi est en croissance, mais la préférence pour la radio, la télévision et la musique diminue.

Notons qu'il s'agit des *préférences* exprimées, et non pas des activités réelles. En analysant les résultats d'un sondage semblable qu'il a réalisé en 1983 et repris en 1989, le chercheur Gilles Pronovost a déjà fait remarquer qu'«on observe parfois de grandes différences entre les préférences exprimées et la pratique réelle d'activités[45]».

En fait, une étude du Bureau de la statistique du Québec (voir le tableau 5.13, p. 237) comparant les habitudes des Québécois en 1989 et en 1994 montre, entre autres choses, une augmentation importante de l'écoute de la télévision chez les usagers les plus assidus (trois heures par

---

44. C'est le domaine de ceux qui étudient la «réception des médias». Voir Proulx (1998).
45. Pronovost (1990, p. 25).

TABLEAU 5.12
Activités préférées pendant les loisirs (trois mentions possibles) : pourcentage de répondants selon les catégories, Québec, 1983, 1989 et 1994

Genre d'activité	1983 (%)	1989 (%)	1994 (%)
Sports et activités physiques	66,6	73,4	73,0
Lecture	33,5	35,2	37,8
Télévision, radio, musique	32,2	26,2	27,8
Activités culturelles	6,8	14,2	19,9
Activités sociales	20,2	19,0	19,0
Activités de plein air	18,8	24,1	18,5
Activités reliées à la maison	21,1	14,0	11,6
Art et artisanat	4,3	2,8	9,3
Passe-temps	1,3	1,9	4,0
Autres activités	6,8	15,1	3,9

Note : La taille des échantillons de répondants varie selon les années (1983 : 2316; 1989 : 2900; 1994 : 4888).

Source : Ministère de la Culture et des Communications, *La culture en pantoufles et souliers vernis : rapport d'enquête sur les pratiques culturelles au Québec*, 1997, p. 8.

jour et plus). S'il y a eu désaffection pour cette activité, c'est sans doute dans la partie de la population qui l'affectionnait déjà moins. Par ailleurs, en ce qui concerne la lecture, on note un engouement accru pour les périodiques (tableau 5.13) et les hebdos vendus (tableau 5.14), soit des véhicules d'information relativement moins encombrés par la publicité.

D'après la firme de sondages Nielsen (voir le tableau 5.15, p. 238), l'écoute de la télévision augmente au Canada, et plus rapidement au Québec que dans toute autre province. Par ailleurs, d'après Statistique Canada (voir le tableau 5.16, p. 238), la tendance québécoise est à sens inverse de la tendance pancanadienne : écoute croissante au Québec, décroissante au Canada.

À partir de cet ensemble de données, peut-on constater que les Québécois *préféreraient* faire autre chose que regarder la télévision, mais qu'ils y consacrent quand même une part croissante de leur temps de loisirs ? Et si c'était le cas, qu'est-ce qu'il faudra en conclure ?

Ce serait trop facile d'affirmer que les gens s'adonnent à la télévision par défaut. En ce qui concerne l'information télévisée, par exemple, le

TABLEAU 5.13
Écoute quotidienne de la télévision, de la radio, et habitudes de lecture des Québécois, 1989 et 1994 (%)

Activité	1989	1994
Écoute de la télévision		
Moins de 3 heures par jour	64,5	55,3
3 heures et plus	35,5	44,7
Écoute de la radio AM		
Souvent	28,6	21,2
Rarement ou jamais	71,4	78,8
Écoute de la radio FM		
Souvent	77,3	75,5
Rarement ou jamais	22,7	24,5
Lecture de journaux quotidiens		
Très ou assez souvent	77,3	76,5
Rarement ou jamais	22,7	23,5
Lecture de périodiques		
Très ou assez souvent	60,6	63,4
Rarement ou jamais	39,4	36,6

Source : Bureau de la statistique du Québec, *Indicateurs d'activités culturelles au Québec*, édition 1997.

TABLEAU 5.14
Taux de lecture des hebdos et nombre de lecteurs par exemplaire selon le mode de distribution, au Québec, 1997

	Gratuits	Vendus
Taux de lecture (%)	79,0	58,5
Nombre de lecteurs	1,4	2,8

Source : Sondages d'opinion CROP inc., *Étude sur le lectorat des hebdomadaires gratuits; étude sur le lectorat des hebdomadaires vendus*, juillet 1997, préparés pour l'Association des hebdos du Québec.

taux de satisfaction des Québécois est passablement élevé (voir le tableau 5.17, p. 238). Quant à la publicité, elle fait autorité chez une majorité impressionnante (voir le tableau 5.18, p. 239).

TABLEAU 5.15
Répartition des heures d'écoute de la télévision par semaine, en moyenne, chez les 18 ans et plus, Canada, automnes 1992 à 1996, lundi à dimanche 6 h à 2 h

Région	1992	1994	1996	Écarts 1992-1996
Québec	26 h 03	26 h 03	29 h 05	3 h 02
Reste du Canada	24 h 15	25 h 17	25 h 59	1 h 44

Source : *Info Presse Communications, Guide annuel des médias 1998*, d'après Nielsen.

TABLEAU 5.16
Nombre moyen d'heures d'écoute de la télévision par semaine selon l'âge et le sexe, au Québec et au Canada, automnes 1991 et 1996

Segment de la population	Québec		Canada		Classement du Québec par rapport à l'ensemble du Canada (1996)
	1991	1996	1991	1996	
Hommes 18 ans et plus	23,5	24,6	24,7	21,9	1
Femmes 18 ans et plus	29,1	30,7	31,1	26,5	1
Adolescents 12 à17 ans	19,2	18,3	18,7	17,3	3
Enfants 2 à 11 ans	19,0	20,1	19,9	17,9	2
Population totale	**24,8**	**26,0**	**26,2**	**22,8**	**1**

Sources : Statistique Canada, n° 87-211 au catalogue ; Sondages BBM, balayage de l'automne, 1991-1996.

TABLEAU 5.17
Taux de satisfaction (%) des Québécois à l'égard de la qualité de l'information dans les médias, 1998

Taux de satisfaction	%
Très satisfait	23,0
Assez satisfait	66,0
Peu satisfait	8,0
Pas du tout satisfait	2,0
NSP/Refus	2,0

Source : Sondages d'opinion CROP Express *La Presse*, *La Presse*, 18 avril 1998, p. B1.

TABLEAU 5.18
Attitudes des consommateurs envers la publicité selon différents supports, Québec et Canada, 1995 (adultes 18 ans et plus)

	Qui fait le plus autorité (%)		Qui a le plus d'influence (%)		Qui est le plus crédible (%)	
	Québec	Canada	Québec	Canada	Québec	Canada
Télévision	71	56	84	85	51	39
Radio	5	9	5	4	5	9
Journaux	14	21	8	8	26	32
Magazines	5	7	1	2	8	8

Source: Bureau de la télévision du Canada (Internet: <http://www.tvb.ca>), selon *Réalités canadiennes: étude, portée, temps consacré et attitudes 1995.*

(Le lecteur intéressé trouvera, en plus, des statistiques sur l'auditoire des médias spécifiques — les fameuses «cotes d'écoute» — à l'annexe V.)

5.3.2 LE MATÉRIEL

L'indicateur peut-être le plus révélateur de l'importance que prend l'usage des médias chez les gens est la répartition du matériel de communication dans les ménages. Il indique à la fois les dispositions à payer les coûts parfois considérables d'approvisionnement ainsi que les frais associés directement à l'usage, tels que l'abonnement ou le paiement à chaque utilisation.

Le tableau 5.19 (p. 240) nous permet d'apprécier l'évolution longitudinale de l'usage des appareils de communication au Canada depuis les années 1950. Il illustre à quel point l'introduction *réussie* des nouvelles technologies peut bouleverser les habitudes.

Plusieurs tendances importantes se dégagent de ces statistiques. Premièrement, on s'aperçoit qu'il s'écoule un certain temps avant que l'usage d'un média soit généralisé dans la population. Après ce qu'on peut considérer comme étant le moment de déclic, la courbe de l'implantation augmente de façon vertigineuse, jusqu'à ce qu'elle arrive à un point de saturation. En ce qui concerne le téléphone, la radio et la télévision, c'est déjà le cas depuis plus d'une vingtaine d'années. Ces appareils sont désormais présents dans presque 99 % des foyers canadiens — et en nombre même plus élevé au Québec (voir le tableau 5.20, p. 241).

TABLEAU 5.19
Répartition (%) des ménages selon l'approvisionnement en matériel de communication, Canada, 1953-1997

Appareil ou matériel		1953	1965	1978	1986	1990	1996	1997
Téléphone	1 ou plus	66,8	89,4	96,5	98,1	98,5	98,7	98,6
	2 ou plus		13,2	30,6	54,3	67,4	74,5	74,5
	3 ou plus			5,2	19,1	30,5	38,1	37,3
Téléphone cellulaire					—	—	14,1	18,6
Radio*	1 ou plus	96,4	96,1	98,4	99,1	99,1	98,7	98,7
	2 ou plus	24,1	41,3	73,1	74,0	80,3	80,4	81,1
	3 ou plus	5,2	15,1	40,2	43,6	—	55,4	55,9
Radio FM**	1 ou plus		22,9	84,2	95,3	—	—	—
	2 ou plus			44,0	65,7	—	—	—
	3 ou plus			17,6	36,1	—	—	—
Tourne-disque			59,1	78,8	76,3	—	—	—
Magnétophone				—	60,8	—	80,4	82,0
Téléviseur***	1 ou plus	10,2	92,6	97,3	98,6	—	—	—
	2 ou plus		10,9	34,0	46,9	—	—	—
Télé couleur	1 ou plus			72,3	93,2	96,9	98,5	98,7
	2 ou plus			6,6	23,8	39,4	51,5	51,9
Télédistribution				49,5	64,9	71,4	74,0	73,7
Câblosélecteur					—	45,2	—	—
Télévision payante					9,6	11,9	—	—
Magnétoscope					35,1	66,3	83,5	84,7
Ordinateur personnel					12,6	—	31,6	36,0
Modem							15,5	21,5
Internet							7,4	13,0

* Tout genre, sauf radios d'automobile.
** Sauf radios d'automobile.
*** Tout genre.

Source : Statistique Canada, *L'équipement ménager*, cat. nº 64-202, 1996 et 1997.

TABLEAU 5.20
Répartition (%) des ménages selon le matériel lié à la radiodiffusion et aux télécommunications, au Québec et au Canada, 1996 et 1997

Appareil ou matériel	Québec		Canada	
	1996	1997	1996	1997
Télévision	98,8	99,3	98,5	98,7
Radio	99,1	99,0	98,7	98,7
Téléphone	98,8	98,9	98,7	98,6
Câble	66,7	66,3	74,0	73,7
Ordinateur personnel	24,0	27,7	31,6	36,0
Modem	9,7	14,8	15,5	21,5
Téléphone cellulaire	7,1	9,8	14,1	18,6
Internet	4,1	8,2	7,4	13,0
Nombre de ménages (000)	2995	3062	11412	11580

Source : Statistique Canada, *L'équipement ménager*, n° 64-202 au catalogue, 1996 et 1997.

On voit que la télédistribution et la magnétoscopie n'ont pas encore fait le plein — la question est maintenant de savoir si ces dernières ont déjà plafonné ou si elles vont continuer à monter en popularité. Le plafonnement au moins temporaire est sans doute dû à l'arrivée précipitée des appareils plus récents, notamment l'ordinateur personnel avec modem et Internet.

Notons que les Québécois comptent parmi les Canadiens les moins informatisés et les moins branchés (ce qui donne un complément d'information intéressant par rapport à leur engouement plus fort pour la télévision). En fait,

> seulement 20 % des micro-ordinateurs que possèdent les ménages canadiens sont situés en sol québécois; les ordinateurs avec modem de propriété québécoise comptent pour seulement 18 % du total canadien; et, enfin, seulement 17 % des ménages branchés à l'Internet au Canada habitent en sol québécois. Non seulement les Canadiens en général sont plus informatisés que les Québécois, les Québécois francophones sont aussi moins informatisés que les Québécois non francophones[46].

46. O'Neill (1999, p. A2).

Le pourcentage des ménages québécois branchés à Internet a doublé entre 1996 et 1998, passant de 6 % à 11 %[47].

Dans le domaine des affaires, on estimait que près de 80 % des moyennes et grandes entreprises du Québec seraient présentes dans le Web au début de l'an 2000, comparativement à 60 % en 1999, une hausse de plus du tiers[48]. De plus, on estimait à 200 le nombre d'entreprises québécoises qui effectueraient leurs transactions par voie électronique au tournant de l'an 2000, ce qui représente pratiquement le double de ce que l'on trouvait en 1999. Les entreprises qui disposaient déjà de leur site Web en 1999 y ont consacré globalement 75 millions et elles comptaient investir collectivement 20 millions de plus que l'année précédente. Les trois quarts de ces sites sont bilingues (français-anglais) tandis que 14 % sont unilingues anglais[49].

Il est déjà évident que de plus en plus de gens vont se brancher dans les années à venir. Ce qui démarque déjà les médias de l'inforoute des médias traditionnels, c'est leur caractère interactif. En fait, beaucoup d'individus et de groupes sociaux trouvent qu'ils peuvent maintenant cesser de dépendre des médias traditionnels pour s'informer et communiquer. Cela restera-t-il ainsi, ou l'inforoute empruntera-t-elle le chemin tracé par les autres médias, qui sont progressivement devenus des véhicules essentiellement commerciaux après avoir connu des vocations plus nobles ? Dans la mesure où la convergence technologique avance, une nouvelle série d'enjeux se manifeste. Il en sera question dans la section suivante.

5.4 LES ENJEUX DE LA CONVERGENCE

La convergence des moyens de communication est au cœur des transformations technologiques qui marquent actuellement l'univers des médias. Essentiellement, le terme s'applique à la base technologique de l'inforoute et des nouveaux médias. D'après Lacroix et ses collègues, un groupe de chercheurs québécois qui a réfléchi sur ce phénomène, « [l'inforoute], c'est la *convergence* du téléphone et du câble ainsi que du satellite et du micro-ordinateur, qui permet à quiconque, n'importe où, de recevoir ou de transmettre n'importe quel type d'information[50] ».

---

47. Blondin (1999, p. B4). Selon une enquête du RISQ, du CEFRIO et du BSQ.
48. Dutrisac (1999b, p. A6). Selon l'étude Cybermarketing Québec 1999, réalisée par ScienceTech Communications et commanditée par Bell Canada, Intellia TMI et le gouvernement du Québec.
49. *Ibid.*
50. Lacroix et autres (1994, p. 13).

Bien que l'émergence de l'inforoute eût été impensable sans la convergence, celle-ci englobe un secteur plus étendu que l'inforoute. En fait, elle touche l'ensemble de tous les médias. La convergence remet en question la logique structurelle du système médiatique qui, jusqu'à présent, est basée sur des démarcations assez précises entre des médias distincts. Maintenant que ces démarcations n'ont plus le même sens qu'autrefois, on doit inventer de nouvelles règles. En ce qui concerne le système réglementaire, il faut harmoniser des termes — tel l'*accès* — qui ne signifient pas la même chose en radiodiffusion et en télécommunication. Il faut redéfinir des concepts tels que le *contenu*, la *diffusion* et — sans doute le plus important à repenser — l'*intérêt public*. Avec les nouveaux médias, toute notre conception des rapports entre ce qui est public et ce qui est privé est remise en question.

On se rend compte que la convergence amène avec elle des conséquences qui ne sont pas que techniques. Dans ce contexte, on se demande, entre autres choses, comment seront prises les grandes décisions à propos de l'évolution future du système. Qui décidera? Les gouvernements, les industries, les créateurs, les publics?

En ce qui concerne l'encadrement général du système, il faut se demander comment agir dans le nouveau contexte de la libéralisation et de la mondialisation, où les nouvelles technologies font disparaître les frontières nationales, où la tendance est vers le libre-échange commercial et où le rôle de l'État interventionniste est remis en question alors que persistent les besoins de promouvoir et de protéger l'intérêt public et les cultures locales.

La portée du problème transparaît quand on regarde de plus près la situation de l'inforoute. En termes techniques, pour la situer par rapport aux moyens de communication traditionnels, l'inforoute combine la communication «point-à-point» (modèle de la téléphonie) et la communication «point-à-masse» (modèle de la radiodiffusion).

Ces deux modèles de communication sont fondés sur deux conceptions différentes de l'accès:

— En radiodiffusion, l'accent est mis sur l'émetteur institutionnel (le diffuseur), et le récepteur est perçu comme étant plus ou moins actif. La politique attribue des objectifs sociaux et culturels au système et essaie de l'infléchir en prévoyant certains types de contenus. Quant au public, on lui reconnaît le droit d'accès à une diversité de produits, tandis que les diffuseurs ont le droit d'accès aux moyens de diffusion.

— En télécommunication, l'accent est mis sur l'utilisateur, qui doit jouir d'un libre accès aux possibilités de connexion et d'interactivité.

L'entreprise, en télécommunication, n'est censée être qu'un fournisseur de services. Il y a donc séparation du «contenant» et des «contenus», et la réglementation vise à en assurer l'accès aux usagers en veillant aux tarifs des services.

En combinant ces deux modèles, l'inforoute, qui résulte de la convergence technique, crée un dilemme pour le législateur. Sur le plan juridique, cela implique forcément une politique de communication qui mettra en commun les législations et les pratiques réglementaires propres aux deux secteurs. Dans le contexte canadien, cela signifie notamment une remise en question du rôle du CRTC et des deux actes législatifs qui relèvent de sa compétence: la *Loi sur la radiodiffusion* et la *Loi sur les télécommunications.*

C'est un beau défi qui consiste à:

— redéfinir des notions clés telles que l'«accès» et le «contenu» en fonction de la convergence des anciennes pratiques de la radiodiffusion et des télécommunications;

— réglementer (ou non) à partir d'une définition unique du terme «communication» qui englobe les anciennes définitions de radiodiffusion et de télécommunication;

— se diriger vers un nouveau modèle réglementaire «hybride», qui combine les objectifs des vieux modèles en favorisant l'accès aux services *et* aux moyens de communication pour les émetteurs *et* les récepteurs.

TABLEAU 5.21
Deux modèles de communication

Radiodiffusion	**Téléphonie**
Technique « point-à-masse »	Technique « point-à-point »
Communication unidirectionnelle	Communication bidirectionnelle
Modèle de transmission	Modèle de communication
Accent sur la réception	Accent sur l'émission
Information publique	Communications privées
Culture partagée	Interactivité
Identité collective	Autonomie de l'individu
En ce qui concerne les objectifs de la réglementation	
Accès aux contenus	Accès aux moyens
Réglementation des services	Réglementation des tarifs
Soutien à la liberté de choix	Garantie des tarifs abordables
Droit de regard sur les contenus dans l'intérêt public	Aucun droit de regard sur les contenus
Développement culturel	Développement économique
Usager-citoyen	Usager-consommateur
Participation à la vie publique	Qualité de vie
Les défis réglementaires d'un modèle pour l'inforoute	
Favoriser l'accès aux contenus *et* aux moyens	
Trouver un juste équilibre entre les services *et* les tarifs	
Assurer la liberté de choix *et* les tarifs abordables	
Distinguer les contenus à caractère public *et* les communications et informations à caractère privé	
Favoriser le développement culturel *et* économique	
Positionner l'usager comme citoyen *et* consommateur	
Favoriser la participation à la vie publique *et* la qualité de vie	

CONCLUSION

Nous avons tenté avec cet ouvrage de fournir au lecteur le plus grand nombre de renseignements possible ainsi que les données factuelles et numériques les plus récentes sur les médias québécois afin qu'il puisse, aussi bien à titre d'usager que de *citoyen*, entretenir une relation réfléchie avec les médias dans la vie quotidienne. Grâce aux connaissances et à la vision globale qu'il aura acquises sur le sujet, il devrait être en mesure de mieux évaluer la place et la fonction des médias, de mieux analyser d'un point de vue critique leurs possibilités et leurs limites dans le contexte plus général de la communication médiatisée au Québec, au Canada et même dans le monde entier.

Comme on a pu le voir au fil de ces pages, l'univers médiatique évolue avec la société qui l'accueille: au Québec, il s'est considérablement transformé depuis l'époque où les journaux constituaient la seule source d'information des citoyens; les années 1920 ont vu la naissance et l'essor de la radio; les années 1950, les grands bouleversements occasionnés par l'arrivée de la télévision; les années 1970, l'expansion de la câblodistribution; les années 1990, l'implantation de l'inforoute, qui allait changer radicalement les règles du jeu.

Une tendance historique remarquable est à souligner: en même temps que se généralise l'implantation des médias, leurs contenus se commercialisent toujours davantage. La diversification s'accompagne de la marchandisation. Malgré les bonnes intentions des concepteurs, des innovateurs, des décideurs et même des utilisateurs, les médias tendent — dans notre type de société, capitaliste et de consommation — à devenir « des entreprises comme les autres ».

Ce constat relève de plus que la simple polémique au moment où des enjeux importants se dessinent à propos de l'orientation future du système médiatique[1]. Seule la plus grande vigilance sociale pourra faire en sorte que les médias continuent à contribuer au développement culturel des individus et des collectivités. En cette période d'engouement

1. Par exemple, le bouleversement annoncé par la fusion du géant Internet America Online et de la plus grande société médiatique mondiale, Time Warner, au début de l'an 2000. Voir *The Economist* (2000).

pour les «nouveaux médias», la communication interactive et l'abondance de l'information, on perd de vue l'évidence qu'on est déjà passé par là. La presse écrite est née de la soif d'idées et du besoin de communiquer dans les luttes démocratiques contre les monarchies autoritaires; où en est-elle aujourd'hui, cette presse désormais appelée «traditionnelle»? La radio, à ses premières heures, était un instrument rêvé de communication bidirectionnelle avant que les commerçants d'appareils et les publicitaires ne conçoivent une manière de mettre des «programmes» en boîte, comme on fait des conserves. Malgré les bons efforts des États interventionnistes de s'approprier cette technologie — ainsi que celle de la télévision — à des fins de développement socioculturel, c'est le modèle commercial qui a émergé, dominant dans la radiodiffusion.

L'agonie interminable de la Société Radio-Canada est symptomatique de cette situation. Autrefois considéré comme étant la «pierre angulaire» du système, le diffuseur national public devait servir de balise pour les autres médias. Sa raison d'être fut contestée par différents courants sociaux, mais toujours à l'intérieur d'un consensus assez large quant au bien-fondé du principe de service public. Or, depuis qu'il n'y a plus de volonté politique de fournir à ce réseau les moyens de remplir son mandat correctement, c'est le principe qui se trouve effectivement remis en question[2].

Au moment où certains tentent de préserver les acquis de 75 ans de service public en radio-télévision, de nouveaux défis se présentent avec l'implantation de l'inforoute. Sera-t-elle organisée sur une base de service universel — la seule manière de lui attribuer une vocation démocratique — ou sera-t-elle récupérée encore une fois par les marchands et les commerçants? On peut bien s'interroger, quand on constate l'attitude quasi démissionnaire de nos décideurs politiques (par exemple le CRTC, qui annonce qu'il ne réglementera pas les nouveaux médias dans Internet). Cela peut faire le bonheur des artisans bricoleurs dans la mesure où le média leur est accessible; mais rien n'assure qu'il le restera.

Il est important, dans les débats qui se présentent à nous, de ne pas conclure que la non-ingérence de l'État renie l'idée qu'une collectivité a le droit de considérer les instruments de communication comme des biens publics. La confusion autour de cette notion a entraîné des situations paradoxales: ainsi, tout en réaffirmant dans leur discours le rôle primordial des médias dans le développement socioculturel, les gouvernements cessent de subventionner les services publics; les entreprises

2. Ce phénomène était l'enjeu réel — et malheureux — de la controverse autour de l'importante décision du CRTC sur le renouvellement des licences de la SRC, publiée le 6 janvier 2000. Voir CRTC (2000) ainsi que, à titre d'exemple, Juneau (2000).

privées, encouragées par des politiques gouvernementales qui favorisent le développement industriel et économique, prennent leur envol en toute confiance; la concentration de propriété s'accentue, limite l'accès aux entrants et rétrécit la part de marché des nouveaux ou des petits propriétaires; les organismes de réglementation, soucieux de préserver leur rôle dans le système, craignent d'intervenir[3].

Bref, le rapport qui s'établit entre les médias et leurs publics ressemble, à plusieurs points de vue, à celui qui oriente le choix des produits commerciaux chez les consommateurs. En effet, comme nous l'avons vu tout au long de cet ouvrage, ce sont les considérations économiques et politiques de ce secteur «industriel» qui déterminent le plus souvent la nature et la qualité des contenus médiatiques.

Que faire devant de telles perspectives? Comme bribes de réponse à cette question, nous nous permettons d'esquisser ce que nous pensons être les conditions requises pour la communication démocratique, bien que cela puisse sembler assez ambitieux ou à tout le moins idéaliste, sinon utopique.

Dans chaque communauté, la communication démocratique implique l'accès à la gamme complète de la production médiatique locale, nationale et mondiale, l'accès aux moyens de communication et la participation à l'établissement des politiques de communication.

Sur le plan national, cela veut dire mettre l'accent sur les politiques publiques comme forces motrices du développement des systèmes médiatiques, assurer l'autonomie des institutions médiatiques par rapport aux doubles impératifs du marché et de l'État, mettre en place un système de régulation des médias pour le bien public et démocratiser les structures de fonctionnement des médias.

Mais, dans le contexte de la mondialisation, cela veut aussi dire nécessité d'intervenir pour faire en sorte que soit reconnue à l'échelle mondiale la centralité des médias pour le développement social et culturel, et l'établissement de nouvelles instances multilatérales et transnationales pour faire contrepoids aux accords internationaux touchant le commerce. Éventuellement, il faudra songer à mettre en place, à l'échelle mondiale, des institutions et des mécanismes qui correspondront à ce que nous avons déjà connu à l'intérieur de nos frontières.

Peut-on croire encore à la démocratisation des médias? Bien qu'un tel projet paraisse plein d'embûches, nous n'avons pas vraiment d'autre choix que d'y croire: la qualité de vie démocratique de la société tout entière en dépend.

---

3. À propos des paradoxes qui caractérisent l'idée que les médias puissent servir à la démocratie, voir Gingras (1999).

ANNEXE I

*Répertoire de sources**

* Divers organismes ou publications peuvent servir de sources pour la mise à jour des données contenues dans cette annexe. Les descriptions qui suivent résument les renseignements fournis dans les sites Internet des divers organismes.

SOMMAIRE

Alliance des radios communautaires du Canada (ARC du Canada)
Annuaire des médias et de la publicité au Québec (AMPQ)
Annuaires Matthews
Association canadienne de communication (ACC)
Association canadienne de la télévision par câble (ACTC)
Association canadienne des annonceurs (ACA)
Association canadienne des journaux (ACJ)
Association canadienne des radiodiffuseurs (ACR)
Association de la télévision spécialisée et payante (TVSP)
Association de recherche en communication du Québec (ARCQ)
Association des agences de publicité du Québec (AAPQ)
Association des câblodistributeurs du Québec (ACQ)
Association des journalistes indépendants du Québec (AJIQ)
Association des médias écrits communautaires du Québec (AMECQ)
Association des producteurs en multimédia du Québec (APMQ)
Association des radiodiffuseurs communautaires du Québec (ARCQ)
Association for Progressive Communication (APC)
Association internationale des études et recherches sur l'information et la communication (AIERI) / International Association for Media and Communication Research (IAMCR)
Association internationale des professionnels en communication (AIPC)
Association mondiale des radiodiffuseurs communautaires (AMARC)
Association québécoise de communication (AQC)
Bureau de la statistique du Québec (BSQ)
Bureau de la télévision du Canada (TVB)
Canadian Advertising Rates & Data (CARD)
Canadian Journal of Communication
CEDROM-SNi
Centre d'études sur les médias (CEM)
Communication
Conseil de la radiodiffusion et des télécommunications canadiennes (CRTC)
Éditions Info Presse
Fédération professionnelle des journalistes du Québec (FPJQ)
Financial Post 500
Groupe de recherche sur les jeunes et les médias — Laboratoire de recherche sur les nouvelles technologies (GRJM/LRNT)
Industrie Canada
Info-Tech Magazine
Institut canadien de l'éducation des adultes (ICEA)
Institut de la publicité canadienne (ICA)
Laboratoire d'économie industrielle des médias (LEIM)
Laboratoire de recherche en communication multimédia (LRCM)

Laboratoire de recherche sur les politiques de communication (LRPC)
Le journaliste québécois
Ministère de la Culture et des Communications du Québec
Ministère du Patrimoine canadien
Publicité-Club de Montréal (PCM)
Regroupement des médias alternatifs du Québec (Altermedia)
Réseau Éducation-Médias
Réseau ORBICOM
Société canadienne des relations publiques (SCRP)
Société des relationnistes du Québec (SRQ)
Sondages BBM
Statistique Canada
Syndicat canadien des communications, de l'énergie et du papier (SCEP)
Vidéazimut

ALLIANCE DES RADIOS COMMUNAUTAIRES DU CANADA (ARC DU CANADA)

L'Alliance des radios communautaires du Canada est issue de la volonté des radios communautaires francophones et acadiennes de prendre en main leur propre avenir et d'assurer leur autonomie. L'ARC (à ne pas confondre avec son synonyme du Québec, l'ARCQ) regroupe les radios communautaires francophones des autres provinces canadiennes. Le réseau de l'ARC du Canada compte présentement 27 membres dont 18 stations en ondes et 9 projets à différentes étapes d'implantation. Les membres sont répartis dans sept provinces et dans les Territoires du Nord-Ouest. L'ARC produit *L'Émetteur*, un bulletin d'information et de promotion distribué deux fois par année aux membres et aux partenaires. Elle publie également *InterARC*, un feuillet d'information hebdomadaire à l'intention des membres. Le site Internet de l'ARC possède également une page «Communiqués de presse», qui regroupe les communiqués diffusés par l'organisme à propos des médias communautaires, depuis 1996.

325, rue Dalhousie
Bureau 910
Ottawa (Ontario)
K1N 7G2

Téléphone: (613) 562-0000
Télécopieur: (613) 562-2182
Internet: <http://www.franco.ca/arc>

Annuaire des médias et de la publicité au Québec (AMPQ)

L'AMPQ est une base de données du monde de la communication au Québec. Publié une fois l'an, il contient un répertoire des coordonnées de près de 4500 entreprises dans divers domaines reliés aux communications: presse écrite, médias d'affichage, représentation média, maisons de sondage et de statistiques, distribution porte-à-porte et diffusion de livres et de magazines, télévision, radio, multimédia, câblodistribution, agences de publicité, relations publiques, éditeurs de livres, illustration, photographie, traduction, services Internet, imprimeries et secteurs connexes. De plus, afin de bien refléter la constante ébullition qui règne dans l'industrie, l'équipe de l'AMPQ publie mensuellement *Le Bulletin de l'AMPQ*. Outre qu'il contient un dossier spécial à chacune de ses parutions, ce bulletin offre plusieurs renseignements utiles sur le milieu des communications: nominations, acquisitions et fusions récentes, nouvelles publications, nouvelles technologies, nouveaux participants. On peut trouver le bulletin du mois courant dans le site Internet de l'AMPQ.

4274, boul. Henri-Bourassa Est
Montréal-Nord (Québec)
H1H 1L6

☎ Téléphone: (514) 322-7353
Télécopieur: (514) 322-7774
Internet: <http://www.ampq.com>

Annuaires Matthews

Matthews est une division de la Canadian Corporate News (CCN). Les informations recueillies par cet organisme sont regroupées pour former trois annuaires: *Canada's Cable and Television Directory, Media Directory* et *Directory for Community Newspapers, Consumer Magazines and Ethnic Media*. Les trois annuaires Matthews, publiés deux fois l'an, fournissent les coordonnées des différentes entreprises reliées aux médias et offrent en outre certains renseignements comme la langue de diffusion ou de publication, le nombre d'abonnés à un service, les régions où le service est offert, etc. L'annuaire du câble et de la télévision (le Livre bleu) couvre, entre autres, les entreprises de câblodistribution, les entreprises offrant des services de télévision payants et spécialisés ainsi que les compagnies de diffusion par satellite. L'annuaire des médias (le Livre rouge) contient des données sur les entreprises reliées, entre autres, à la presse écrite, aux stations de radio et de télévision et aux grands réseaux. Finalement, l'annuaire des journaux, magazines et médias ethniques (le Livre vert) offre des données sur les magazines grand public, la presse ethnique, les services de radio ainsi que les services de télévision et de câblodistribution multiculturels. De l'information est également disponible sur la presse et les radios étudiantes.

25, rue Adelaide Est
Bureau 500
Toronto (Ontario)
M5C 3A1

☎ Téléphone: (416) 362-5739
Télécopieur: (416) 955-0705
Téléc. sans frais: 1 800 363-9796
Internet: <http://www.matthews.ca>

Association canadienne de communication (ACC)

L'Association canadienne de communication est un organisme national qui réunit des professeurs, des chercheurs et des professionnels de la communication travaillant aussi bien dans la fonction publique et dans l'entreprise que dans le milieu universitaire, dans le but de promouvoir l'étude des communications au Canada. Les membres de l'ACC proviennent d'un grand nombre de disciplines dont le journalisme, la communication, les sciences sociales et les sciences humaines. L'ACC vise à stimuler la recherche en communication en espérant qu'une meilleure compréhension des enjeux des communications contribuera à l'information du public et à la vie sociale. Chaque année, l'ACC organise un congrès à l'intention des chercheurs canadiens en communication.

Département de communication
Université de Montréal
C.P. 6128
Succursale Centre-Ville
Montréal (Québec)
H3C 3J7

☎ Téléphone: (514) 343-6111, poste 5434
Internet: <http://www.arts.mcgill.ca/gpc/cca>

Association canadienne de la télévision par câble (ACTC)

En tant que regroupement, les câblodistributeurs membres de l'ACTC forment la plus importante industrie culturelle canadienne appartenant à des Canadiens et dirigée par des Canadiens. Le site de l'Association offre une page «Salle de lecture» où on trouve de l'information variée sur le milieu de la câblodistribution au Canada. L'ACTC y présente périodiquement des statistiques courantes sur la câblodistribution canadienne et les services de télévision spécialisés canadiens et américains. Ces données sont tirées des sondages d'A.C. Nielsen, de Statistique Canada et de MédiaStats. Certains chiffres sont également compilés par l'Association à l'aide des rapports annuels des différentes entreprises de câblodistribution. Finalement, quelques tableaux statistiques relatifs à la câblodistribution y sont présentés.

360, rue Albert
Bureau 1010
Ottawa (Ontario)
K1R 7X7

Téléphone : (613) 232-2631
Télécopieur : (613) 232-2137
Internet : <http://www.ccta.com>

Association canadienne des annonceurs (ACA)

L'ACA est une institution pancanadienne qui agit comme porte-parole des annonceurs auprès des diverses instances gouvernementales et des organismes de l'industrie. Elle fait valoir leurs droits d'annoncer leurs produits sans contrainte, mais de façon responsable et au meilleur coût possible. Les nouvelles et les communiqués de l'ACA sont diffusés par télécopieur ou courriel, ou encore par l'intermédiaire de diverses publications spécialisées. Toute l'information produite par l'ACA est aussi retransmise dans son site Internet. Les communiqués de presse parus depuis les dernières années sont ainsi disponibles en version électronique.

500, rue Sherbrooke Ouest
Bureau 1220
Montréal (Québec)
H3A 3C6

Téléphone : (514) 842-6422
Ligne sans frais : 1 800 883-0422
Télécopieur : (514) 842-6223
Internet : <http://www.aca-online.com>

Association canadienne des journaux (ACJ)

L'Association canadienne des journaux est un organisme spécialisé offrant des services aux quotidiens canadiens. Son site Internet sert, entre autres, à renseigner le public sur l'industrie des journaux au

Canada. On y trouve des données sur tous les quotidiens du pays: le tirage, le nom des propriétaires, des renseignements généraux, un court historique des journaux dans le monde et au Canada, et la liste des quotidiens canadiens par province. Les données de tirage sont basées sur un rapport de l'ACJ, publié au début de juillet de chaque année. Des statistiques sont également compilées par NADbank, le principal instrument de recherche de l'industrie canadienne des quotidiens. Celui-ci produit et gère des études qualitatives et quantitatives sur le lectorat des quotidiens et fournit des données sur les habitudes en matière de médias. Finalement, le site de l'ACJ offre les coordonnées de plusieurs entreprises et organismes reliés de près ou de loin à la presse écrite.

890, rue Yonge	Téléphone: (416) 923-3567
Bureau 200	Télécopieur: (416) 923-7206
Toronto (Ontario)	Internet: <http://www.cna-acj.ca>
M4W 3P4	

Association canadienne des radiodiffuseurs (ACR)

L'Association canadienne des radiodiffuseurs est la voix de la plupart des radios et télévisions privées ainsi que des services spécialisés. Elle fournit des données et les dernières nouvelles sur l'industrie de la radiodiffusion privée au Canada. L'Association représente 402 stations de radio, 78 stations de télévision, un réseau et 15 services spécialisés. On compte également 96 membres associés, représentés par des réseaux éducationnels, des collèges, des universités, des consultants, des manufacturiers d'équipement, des compagnies de production et autres. Pour garder ses membres au courant, l'ACR offre une grande variété de publications telles que des lettres d'information, des rapports de recherche sur l'industrie, des données financières portant sur les entreprises de radio et de télévision privées au Canada ainsi que les codes de l'industrie. De plus, le site Internet offre une page «What's new» répertoriant les grands événements dans le milieu depuis 1996.

C.P. 627	Téléphone: (613) 233-4035
Succursale B	Télécopieur: (613) 233-6961
Ottawa (Ontario)	Internet: <http://www.cab-acr.ca>
K1P 5S2	

Association de la télévision spécialisée et payante (TVSP)

L'Association de la télévision spécialisée et payante a été créée à la fin de 1996 pour représenter les intérêts des chaînes de télévision spécialisée et payante auprès des téléspectateurs, du gouvernement et des organismes de réglementation. L'Association a pour objectif de contribuer au maintien d'un système canadien de télédiffusion florissant. Elle vise principalement à exprimer le point de vue de l'industrie sur les grandes questions qui touchent la télédiffusion. Les membres de TVSP comprennent des réseaux francophones, anglophones et allophones de télévision spécialisée, payante et à la carte. Le site de l'Association de la télévision spécialisée et payante contient une rubrique où figurent des fiches documentaires, des statistiques ainsi que des mémoires et des communiqués de presse concernant l'industrie.

46, rue Elgin
Bureau 200
Ottawa (Ontario)
K1P 5K6

☎ Téléphone : (613) 233-8690
Télécopieur : (613) 236-9546
Internet : <http://www.sptv-tvsp.ca>

Association de recherche en communication du Québec (ARCQ)

L'Association de recherche en communication du Québec se veut un lieu d'échange pour ceux et celles qui s'intéressent aux dernières nouvelles dans les divers domaines de la communication. Parallèlement aux activités des différentes associations professionnelles, l'ARCQ offre une plate-forme de contacts interprofessionnels et un relais d'information vers et entre les membres. On peut y partager les réflexions et les découvertes de ceux qui exercent des fonctions dans le domaine des communications ainsi que de ceux qui travaillent dans des secteurs voisins. L'ARCQ offre des 5 à 7 sur des recherches de pointe, qu'elle organise seule ou en association avec d'autres organisations, des petits-déjeuners de travail, des invitations à des activités organisées par d'autres associations ainsi qu'un congrès annuel.

C.P. 129
Succ. Cartierville
Montréal (Québec)
H4R 2V7

Association des agences de publicité du Québec (AAPQ)

L'Association des agences de publicité du Québec regroupe 17 membres, qui génèrent environ 75 % du chiffre d'affaires de la publicité réalisé par les agences du Québec. L'AAPQ a été créée pour défendre, promouvoir et représenter les intérêts des agences de publicité du Québec auprès des sociétés et des organismes gouvernementaux, des milieux d'affaires, des associations de médias ou des médias particuliers, des syndicats, des organismes de protection du consommateur et d'autres associations du monde de la communication, au Canada comme à l'étranger. De plus, elle contribue à l'amélioration de la qualité de la publicité et sensibilise le public en général à l'importance du rôle des agences de publicité. Finalement, elle établit et définit pour ses membres les règles d'un code de déontologie régissant les diverses agences de publicité du Québec afin d'améliorer leurs relations professionnelles avec leurs différents interlocuteurs. L'Association ne produit aucune publication particulière. Toutefois, elle offre dans son site Internet quelques données statistiques sur les habitudes de consommation des Québécois en matière de produits et de médias.

500, rue Sherbrooke Ouest
Bureau 1220
Montréal (Québec)
H3A 3C6

Téléphone : (514) 848-1732
Télécopieur : (514) 848-1950
Internet : <http://www.aapq.qc.ca>

Association des câblodistributeurs du Québec (ACQ)

L'ACQ est un organisme sans but lucratif voué à la promotion et à la défense des intérêts de l'industrie québécoise de la câblodistribution. Créée en 1974, l'ACQ regroupe la majorité des entreprises de distribution par câble disséminées sur tout le territoire du Québec. Son site Internet diffuse des données sur la câblodistribution spécialement au Québec, notamment son histoire (de 1948 à aujourd'hui). On y trouve quelques données statistiques sur le taux de pénétration des réseaux de câblodistribution par région administrative au Québec ainsi que des statistiques générales sur l'industrie de la câblodistribution pour le Québec, l'Ontario et le Canada. L'Association publie également, chaque saison, le magazine *Tête de ligne*, qui renferme plusieurs articles intéressants sur la câblodistribution, les services de télévision payante et spécialisée ainsi que la télévision communautaire.

1755, boul. René-Lévesque Est
Bureau 002
Montréal (Québec)
H2K 4P6

☎ Téléphone: (514) 525-1083
Ligne sans frais: 1 800 361-0650
Télécopieur: (514) 525-1186
Internet: <http://www.acq.qc.ca>

Association des journalistes indépendants du Québec (AJIQ)

L'AJIQ est affiliée à la Fédération nationale des communications (FNC-CSN), un regroupement professionnel de quelque 5000 membres du secteur des communications, dont plus de 1500 journalistes. L'Association s'intéresse aux problèmes et à l'avenir des journalistes pigistes, à forfait ou surnuméraires. Ainsi, les membres de l'AJIQ sont des journalistes qui accomplissent, pour une entreprise de presse au Québec ou ailleurs, une tâche rémunérée liée à la recherche ou à la diffusion d'informations ou d'opinions. *L'Indépendant*, le bulletin bimestriel des journalistes indépendants du Québec, est distribué gratuitement aux membres de l'AJIQ. Les non-membres peuvent également s'y abonner moyennant une certaine somme. Dans chaque numéro, *L'Indépendant* présente une série d'articles consacrés aux multiples aspects de la pige et du journalisme en général. Le site Internet de l'AJIQ offre également un service d'archives où l'on peut trouver les sommaires de *L'Indépendant* avec quelques articles présentés dans leur version intégrale.

1050, boul. René-Lévesque Est
Bureau 1108
Montréal (Québec)
H2L 2L6

☎ Téléphone: (514) 844-0330
Télécopieur: (514) 842-3336
Internet: < http://www.ajiq.qc.ca>

Association des médias écrits communautaires du Québec (AMECQ)

L'AMECQ est un organisme sans but lucratif qui offre à ses membres des services de soutien et de formation en plus de les représenter auprès de différentes instances. Outre les services offerts à ses membres, l'Association cherche à promouvoir les intérêts communs des médias écrits communautaires du Québec en leur fournissant, entre autres, une banque de données. De plus, elle est disposée à collaborer à toute publication reliée de près ou de loin aux médias écrits communautaires. Finalement, son site Internet diffuse le répertoire par région de ses 80 membres.

30, rue Fleury Ouest
Bureau 201
Montréal (Québec)
H3L 1S8

Téléphone : (514) 383-8533
Ligne sans frais : 1 800 867-8533
Télécopieur : (514) 383-8976
Internet : <http://www.amecq.qc.ca>

ASSOCIATION DES PRODUCTEURS EN MULTIMÉDIA DU QUÉBEC (APMQ)

L'Association des producteurs en multimédia du Québec a pour mission de regrouper et de représenter les producteurs de contenus multimédias du Québec, et de défendre et promouvoir leurs intérêts en vue de favoriser le développement de cette industrie. L'Association diffuse sur son site un rapport sur le développement de l'industrie du multimédia au Québec ainsi que *Le Guide des producteurs en multimédia du Québec*. De plus, il présente les communiqués parus au cours de l'année.

4316, boul. Saint-Laurent
Montréal (Québec)
H2W 1Z3

Téléphone : (514) 845-5115
Internet : <http://www.apmq.qc.ca>

ASSOCIATION DES RADIODIFFUSEURS COMMUNAUTAIRES DU QUÉBEC (ARCQ)

L'Association des radiodiffuseurs communautaires du Québec est une organisation sans but lucratif regroupant des radiodiffuseurs communautaires couvrant le territoire québécois. La mission de l'Association, qui est de contribuer au développement et à la promotion de la radiophonie communautaire, s'articule autour de deux grands axes d'intervention, soit les services aux membres et la représentation. À ce chapitre, l'Association effectue au besoin des études et des analyses sur des problématiques concernant plusieurs ou l'ensemble de ses membres. On peut communiquer avec l'ARCQ pour connaître les derniers projets réalisés. L'Association compile, entre autres, des données sur les revenus des radios communautaires au Québec.

3575, boul. Saint-Laurent
Bureau 611
Montréal (Québec)
H2X 2T7

Téléphone : (514) 287-9094
Télécopieur : (514) 287-7534
Internet : <http://www.arcq.qc.ca>

ASSOCIATION FOR PROGRESSIVE COMMUNICATION (APC)

L'Association for Progressive Communication est un réseau global d'organisations non gouvernementales dont la mission est de fournir un appui à des organismes, des mouvements sociaux et des individus au moyen des technologies de l'information et des communications, dans le but de contribuer de façon significative au développement humain, à la justice sociale, à la participation aux processus politiques ainsi qu'au soutien à l'environnement.

L'APC est une fédération sans but lucratif regroupant 24 fournisseurs Internet, servant plus de 50000 organisations non gouvernementales dans 133 pays. Les membres et les partenaires de l'APC sont particulièrement présents en Europe centrale, en Europe de l'Est, en Afrique, en Asie ainsi qu'en Amérique latine. Ils fournissent des services d'accès à Internet, de création de sites Web et d'autres services reliés aux technologies de communication.

Web Network
401, rue Richmond Ouest
Bureau 384
Toronto (Ontario)
M5V 3A8

Téléphone : (416) 596-0212
Télécopieur : (416) 596-1374
Internet : <http://community.web.net>
<http://www.apc.org>

ASSOCIATION INTERNATIONALE DES ÉTUDES ET RECHERCHES SUR L'INFORMATION ET LA COMMUNICATION (AIERI) / INTERNATIONAL ASSOCIATION FOR MEDIA AND COMMUNICATION RESEARCH (IAMCR)

L'Association internationale des études et recherches sur l'information et la communication est la plus importante organisation professionnelle internationale dans le domaine de la recherche en communication. Fondée en 1957 à Paris, l'Association compte 1500 membres venant de 75 pays. Tous les deux ans, l'Association organise un congrès scientifique et convoque une assemblée générale. Au cours des dernières années, les congrès se sont tenus, entre autres, à Caracas, à Paris, à Prague et à Barcelone.

Département de communication ☎ Téléphone : (514) 343-7808
Université de Montréal
C.P. 6128
Succursale Centre-Ville
Montréal (Québec)
H3C 3J7

ASSOCIATION INTERNATIONALE DES PROFESSIONNELS EN COMMUNICATION (AIPC)

L'AIPC réunit les professionnels de la communication à l'intérieur d'un réseau mondial qui établit et privilégie des normes professionnelles élevées de qualité et d'innovation dans la communication institutionnelle.

La mission de l'AIPC est de renforcer le rôle stratégique croissant des communications dans les différentes activités de gestion des entreprises. Pour ce faire, l'Association accorde une importance particulière à l'acquisition et à l'échange d'expertise et de connaissances entre ses membres ainsi qu'à leur formation. Elle leur offre des occasions pour rencontrer des collègues de l'industrie et parfaire leurs connaissances, que ce soit à l'échelle locale, lors des activités de formation et de développement, ou sur la scène nationale et internationale, dans le cadre des séminaires et des conférences annuelles.

L'Association compte quelque 13 700 membres dans plus de 58 pays. Son siège social est situé à San Francisco, en Californie. L'AIPC est régie par des districts, dont deux représentent le Canada, soit le district canadien de l'Ouest et celui de l'Est. Le district canadien de l'Est se divise en neuf sections, réparties entre l'Ontario et la Nouvelle-Écosse. Une seule section représente le Québec, l'AIPC/Montréal; elle regroupe plus de 200 professionnels évoluant dans tous les secteurs clés des communications.

AIPC/Montréal
5006, rue Sherbrooke Ouest
Bureau 105
Westmount (Québec)
H3Z 1H4

Téléphone : (514) 874-8352
Télécopieur : (514) 482-7911
Internet : <http://www.aipc-mtl-iabc.com>

ASSOCIATION MONDIALE DES RADIODIFFUSEURS COMMUNAUTAIRES (AMARC)

L'AMARC est une organisation non gouvernementale internationale au service du mouvement de la radio communautaire. Elle tient lieu de réseau d'échange et de solidarité entre les radiodiffuseurs communautaires, et vise principalement à coordonner et à faciliter la coopération et l'échange entre ces derniers. Tous les continents sont représentés à son conseil d'administration.

L'organisme publie *InteRadio* deux fois par année, en français, en anglais et en espagnol. *InteRadio* est un magazine consacré au développement de la radio communautaire. On y trouve des nouvelles, les comptes rendus de divers projets de radio, de l'information technique ainsi que des renseignements sur les activités de l'AMARC. *InteRadio* est distribué à environ 4000 individus et organisations dans le monde. De plus, *AMARC en lien*, un bulletin de liaison bimestriel, est publié en français, en anglais et en espagnol à l'intention des membres. On y trouve de l'information sur les activités et les événements qu'ont suivis ou organisés le Secrétariat international, les bureaux régionaux, le Réseau de solidarité, le Réseau des femmes, etc. Quant à *Réseau*, le bulletin du Réseau international des femmes (RIF) de l'AMARC, il rapporte les activités du RIF et fournit des renseignements susceptibles d'intéresser ses membres. Cette publication trilingue contribue à renforcer les liens existant entre elles. Des thèmes chers aux femmes en général et à celles qui évoluent dans le milieu de la radio communautaire en particulier y sont abordés : respect des droits des femmes, pauvreté, santé, éducation, accessibilité des médias et des nouvelles technologies, etc. Finalement, l'AMARC a publié plusieurs études, rapports de recherche et articles ainsi qu'un livre relatant 23 expériences vécues dans le domaine de la radio participative et communautaire partout dans le monde. La série de publications *Radio Forum* se penche sur différents aspects de la radio communautaire.

Secrétariat international
3525, boul. Saint-Laurent
Bureau 611
Montréal (Québec)
H2X 2T7

☎ Téléphone: (514) 982-0351
Télécopieur: (514) 849-7129
Internet: <http://www.amarc.org>

Association québécoise de communication (AQC)

L'Association québécoise de communication a comme but de constituer un lieu d'échange, d'identification, de réflexion professionnelle et éthique pour les chercheurs universitaires du domaine des communications au Québec. Ceux qui font de la recherche en communication et les étudiants en communication peuvent devenir membres de l'AQC. L'AQC organise chaque année le colloque Communication du congrès de l'Association canadienne-française pour l'avancement des sciences (ACFAS).

Département de communication
Université de Montréal
C.P. 6128
Succursale Centre-Ville
Montréal (Québec)
H3C 3J7

☎ Téléphone: (514) 343-7807

Bureau de la statistique du Québec (BSQ)

Les produits et services offerts par le BSQ peuvent être regroupés en quatre grandes familles: la production de publications ou de rapports statistiques, la fourniture d'information statistique et de conseils méthodologiques, la réalisation d'enquêtes et la coordination. L'organisme publie une trentaine de documents par année qui contiennent des statistiques agricoles, culturelles, démographiques, économiques, financières, régionales ou sociales. Ces documents peuvent être consultés dans certaines bibliothèques (on peut communiquer par téléphone avec le BSQ pour connaître la liste des établissements). Ils sont également disponibles pour consultation au bureau du BSQ, situé dans la région de Sainte-Foy. De plus, le BSQ dispose d'une ligne téléphonique offrant divers services de renseignements ainsi qu'un site Internet fournissant gratuitement des compilations de diverses statistiques. Dans le domaine des médias et de la culture, la publication annuelle *Indicateurs d'activités culturelles au Québec* rassemble de multiples renseignements.

200, chemin Sainte-Foy
3e étage
Québec (Québec)
G1R 5T4

☎ Téléphone : (418) 691-2401
Ligne sans frais : 1 800 463-4090
Télécopieur : (418) 643-4129
Internet : <http://www.bsq.gouv.qc.ca>

BUREAU DE LA TÉLÉVISION DU CANADA (TVB)

Le Bureau de la télévision est l'organisme collectif de l'industrie de la télévision commerciale au Canada. Son rôle est de procurer aux stations membres, aux réseaux et aux représentants en ventes et en marketing, aux agences de publicité et aux annonceurs des statistiques et des analyses de pointe sur la publicité télévisée. Son centre de recherche leur fournit les plus récentes données sur l'industrie, et sa vidéothèque — la plus importante du Canada — met à leur disposition plus de 26 500 messages publicitaires. Sur le plan de la recherche, le Bureau offre aux membres, annonceurs et agences un nombre considérable de données sur la télévision et les autres médias. Il leur procure également plus de 1 000 statistiques, rapports, idées de promotion et analyses sur des secteurs aussi variés que l'agroalimentaire, l'informatique, le domaine de l'automobile ou celui des casinos. Le cahier *La Télévision*, destiné aux gens de l'industrie, constitue un recueil important de renseignements généraux ou plus précis sur la télévision : tendances d'écoute, indices selon les marchés et les régions, investissement net dans la publicité au Canada, études comparatives sur la publicité à l'échelle internationale.

Bureau de Montréal :
550, rue Sherbrooke Ouest
Bureau 980
Montréal (Québec)
H3A 1B9

☎ Téléphone : (514) 284-0425
Télécopieur : (514) 284-0698
Internet : <http://www.tvb.ca>

CANADIAN ADVERTISING RATES & DATA (CARD)

Le *CARD* est une publication mensuelle qui fournit les tarifs de publicité exigés par les différents médias canadiens (journaux, revues, radio, télévision, publicité extérieure, publicité dans les véhicules de transport en commun, etc.). Son site Internet donne des listes d'hyperliens vers des sites Web touchant aux médias canadiens : agences de publicité, publications écrites quotidiennes, périodiques spécialisés, grand public et autres, stations de radio, de télévision et annonceurs en ligne, associations et représentants de médias, etc. De plus, le *CARD* publie annuellement le magazine *Ethnic Media and Markets*, un répertoire des médias (presse écrite, radio, télévision) ethniques au Canada.

777, rue Bay
8e étage
Toronto (Ontario)
M5W 1A7

☎ Téléphone : (416) 596-5893
Ligne sans frais : 1 800 265-3561
Télécopieur : (416) 596-5222
Internet : <http://www.cardmedia.com>

CANADIAN JOURNAL OF COMMUNICATION

Revue savante publiée à l'Université Simon Fraser en Colombie-Britannique, le *CJC* met l'accent sur l'aspect canadien du journalisme et des communications. Il publie des résultats de recherche ou des comptes rendus de documents de professeurs de communication ou de journalisme, notamment du Québec.

Simon Fraser University
at Harbour Centre
515, rue Hastings Ouest
Vancouver (Colombie-Britannique)
V6B 5K3

Internet :
<http://hoshi.cic.sfu.ca/calj/cjc/>

CEDROM-SNI

Fondée en 1989, CEDROM-SNi conçoit et intègre de nouvelles techniques de production et de diffusion électronique de l'information textuelle et multimédia. Du cédérom aux inforoutes, CEDROM-SNi édite et diffuse de l'information électronique au Québec.

Son logiciel *Eureka* permet de faire de la recherche dans les archives d'une variété de quotidiens, d'hebdomadaires et de mensuels d'actualité canadiens et européens, et la répartit en trois banques de données :

«Canada actualité francophone» regroupe les textes de 14 journaux, périodiques et publications d'affaires de langue française; «Canada actualité anglophone» est une banque de données regroupant plusieurs publications canadiennes de langue anglaise; «Europe actualité francophone» est une banque de données du même type rassemblant plusieurs publications de l'Europe francophone. Ces banques de données peuvent être consultées directement dans Internet moyennant des frais d'abonnement et de consultation à la pièce. Une autre possibilité est l'abonnement au cédérom, qu'on peut d'ailleurs consulter sans frais dans certaines bibliothèques du Québec.

Bureau de Montréal: ☎ Téléphone: (514) 278-6060
Ligne sans frais (Canada): 1 800 563-5665
Télécopieur: (514) 278-5415
Internet: <http://www.eureka.cc>

Centre d'études sur les médias (CEM)

Le Centre d'études sur les médias est un organisme sans but lucratif qui cherche à favoriser le développement et l'organisation de la recherche sur les médias canadiens et étrangers. Il agit aussi comme un projecteur braquant ses feux sur les problèmes inhérents à la profession. Touchant principalement aux médias traditionnels — presse écrite, radio et télévision (et leurs modes de distribution: câblodistribution, radiodiffusion directe par satellite) —, le Centre s'intéresse également aux télécommunications, à la publicité de même qu'aux nouveaux médias qui naissent avec Internet. Les projets du Centre d'études sur les médias reçoivent un appui financier du ministère de la Culture et des Communications du Québec. Par ailleurs, le Centre compte deux partenaires universitaires: le Département d'information et de communication de l'Université Laval et l'École des Hautes Études Commerciales (HEC) de l'Université de Montréal. Son conseil d'administration est formé de représentants d'universités, de gouvernements et de l'industrie des médias.

Dans le site Internet du CEM, la section Actualités-médias offre quotidiennement un résumé de nouvelles relatives aux médias. De plus, les chercheurs et les collaborateurs du Centre ont publié des articles, des livres ou des chapitres de livres qu'on peut commander dans Internet ou par téléphone. Également, les collections «Cahiers-médias» et «Images & monde» cernent des problématiques d'actualité. On peut consulter les titres des publications et la table des matières de certains numéros directement dans Internet. Finalement, le Centre d'études sur les médias est à l'affût des tendances qui se dessinent tant ici qu'à l'étranger. On peut trouver dans le site des capsules renfermant des données, des informations et des résultats de recherches récentes touchant divers aspects de l'industrie.

Faculté des arts
Pavillon Casault, local 5604
Université Laval
Sainte-Foy (Québec)
G1K 7P4

Téléphone: (418) 656-3235
Télécopieur: (418) 656-7807
Internet: <http://www.cem.ulaval.ca>

COMMUNICATION

Revue publiée à l'Université Laval, *Communication* traite des recherches et des pratiques en communication et information. Dans son site Internet, la section «Liste des anciens numéros» présente un index des articles parus depuis le premier numéro à l'automne 1975.

Pavillon Casault, local B-5420
Université Laval
Sainte-Foy (Québec)
G1K 7P4

Téléphone: (418) 656-7588
Télécopieur: (418) 656-7807
Internet: <http//poste167-198.com.ulaval.ca/publication/revue_com>

CONSEIL DE LA RADIODIFFUSION ET DES TÉLÉCOMMUNICATIONS CANADIENNES (CRTC)

Organisme public autonome, le CRTC est chargé de réglementer et de surveiller les entreprises canadiennes de radiodiffusion et de télécommunication dans le but de servir l'intérêt public. Le CRTC compile annuellement des chiffres sur la radio privée, la télévision, la câblodistribution, les services de télévision payants et spécialisés. Ces relevés statistiques peuvent être consultés directement au bureau du CRTC. Quelques statistiques sont également présentées dans le site Internet de l'organisme, qui regorge d'informations. On y trouve d'ailleurs les avis publics et décisions du Conseil émis depuis 1984; les communiqués et discours publiés depuis 1995; les organigrammes des entreprises canadiennes du secteur de la radiodiffusion; les annonces des événements à venir dans les domaines de la radiodiffusion et des télécommunications ; les transcriptions d'audiences ainsi que des études et rapports divers.

Au Québec :
405, boul. de Maisonneuve Est, B-2300
Montréal (Québec)
H2L 4J5

Téléphone : (514) 283-6607
Télécopieur : (514) 283-3689
Internet : <http://www.crtc.gc.ca>

Bureau principal :
Les Terrasses de la Chaudière
Édifice central
1, promenade du Portage
Hull (Québec)
J8X 4B1

Téléphone : (819) 997-0313
Télécopieur : (819) 994-0218
Internet : <http://www.crtc.gc.ca>

Éditions Info Presse

Les Éditions Info Presse publient des outils pratiques destinés aux professionnels du milieu des communications et de la chaîne graphique. Le magazine *Info Presse Communications*, publié 10 fois l'an, traite de publicité, de médias, de marketing et d'autres sujets reliés aux communications. On y trouve périodiquement des statistiques sur la télévision, la radio et la presse écrite. Les Éditions Info Presse publient également deux suppléments annuels au magazine *Info Presse Communications*. D'abord, *Le Guide annuel de la communication* offre le répertoire annuel des agences de publicité et des entreprises de services en communication. Il contient, entre autres, un classement des principales agences de publicité, de marketing et de relations publiques au Québec. On y trouve des données sur leur effectif, leur chiffre d'affaires, les villes où ils exercent leurs activités et leurs principaux clients. Ensuite, le *Guide annuel des médias* offre plusieurs statistiques démographiques, des données quantitatives et qualitatives sur les médias au Québec : télévision, radio, magazines, affichage, quotidiens, hebdomadaires, médias ethniques, nouveaux médias.

4316, boul. Saint-Laurent
Montréal (Québec)
H2W 1Z3

Téléphone : (514) 842-5873
Télécopieur : (514) 842-2422
Internet : <http://www.infopresse.com>

FÉDÉRATION PROFESSIONNELLE DES JOURNALISTES DU QUÉBEC (FPJQ)

Fondée en 1969, la Fédération professionnelle des journalistes du Québec compte aujourd'hui plus de 1400 membres dans les médias écrits et électroniques. C'est la plus importante association de journalistes du Québec. Elle réunit, sur une base entièrement volontaire, tous ceux et toutes celles qui ont le journalisme comme occupation principale, régulière et rémunérée pour le compte d'une ou de plusieurs entreprises de presse québécoises. La FPJQ défend la liberté de presse et les droits professionnels des journalistes. Elle offre en outre à ses membres un abonnement au magazine *Le 30*, le seul magazine québécois consacré au journalisme. Celui-ci paraît 10 fois par année. Fondé en 1976, *Le 30* produit des dossiers, des reportages, des commentaires, des analyses sur la pratique du métier de journaliste et sur les diverses questions touchant le monde de la presse et la liberté d'information au Québec et ailleurs dans le monde. C'est une publication utile pour qui veut rester en contact avec le milieu journalistique et participer aux débats qui y ont cours, tout en étant informé des programmes et activités qui s'adressent spécifiquement aux journalistes. Les titres des articles sont répertoriés dans le site Internet de la Fédération, et ceux parus depuis 1997 y sont diffusés dans leur version intégrale.

1012, avenue du Mont-Royal Est
Bureau 105
Montréal (Québec)
H2J 1X6

☎ Téléphone : (514) 522-6142
Télécopieur : (514) 522-6071
Internet : <http://www.fpjq.org>

FINANCIAL POST 500

Le *Financial Post 500*, publié une fois l'an, est un magazine spécialisé dans les affaires qui offre au lecteur plusieurs classements des plus grandes entreprises selon différents critères tels que les revenus, les profits, le nombre d'employés, etc. Entre autres, le *Top 500 Rankings* et *The Next 300* constituent ensemble le répertoire des 800 plus grandes entreprises canadiennes en fonction de leur revenu. Ces tableaux sont accompagnés de renseignements supplémentaires tels que le rang de chaque entreprise selon son capital actif et selon son revenu net. Le nombre d'employés est également spécifié ainsi que le nom de l'actionnaire majoritaire. Finalement, un code d'industrie accompagnant chaque entreprise permet au lecteur de la classer dans le secteur de la radiodiffusion/câble, de la presse écrite, de la téléphonie, des télécommunications, etc.

333, rue King Est ☎ Téléphone: (416) 350-6172
Toronto (Ontario)
M5A 4N2

GROUPE DE RECHERCHE SUR LES JEUNES ET LES MÉDIAS — LABORATOIRE DE RECHERCHE SUR LES NOUVELLES TECHNOLOGIES (GRJM/LRNT)

Le GRJM-LRNT réalise des recherches fondamentales et appliquées afin de mieux comprendre et de mettre à profit le potentiel des médias et des nouvelles technologies à des fins de divertissement, d'information ou d'éducation. Subventionné par des fondations, des programmes gouvernementaux et des organismes privés, le GRJM-LRNT s'intéresse à deux volets de recherche: le rôle de la télévision dans la société ainsi que son influence sur le développement des enfants; l'influence des transformations technologiques sur les habitudes des individus et leur façon de percevoir ces nouvelles technologies. Les publications du Groupe sont annoncées dans Internet. Elles traitent d'un ensemble de sujets touchant les jeunes et la télévision, dont la programmation et l'écoute télévisuelle, l'éducation critique aux médias, la recherche formative et les nouvelles technologies.

Département de communication
Université de Montréal
C.P. 6128, succ. Centre-Ville
Montréal (Québec)
H3C 3J7

☎ Téléphone: (514) 343-7739
Internet: <http://www.fas.umontreal.ca/COM/imagination>

INDUSTRIE CANADA

Industrie Canada, qui relève du ministère de l'Industrie, a pour mission de favoriser l'essor d'une économie canadienne concurrentielle, axée sur le savoir. Les programmes du ministère visent à encourager le développement industriel et technologique, à stimuler la recherche scientifique, à établir la politique des télécommunications, à promouvoir l'investissement et le commerce, à favoriser la croissance de la petite entreprise et l'essor du tourisme, et à élaborer les règles et les services qui assureront le bon fonctionnement du marché. Dans le site Internet d'Industrie Canada, sous la rubrique « Salle des nouvelles », on trouve les communiqués de presse, bulletins d'information et discours produits par le ministère depuis les dernières années. De plus, la rubrique « Publications » répertorie une quantité de renseignements sur les programmes sous diverses présentations imprimées, dont certaines sont présentées directement en ligne. Les publications sont regroupées selon différentes divisions : Bureau de la concurrence ; Centre de recherches sur les communications ; Groupe de travail sur le commerce électronique ; Industrie Canada en partenariat avec d'autres ministères et organismes fédéraux ; Politique industrielle et scientifique ; Programmes et services généraux et autres ; Secteur de l'industrie ; Secteur des opérations ; Spectre, technologies de l'information et télécommunications.

Région du Québec : ☎ Téléphone : (514) 496-1797
5, Place Ville-Marie Télécopieur : (514) 283-2247
7e étage Internet : <http://www.ic.gc.ca/>
Montréal (Québec)
H3B 2G2

INFO-TECH MAGAZINE

Né de la fusion en 1993 des magazines *Informatique & Bureautique* et *Info Log*, *Info-Tech Magazine* se veut le reflet de l'industrie des nouvelles technologies de l'information et des communications au Québec. Périodique destiné aux gestionnaires et aux utilisateurs déjà initiés aux technologies de l'information, il présente les réalisations et les innovations québécoises, sans négliger les actualités d'envergure internationale.

5148, boul. Saint-Laurent ☎ Téléphone : (514) 273-9773
Montréal (Québec)
H2T 1R8

INSTITUT CANADIEN DE L'ÉDUCATION DES ADULTES (ICEA)

L'ICEA est l'une des plus vieilles associations éducatives du Canada. Créé en 1946, il regroupe des associations québécoises et canadiennes francophones et des individus qui ont pour objectif de favoriser un accès égal aux connaissances et à la culture. Parmi ses diverses publications, qui sont annoncées dans Internet, l'Institut publie un bulletin d'information bimestriel.

5225, rue Berri
Bureau 300
Montréal (Québec)
H2J 2S4

Téléphone : (514) 948-2044
Télécopieur : (514) 948-2046
Internet : <http://www.communautique.qc.ca/icea>

INSTITUT DE LA PUBLICITÉ CANADIENNE (ICA)

L'ICA est une association canadienne représentant les agences de publicité dans un large éventail d'activités. L'Institut offre diverses publications sur le monde de la publicité. Toutefois, la plupart de ces documents ne sont disponibles que pour les membres.

2300, rue Yonge
Bureau 500
C.P. 2350
Toronto (Ontario)
M4P 1E4

Téléphone : (416) 482-1396
Ligne sans frais : 1 800 567-7422
Télécopieur : (416) 482-1856
Internet : <http://www.ica-ad.com>

LABORATOIRE D'ÉCONOMIE INDUSTRIELLE DES MÉDIAS (LEIM)

Le Laboratoire d'économie industrielle des médias s'intéresse aux industries culturelles ainsi qu'à celles de la publicité et des relations publiques. Les travaux qui y sont réalisés concernent notamment la désignation et l'analyse des produits culturels à succès, la genèse, l'organisation et l'économie des industries culturelles, l'analyse de contenus publicitaires, la diffusion et la réception des produits culturels de même que l'éthique de la communication publicitaire. Le LEIM est rattaché au Centre de recherche en littérature québécoise (CRELIQ), un organisme multidisciplinaire et interuniversitaire voué à l'étude du domaine littéraire québécois.

Département de communication
Université de Montréal
C.P. 6128, succursale Centre-Ville
Montréal (Québec)
H3C 3J7

☎ Téléphone : (514) 343-6111, poste 5451

LABORATOIRE DE RECHERCHE EN COMMUNICATION MULTIMÉDIA (LRCM)

Le Laboratoire de recherche en communication multimédia est issu d'une collaboration entre la compagnie Apple Canada Inc., le Département de communication de l'Université de Montréal, le Département d'informatique et de recherche opérationnelle et la Faculté de musique. Mis sur pied en 1992, le LRCM travaille, entre autres, à l'élaboration d'environnements d'apprentissage multimédias à base de connaissances dans le domaine médical, à la création de sites sur l'autoroute électronique, à l'analyse et à la conception ergonomiques d'interfaces pour divers systèmes informatiques.

Département de communication
Université de Montréal
C.P. 6128, succursale Centre-Ville
Montréal (Québec)
H3C 3J7

☎ Téléphone : (514) 343-6111, poste 5441 ou 1616

LABORATOIRE DE RECHERCHE SUR LES POLITIQUES DE COMMUNICATION (LRPC)

Créé en 1994 à l'Université de Montréal, le LRPC réalise des recherches fondamentales et appliquées sur les politiques publiques des médias de masse, des télécommunications et des industries culturelles. Dans cette perspective, son attention se porte sur les stratégies et les interventions des acteurs institutionnels, économiques et socioculturels qui cherchent à influer sur les transformations actuelles dans l'environnement global de la communication médiatisée. Le LRPC est responsable de l'organisation des activités du Fonds Graham Spry pour la radiodiffusion publique, une fondation privée créée simultanément à l'Université de Montréal et à l'Université Simon Fraser de Vancouver.

Département
de communication
Université de Montréal
C.P. 6128, succ. Centre-Ville
Montréal (Québec)
H3C 3J7

Téléphone : (514) 343-6111, poste 5419
Télécopieur : (514) 343-2298
Internet :
<http://www.fas.umontreal.ca/COM/lrpc>
<http://www.fas.umontreal.ca/COM/spry>

LE JOURNALISTE QUÉBÉCOIS

Le journaliste québécois est un site Internet contenant le répertoire des médias québécois le plus complet jusqu'ici dans ce réseau. Une autre rubrique, le « Répertoire des répertoires », contient les plus importantes ressources pour journalistes dans le Web. Le site offre aussi de l'information sur la pige et le pigiste, des réflexions sur les médias, sur l'éthique et sur les études en journalisme. *Le journaliste québécois* édite également la publication électronique *Médianet*, qui s'intéresse à l'entrée des médias traditionnels dans Internet. *Médianet* vise à donner des indications, des pistes et de l'information ainsi qu'à susciter des réflexions salutaires sur les tendances en cours dans l'univers que constitue Internet.

Internet : <http://www.cam.org/~paslap>

MINISTÈRE DE LA CULTURE ET DES COMMUNICATIONS DU QUÉBEC

Les champs de compétence du ministère de la Culture et des Communications incluent les industries culturelles, les médias, les télécommunications, la télédistribution, les nouvelles technologies de l'information, le multimédia et les inforoutes. La Direction de la recherche du Secteur des communications et de l'action stratégique fournit de l'information et des analyses à partir d'études axées tant sur le développement des secteurs de la culture et des communications que sur les habitudes de consommation et la description des entreprises de ces secteurs. De plus, la Direction des médias et des télécommunications planifie les stratégies d'action nécessaires pour assurer le développement du secteur des médias et des télécommunications, et contribue à leur mise en œuvre. Pour ce faire, elle dresse et met à jour, de façon périodique, un tableau de la situation des différentes questions relatives aux secteurs des médias et des télécommunications. La Direction des inforoutes et du multimédia, quant à elle, dispose d'une connaissance actualisée du secteur des inforoutes et de celui du multimédia. Elle diffuse cette information auprès des autorités du ministère et des intervenants publics et privés de ce secteur.

Chaque année, le ministère publie différentes études portant sur les médias, lesquelles sont disponibles pour consultation dans certains endroits stratégiques. Pour connaître la liste des bibliothèques dépositaires, on peut consulter le site Web ou communiquer directement avec le ministère. Les rapports d'études, dont certains sont disponibles dans Internet, présentent les résultats des recherches ou analyses réalisées par la Direction ou pour son compte. Les rapports statistiques offrent une sélection de données démographiques sur les professions et les comportements culturels, ainsi que la situation des entreprises et organismes à partir d'un bilan d'un ou de plusieurs secteurs d'activité culturels. Des résumés d'études réalisées depuis 1990 figurent dans le site Internet du ministère et certaines enquêtes y sont même présentées dans leur version intégrale. Notons toutefois qu'à la suite des compressions budgétaires des dernières années, le nombre d'enquêtes réalisées par le ministère a diminué de façon considérable, sans compter que plusieurs rapports contiennent de l'information plus ou moins récente.

Édifice Guy-Frégault
225, Grande Allée Est
Québec (Québec)
G1R 5G5

Renseignements généraux
☎ Téléphone : (418) 643-2183
Télécopieur : (418) 643-4457
Direction des communications
☎ Téléphone : (418) 643-6300
Télécopieur : (418) 643-4457
Internet : <http://www.mcc.gouv.qc.ca>

Ministère du Patrimoine canadien

L'objectif du ministère du Patrimoine canadien consiste à créer au Canada un environnement concurrentiel et durable propice à la production et à la diffusion de contenu canadien dans tous les médias, notamment la presse écrite, le cinéma, la radio, la télévision, l'édition, la vidéo, l'enregistrement sonore et le multimédia. Le site Internet de ce ministère offre des renseignements sur les programmes et les politiques favorisant le développement culturel. De plus, il présente des études effectuées par le ministère ou par des tiers (commissions, consultants, etc.) contenant de l'information sur des questions de développement culturel.

25, rue Eddy	Téléphone : (819) 997-0055
4e étage	Internet : <http://www.pch.gc.ca>
Hull (Québec)	
K1A OM5	

Publicité-Club de Montréal (PCM)

Né du besoin de promouvoir les intérêts des communicateurs du Québec, le Publicité-Club de Montréal est aujourd'hui une des plus importantes associations de communicateurs du pays. Association sans but lucratif, elle regroupe près de 1000 professionnels de l'industrie des communications venant des agences, des médias, des annonceurs, des maisons de production et des entreprises connexes. Le PCM réalise des études portant sur l'industrie de la publicité au Québec, en collaboration avec le gouvernement du Québec et d'autres agents du milieu. Par ses recherches, il vise à offrir une information de pointe sur des aspects spécifiques de l'industrie. Des comptes rendus sommaires des derniers résultats de recherche sont présentés dans le site Internet de l'association. On peut également consulter ou se procurer les rapports de recherche en se rendant directement au bureau du PCM.

500, rue Sherbrooke Ouest	Téléphone : (514) 842-5681
Bureau 1220	Télécopieur : (514) 842-8836
Montréal (Québec)	Internet : <http://pcm.infinit.net>
H3A 3C6	

Regroupement des médias alternatifs du Québec (Altermedia)

Altermedia a pour objectifs de rassembler dans une banque de données accessible dans Internet les principaux médias alternatifs du Québec (communautaires, étudiants, etc.), de les faire connaître et d'en promouvoir la fréquentation. Il en est encore à ses tout débuts.

Internet: <http://cafe.rapidus.net/espaces/altermedia>

RÉSEAU ÉDUCATION-MÉDIAS

Le Réseau Éducation-Médias est un organisme sans but lucratif qui s'intéresse à l'éducation par les médias et qui analyse l'influence de ceux-ci sur les enfants et les adolescents. Ce réseau est à la fois un centre d'information et un lieu de partage d'idées et d'initiatives, et vise à promouvoir l'éducation médiatique à la maison, à l'école et dans les autres lieux communautaires. Le site du Réseau fournit des fiches d'exercices pour les enseignants ainsi que du matériel de soutien pour les élèves et aborde un grand nombre de sujets relevant du domaine des médias. Il offre également des ressources pour aider parents et éducateurs à mieux gérer les médias à la maison et à la garderie, ainsi que de l'information aux consommateurs sur la qualité des médias destinés aux enfants, sur la programmation télévisuelle, les vidéos, les films, les jeux vidéo et les logiciels. Le Réseau organise des groupes de discussion en ligne pour les enseignants, les élèves et les parents, et s'emploie à brosser un tableau le plus complet possible de l'industrie des médias québécois et canadiens, avec ses codes et sa réglementation.

1500, chemin Merivale
3e étage
Nepean (Ontario)
K2E 6Z5

Téléphone: 1 800 896-3342
Internet: <http://www.media-awareness.ca>

RÉSEAU ORBICOM

ORBICOM est un réseau international qui rassemble des gens des cercles universitaire, médiatique, corporatif et gouvernemental en communication pour stimuler l'échange d'information et l'élaboration de projets conjoints concernant la communication internationale et l'impact des différents moyens de communication.

ORBICOM est soutenu par des institutions internationales, des médias, des gouvernements et des entreprises. Créé conjointement en 1994 par l'Unesco et l'Université du Québec à Montréal (UQAM),

ORBICOM compte actuellement des chaires universitaires dans 22 pays ainsi que 229 membres associés. Chacune de ces chaires regroupe des experts en communication provenant des secteurs privé et public.

Le Réseau ORBICOM exerce son approche dans sept secteurs clés d'expertise: les communications et le développement international; les politiques nationales d'information et le droit des communications; l'accès, le transfert et les usages des nouvelles technologies (NTIC); le développement stratégique; le développement et l'administration des médias; les relations publiques, les affaires publiques et la publicité; l'éthique et la formation professionnelle en journalisme, en relations publiques et dans les autres secteurs des communications. Dans l'ensemble de ces secteurs, ORBICOM élabore des projets de recherche, d'enseignement, de formation et de publication qui conduisent à des processus de communication plus participatifs.

C.P. 8888
Succursale Centre-Ville
Montréal (Québec)
H3C 3P8

☎ Téléphone: (514) 987-8743
Télécopieur: (514) 987-0249
Internet: <http://www.orbicom.uqam.ca>

Société canadienne des relations publiques (SCRP)

La SCRP est une association professionnelle qui compte 1700 membres au Canada. Le Centre national de documentation de la SCRP renferme une foule d'études de cas et de travaux primés en relations publiques, en français et en anglais. Les membres peuvent s'abonner, à prix réduit, à *Tactics* et à *Strategist* par l'entremise du bureau national de la SCRP. *Tactics* est un tabloïd mensuel renfermant des nouvelles, des tendances et des conseils pratiques qui intéressent les relationnistes. *Strategist* est un magazine trimestriel traitant de la gestion des relations publiques. Ces périodiques sont publiés par la Public Relations Society of America, qui a autorisé la SCRP à les vendre au Canada. Le site de la Société diffuse quelques articles parus récemment sur la profession de consultant en relations publiques, sur les travailleurs de ce domaine ainsi que sur les clients.

220, avenue Laurier Ouest
Bureau 720
Ottawa (Ontario)
K1P 5Z9

☎ Téléphone: (613) 232-1222
Télécopieur: (613) 232-0565
Internet: <http://www.cprs.ca>

Société des relationnistes du Québec (SRQ)

La Société des relationnistes du Québec offre plusieurs données dans son site Internet. La rubrique «Statistiques» présente un tableau de la profession de relationniste au Québec et un profil des membres de la SRQ. La rubrique «Près de 50 ans d'histoire» offre pour sa part un historique de la Société. Enfin, la rubrique «À la une» répertorie des résumés d'articles de la presse écrite canadienne portant sur les relations publiques, publiés entre avril 1996 et octobre 1998.

Internet: <http://www.planetcom.net/srq>

Sondages BBM

Fondé en 1944, Sondages BBM est un organisme sans but lucratif qui fournit des cotes d'écoute et des données sur l'auditoire de la radio, de la télévision et des médias interactifs à ses membres. Ces derniers représentent près de 1000 sociétés: radiodiffuseurs, télédiffuseurs, annonceurs, agences de publicité, etc. Les données sont regroupées sous forme de tendances par tranche horaire et elles sont présentées selon les régions, les groupes d'âge, les stations, les émissions, etc. Comme les membres paient pour obtenir ce genre de données, il n'est pas possible de se les procurer gratuitement. De plus, il est interdit aux membres de transmettre aux non-membres les renseignements contenus dans les rapports. Par contre, on peut consulter les rapports de l'année précédente dans certaines bibliothèques, dont on peut obtenir la liste en communiquant avec le bureau BBM.

Bureau du Québec:
615, boul. René-Lévesque Ouest
Bureau 750
Montréal (Québec)
H3B 1P5

Téléphone: (514) 878-9711
Télécopieur: (514) 878-4210
Internet: <http://www.bbm.ca>

Statistique Canada

Statistique Canada est l'organisme de statistique national du pays. Ses programmes sont divisés en trois grands domaines: la statistique démographique et sociale, la statistique socioéconomique et la statistique économique. Statistique Canada publie annuellement le document *Liens de parenté entre sociétés* (n° 61-517). Celui-ci regroupe l'ensemble des entreprises canadiennes, présentées avec leurs propriétaires et leurs filiales. Ces listes sont idéales pour la réalisation d'organigrammes. De plus, parmi les documents de Statistique Canada portant sur les cultures québécoise et canadienne, deux études regroupent une grande part de l'information recueillie dans ce domaine. Il s'agit de l'enquête trimestrielle *La culture en perspective* (n° 87-004) et de l'enquête annuelle *Le Canada, sa culture, son patrimoine et son identité* (n° 87-211). Certaines statistiques relatives à ces enquêtes ainsi qu'à d'autres études sont disponibles gratuitement dans le site Internet de Statistique Canada. Le catalogue des différentes publications y est également présenté. Des renseignements peuvent également être obtenus par téléphone aux différents bureaux de Statistique Canada. Les publications de l'organisme sont disponibles dans différents centres de consultation régionaux, bibliothèques et autres distributeurs des données de Statistique Canada. Pour en connaître la liste, on peut consulter le site Internet ou téléphoner directement à un des bureaux de Statistique Canada.

Région du Québec:
Complexe Guy-Favreau
200, boul. René-Lévesque Ouest
Tour Est, 4e étage
Montréal (Québec)
H2Z 1X4

Renseignements: (514) 283-5725
Ventes: (514) 283-2642
Ligne sans frais: 1 800 263-1136
Télécopieur: (514) 283-9350
Internet: <http://www.statcan.ca>

SYNDICAT CANADIEN DES COMMUNICATIONS, DE L'ÉNERGIE ET DU PAPIER (SCEP)

Ce regroupement relativement nouveau est né de la fusion de trois syndicats en 1992 et il compte actuellement 150000 membres. Il regroupe des travailleurs d'usines de pâtes et papiers et de compagnies de téléphone ainsi que des graphistes, des imprimeurs, des journalistes, des gens de la radio et de la télévision, et des camionneurs. L'organisation diffuse *Le Journal SCEP en ligne*, dont les articles parus depuis 1997 sont publiés dans Internet.

Bureau de Montréal:
545, boul. Crémazie Est
Bureau 1401
Montréal (Québec)
H2M 2V1

Téléphone: (514) 384-9000
Télécopieur: (514) 384-9988
Internet: <http://www.cep.ca>

VIDÉAZIMUT

Vidéazimut est une organisation non gouvernementale internationale qui réunit les praticiens de la vidéo indépendante et de la télévision ainsi que des organisations d'Afrique, d'Asie, d'Amérique latine et d'Amérique du Nord qui se consacrent à la démocratisation des communications. Son effectif, issu de 45 pays, rassemble des stations de télévision communautaires, des producteurs indépendants, des organismes non gouvernementaux actifs dans le domaine des communications sociales, des médiathèques communautaires ainsi que des chercheurs en communication. La liste de ses membres comprend également des associations régionales. En tout, Vidéazimut réunit plus de 12000 personnes qui toutes encouragent dans leur communauté l'utilisation des médias alternatifs.

Vidéazimut a organisé en 1998 une conférence virtuelle dans Internet portant sur «le droit à communiquer et la communication des droits». Cette conférence a examiné la façon dont les politiques et la réglementation dans le domaine des communications assurent l'accès à l'information et aux équipements tout en garantissant une participation du public aux médias et à l'élaboration des politiques nationales et mondiales de la communication.

3680, rue Jeanne-Mance	☎ Téléphone : (514) 982-6660
Bureau 430	Télécopieur : (514) 982-6122
Montréal (Québec)	Internet : <http://www.videazimut.org>
H2X 2K5	

ANNEXE II

*Profils et organigrammes des entreprises privées les plus importantes du secteur médiatique au Québec et au Canada**

* Il est à noter que la plupart des organigrammes ont été conçus avec des sources datant de l'année 1998. Les changements dans la propriété de certaines entreprises entre 1998 et 1999 sont mentionnés dans les notes intégrées dans les organigrammes.

SOMMAIRE

ANGLO-CANADIAN TELEPHONE CO.

(*Figure AII.1*)

La compagnie Anglo-Canadian Telephone procure des services téléphoniques et de télécommunication au moyen de deux filiales téléphoniques, BCT.Telus et Le Groupe QuébecTel inc.

Avant la formation de BCT.Telus en 1999, BC TELECOM, par l'entremise de sa filiale en propriété exclusive BC TEL, détenait et exploitait le système téléphonique desservant la quasi-totalité de la population de la Colombie-Britannique. BC TELECOM était d'ailleurs la plus importante compagnie de téléphone de l'Ouest canadien. Depuis sa fusion avec Telus, troisième compagnie de téléphone en importance au Canada, la nouvelle division BCT.Telus constitue la deuxième entreprise de télécommunication au Canada. Maintenant plus à même de concurrencer Bell Canada, BCT.Telus s'active présentement à étendre son réseau de fibres optiques à l'est du Canada. Le groupe BCT.Telus poursuit également des discussions avec la compagnie téléphonique QuébecTel en vue d'une possible fusion.

Pour ce qui est du Groupe QuébecTel, il affirme aujourd'hui sa compétence dans le marché des télécommunications informatisées et continue d'investir largement dans les technologies de pointe. Le territoire desservi par cette filiale couvre près de 40% de la superficie habitée du Québec.

Sources: Anglo-Canadian Telephone Co., rapport annuel 1997; *Le Devoir,* 15 octobre 1998, p. B4; *Le Devoir,* 12 mai 1999.

FIGURE AII.1
Anglo-Canadian Telephone Co.

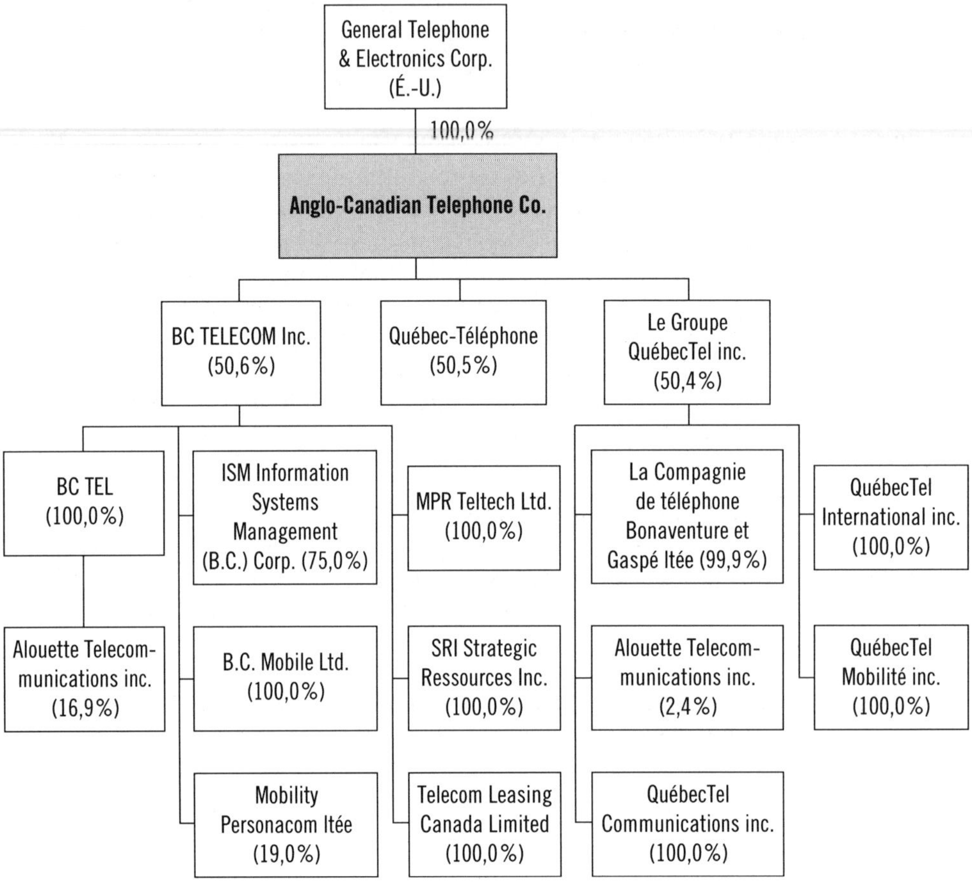

Note : En 1998, la filiale BC Telecom a fusionné avec l'entreprise Telus. De cette fusion est née la division BCT.Telus.

Source : Statistique Canada, *Liens de parenté entre sociétés*, 1998, n° 61-517 au catalogue.

Astral Communications inc.

(*Figure AII.2*)

Le Groupe de radiodiffusion Astral est le plus grand fournisseur de services de télévision à la carte et de télévision payante et spécialisée, en français et en anglais, au Canada. De plus, il compte parmi les grands partenaires financiers de l'industrie de la production sur le territoire canadien. Il est actif également dans les domaines de l'impression de copies d'exploitation de films distribués en salle, du transfert de pellicules de film sur bande vidéo, et de la fabrication de logiciels et de divertissement multimédias, et détient une participation de 24,4% dans Radiomutuel, une grande entreprise de communication au Québec dans les secteurs de la télévision spécialisée, de la radio et de l'affichage extérieur.

Sur le plan des services télévisuels, Astral détient, en propriété exclusive, trois chaînes spécialisées francophones (Canal Famille, Canal D et Télétoon) tout en étant partenaire à 50% dans deux autres chaînes qui entreront prochainement en ondes (Canal Fiction et Canal Histoire). Le groupe possède également le canal payant francophone Super Écran. Du côté anglophone, il possède, en totalité ou en partie, deux services spécialisés (Teletoon et The Comedy Network), trois services payants (MoviePix, The Family Channel et The Movie Network) et est le plus important actionnaire des services à la carte Viewer's Choice et Canal Indigo.

Ces dernières années, Astral s'est départi de ses avoirs dans la distribution d'émissions de télévision ainsi que dans le développement photographique afin de concentrer davantage ses activités en radiodiffusion.

Parmi ses nombreux projets d'alliances et d'acquisitions, Astral est devenu actionnaire majoritaire de Radiomutuel en 1999, ce qui lui permettra de diriger en tout ou en partie 9 des 15 services spécialisés francophones au Québec ainsi que 13 stations radiophoniques.

Sources: Astral Communications inc., rapport annuel 1997; *Le Devoir*, 30 mai 1997, p. A7; *Le Devoir*, 12 décembre 1997, p. A10; *Le Devoir*, 9 février 1999, p. B4; *Le Devoir*, 9 juin 1999, p. A1 et A10.

FIGURE AII.2
Astral Communications inc.

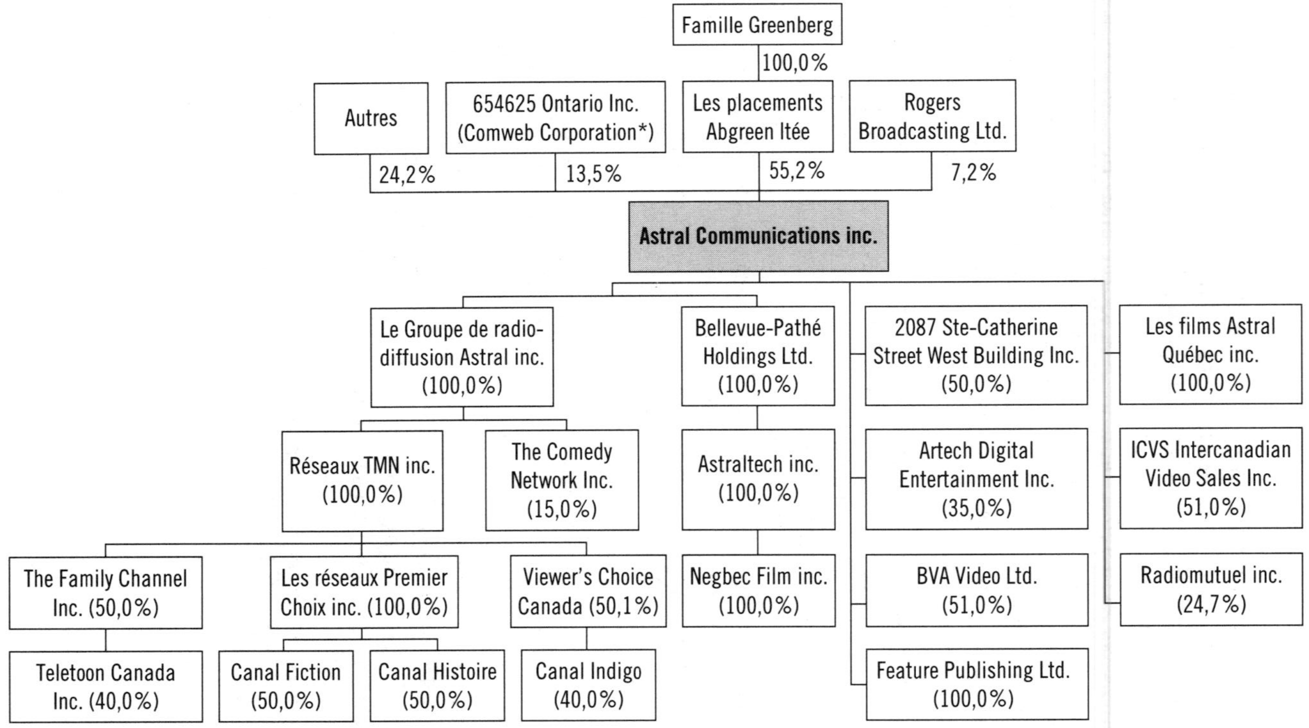

* Comweb Corporation est une filiale à 50 % du Groupe Bronfman.

Note : En 1999, le Groupe de radiodiffusion Astral inc. est devenu actionnaire majoritaire de Radiomutuel inc.

Sources : Statistique Canada, *Liens de parenté entre sociétés*, 1998, n° 61-517 au catalogue ; Astral Communications inc., rapport annuel 1997 ; CRTC, Division Analyse des sociétés, *Propriétés multiples — Sociétés de portefeuille et titulaires, Groupe Astral*, n° 60, juin 1999.

BCE Inc.

(Figure AII.3)

BCE est une entreprise de télécommunication dont les intérêts englobent tous les secteurs de l'industrie, du service téléphonique à la télévision par satellite, de la fabrication de matériel à l'intégration de systèmes, de l'édition d'annuaires téléphoniques à Internet.

La filiale Bell Canada, dont 20% des actions appartiennent depuis 1999 à l'entreprise américaine Ameritech Corporation, offre des services évolués de transmission de la voix, de données et d'images à plus de sept millions de clients d'affaires et de résidences au Québec et en Ontario. L'entreprise est d'ailleurs le plus grand fournisseur de services de télécommunication du Canada. De plus, Bell Canada exploite depuis 1999 Nordia — en coentreprise avec l'américaine Excell Global Services — afin d'offrir ses services d'assistance-annuaire.

Pour ce qui est de Bell Canada International (BCI), elle est un important fournisseur de services de télécommunication dans les marchés émergents. Elle possède, met au point et exploite des systèmes de télécommunication à l'extérieur du Canada, principalement en Amérique latine et dans la région Asie-Pacifique, où elle vise surtout le secteur sans fil.

La division Radiocommunication BCE Mobile Inc., pour sa part, est une entreprise de télécommunication sans fil. Sous la bannière Bell Mobilité, elle assure des services cellulaires, des services de communication spécialisés (SCP) et des services de téléavertissement unidirectionnel et bidirectionnel au Québec et en Ontario, ainsi qu'à l'échelle nationale en tant que membre de Mobilité Canada. L'entreprise fournit également des services de données, de communications air-sol et par satellite, et vend du matériel d'abonné et des systèmes radio privés.

Quant à la division Nortel, BCE ne la possède plus qu'à 41% (anciennement à 51,1%) depuis l'acquisition par Nortel de l'entreprise californienne Bay Networks en 1998. Considérée comme étant un chef de file mondial en conception, fabrication et intégration de réseaux de communication, Nortel est maintenant présente dans 150 pays et emploie 80000 personnes. En janvier 2000, BCE a annoncé qu'elle se dépossédait des actifs qu'elle détenait dans Nortel.

En mars 1999, BCE a restructuré une partie de ses activités en créant le groupe BCE Media. Celui-ci s'occupe des réseaux de satellite connectés sur les installations de BCE, tout en servant de moteur principal aux activités de la société dans les secteurs de la télédiffusion, des services multimédias et de la programmation. Cette nouvelle filiale est responsable de la coordination des activités auparavant regroupées sous Bell Satellite ainsi que d'autres activités auparavant regroupées sous BCE. Le groupe BCE Media est divisé en quatre domaines:

Télésat Canada est le chef de file mondial dans la communication par satellite et la gestion de systèmes. Elle regroupe TMI Communications, l'un des plus importants fournisseurs de solutions de communication mobile par satellite en Amérique du Nord. Télésat possède et exploite deux satellites Anik E à double bande qui ont tous deux été lancés en 1991. Anik E1 sert principalement à relayer les communications d'affaires alors qu'Anik E2 sert à acheminer la plus grande partie des signaux de télévision au Canada. En 1999, Télésat a lancé son satellite Nimiq. Celui-ci est le premier satellite canadien de diffusion directe. Il a été conçu principalement pour le marché canadien avec la possibilité d'offrir, dans l'avenir, une couverture complète à toute l'Amérique du Nord. Parmi les clients de l'entreprise, on trouve les grandes chaînes comme Canadian Broadcasting Corporation (CBC et SRC), le Réseau CTV, le réseau de télévision Canwest-Global et Canadian Satellite Communications Inc. (Cancom). Plus de 95 signaux de télévision sont distribués par les satellites de Télésat sur une base régulière, y compris The Movie Network (TMN)/Super Channel et Super Écran, The Family Channel, Canal Famille, The Sports Network (TSN), le Réseau des Sports (RDS), MuchMusic, MusiquePlus, TV Ontario et The Knowledge Network en Colombie-Britannique. En plus de son rôle sur le marché canadien de la radiodiffusion, l'entreprise offre également à ses clients un accès facile et rapide à des réseaux privés de voix ou au réseau téléphonique public commuté.

Ensuite, BCE Media est composé de Bell ExpressVu, le premier fournisseur de services de télévision directe par satellite en importance au Canada. Celui-ci offre une programmation de divertissement et d'information aux Canadiens dans chaque région du pays. En fait, l'entreprise est active dans le secteur de la télévision numérique directe par satellite. Avec le lancement de Nimiq, elle offre plus de 200 chaînes ainsi que des services d'accès à Internet et des services de télévision haute définition depuis le 1er juillet 1999. Notons par ailleurs que les actifs de BCE dans ExpressVu sont passés de 31 % à 90 % en 1997 quand BCE a fait l'acquisition de la participation de Tee-Comm Electronics dans l'entreprise.

Troisième division de BCE Media, les Services d'affaires offrent une formation à distance interactive, la télévision corporative ainsi que des services de communication multimédia et des services de communication mobile de voix et de données.

Finalement, BCE Media compte également les Services de programmation, dont l'objectif est d'offrir des chaînes spécialisées — nouvelles et existantes — dans les deux langues officielles, des programmes radiophoniques et de musique numériques, ainsi que de la programmation européenne et internationale.

Sources: BCE Inc., rapport annuel 1997; BCE Inc., *À propos de BCE: portée des activités: média*, site Internet: <http://www.bce.ca>; BCE Media, site Internet: <http://www.bcemedia.ca>; Télésat, site Internet: <http://www.telesat.ca>; *Le Devoir*, 16 juin 1998.

CanWest Global Communications Corp.

(*Figure AII.4*)

Située à Winnipeg au Manitoba, la compagnie de radio-télédiffusion CanWest Global étend ses activités sur une grande partie du territoire canadien. Depuis son arrivée sur le marché québécois en 1997 avec le lancement du réseau de télévision Global Quebec, CanWest couvre entre 72 % et 79 % du marché canadien de la télévision de langue anglaise.

En plus de ses services de télévision traditionnels au Canada, CanWest est active dans la télévision spécialisée depuis 1997 avec le lancement de la chaîne Prime TV, destinée essentiellement aux auditeurs de 50 ans et plus.

Outre ses activités à l'intérieur du pays, CanWest est l'entreprise canadienne de radio-télédiffusion la plus diversifiée sur le plan international. En effet, ses activités de télédiffusion s'étendent en Australie, en Nouvelle-Zélande et en Irlande.

Depuis 1998, CanWest Global négocie avec Shaw Communications pour le partage des actifs de WIC Western International Communications Ltd., une entreprise qui exploite les domaines de la télévision, de la radio, du satellite et de la câblodistribution. Une entente est survenue entre les deux parties préconisant la séparation des actifs de WIC. Selon le plan présenté par les deux entreprises et qui devrait être étudié par le CRTC, CanWest devrait obtenir les neuf stations de télévision de WIC, dont CFCF (CTV) au Québec. Cette acquisition lui permettrait d'établir un réseau national de télédiffusion, WIC possédant quatre stations de télévision en Alberta, la seule province où CanWest n'est pas présente. CanWest détrônerait ainsi CTV et deviendrait le plus grand réseau de télévision privé du Canada.

Sources: CanWest Global Communications Corp., *Annual Information Form*, 27 novembre 1997; CanWest Global Communications Corp., *1998 Fact Book*; *Le Devoir*, 18 avril 1998, p. C2; *The Globe and Mail*, 19 août 1998, p. A1 et B1; *The Globe and Mail*, 18 décembre 1998, p. B4.

FIGURE AII.3
BCE Inc.

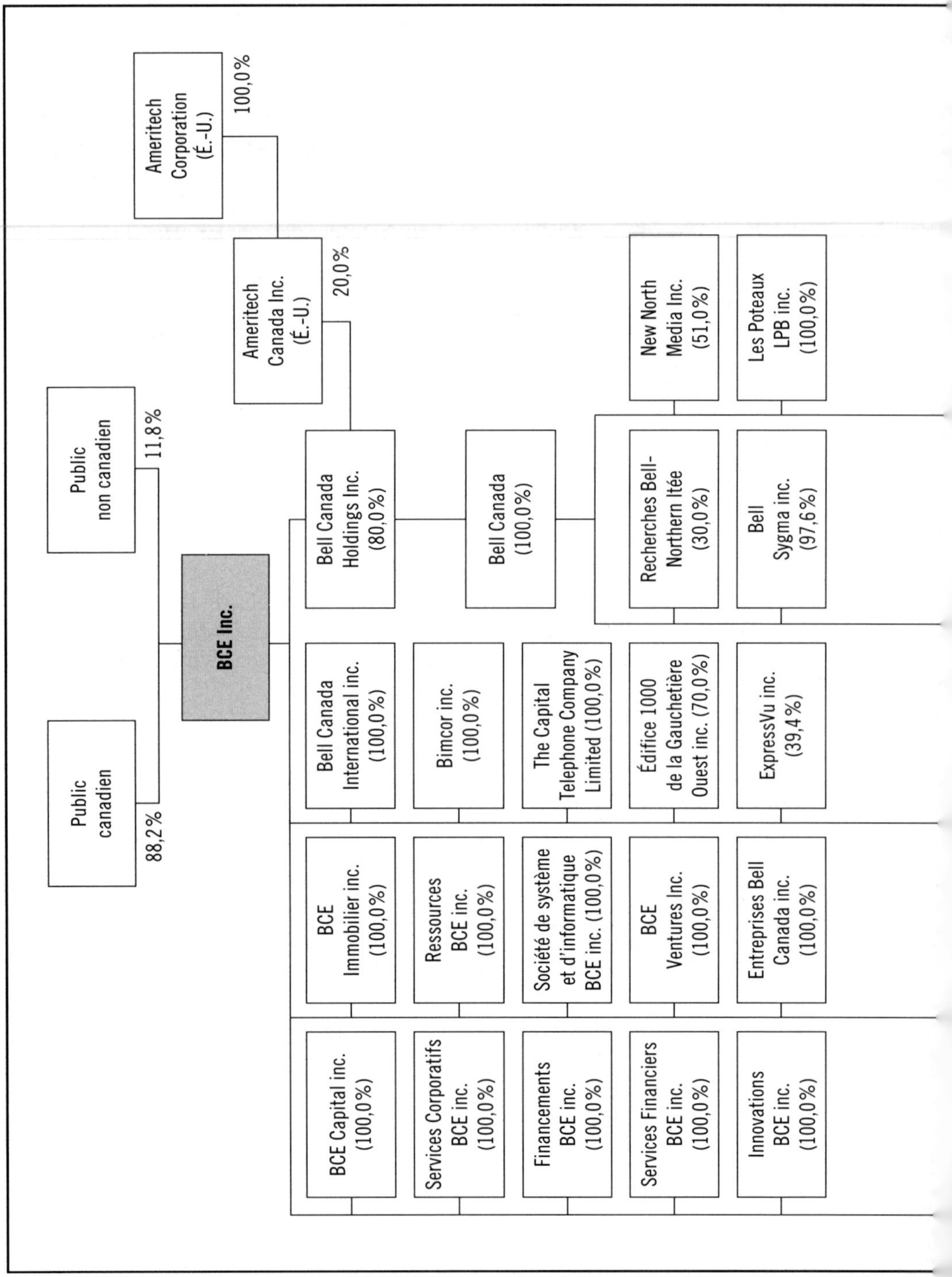

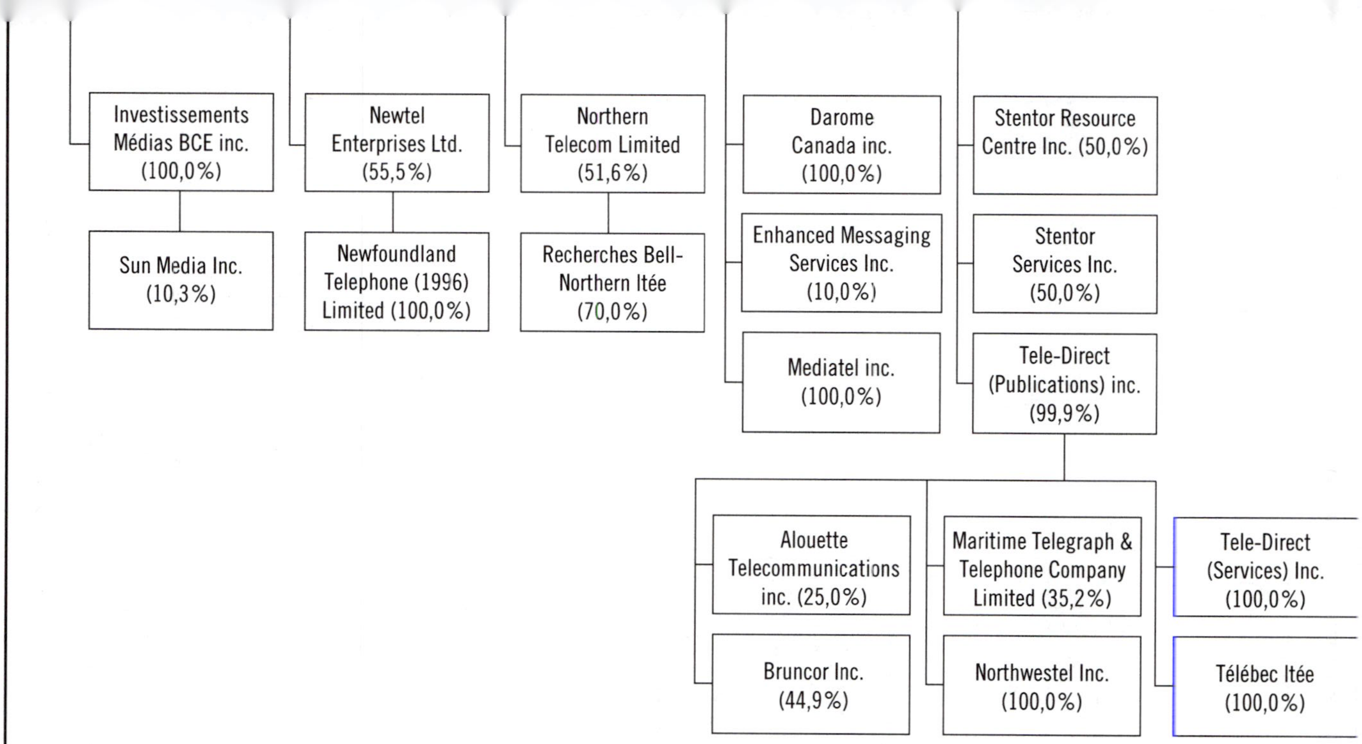

Notes : En 1997 et 1998, BCE a fait l'acquisition des actions de Tee-Comm Electronics et de WIC dans l'entreprise ExpressVu. Possédant la totalité des actions d'ExpressVu, BCE a procédé au changement de dénomination de l'entreprise pour Bell ExpressVu. En 1998, les actions de BCE dans Nortel (anciennement NorthernTelecom) sont passées de 51,6 % à 41 %. En 1999, BCE a restructuré une partie de ses activités en créant le groupe BCE Media. Celui-ci est composé de Télésat Canada, Bell ExpressVu, les Services d'affaires ainsi que les Services de programmation. En janvier 2000, BCE a annoncé qu'elle renonçait à ses intérêts dans Nortel et qu'elle faisait l'acquisition de Téléglobe inc.

Sources : Statistique Canada, *Liens de parenté entre sociétés*, 1998, nº 61-517 au catalogue ; CRTC, Division Analyse des sociétés, *Propriétés multiples — Sociétés de portefeuille et titulaires, BCE Distribution*, nº 143, juillet 1999.

FIGURE AII.4
CanWest Global Communications Corp.

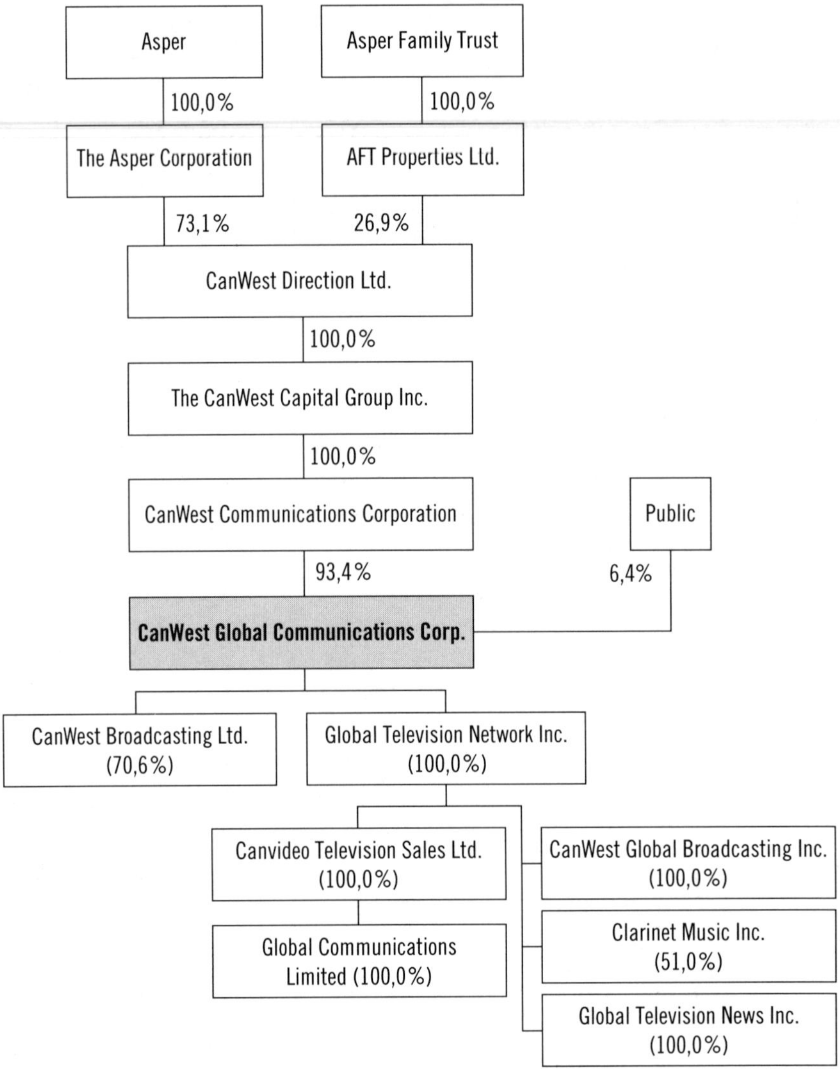

Note : En 1999, CanWest négociait une entente avec Shaw Communications en vue du partage des actifs de WIC. L'entente négociée devra obtenir l'approbation du CRTC.

Sources : Statistique Canada, *Liens de parenté entre sociétés*, 1998, n° 61-517 au catalogue ; CRTC, Division Analyse des sociétés, *Propriétés multiples — Sociétés de portefeuille et titulaires, CanWest Global*, n° 14, décembre 1997.

CHUM Limited

(*Figure AII.5*)

Entreprise ontarienne étendant ses activités sur l'ensemble du territoire canadien ainsi qu'aux États-Unis, CHUM Limited exerce dans les secteurs de la radio et de la télévision. En activité depuis plus de 40 ans, l'entreprise dirige le CHUM Radio Network, qui compte 150 stations de radio affiliées. De plus, elle possède 26 stations de radio (13 AM et 13 FM), 6 stations de télévision, les services MuchMusic et Bravo! au Canada. Finalement, CHUM Ltd. possède 60% des actions dans Learning and Skills Television of Alberta Limited (ACCESS) et 50% des actions dans MusiquePlus Inc. et MusiMax.

En 1996, l'entreprise a reçu l'approbation du CRTC pour la création de six nouvelles chaînes spécialisées: MuchMoreMusic, Pulse 24, MusiMax (en partenariat avec Radiomutuel), Space, Star et Canadian Learning Television. Ces services ont été lancés depuis.

Quant à CHUMCity International, la filiale de distribution et de développement de CHUM Television, elle distribue de la programmation de CITY-TV, MuchMusic, Bravo! et Space dans plus de 100 pays du monde.

Source: CHUM Limited, rapport annuel, 31 août 1999.

FIGURE AII.5
CHUM Limited

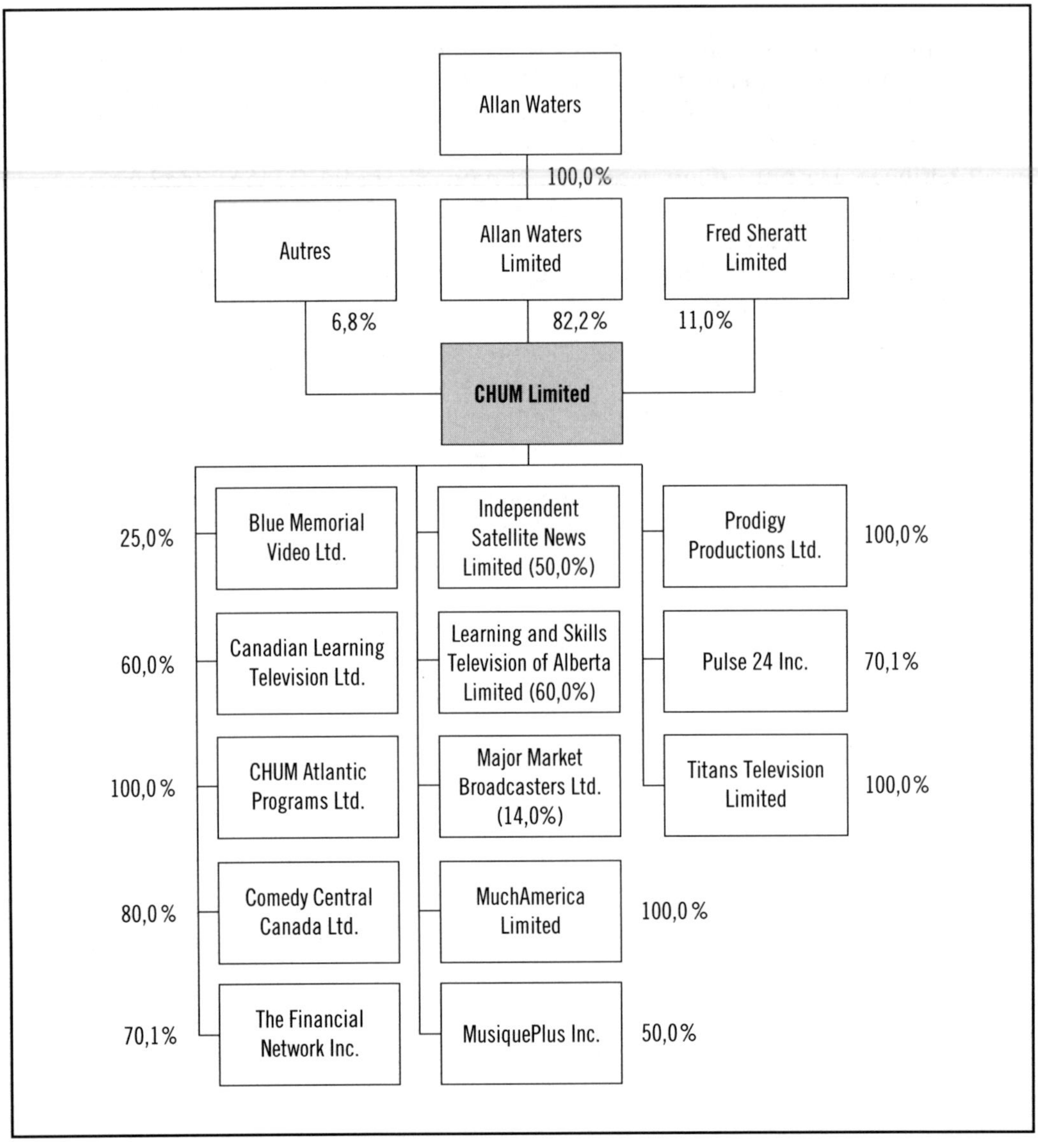

Sources: Statistique Canada, *Liens de parenté entre sociétés*, 1998, nº 61-517 au catalogue; CRTC, Division Analyse des sociétés, *Propriétés multiples — Sociétés de portefeuille et titulaires, CHUM Radio & TV*, nº 39, novembre 1999.

COGECO INC.

(Figure AII.6)

Cogeco exerce ses activités dans le secteur de la télédistribution par l'entremise de sa filiale Cogeco Câble inc., et dans le secteur des médias par l'entremise de sa filiale en propriété exclusive Cogeco Radio-Télévision inc.

Depuis 1996, Cogeco a vu son secteur médias réduit en raison de la vente des entreprises d'édition de journaux hebdomadaires exploitées par sa filiale Publications Dumont inc. À la suite de la disposition des actifs d'édition, les actifs du secteur des médias se sont retrouvés entièrement concentrés dans le domaine de la radiodiffusion et de la production audiovisuelle. Ainsi, cette vente a permis à Cogeco de recentrer ses activités stratégiques en câblodistribution et en radiodiffusion. En effet, au cours de l'exercice financier 1996-1997, le secteur de la télédistribution a connu une expansion considérable avec l'acquisition par Cogeco Câble de 25 réseaux de câblodistribution appartenant anciennement à Rogers Cablesystems. Cette acquisition a permis à Cogeco de doubler la taille de sa filiale de télédistribution. L'entreprise dessert à présent plus de 700000 clients du service de base au Canada, ce qui en fait le quatrième plus important câblodistributeur au pays. Depuis les dernières années, la stratégie d'affaires de Cogeco vise à concentrer ses activités au Québec et en Ontario. Le groupe conclut donc des ententes avec d'autres câblodistributeurs de façon à consolider sa présence dans les marchés les plus importants. Notons également que Cogeco Câble se prépare à faire son entrée dans la téléphonie locale et l'accès à Internet.

En plus de ses quatre stations de télévision et de ses deux stations de radio diffusant dans les principaux marchés du Québec, Cogeco Radio-Télévision inc. a solidifié sa position en radio-télédiffusion depuis 1997 par un placement de 19,9% dans le capital-actions du réseau Télévision Quatre Saisons ainsi que par l'acquisition en 1998 de deux stations de télévision appartenant à l'entreprise Radio Saguenay.

Sources: Cogeco, rapport annuel 1997; *La Presse*, 11 décembre 1997, p. E6; *Le Devoir*, 13 juin 1998, p. C3; *La Presse*, 12 décembre 1998, p. B8.

FIGURE AII.6
Cogeco inc.

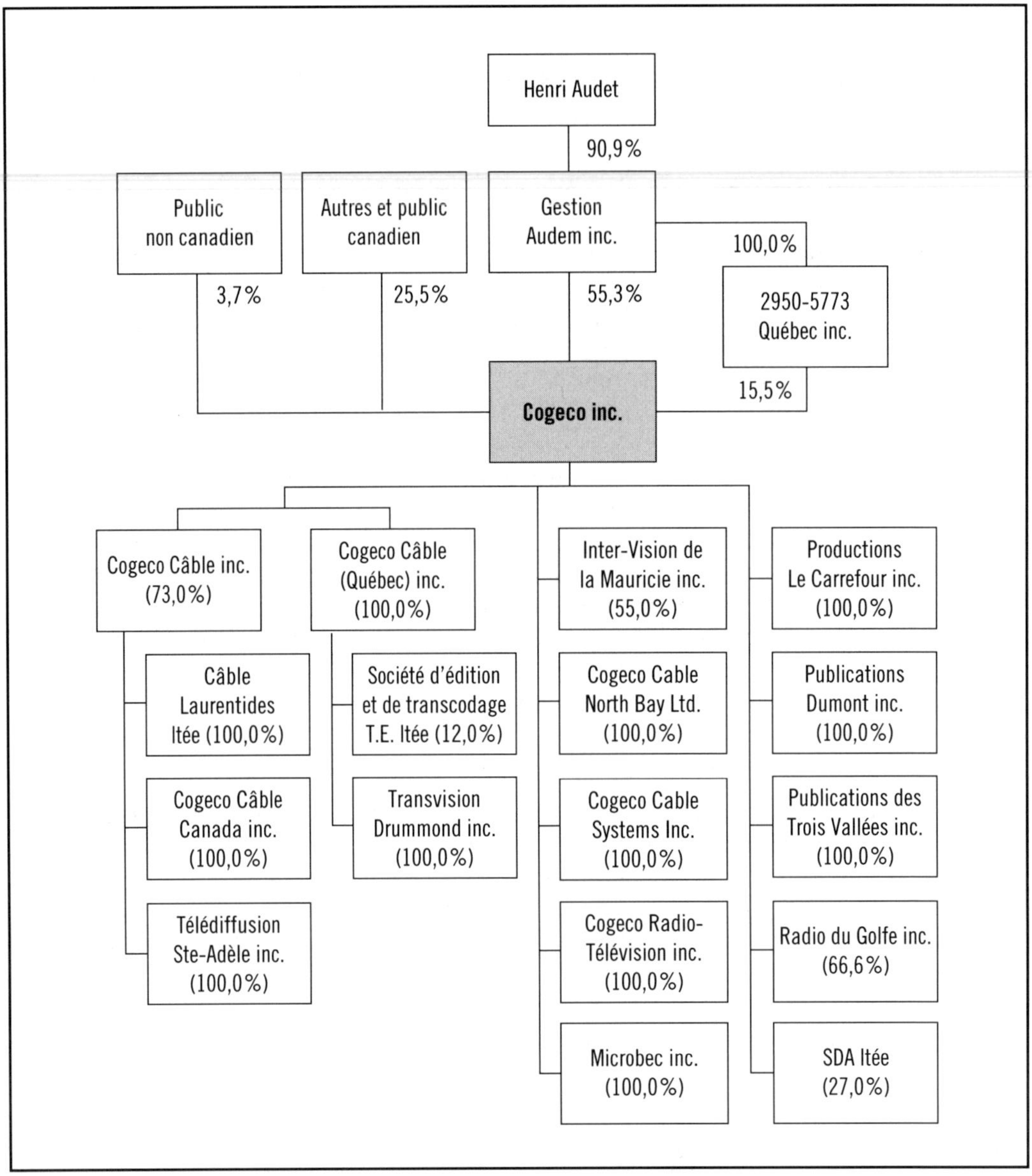

Sources : Statistique Canada, *Liens de parenté entre sociétés*, 1998, n° 61-517 au catalogue ; CRTC, Division Analyse des sociétés, *Propriétés multiples — Sociétés de portefeuille et titulaires*, n° 43, décembre 1998.

CTV Inc.

(*Figure AII.7*)

C'est en 1997 que Baton Broadcasting a acquis la gestion du réseau CTV (57%), devenant par la suite CTV Inc. Télédiffuseur et producteur de contenu, l'entreprise dirige 25 stations de télévision dans les Maritimes, en Ontario, en Saskatchewan, en Alberta et en Colombie-Britannique. Notons également qu'au Québec, CFCF de Montréal, propriété de WIC, est affilié au réseau CTV. CTV Inc. joint 84,5% du marché anglophone de la télévision au Canada, ce qui place l'entreprise en deuxième position derrière CBC. Elle arrive également au deuxième rang des entreprises privées affiliées au diffuseur public national.

CTV Inc. possède deux compagnies de radiodiffusion indépendantes, soit Vancouver Television et The Atlantic Satellite Network. De plus, elle gère deux chaînes spécialisées, The Comedy Channel et Talk TV, dirige en partenariat The Outdoor Life Channel et détient des intérêts dans quatre services de télévision spécialisée et à la carte, soit CTV News1, Sports/Special Pay-Per-View, S3 Regional Sports et History Television.

En 1999, CTV Inc. a surpassé l'offre de CanWest Global Communications pour l'acquisition de 68% de NetStar Communications Inc. La transaction n'aura lieu que si le CRTC et le Bureau fédéral de la concurrence donnent leur accord. Dans le cas où la transaction serait acceptée, CTV régirait les deux chaînes spécialisées en sport au Canada.

Sources: Baton Broadcasting Incorporated, rapport annuel 1997; CRTC, site Internet, organigrammes de propriété; *The Financial Post*, 26 février 1997, p. 1; *La Presse*, 6 mars 1999, p. F5.

FIGURE AII.7
CTV Inc.

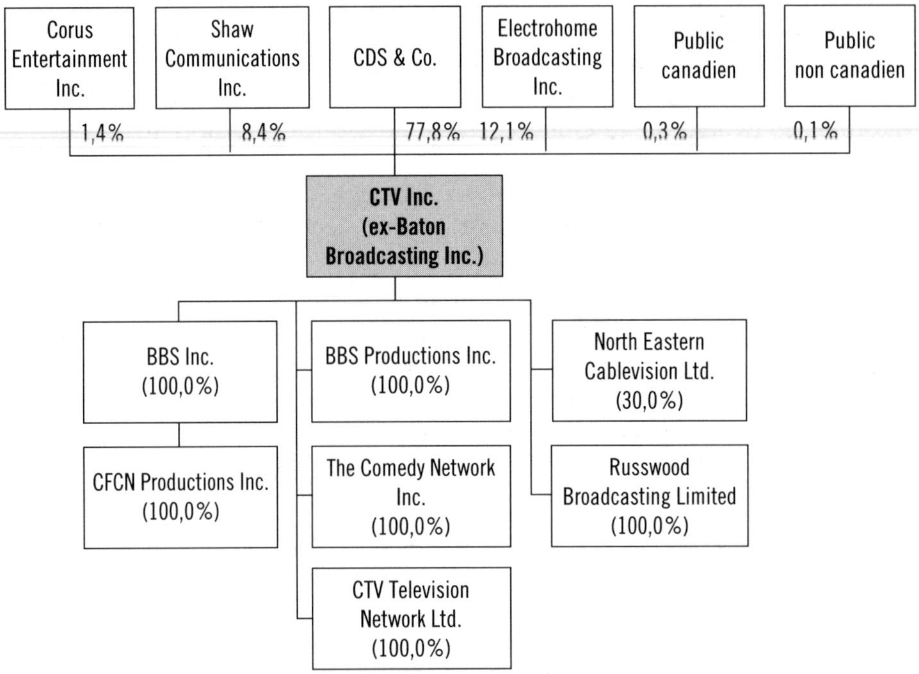

Note : En décembre 1998, Baton Broadcasting Inc. a changé sa dénomination pour CTV Inc.

Sources : Statistique Canada, *Liens de parenté entre sociétés*, 1998, n° 61-517 au catalogue ; CRTC, Division Analyse des sociétés, *Propriétés multiples — Sociétés de portefeuille et titulaires, CTV Television*, n° 4, décembre 1999.

Groupe Transcontinental G.T.C. ltée

(*Figure AII.8*)

Groupe Transcontinental G.T.C. ltée est une entreprise de communication qui exploite quatre secteurs d'activité: l'impression, la distribution, l'édition et la technologie.

L'un des 10 plus importants imprimeurs commerciaux en Amérique du Nord, Imprimeries Transcontinental occupe le premier rang au Canada dans les segments du détail (circulaires et encarts), du livre, des journaux et du marketing direct, et est un leader dans l'impression de catalogues, de magazines et d'annuaires. Son réseau comprend 37 établissements au Canada, aux États-Unis et au Mexique.

Distribution Transcontinental gère les activités de l'entreprise dans le domaine de la distribution de circulaires, de journaux et d'échantillons au moyen de son Publi-Sac. De plus, Hebdos Transcontinental publie 50 journaux hebdomadaires (au Québec, en Ontario et à Winnipeg). Transcontinental est le plus important distributeur de porte en porte de matériel publicitaire au Canada et le plus grand éditeur de journaux hebdomadaires dans la grande région de Montréal.

Publications Transcontinental est un chef de file au Canada dans les publications ciblées. Ce secteur est actif dans quatre créneaux: les publications économiques (premier au Canada), les publications sportives, les publications aux consommateurs et les publications dites verticales, qui s'adressent exclusivement aux industries, plus précisément celles de la construction et de la haute technologie. Son tirage annuel total est de près de 21 millions d'exemplaires au Canada et aux États-Unis.

Les activités de Transcontinental dans le domaine de la technologie comportent deux volets complémentaires. Tout d'abord, Transcontinental produit, par l'entremise de sa filiale Disque Améric, des disques compacts, des cédéroms et des DVD. Disque Améric est le troisième fabricant de disques compacts en Amérique du Nord. Transcontinental se spécialise aussi dans l'information et le commerce électroniques. En partenariat avec Bell ActiMedia, Transcontinental e.média lançait en novembre 1999 montrealplus.ca, un portail d'accès aux services et événements de la grande région de Montréal, et s'apprête à mettre en ligne publisac.ca, le prolongement virtuel du Publi-Sac, qui deviendra le premier site de «prémagasinage» électronique au Canada. Ce service permettra aux consommateurs d'avoir accès directement à l'information sur les soldes en vigueur et d'imprimer des coupons-rabais échangeables chez les commerçants.

Source: Groupe Transcontinental G.T.C. ltée, rapport annuel 1997 et renseignements obtenus de l'entreprise.

FIGURE AII.8
Groupe Transcontinental G.T.C. ltée

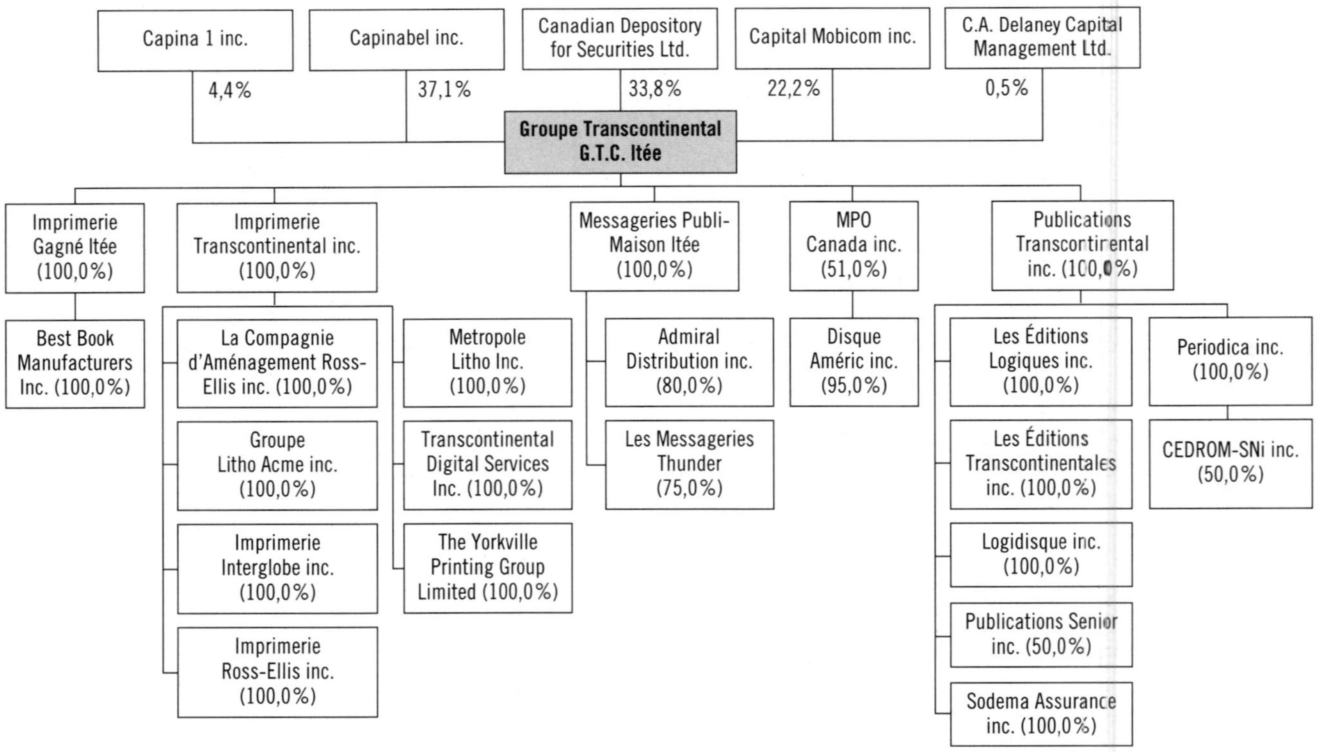

Note : En janvier 2000, Transcontinental faisait l'acquisition des magazines appartenant à Télémedia inc.

Source : Statistique Canada, *Liens de parenté entre sociétés*, 1998, nº 61-517 au catalogue.

HOLLINGER INC.

(*Figure AII.9*)

Hollinger est une entreprise active dans la presse écrite, et ce à l'échelle internationale. Ses activités sont concentrées dans la publication de jour-
[illegible] Canada, en Angleterre ainsi qu'en Israël. En
[illegible] venus de la compagnie provenaient de Cana-
[illegible] 0% étaient attribuables à United States News-
[illegible] naient de U.K. Newspaper Group.

[illegible] d'investissements dans l'entreprise Southam,
[illegible] sur 105 au Canada, Hollinger rachète les parts
[illegible] res et assure ainsi la gestion totale de l'entre-
[illegible] x de Southam, Hollinger possède également,
[illegible] rs Company, 20 quotidiens et 49 journaux non
[illegible] plus, sa filiale Unimédia compte 16 publi-
[illegible] Par ailleurs, Conrad Black, propriétaire de
[illegible] 1998 sur le quotidien *The Financial Post*, qui
[illegible] *The National Post*, le nouveau quotidien de
[illegible] mps après. La combinaison des journaux de
[illegible] Southam, Sterling et Unimédia donne en 1999
[illegible] hé des quotidiens canadiens.

[illegible] nale, Hollinger dirige, entre autres, *The Jeru-*
[illegible] *go Sun-Times*. De plus, elle gère la compagnie
[illegible] ux imprimeries en Angleterre. Depuis les der-
[illegible] ollinger se défait de plusieurs journaux étran-
[illegible] ntrer davantage sur ses publications cana-
[illegible] du 80 de ses compagnies américaines de
[illegible] 7, ce qui équivaut à 40 % des journaux régio-
[illegible] États-Unis. De plus, en 1999, elle s'est départie
[illegible] dont 28 quotidiens.

[illegible] à la tête de 100 quotidiens dans le monde et de
[illegible] diens.

Sources : Hollinger International Inc., rapport annuel 1997 ; Hollinger, *The Global Newspaper Publisher*, 1997 ; *The Globe and Mail*, 25 novembre 1997, p. B1 ; *The Globe and Mail*, 21 juillet 1998, p. A1 ; *La Presse*, 20 janvier 1999, p. D9 ; *La Presse*, 2 février 1999, p. C5.

FIGURE AII.9
Hollinger Inc.

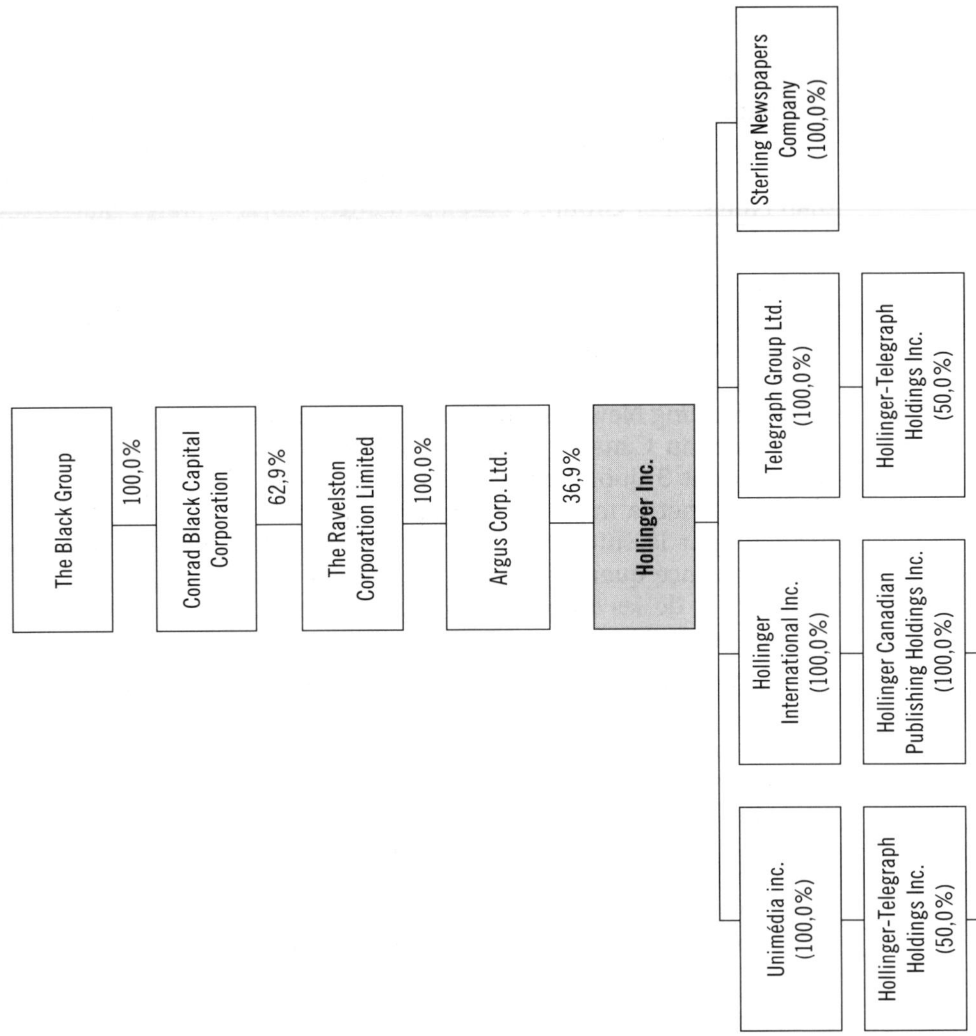

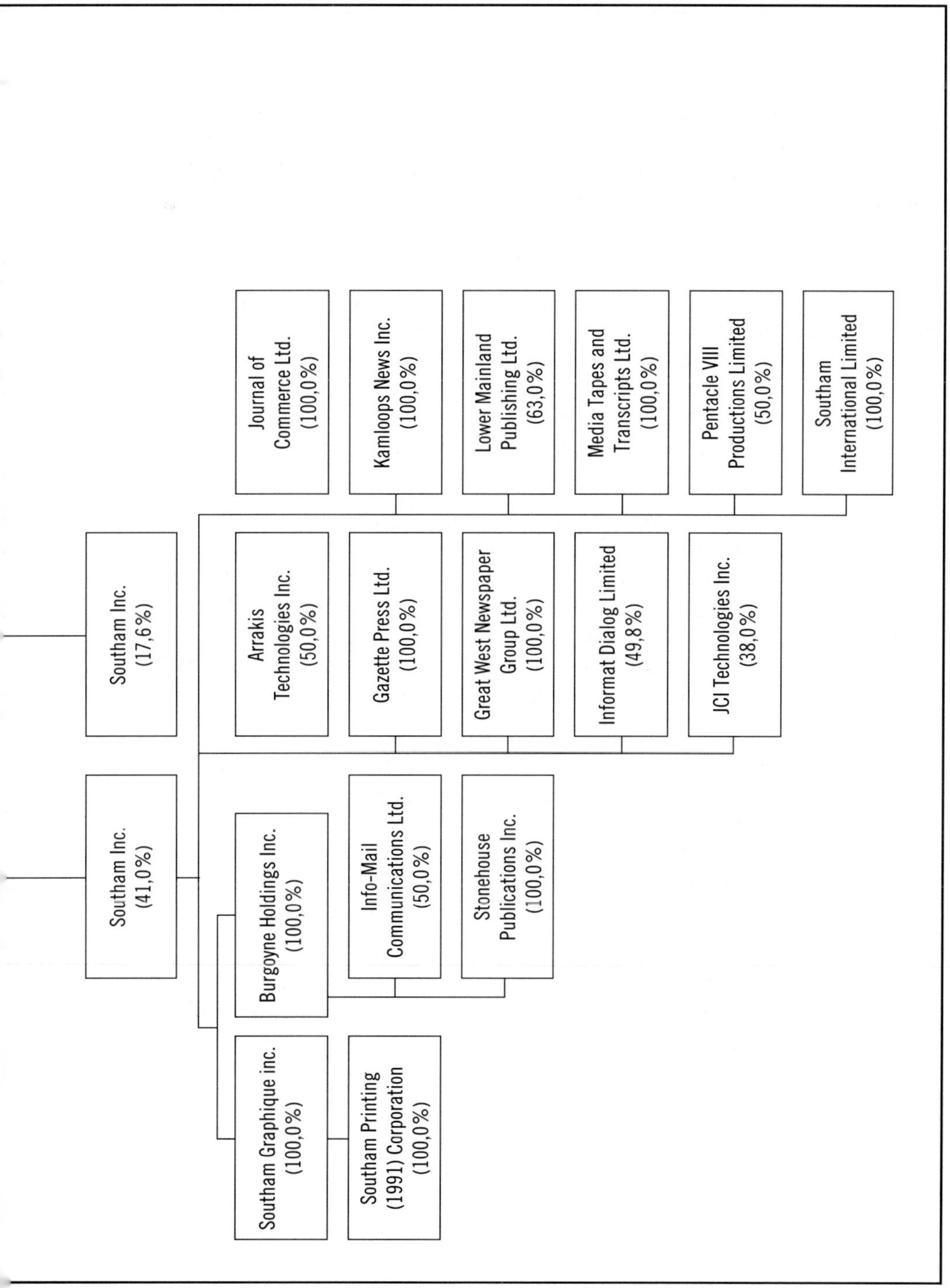

Source : Statistique Canada, *Liens de parenté entre sociétés*, 1998, nº 61-517 au catalogue.

Le Groupe Vidéotron ltée

(*Figure AII.10*)

Le Groupe Vidéotron ltée est une entreprise internationale de communication. La société possède au Canada plusieurs filiales dans les secteurs de la télédistribution, des télécommunications, de la télédiffusion, de la télésurveillance et de la conception de services multimédias interactifs. De plus, elle détient et exploite des systèmes de télédistribution privée et de télédistribution sans fil aux États-Unis.

La filiale de télédiffusion du Groupe Vidéotron, soit le Groupe TVA inc. — anciennement appelé Télé-Métropole inc. —, bénéficie de fortes cotes d'écoute depuis une dizaine d'années. Le Groupe TVA diffuse dans 95% du marché québécois et il est le plus important producteur de contenu télévisuel du Canada. En 1997, TVA a abordé le marché de la télédiffusion spécialisée en lançant une chaîne de langue française entièrement consacrée aux nouvelles.

Du côté de la télédistribution, Vidéotron cherche depuis quelques années à se concentrer au Québec par des acquisitions en territoire québécois et par la vente de ses actifs à l'extérieur de la province. L'entreprise est devenue plus compétitive en 1996 avec l'acquisition de CF Cable, une compagnie appartenant anciennement à CFCF. Depuis cette transaction, qui était conditionnelle à la vente par Vidéotron de TQS et de CFCF-12, le réseau de télédistribution du Groupe dessert maintenant plus de deux millions de foyers, soit 75% du territoire québécois.

En 1997, Vidéotron est entré dans le marché de l'accès aux services en ligne et est rapidement devenu l'un des principaux fournisseurs d'accès Internet au Québec. Finalement, le Groupe Vidéotron prévoit s'engager prochainement dans le secteur de la téléphonie locale à la suite de la décision rendue le 1er mai 1997 par le Conseil de la radiodiffusion et des télécommunications canadiennes, qui a établi les règles du jeu pour l'instauration de la concurrence dans la téléphonie locale.

En janvier 2000, Vidéotron a fait l'objet d'une offre d'achat de la part de Rogers Communications Inc. La transaction (qui exclura la filiale TVA) n'était pas encore approuvée par les actionnaires de Vidéotron et par le CRTC au moment où le présent ouvrage a été mis sous presse.

Sources: Le Groupe Vidéotron ltée, rapport annuel 1997; *La Presse*, 28 février 1997, p. A1; *Le Devoir*, 3 décembre 1997, p. B1.

Power Corporation du Canada

(*Figure AII.11*)

Constituée à Montréal en 1925, Power Corporation du Canada est une société de gestion et de portefeuille diversifiée. Elle possède des intérêts dans Corporation Financière Power, qui détient elle-même des participations dans des compagnies d'assurance-vie et de fonds communs de placement, dont certaines font des affaires à l'échelle internationale. Elle possède également une participation de 55% dans Pargesa Holding S.A. (Suisse), une entreprise active en Europe. Le Groupe Pargesa détient des participations importantes dans quelques grandes entreprises européennes du domaine des communications, de la production industrielle, de l'énergie, des services publics et de l'alimentation.

Power Corporation dirige aussi en propriété exclusive Gesca ltée et Diffusion Power inc. Gesca ltée est la propriétaire exclusive du quotidien montréalais *La Presse* ainsi que de trois autres quotidiens et de plusieurs hebdomadaires publiés au Québec. Quant à Diffusion Power inc., elle possède 17 stations de radio et 4 stations de télévision au Québec et en Ontario en plus d'exploiter, avec la Société Radio-Canada, 2 services de programmation distribués par satellite à l'extérieur du Canada, soit TRIO et Newsworld International. Notons toutefois que la division Diffusion Power a annoncé, en septembre 1999, la vente de ses stations de radio et de télévision à Corus Entertainment, une filiale de Shaw Communications. Cette transaction devra d'abord obtenir l'aval du CRTC. Une décision n'avait pas encore été prise au moment de clore la rédaction de cet ouvrage.

Source: Power Corporation du Canada, rapport annuel 1997, p. 2.

FIGURE AII.10
Le Groupe Vidéotron ltée

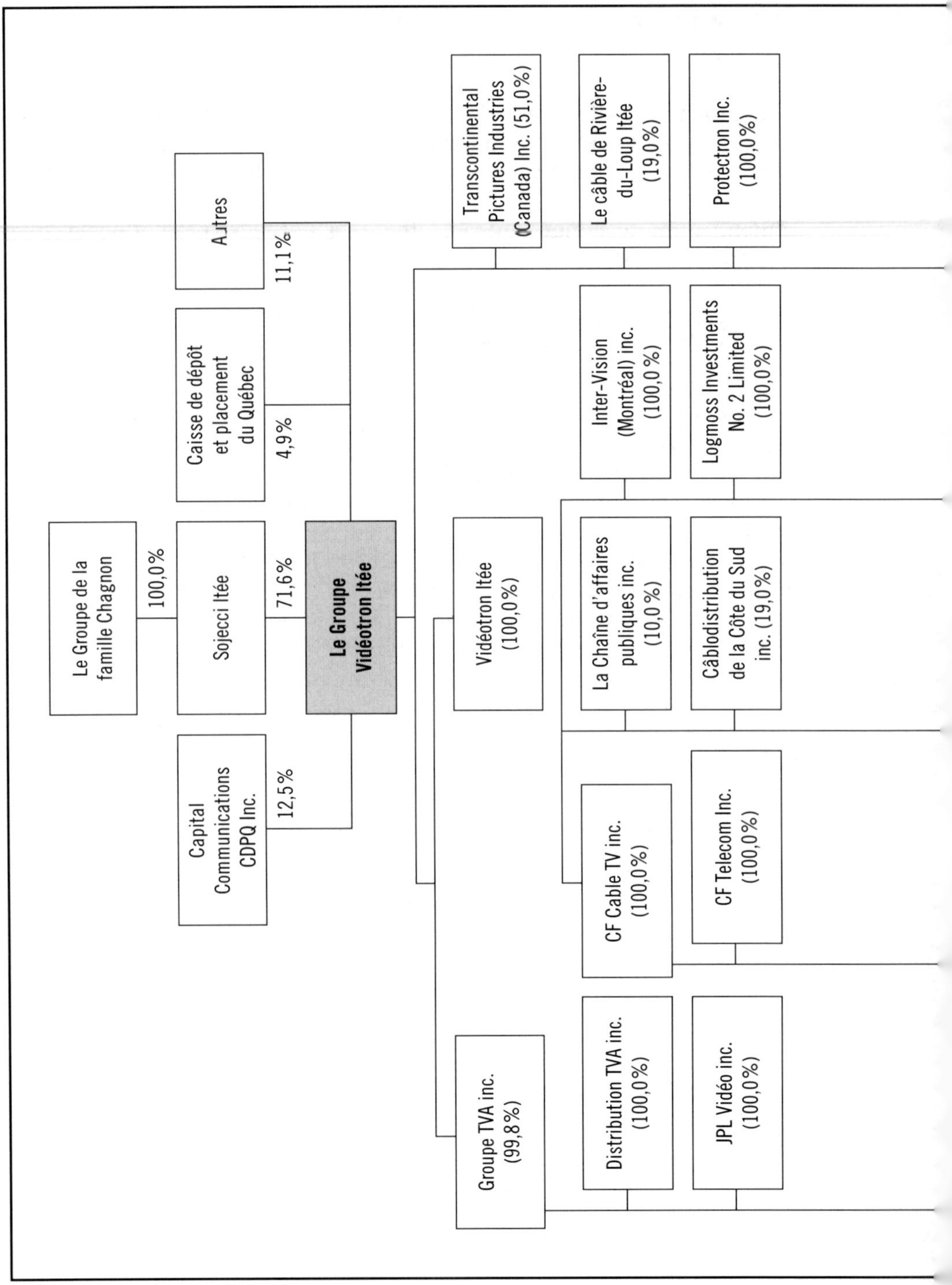

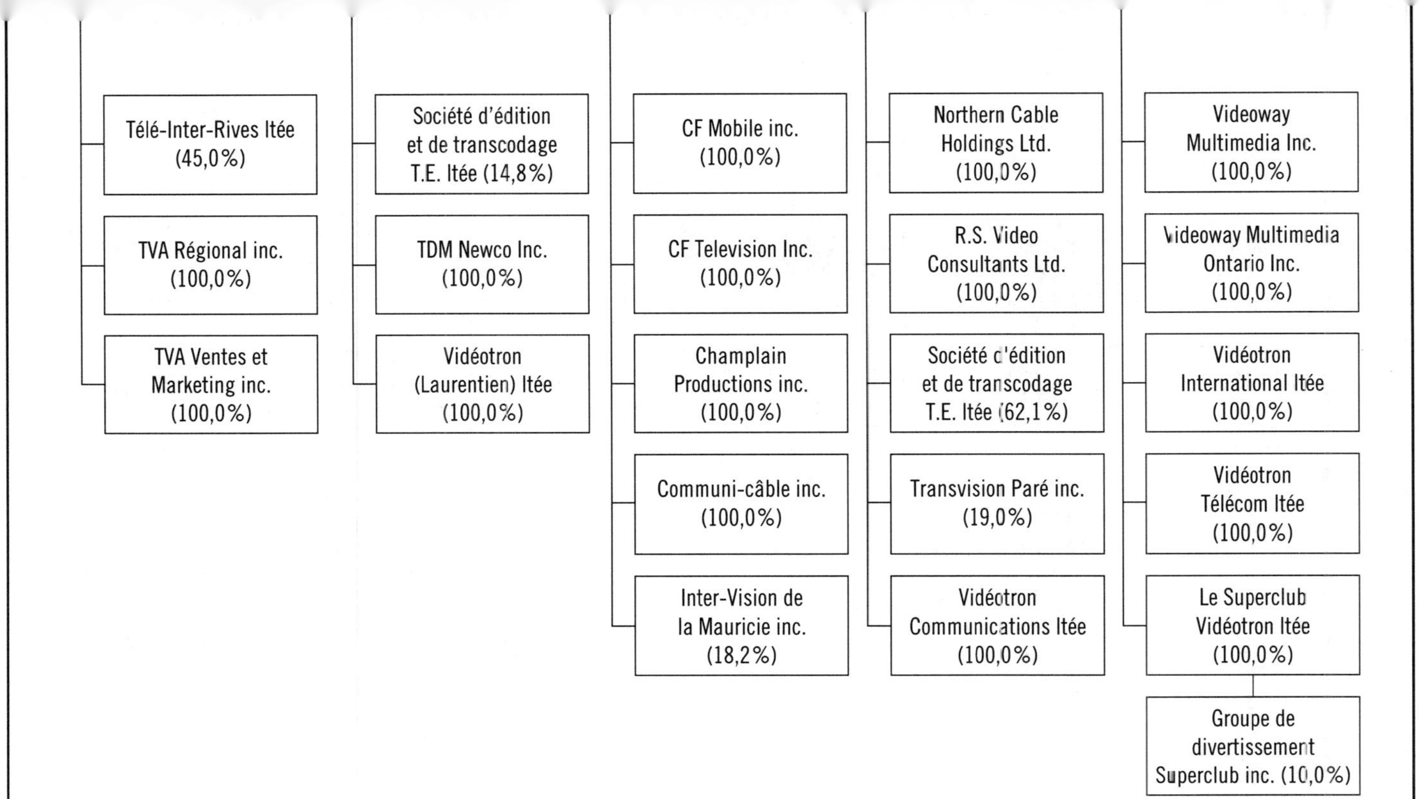

Note : En janvier 2000, Le Groupe Vidéotron faisait l'objet d'une offre d'achat de la part de Rogers Communications Inc. La transaction n'était pas conclue au moment où nous rédigions ces lignes.

Sources: Statistique Canada, *Liens de parenté entre sociétés*, 1998, nº 61-517 au catalogue; CRTC, Division Analyse des sociétés, *Propriétés multiples — Sociétés de portefeuille et titulaires, Vidéotron, structure de propriété*, nº 26, janvier 1999.

FIGURE AII.11
Power Corporation du Canada

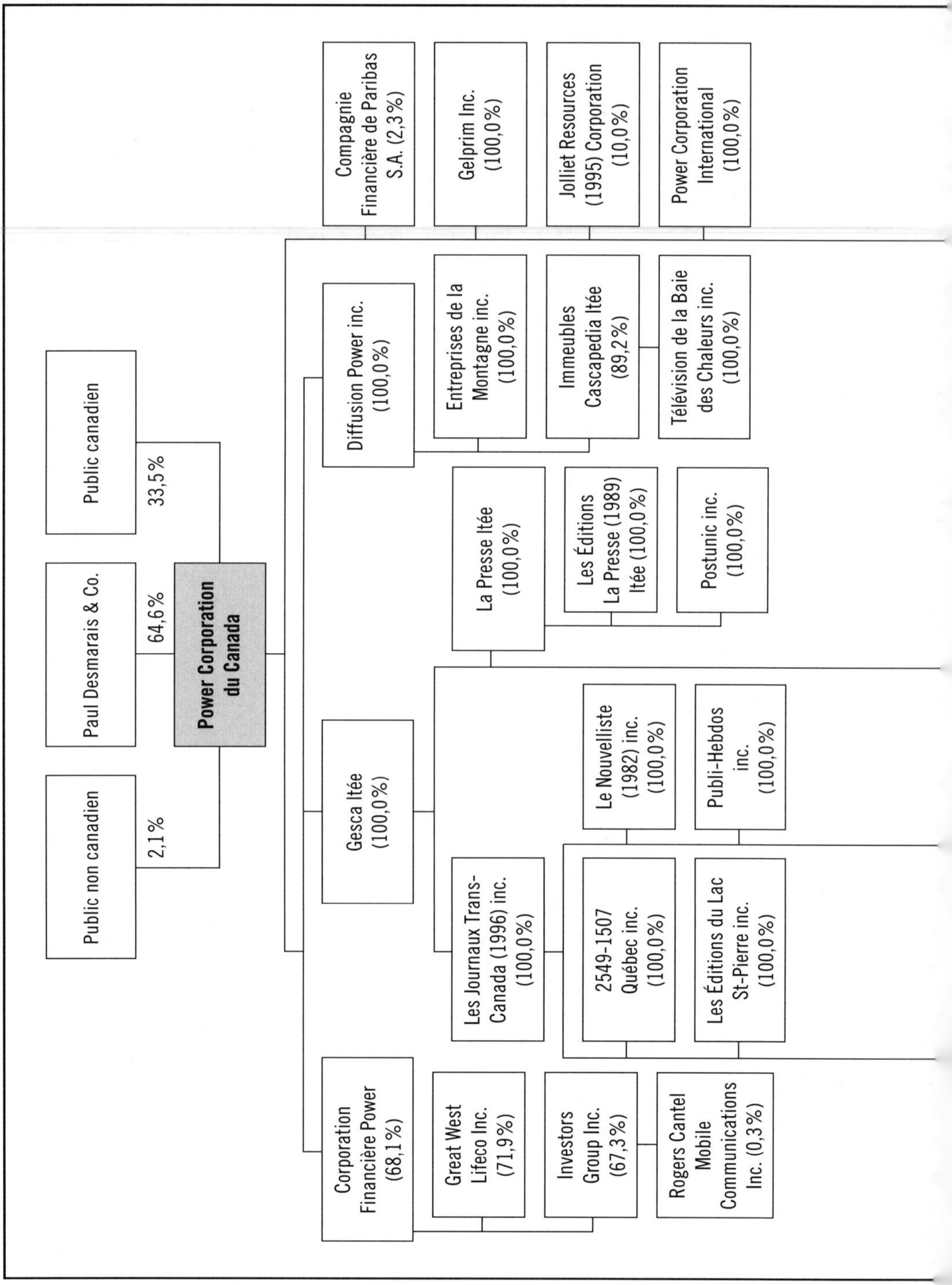

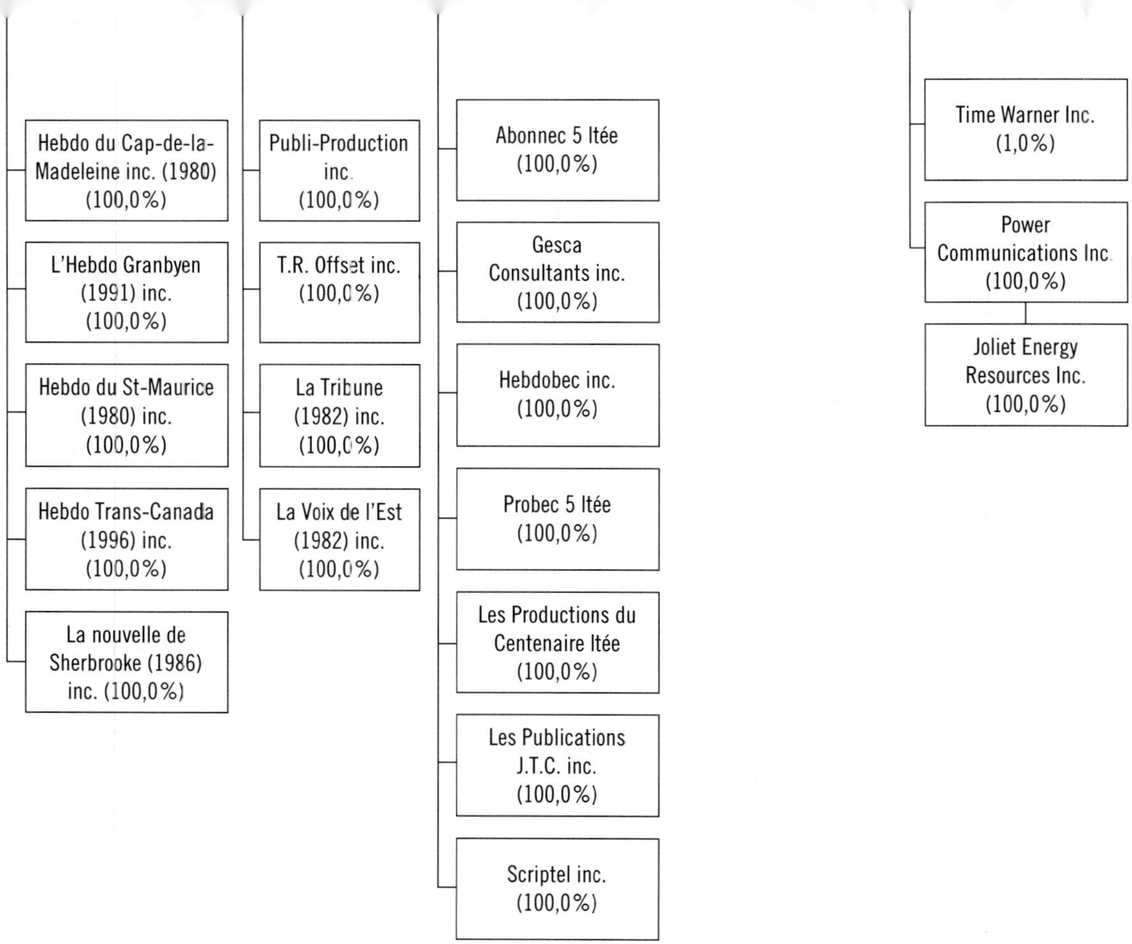

Note : En septembre 1999, la filiale Diffusion Power a annoncé la vente de ses stations de radio et de télévision à Corus Entertainment, une filiale de Shaw Communications. Pour être effective, la transaction devra d'abord obtenir l'approbation du CRTC.

Sources : Statistique Canada, *Liens de parenté entre sociétés*, 1998, n° 61-517 au catalogue ; CRTC, Division Analyse des sociétés, *Propriétés multiples — Sociétés de portefeuille et titulaires, Diffusion Power*, n° 4, juillet 1999.

QUEBECOR INC.

(*Figure AII.12*)

Quebecor inc. est une entreprise de communication présente partout en Amérique, en Europe et en Asie. Elle possédait jusqu'à récemment cinq grandes filiales : Communications Quebecor, Corporation Sun Media, Imprimeries Quebecor, Quebecor Nouveaux Médias et Donohue. C'est aujourd'hui Pierre Karl Péladeau qui est à la direction de l'entreprise à la suite du décès du président-fondateur de Quebecor inc., Pierre Péladeau, en décembre 1997.

Depuis les décennies 1960, 1970 et 1980, la filiale Communications Quebecor exerce ses activités dans le domaine de l'édition, de la distribution et de la vente de journaux, de magazines, d'hebdomadaires, de livres et de disques. Dans les années 1990, Communications Quebecor a connu des développements importants. D'abord, en 1994, le secteur multimédia est créé puis, en 1997, l'entreprise fait l'acquisition d'une participation majoritaire dans Télévision Quatre Saisons, ce qui lui donne accès à un nouveau secteur dans le domaine des communications. Finalement, l'acquisition de Sun Media en janvier 1999 place Quebecor au deuxième rang des propriétaires de quotidiens avec 21,4 % du tirage national, derrière Hollinger, qui occupe une part de marché de 40,4 %. L'achat de Sun Media permet également à Quebecor de joindre chacune des principales villes canadiennes. À la suite de cette acquisition, une nouvelle division nommée Corporation Sun Media est créée au sein de Quebecor et dirigée à partir de Toronto. Cette nouvelle filiale regroupe l'ensemble des activités qu'exerçaient jusqu'alors Sun Media et certains secteurs de Communications Quebecor, soit l'édition et la distribution de quotidiens et de journaux hebdomadaires. Ainsi, Corporation Sun Media comprend huit quotidiens urbains, sept quotidiens locaux et plus d'une centaine d'hebdomadaires et autres types de publications. Corporation Sun Media cherche à présent à acquérir des quotidiens de format tabloïd dans plusieurs marchés régionaux des États-Unis. Outre la presse écrite, la Corporation gère la distribution d'échantillons promotionnels par l'intermédiaire de sa filiale Netmedia. De plus, elle possède des intérêts de 29,9 % dans Pulse 24 Inc., une chaîne de nouvelles télévisées en Ontario.

La division Quebecor Nouveaux Médias a été mise sur pied en juin 1999. Elle regroupe les divisions CANOE (Canadian Online Explorer) et AUTONET.CA. En août 1999, Quebecor Nouveaux Médias a procédé au rachat des actions de BCE Inc. dans CANOE, le fournisseur d'informations en ligne le plus important du Canada. Quebecor en est maintenant la propriétaire exclusive.

Imprimeries Quebecor est le premier imprimeur commercial au monde depuis son acquisition, en 1999, du géant américain World Color

Press. Créée en 1989, cette filiale de Quebecor compte plus de 115 imprimeries et ateliers de services connexes dans le monde, dans les créneaux suivants: magazines, encarts et circulaires, livres, catalogues, imprimés spéciaux, cartes à puce, matriçage et duplication de cédéroms, annuaires, chèques, obligations et billets de banque. En 1997, l'entreprise a amorcé son expansion vers l'Amérique du Sud. Sa stratégie d'investissement est tournée vers la nouvelle technologie de presse, de prépresse et de reliure.

En février 2000, Quebecor a vendu ses intérêts dans la compagnie papetière Donohue, le premier producteur de papier journal au Canada et le troisième en Amérique du Nord, à Abitibi-Consolidated.

Sources: Quebecor inc., rapport anuel 1996 et rapport annuel 1997; Quebecor, site Internet: <http://www.quebecor.com>; *Le Devoir*, 10 décembre 1998, p. A1; *Le Devoir*, 22 décembre 1998, p. B2; *Le Devoir*, 3 mars 1999, p. B2; *La Presse*, 7 avril 1999, p. D5; Sun Media, rapport annuel 1997; *The Globe and Mail*, 14 mars 1997, p. B1; *The Financial Post*, 3 mai 1997, p. 6; *The Globe and Mail*, 21 juillet 1998, p. A1.

FIGURE AII.12
Quebecor inc.

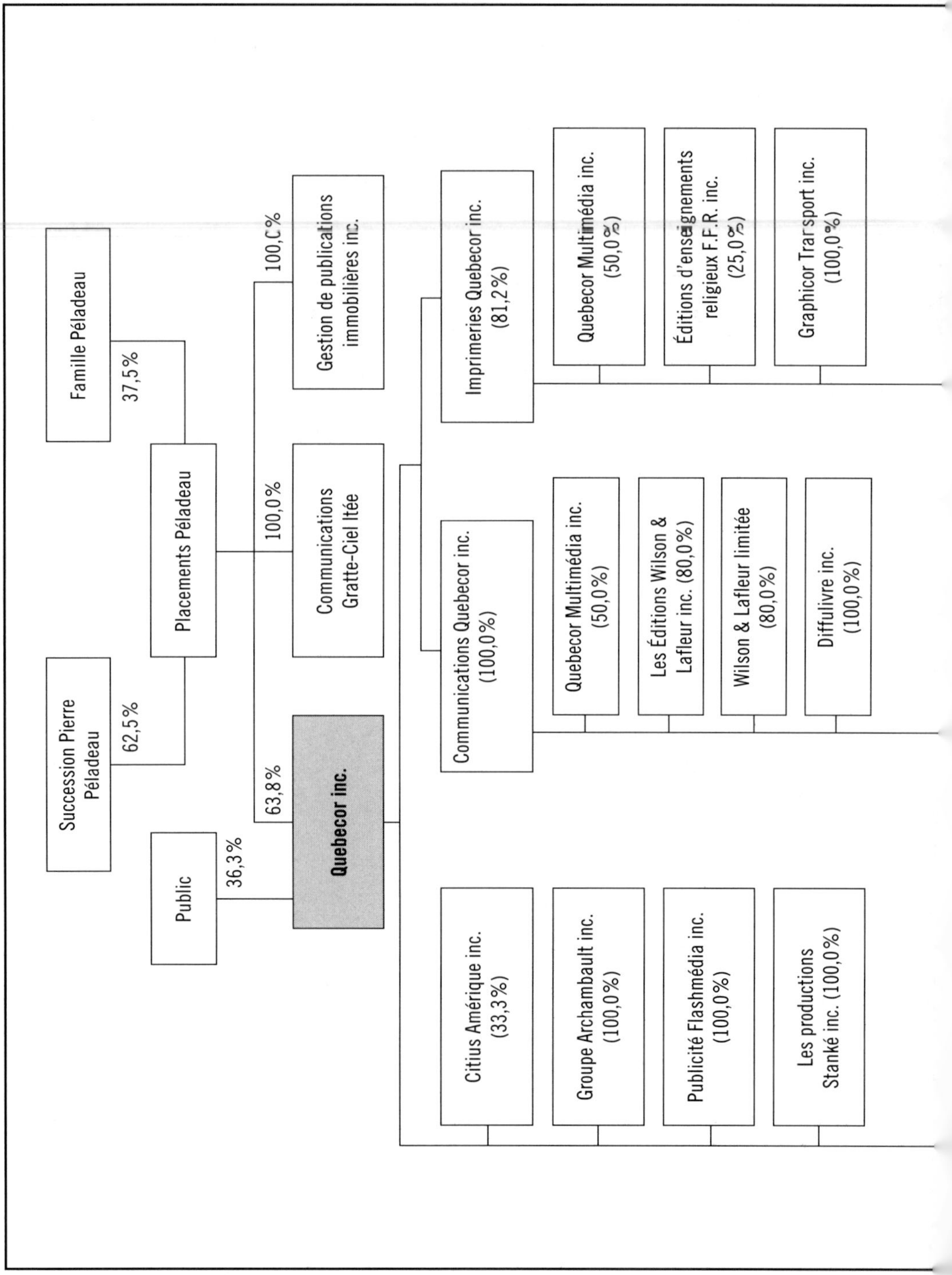

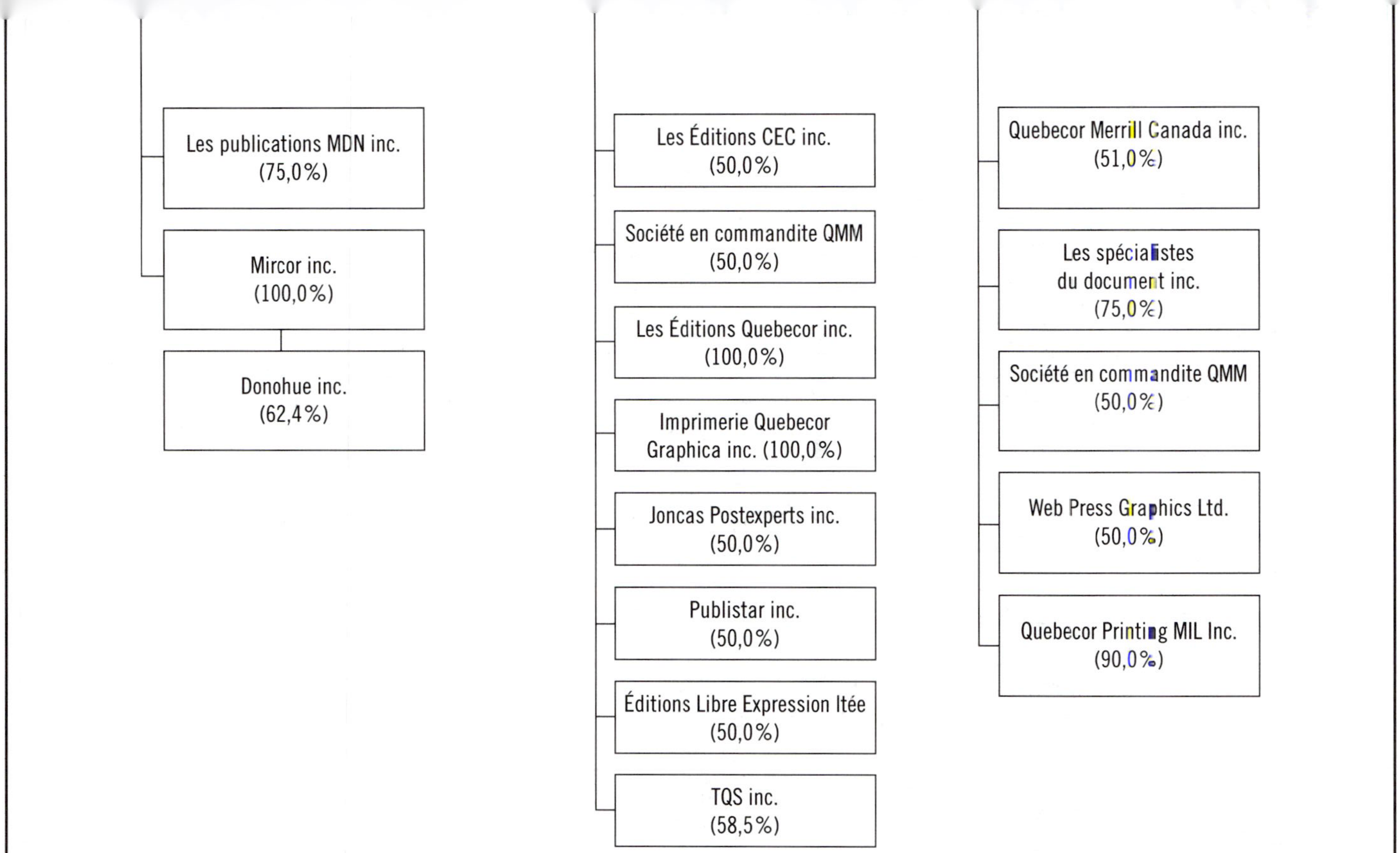

Notes : Au début de l'année 1999, Quebecor s'est portée acquéreur de l'entreprise Sun Media Inc. À la suite de cette acquisition, une nouvelle division nommée Corporation Sun Media a été créée au sein de Quebecor, regroupant l'ensemble des activités de Sun Media et certains secteurs d'activité de Communications Quebecor (édition et distribution de quotidiens et de journaux hebdomadaires). Toujours en 1999, une division Quebecor Nouveaux Médias a été mise sur pied, regroupant les filiales CANOE et AUTONET.CA. À l'été 1999, Quebecor Nouveaux Médias a procédé au rachat des actions de BCE Inc. dans CANOE, devenant la propriétaire exclusive de l'entreprise. En février 2000, Quebecor a vendu ses intérêts dans Donohue à Abitibi-Consolidated.

Sources : Statistique Canada, *Liens de parenté entre sociétés*, 1998, nº 61-517 au catalogue ; CRTC, Division Analyse des sociétés, *Propriétés multiples — Sociétés de portefeuille et titulaires*, nº 156, octobre 1998.

Radiomutuel inc.

(*Figure AII.13*)

Radiomutuel est une entreprise canadienne de communication qui exploite trois secteurs d'activité distincts mais complémentaires: la radio, l'affichage extérieur et la télévision spécialisée. Notons qu'en 1999 Astral Communications inc. a fait une offre en vue d'acquérir l'ensemble des actions de Radiomutuel inc. La transaction a reçu l'aval du CRTC en janvier 2000.

Radiomutuel joue un rôle important dans le secteur de la radio au Québec. D'abord, elle est propriétaire de 8 stations FM regroupées sous la bannière Radio Énergie, avec comme tête de réseau la station CKMF de Montréal, ce qui lui donne un auditoire de 1,8 million de personnes. Ensuite, Radiomutuel possède en coentreprise avec Télémédia inc. la société Radiomédia qui, en plus d'exploiter deux grandes stations radiophoniques (CKAC Montréal et CHRC Québec), possède le Réseau d'information Radiomédia, une agence de nouvelles, ainsi que Radio Plus, une société de commercialisation. Elle détient également en propriété exclusive trois stations AM affiliées à Radiomédia.

Dans le secteur télévisuel, la société exploite quatre services de télévision spécialisée, dont deux en coentreprise, MusiquePlus et MusiMax, et deux en propriété exclusive, Canal Vie et Canal Z.

Finalement, grâce à sa filiale Omni, une société en commandite d'affichage qu'elle possède à 72%, Radiomutuel est présente à l'échelle nationale dans le secteur de l'affichage extérieur.

Sources: Radiomutuel inc., rapport annuel 1997; *Le Devoir*, 9 juin 1999, p. A1-A10.

FIGURE AII.13
Radiomutuel inc.

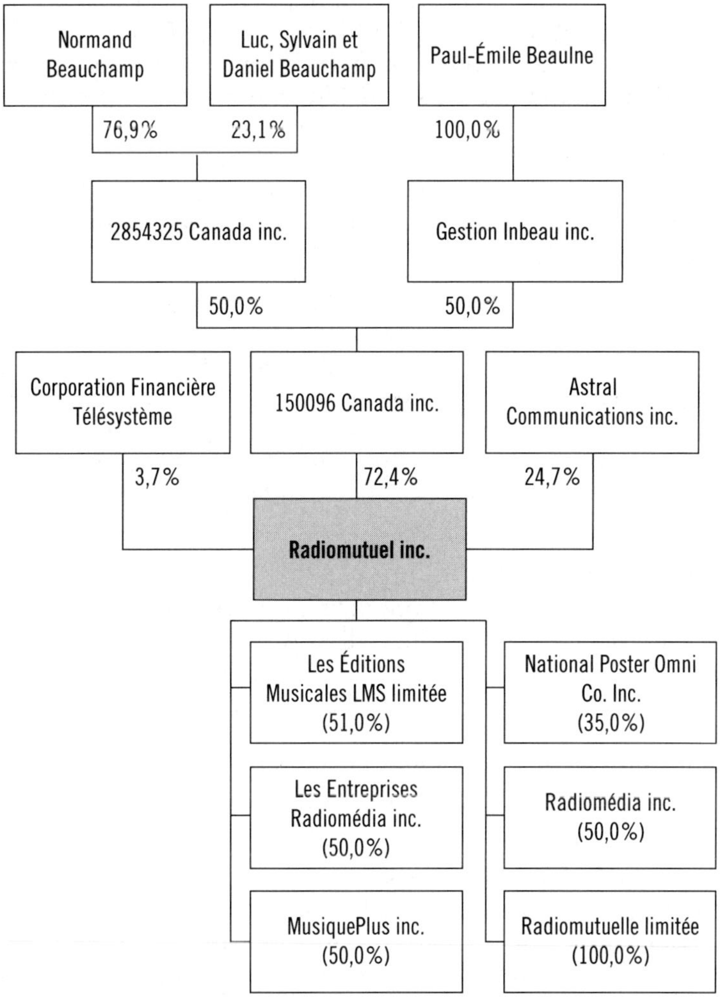

Note : En 1999, Astral Communications inc. a fait une offre dans le but de se porter acquéreur de la totalité des actions de Radiomutuel inc. La transaction a obtenu l'approbation du CRTC en janvier 2000.

Sources : Statistique Canada, *Liens de parenté entre sociétés*, 1998, n° 61-517 au catalogue ; CRTC, Division Analyse des sociétés, *Propriétés multiples — Sociétés de portefeuille et titulaires, Radiomutuel*, n° 9, juin 1999.

Rogers Communications Inc.

(*Figure AII.14*)

Rogers Communications est une entreprise dont les activités sont diversifiées : télédistribution, télédiffusion, radiodiffusion, vente et location de vidéocassettes, publication de magazines, communications sans fil, production multimédia ainsi que fourniture d'accès Internet. Notons aussi qu'en 1999 Rogers a conclu une alliance stratégique avec le géant américain Microsoft pour sa division de télévision par câble. En effet, Microsoft a investi quelque 600 millions de dollars dans la compagnie canadienne afin d'accélérer le déploiement des services de télévision interactive au Canada.

La filiale Rogers Cantel Mobile Communications Inc. est le plus grand fournisseur de services de communication sans fil au Canada, avec plus de 1,5 million d'abonnés. Rogers Cablesystems Limited est également le plus grand télédistributeur au Canada avec 2,2 millions d'abonnés à Toronto, Ottawa, Vancouver et dans le sud-ouest de l'Ontario. Cablesystems offre entre autres l'accès à Internet par l'intermédiaire de modems-câbles. De plus, la filiale possède et gère 195 clubs vidéo.

Rogers Media Inc., de son côté, gère 23 stations de radio, une chaîne de télévision pour les achats et une station de télévision multiculturelle à Toronto. En plus de posséder une division nouveaux médias, la filiale détient des intérêts dans 3 services de télévision spécialisée, 9 magazines pour consommateurs et 40 périodiques d'affaires. En fait, Rogers a accru ses activités dans le secteur de la presse périodique au Québec depuis son acquisition, en 1994, de l'entreprise Maclean Hunter Limited, propriétaire notamment des magazines *L'actualité* et *Châtelaine*.

Finalement, Rogers Communications possédait jusqu'en 1998 la filiale Rogers Telecom Inc., un très grand fournisseur de services de télécommunication au Canada. La filiale, qui offre des services de transmission de données, de voix et d'images principalement à Toronto, à Ottawa et à Vancouver, est maintenant la propriété de l'entreprise MetroNet.

En janvier 2000, Vidéotron a fait l'objet d'une offre d'achat pour la majorité des actions du Groupe Vidéotron ltée. La transaction n'avait pas encore été approuvée par les actionnaires de Vidéotron ni par le CRTC au moment où nous rédigions ces lignes.

Source : Rogers Communications Inc., rapport annuel 1997 ; *The Globe and Mail*, 12 mai 1999, p. B9.

Shaw Communications Inc.

(*Figure AII.15*)

Shaw Communications Inc. est une entreprise de communication diversifiée. Elle est active dans la télédistribution, les télécommunications, l'accès Internet par modems-câbles, les services de téléavertissement, les réseaux de programmation spécialisée, la radio, les services par satellite et l'offre de musique par signaux numériques.

En tant que câblodistributeur, Shaw couvre près de 20% du marché canadien, ce qui en fait l'un des principaux câblodistributeurs au pays. Le service de télédistribution est offert en Colombie-Britannique, en Alberta, en Saskatchewan, au Manitoba et en Ontario grâce aux technologies analogique et numérique. En 1999, Shaw se prépare à faire l'acquisition des deux câblodistributeurs Fundy Communications et Access Communications, ce qui lui amènera 275000 nouveaux abonnés ainsi qu'une bande de 3200 kilomètres de réseau de fibres optiques. Shaw sera désormais le deuxième câblodistributeur au pays avec 1,8 million de clients.

Le secteur des télécommunications de Shaw est représenté par deux filiales: FiberLink Ltd. et Shaw MobileComm Inc. Shaw FiberLink est la division des télécommunications d'affaires. Elle fournit des connexions Internet pour gens d'affaires canadiens. Shaw MobileComm est la division des téléavertisseurs et messages téléphoniques. Elle arrive en troisième position des entreprises de services de téléavertissement au Canada. Shaw possède aussi des intérêts de l'ordre de 10% dans Microcell Telecommunications Inc., un fournisseur de communication sans fil.

Dans le secteur de la télévision spécialisée, les trois plus gros investissements de Shaw sont YTV, la chaîne jeunesse (100%), TreeHouse, une chaîne destinée aux jeunes enfants, et Country Music Television (80%). Shaw possède également des intérêts minoritaires dans The Comedy Network, Teletoon et Telelatino. Pour ce qui est du secteur de la radio, Shaw détient et gère 11 stations en Alberta, en Colombie-Britannique et en Ontario. En ce qui concerne les services par satellite, l'entreprise est actionnaire majoritaire du distributeur canadien Star Choice. Shaw est actuellement en pourparlers avec CanWest Global Communications pour le démantèlement de WIC Western International Communications, une entreprise dont elle détient déjà une partie des actions. Dans le cas où l'entente prise avec CanWest serait acceptée par le CRTC, Shaw obtiendrait 12 nouvelles stations de radio, 4 services de télévision spécialisée ainsi que les intérêts de WIC dans Canadian Satellite Communications. Notons également que Shaw a procédé, en septembre 1999, à la création d'une nouvelle filiale afin de regrouper ses activités dans le

FIGURE AII.14
Rogers Communications Inc.

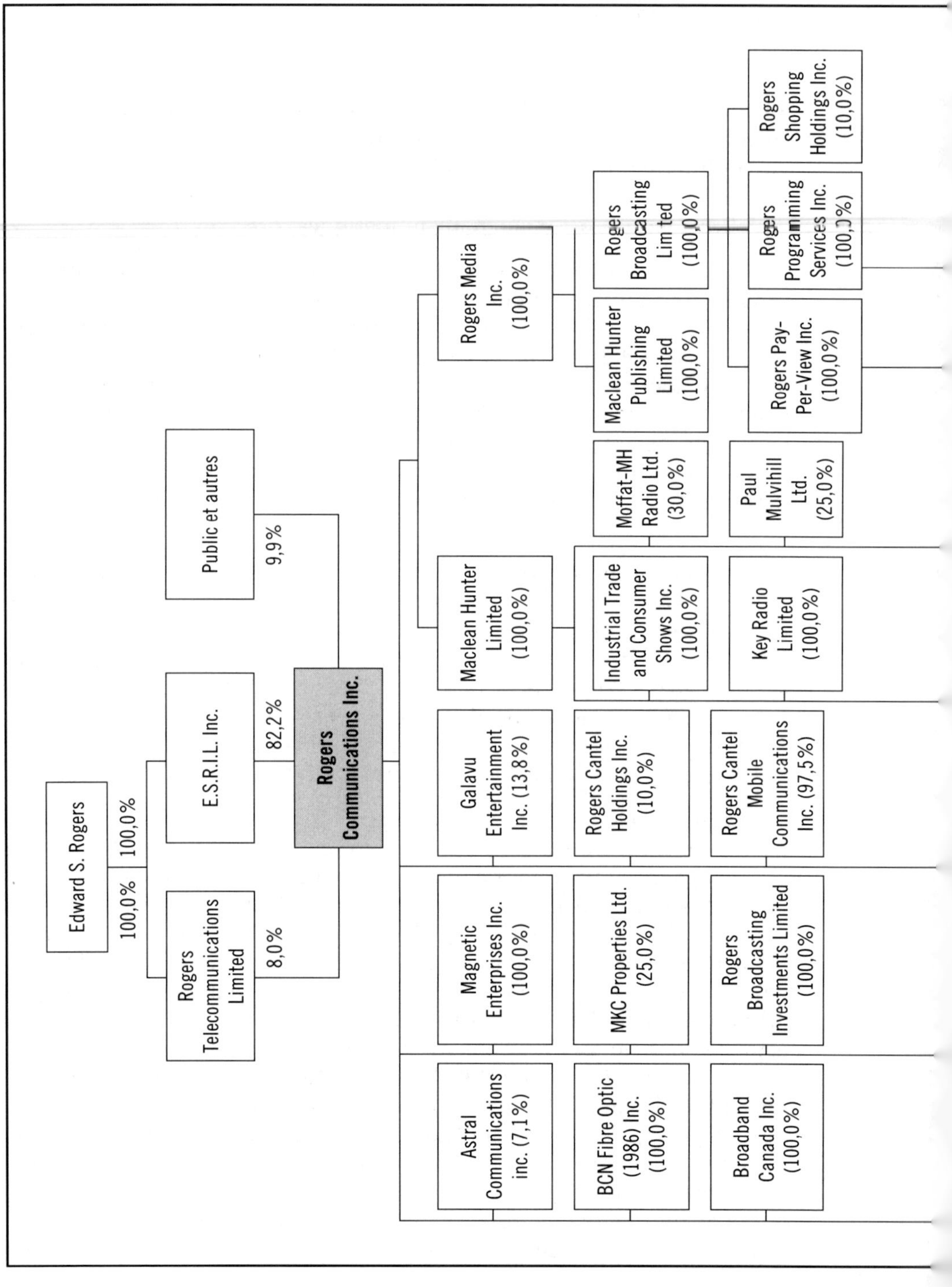

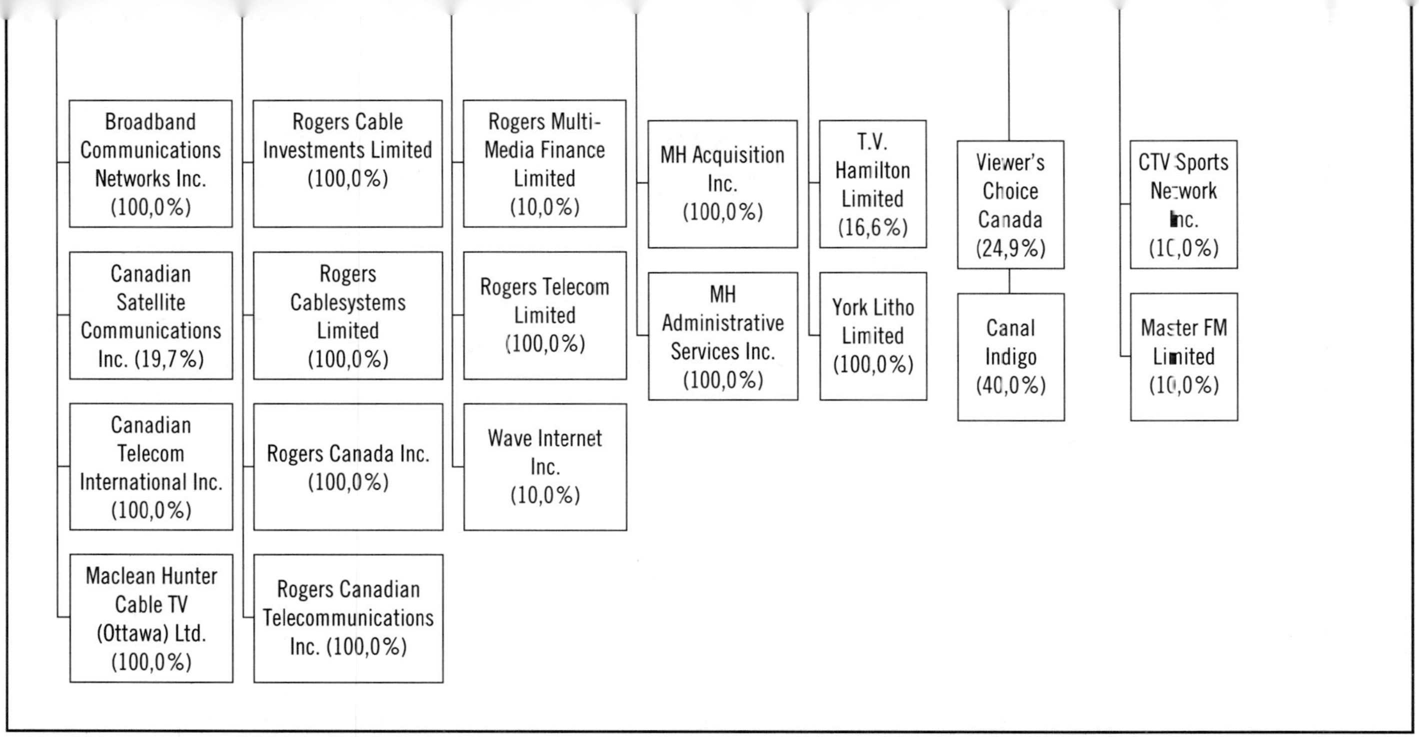

Sources : Statistique Canada, *Liens de parenté entre sociétés*, 1998, n° 61-517 au catalogue ; CRTC, Division Analyse des sociétés, *Propriétés multiples — Sociétés de portefeuille et titulaires, Rogers, Structure corporative*, n°s 27, 27A, 27B novembre 1998.

FIGURE AII.15
Shaw Communications Inc.

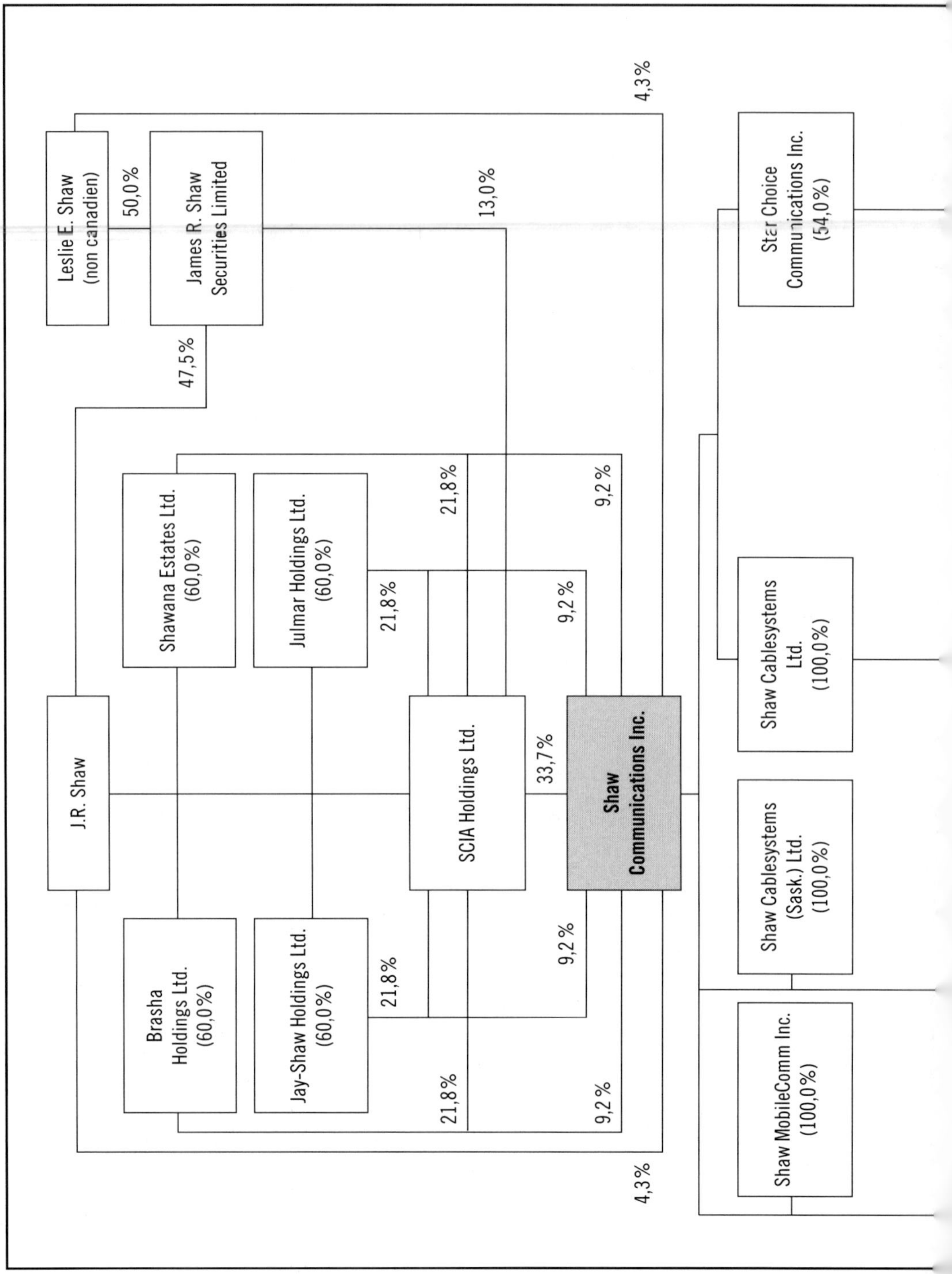

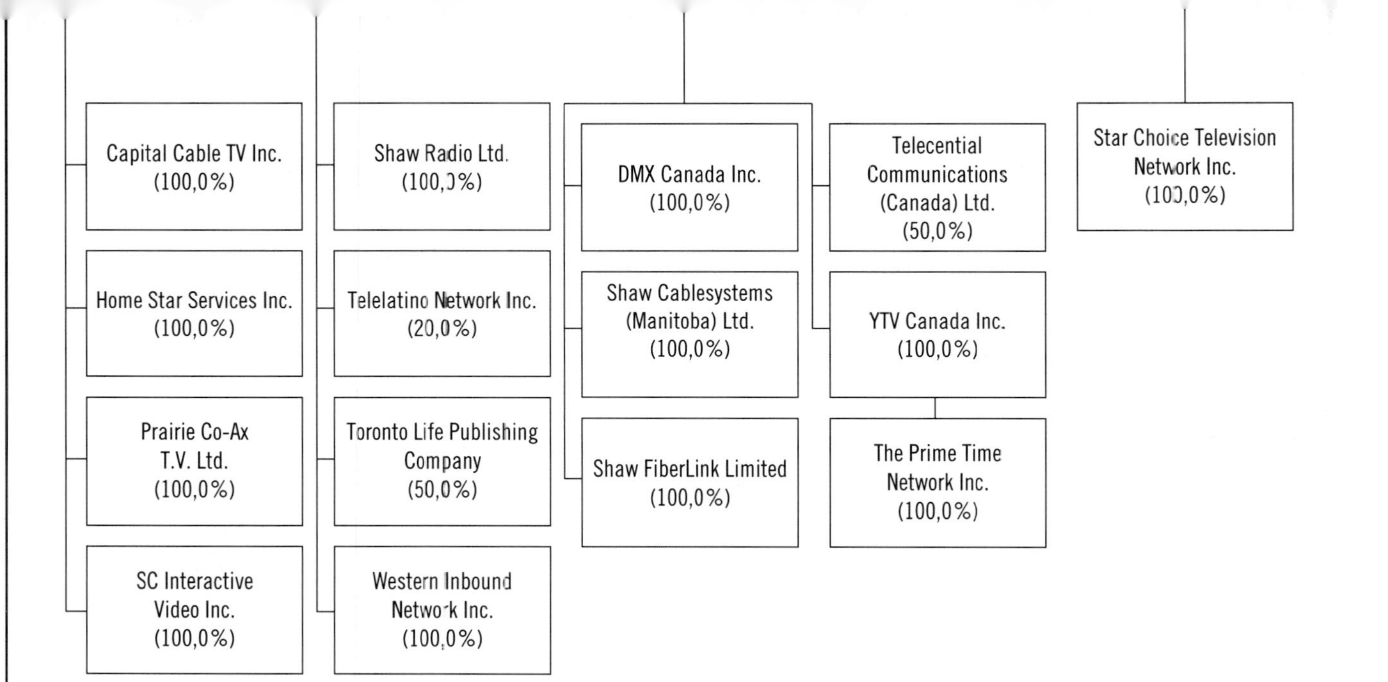

Notes : En 1997, les filiales Home Star et Star Choice ont fusionné. En 1999, Shaw a créé une nouvelle filiale afin de regrouper ses activités dans le domaine des médias. Cette nouvelle filiale, du nom de Corus Entertainment, a d'ailleurs annoncé, quelque temps après sa mise sur pied, l'achat de 17 stations de radio et de 4 stations de télévision appartenant à Power Corporation. Pour être effective, la transaction devra obtenir l'approbation du CRTC. Au moment où nous écrivions ces lignes, Shaw était également en pourparlers avec CanWest Global Communications pour le démantèlement de WIC.

Sources : Statistique Canada, *Liens de parenté entre sociétés*, 1998, nº 61-517 au catalogue ; CRTC, Division Analyse des sociétés, *Propriétés multiples — Sociétés de portefeuille et titulaires, Shaw, Structure corporative*, nº 32, novembre 1998.

domaine des médias. Cette nouvelle filiale, du nom de Corus Entertainment, a d'ailleurs annoncé, quelque temps après sa mise sur pied, l'achat de 17 stations de radio et de 4 stations de télévision appartenant à Power Corporation. Au moment où nous rédigions ces lignes, le CRTC n'avait pas encore approuvé la transaction.

Sources : Shaw Communications Inc., rapport annuel 1996, rapport annuel 1997 ; *The Globe and Mail*, 26 mai 1998, p. B1 ; *The Globe and Mail*, 19 décembre 1998, p. B4 ; *The Globe and Mail*, 30 avril 1999, p. B1 ; *The Globe and Mail*, 10 septembre 1999, p. B3.

TÉLÉGLOBE INC.

(*Figure AII.17*)

Téléglobe, qui exploite un des réseaux Internet les plus étendus au monde, est un chef de file mondial des services de télécommunications large bande. Par l'entremise de la Corporation Téléglobe Communications, dont le siège social se trouve à Reston, en Virginie, elle offre des applications évoluées à des fournisseurs de services Internet, des fournisseurs de contenu, des télécommunicateurs et des entreprises d'une centaine de pays.

Avec GlobeSystem^{MC}, un projet de 5 milliards $US sur cinq ans, Téléglobe a entrepris de déployer des plates-formes large bande évolutives dans 160 villes du monde et de les relier au moyen d'un réseau de données haute vitesse sans couture. Au terme du projet, en 2004, Téléglobe disposera d'une infrastructure 200 fois plus puissante que son réseau actuel, qui autorisera le transport intégré du trafic Internet, des données, de la voix et des images.

En 1998, Téléglobe a fusionné avec Excel Communications, Inc., un distributeur de produits et de services de télécommunications basé à Dallas, au Texas, qui a pour cible les marchés déréglementés. Déjà active aux États-Unis et au Canada, Excel entend s'attaquer au marché européen dès l'an 2000.

up2 technologies inc., une filiale à part entière de Téléglobe, exploite une plate-forme de commerce électronique et fournit des contenus personnalisés aux communautés virtuelles qu'elle aide à bâtir. up2 propose également des services d'hébergement de sites et d'applications Web.

Téléglobe a aussi une participation dans ORBCOMM Global, L.P., une coentreprise qu'elle a formée avec Orbital Sciences Corporation. ORBCOMM Global a déployé le premier réseau de transmission de données par satellites en orbite basse conçu à des fins commerciales en vue d'offrir des services bidirectionnels à couverture mondiale destinés à des usages comme la télésurveillance, la localisation de mobiles et la messagerie.

Enfin, Téléglobe a une participation dans Look Communications, qui mise sur un système de distribution multipoint pour offrir des services d'accès Internet et de télédistribution numérique sans fil sur le marché canadien.

En février 2000, BCE a annoncé qu'elle entendait se porter acquéreur de la totalité des actions de Téléglobe Inc.

Source : Téléglobe.

FIGURE AII.16
Téléglobe Inc.

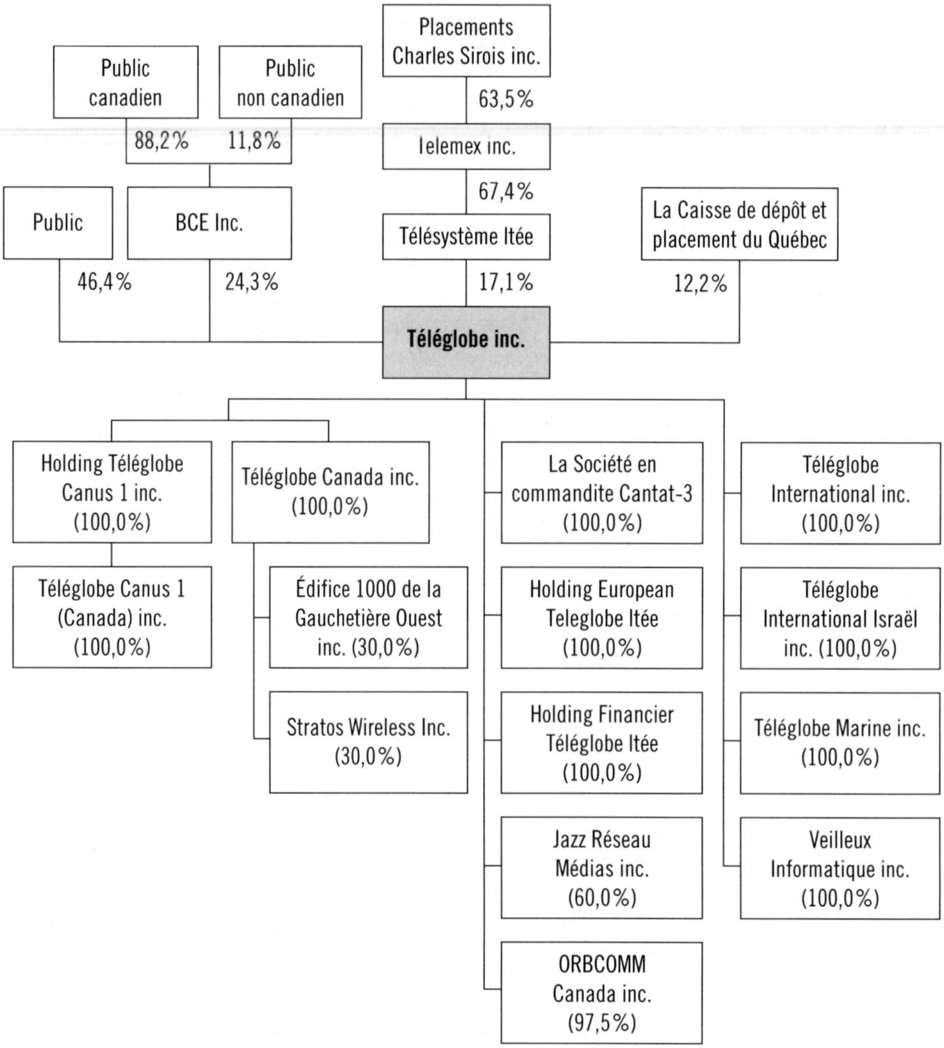

Note : En 1997, Téléglobe, en collaboration avec trois partenaires, a obtenu l'approbation du CRTC pour créer et exploiter une entreprise de distribution multipoint (SDM). Cette entreprise porte aujourd'hui le nom de Look Communications Inc. En février 2000, Téléglobe a été acquis par BCE.

Sources : Statistique Canada, *Liens de parenté entre sociétés*, 1998, nº 61-517 au catalogue ; CRTC, Division Analyse des sociétés, *Propriétés multiples — Sociétés de portefeuille et titulaires, Look Communications*, nº 160, janvier 1999.

TÉLÉMÉDIA INC.

(*Figure AII.17*)

Fondée en 1970, Télémédia inc. mène ses activités en majeure partie au Canada, en français et en anglais, principalement dans le domaine de l'édition de magazines destinés aux consommateurs et dans celui de la radiodiffusion. Télémédia touche également à l'édition de livres, à la distribution de coupons rabais aux consommateurs et à la représentation publicitaire.

Télémédia est le plus important détenteur de licences de radiodiffusion au Canada. Dans ce secteur, Télémédia possède 25 stations radiophoniques au Québec, en Ontario et en Alberta, ainsi qu'une participation de 50 % dans Radiomédia, propriétaire de CKAC à Montréal, CHRC à Québec et du réseau Radiomédia Information. De plus, l'entreprise détient trois réseaux de radiodiffusion, soit le Réseau FM Rock-Détente, The Telemedia Sports Radio Network et The Telemedia Entertainment and Information Network, qui offrent respectivement de la programmation musicale, des émissions de sport et des bulletins de nouvelles.

En 1999, Télémédia signifie clairement son intention d'étendre ses activités dans l'Est et dans l'Ouest canadien. C'est en suivant cette stratégie que l'entreprise annonce d'importantes acquisitions: une chaîne de 8 stations de radio établies dans les Maritimes et l'Okanagan Skeena Group (31 stations de radio, 2 stations de télévision et 12 réseaux de câblodistribution dans l'Ouest canadien). Le CRTC a ouvert la voie à ce type de regroupement en modifiant ses règlements de façon à permettre aux compagnies de détenir des licences multiples à l'intérieur d'un marché donné. Si ces deux importantes acquisitions sont approuvées par le CRTC, Télémédia détiendra un réseau national de près de 70 stations de radio au Québec, en Ontario, dans les Maritimes et dans l'Ouest canadien.

Du côté de l'édition, Télémédia possédait 10 magazines destinés aux consommateurs, parmi lesquels on trouvait *Coup de Pouce, Madame au Foyer* ainsi que *TV Guide*. L'entreprise possédait également à 50 % 5 magazines destinés aux consommateurs. Depuis 1996, Télémédia s'était engagée dans 2 coentreprises à parts égales. D'abord, Trustmédia était née d'une entente de partenariat entre Télémédia et Trustar pour la publication de *TV Hebdo*. Ensuite, une entente était née avec Hachette Filipacchi Magazines de New York pour la publication de trois magazines anglophones. En janvier 2000 Télémédia vendait l'ensemble de ses magazines au Groupe Transcontinental G.T.C. ltée.

Sources: Télémédia, rapport annuel 1996; *Le Devoir*, février 1999, p. C3; *La Presse*, 27 mai 1999, p. E2; *La Presse*, 2 juin 1999, p. D7.

FIGURE AII.17
Télémédia inc.

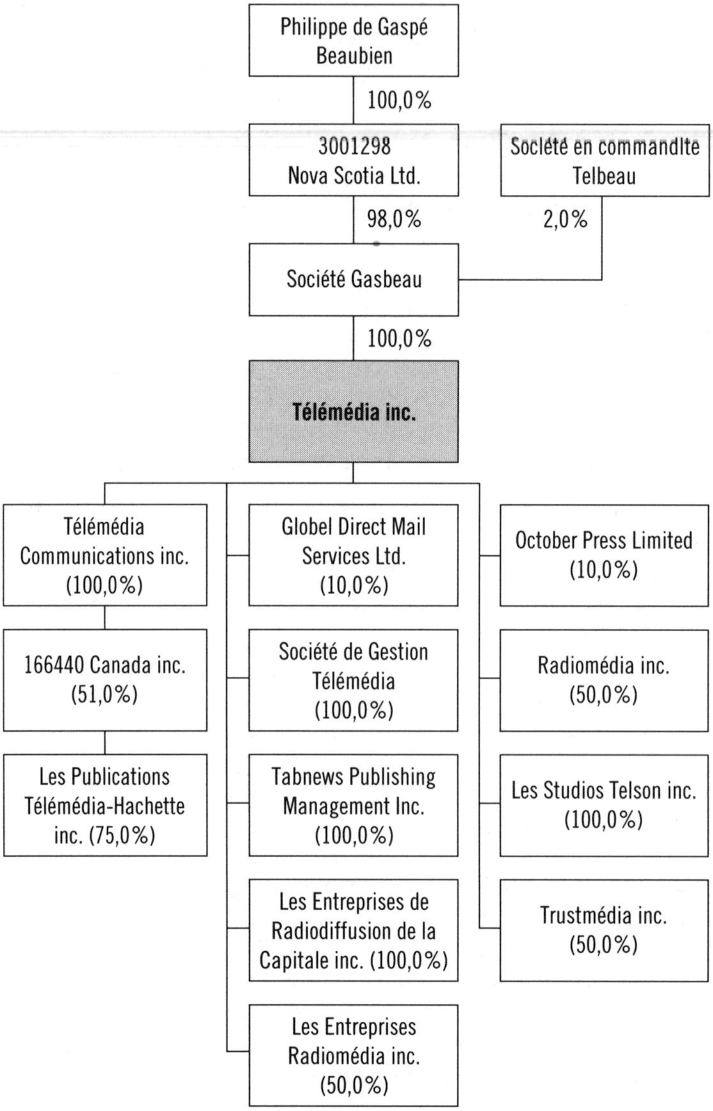

Note : En janvier 2000, Télémédia vendait l'ensemble de ses magazines au Groupe Transcontinental G.T.C. ltée.

Sources : Statistique Canada, *Liens de parenté entre sociétés*, 1998, n° 61-517 au catalogue ; Télémédia inc., rapport annuel 1996 ; CRTC, Division Analyse des sociétés, *Propriétés multiples — Sociétés de portefeuille et titulaires, Télémédia*, n° 5, février 1999.

THE SEAGRAM COMPANY LTD.

(Figure AII.18)

Seagram est une entreprise diversifiée qui exerce dans le secteur des loisirs et des boissons alcoolisées. L'entreprise est active non seulement au Canada mais également à l'étranger, où son chiffre d'affaires représentait en 1997 plus de 40% du chiffre d'affaires total de la compagnie. En fait, elle est considérée comme étant l'une des sept principales entreprises de l'industrie des médias et du divertissement dans le monde.

Universal Studios, acquise par Seagram en 1995, a évolué pour devenir l'une des entreprises internationales de loisirs les plus polyvalentes. En effet, Universal a des intérêts dans le cinéma, la télévision, la musique et les loisirs, et compte à son actif plus de 17000 émissions de télévision et 3500 films. Le Groupe Universal Pictures a pris le troisième rang pour ce qui est de la part du marché américain dans le secteur du cinéma. Le Groupe loisirs musicaux Universal, pour sa part, exerce ses activités dans 28 territoires étrangers au total, ce qui représente 93% du marché mondial de la musique. Le Groupe se classe donc parmi les six premières entreprises multinationales d'édition musicale grâce à un catalogue de plus de 150000 œuvres comportant des droits d'auteur.

Depuis 1997, Seagram, dont le siège social est officiellement à Montréal mais dont les bureaux administratifs sont à New York, effectue de grosses transactions. En 1998, l'entreprise a acquis PolyGram, filiale de Philips, afin de devancer Time Warner et Sony dans la production de disques. En intégrant PolyGram à Universal Music Group, Seagram opte pour une concentration de ses activités dans le secteur du divertissement. Pour financer l'achat de PolyGram et devenir le plus grand distributeur de disques du monde, Seagram s'est départie de sa filiale Tropicana, le plus important producteur mondial de jus de fruits. De plus, elle cède peu à peu sa participation dans le groupe Time Warner, estimant qu'elle ne revêt plus d'importance stratégique depuis l'acquisition de Universal Studios. Finalement, Seagram a vendu la cinémathèque PolyGram à Metro-Goldwyn-Mayer.

Sources: Seagram, rapport annuel 1997; *The Globe and Mail*, 29 mai 1997, p. B1; *Le Devoir*, 14 juillet 1998, p. B7; *Le Devoir*, 21 juillet 1998, p. B2; *La Presse*, 21 juillet 1998, p. C1; *La Presse*, 13 août 1998, p. A16; *Le Devoir*, 23 octobre 1998, p. A3.

FIGURE AII.18
The Seagram Company Ltd.

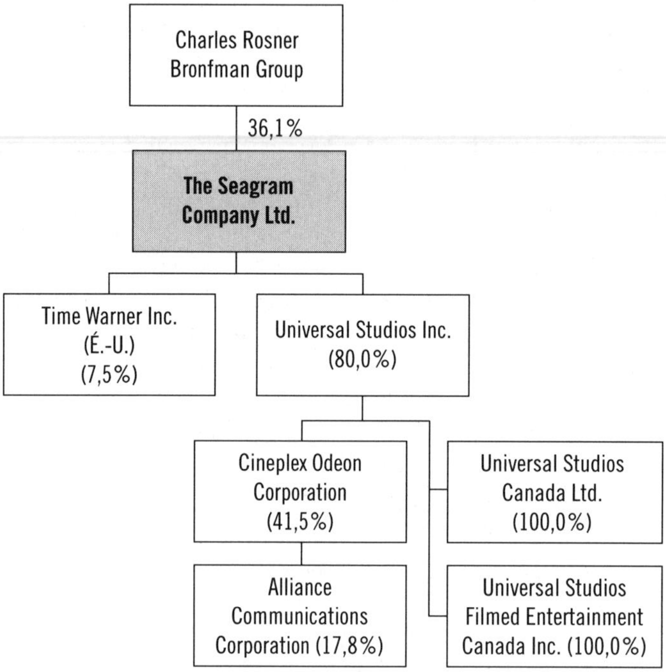

Notes : En 1998, Seagram a fait l'acquisition de PolyGram. Toutefois, quelques mois plus tard, elle a vendu la cinémathèque de PolyGram à Metro-Goldwyn-Mayer. En 1998-1999, Seagram a peu à peu cédé sa participation dans le groupe Time Warner.

Source : Statistique Canada, *Liens de parenté entre sociétés*, 1998, n° 61-517 au catalogue.

THE THOMSON CORPORATION

(*Figure AII.19*)

The Thomson Corporation est une entreprise de premier plan à l'échelle internationale. Éditeur et fournisseur d'informations, l'entreprise possède des intérêts dans l'information spécialisée touchant principalement les affaires, les sciences, l'éducation et les soins de santé. Thomson, qui appartient à 73% à la famille Thomson, est active dans la publication de journaux en Amérique du Nord ainsi que dans la création de nouvelles méthodes de fourniture de produits et services, tel le commerce électronique. Depuis les dernières années, à l'exception de sa division de journaux qui reste limitée à l'Amérique du Nord, Thomson cherche à étendre ses activités internationales, surtout du côté de l'Asie et de l'Europe. Aussi sa stratégie est-elle de réduire ses activités dans le monde des quotidiens et de renforcer sa présence dans le domaine de l'information spécialisée. Ce secteur représente d'ailleurs plus de la moitié des revenus de l'entreprise depuis 1998, année où elle a procédé à l'acquisition des activités de publications juridiques et gouvernementales du géant britannique Pearson.

Dans le secteur des journaux, Thomson Newspapers est une filiale orientée vers les communications et le marketing qui offre une grande variété de produits et services reliés à l'information dans 27 marchés régionaux aux États-Unis et au Canada. Détenant 6 quotidiens au Canada et une soixantaine d'autres aux États-Unis, Thomson arrive au quatrième rang des éditeurs de presse quotidienne au Canada avec une part de 10,7% du tirage total. Cinq de ces quotidiens, dont le *Globe and Mail*, sont publiés dans des agglomérations de plus de 75000 habitants. La compagnie produit également une multitude de journaux non quotidiens et plus de 250 publications spécialisées ou promotionnelles, en format papier ou électronique.

En février 2000, Thomson a annoncé qu'il cherchait un acheteur pour l'ensemble de ses journaux au Canada et aux États-Unis, à l'exception du *Globe and Mail*. La compagnie a l'intention de se consacrer à l'avenir à l'édition électronique de publications et de bases de données spécialisées.

Sources: The Thomson Corporation, rapport annuel 1997; *The Gazette*, 17 juin 1997, p. F3; *The Globe and Mail*, 3 mars 1998, p. B12; *La Presse*, 22 décembre 1998, p. C1; *The Globe and Mail*, 13 mai 1999, p. B7.

FIGURE AII.19
The Thomson Corporation

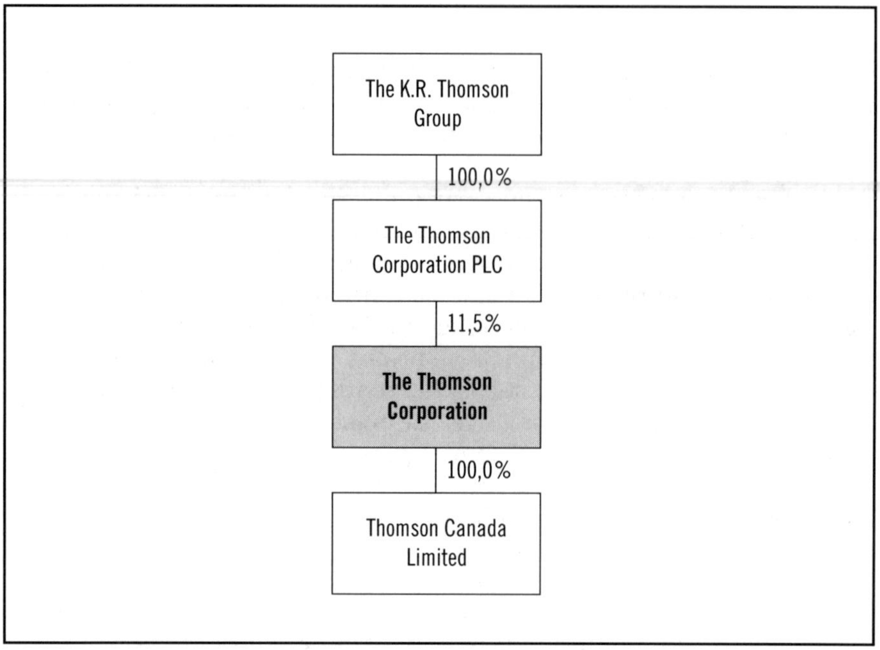

Source : Statistique Canada, *Liens de parenté entre sociétés*, 1998, n° 61-517 au catalogue.

Torstar Corporation

(*Figure AII.20*)

Les activités principales de Torstar sont l'édition de journaux, de livres de fiction sentimentale ainsi que de suppléments éducatifs pour enfants. *The Toronto Star*, un quotidien dont la position dans le marché torontois est dominante, et les romans Harlequin, distribués dans plus de 100 pays du monde, sont les plus grands intérêts de Torstar. Avec sa filiale Metroland Printing Publishing & Distributing, Torstar est le plus grand éditeur de journaux régionaux en Ontario avec un total de 42 titres. En 1998, Torstar a conclu une entente avec Quebecor pour l'acquisition de quatre quotidiens grand format appartenant à Sun Media. Cette acquisition a permis à Torstar de devenir le troisième éditeur de journaux au Canada, avec 14,2 % du tirage, et de s'assurer une présence consolidée dans le sud de l'Ontario sur le plan de la distribution, du tirage et du marché publicitaire.

Sources: Torstar, rapport annuel 1997; *Le Devoir*, 22 décembre 1998, p. B2; *La Presse*, 22 décembre 1998, p. C1.

FIGURE AII.20
Torstar Corporation

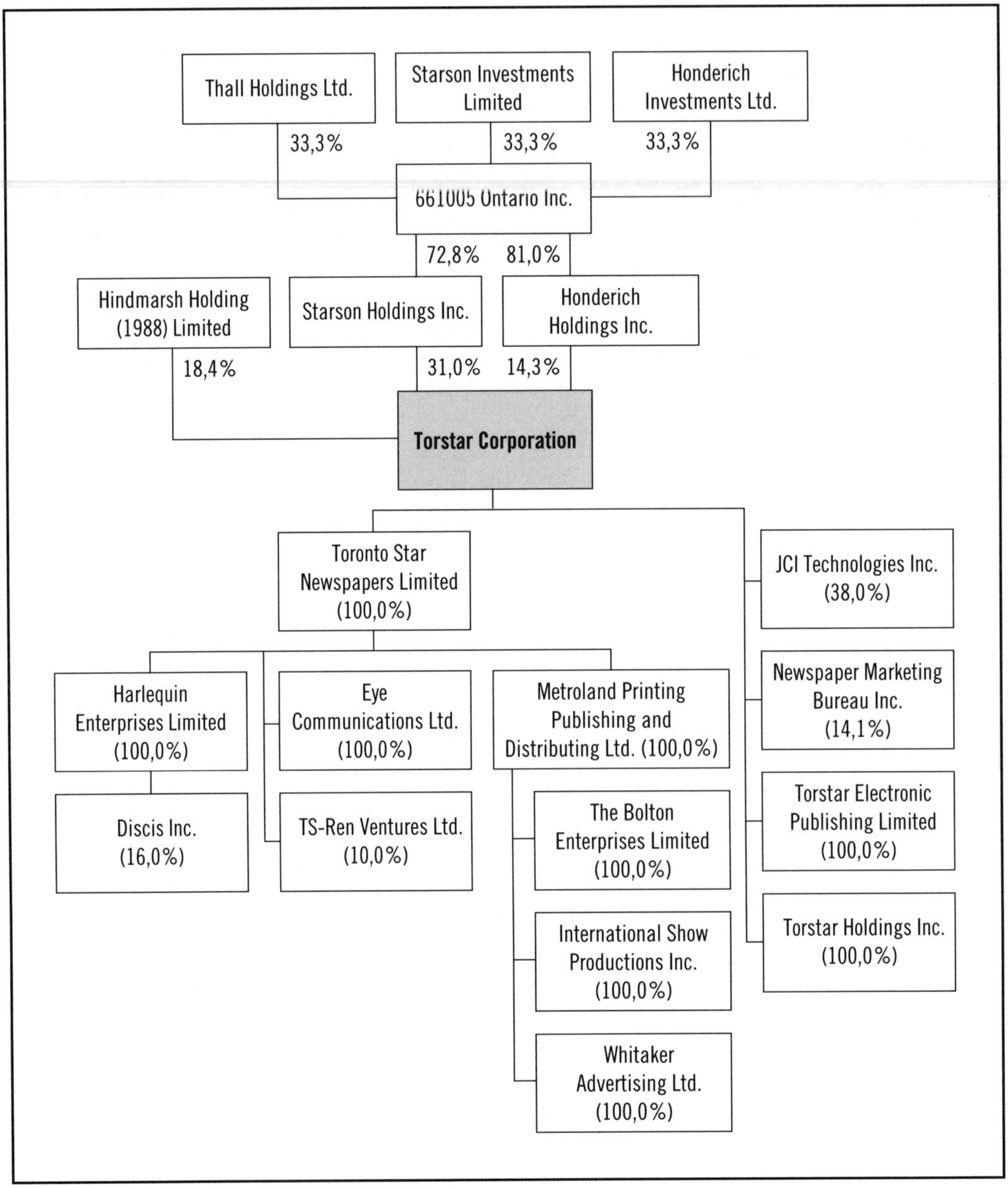

Source : Statistique Canada, *Liens de parenté entre sociétés*, 1998, nº 61-517 au catalogue.

WIC WESTERN INTERNATIONAL COMMUNICATIONS LTD.

(*Figure AII.21*)

WIC Western International Communications est une entreprise de communication active principalement en Colombie-Britannique, en Alberta, en Saskatchewan, au Manitoba, en Ontario et au Québec. Néanmoins, ses intérêts dans les services de télévision non traditionnels lui permettent de desservir tous les coins du pays. En plus d'offrir des services de télévision et de radio par satellite ainsi que des services de télévision payants et spécialisés, WIC possède des intérêts dans la télévision et la radio traditionnelles, dans la production de contenus télévisuels et dans les communications multipoints. L'entreprise serait sur le point d'être démantelée puisque deux de ses actionnaires, CanWest Global Communications et Shaw Communications, négocient une entente pour se partager ses actifs.

En 1997, avec l'acquisition d'une part de 70% dans la station de télévision CFCF à Montréal et l'accroissement de ses activités en Ontario, WIC obtient des parts de marché pratiquement égales aux deux autres grands télédiffuseurs privés nationaux. En fait, WIC Television possède et gère maintenant neuf stations de télévision, dont quatre privées et cinq affiliées. WIC détient entre autres des intérêts minoritaires dans le réseau de Télévision Quatre Saisons depuis 1997. Par contre, cette même année, l'entreprise s'est départie de ses intérêts dans CTV Network au profit de Baton Broadcasting (maintenant appelé CTV Inc.). Dans le secteur de la radiodiffusion, WIC Radio dirige 12 stations, soit l'équivalent d'une station AM et une station FM dans six marchés différents au Canada.

En ce qui concerne les services de télévision non traditionnels, WIC Premium Television, connue déjà sous le nom d'Allarcom Pay Television, est active dans Pay-Per-View, la télévision payante et spécialisée. Ainsi, WIC détient SuperChannel et Moviemax, et possède des intérêts dans The Family Channel et Teletoon. Quant au groupe Pay-Per-View, il fait affaire seulement dans l'Ouest canadien, mais collabore avec l'Est pour offrir Viewer's Choice. De plus, par l'intermédiaire de ses investissements dans Canadian Satellite Communications Inc. (Cancom), WIC offre des services de communications d'affaires et de loisirs, par satellite, au Canada et sur le marché américain.

Source: WIC Western International Communications Ltd., rapport annuel 1997.

FIGURE AII.21
WIC Western International Communications Ltd.

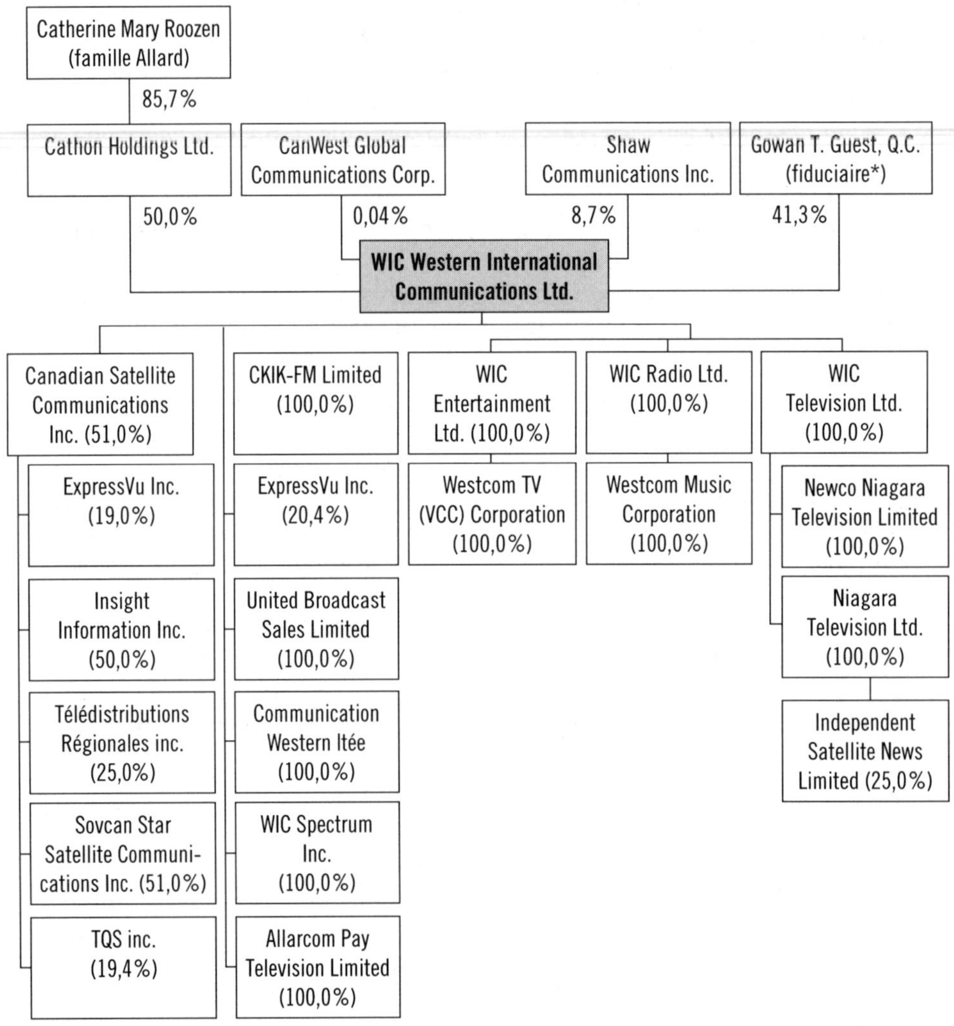

* Conformément à une convention de fiduciaire intervenue avec Shaw Communications Inc.

Notes : En 1998, BCE a fait l'acquisition des actions de WIC dans ExpressVu. En 1999, CanWest Global Communications Inc. et Shaw Communications Inc. cherchaient une entente en vue du partage des actifs de WIC. Pour être effective, cette entente devra d'abord obtenir l'approbation du CRTC. En 1999, la filiale Allarcom Pay Television Ltd. porte le nom de WIC Premium Television.

Sources : Statistique Canada, *Liens de parenté entre sociétés*, 1998, n° 61-517 au catalogue ; CRTC, Division Analyse des sociétés, *Propriétés multiples — Sociétés de portefeuille et titulaires, WIC Services spécialisés*, n° 40A, décembre 1998.

ANNEXE III

Liste des principales transactions survenues dans les médias canadiens entre 1996 et 1999

Année	Entreprises concernées	Type de transaction*	Objets visés
	1. La presse écrite (1996-1999)		
1999	Bertelsmann Publishing AG (Allemagne)	Acquisition	Random House Canada; Doubleday Canada
	Capital Communications CDPQ, régime de retraite des employés municipaux de l'Ontario, Royal Bank Equity Partners	Acquisition	Corporation Sun Media (30%) (propriété de Quebecor)
	Hollinger	Acquisition	Le bihebdomadaire *Southwest Booster* et une imprimerie commerciale (Saskatchewan)
	Hollinger	Acquisition	Le quotidien de Sherbrooke *The Record* (propriété de Quebecor)
	Hollinger	Acquisition	Southam (acquisition qui s'est étendue de 1992 à 1999)
	Imprimeries Quebecor inc.	Acquisition	Cayfo S.A. (2e imprimerie d'Espagne)
	Imprimeries Quebecor inc.	Acquisition	World Color Press Inc. (É.-U.)
	Imprimeries Quebecor inc.	Acquisition	Division imprimerie d'Editorial Perfil (Argentine)
	Quebecor	Acquisition	Sun Media
	Quebecor	Acquisition	Un quotidien (*Lloydminster Daily Times*) et deux hebdomadaires en Saskatchewan (propriétés de Hollinger)
	Sun Media (Quebecor 80%)	Acquisition	Le quotidien *The Beacon Herald* (Ontario)
	Torstar	Acquisition	*The Hamilton Spectator; The Record;* *The Cambridge Reporter; The Daily Mercury (propriétés de Quebecor par son acquisition de Sun Media)*
	Torstar	Acquisition	J.W. Eedy Publications (10 hebdomadaires dans le sud-ouest de l'Ontario et une imprimerie)
	Willis Stein & Partners LP	Acquisition	Troll Communications (propriété de Torstar Corp.) (éditeur de livres pour enfants)
1998	Black Press Ltd.	Acquisition	*The Daily Courier; Penticton Herald* (propriétés de Thomson Corp.)
	Bowes Publishers Ltd. (Sun Media)	Acquisition	Imprimerie Norweb press; *Northern Times* (Ontario); *Timmins Times*

→

Année	Entreprises concernées	Type de transaction*	Objets visés
	1. La presse écrite (1996-1999) (*suite*)		
1998 (suite)	Donohue (Quebecor)	Acquisition	2 usines de papier journal (propriétés de Champion International Corporation [É.-U.])
	Groupe Transcontinental	Acquisition	Interweb (imprimeur commercial)
	Groupe Transcontinental	Acquisition	L.G.M. Group (impression de magazines et de catalogues)
	Groupe Transcontinental	Acquisition	Reproductiones Fotomecanicas (Refosa) (51%) (Mexique) (imprimeur d'encarts publicitaires et de circulaires)
	Imprimeries Quebecor	Acquisition	Associación Editorial Stella (Pérou)
	MDC Communications	Acquisition	Custom Chèque; Custom Direct; B.A. Custom Cards (divisions chèques et cartes de crédit de Quebecor)
	MediaNews	Acquisition	*The Charleston Daily Mail* (propriété de Thomson)
	Quebecor	Acquisition	Communications Gratte-Ciel
	Quebecor	Acquisition	Entreprise de publication Jean-Paul Auclair (50%)
	Southam (Hollinger)	Acquisition	2 quotidiens de Colombie-Britannique (propriétés de Thomson)
	Southam (Hollinger)	Acquisition	6 journaux de Vancouver (propriétés de Thomson)
	Southam (Hollinger)	Acquisition	*The Financial Post* (propriété de Sun Media [80%] et de Pearson [20%])
	Sun Media	Acquisition	*The Hamilton Spectator; The Record; The Cambridge Reporter; The Daily Mercury* (propriétés de Southam)
	Sun Media	Acquisition	*Brockville Recorder and Times* (Ontario)
	Sun Media	Acquisition	WestMount Press Ltd. (19 hebdomadaires)
	Thomson Corp	Acquisition	Les activités de publications juridiques et gouvernementales Pearson (G.-B.)
1997	BCE Inc.	Acquisition	Sun Media Inc. (10,3%)
	Black Press Ltd.	Acquisition	Quotidien indépendant *Red Deer Advocate*; 30 hebdomadaires régionaux (C.-B. et Alberta) (propriétés de Trinity International Holdings [Angleterre])
	Communications Quebecor inc.	Acquisition	Éditions internationales Alain Stanké ltée
	Communications Quebecor inc.	Acquisition	Diffulivre inc. →

Année	Entreprises concernées	Type de transaction*	Objets visés
	1. La presse écrite (1996-1999) (*suite*)		
1997 (suite)	Communications Quebecor inc.	Acquisition	*Montreal Mirror* (propriété de Communications Gratte-Ciel ltée)
	Communications Quebecor inc.	Acquisition	Groupe de presse Bellavance (12 hebdomadaires régionaux [Rimouski])
	CUC International Inc.	Acquisition	Hebdo Mag International Inc. (propriété de Torstar Corp. [50 %])
	Groupe Transcontinental	Acquisition	Imprimerie Gagné; Best Book Manufacturers
	Groupe Transcontinental	Acquisition	Scabrini Miragex
	Hollinger	Acquisition	*The Telegraph* (Royaume-Uni) (acquisition qui s'est étendue de 1985 à 1997)
	Imprimeries Quebecor	Acquisition	Division Franklin de Brown Printing (É.-U.); Editorial Antàrtica S.A. (50 %) (Chili); Editorial Antàrtica SACIFE (70 %) (Argentine)
	Sun Media	Acquisition	Netmar Inc. (3 hebdomadaires; 14 guides d'achat; 3 publications spécialisées; NetMedia [distributeur d'échantillons promotionnels])
	Sun Media	Acquisition	*The London Free Press* (propriété du groupe Blackburn)
	Thomson Corp.	Acquisition	Les Éditions Yvon Blais inc.
	Thomson Corp.	Acquisition	Investment Dealers Digest
	Torstar	Acquisition	Troll (éditeur de livres pour enfants [É.-U.])
1996	Dirigeants de Southam	Acquisition	Division des périodiques de Southam (8 publications)
	Donohue inc. (Quebecor)	Acquisition	Corporation QUNO (une usine de papier journal; une scierie; l'hôtel Le Manoir; la compagnie Hydroélectrique Manicouagan [60 %])
	Groupe Transcontinental	Acquisition	Super Hebdo (4 hebdomadaires au Québec, propriétés de Quebecor)
	Groupe Transcontinental	Acquisition	Publications Dumont (32 journaux hebdomadaires au Québec et en Ontario, propriétés de Cogeco)
	Hollinger	Acquisition	6 quotidiens et 1 hebdo (Maritimes) (propriétés de Thomson)
	Malcolm Publishing	Acquisition	*Equinox; Harrowsmith Country Life Canada* (propriétés de Télémédia) →

Année	Entreprises concernées	Type de transaction*	Objets visés
	1. La presse écrite (1996-1999) (*suite*)		
1996 (suite)	Southam (Hollinger)	Acquisition	6 quotidiens et 1 hebdo (Maritimes) (propriétés de Hollinger)
	Southam (Hollinger)	Acquisition	6 quotidiens et 1 hebdo (Ontario) (propriétés de Thomson)
	Sterling Newspaper (Hollinger)	Acquisition	2 quotidiens; 8 hebdomadaires
	Télémédia et Trustar	Coentreprise	Création de Trustmédia (publication du *TV Hebdo*)
	Dirigeants de Toronto Sun Publishing	Acquisition	Toronto Sun Publishing (propriété de Rogers Communications; création de Sun Media)
	Torstar	Acquisition	Delta Education (production de matériel éducatif)
	2. La radiodiffusion / la câblodistribution / les satellites (1996-1999)		
1999	Astral Communications	Acquisition	Radiomutuel
	Astral Communications	Acquisition	Groupe Covitec (63%)
	Canadian Satellite Communications Inc. (Cancom) et Star Choice Communications Inc. (Shaw Communications Inc.)	Fusion	
**	CanWest	Acquisition	Une partie des actifs de WIC Western International Communications Ltd. (9 stations de télévision)
	Cogeco Câble Inc.	Acquisition	Cableworks Communications Inc. (Ontario, 64000 abonnés)
**	CTV Inc. (Baton Broadcasting)	Acquisition	NetStar Communications (68%) (TSN; RDS; Discovery)
	Look Communications et I.D. Internet Direct	Fusion	Télédiffusion
	Microsoft Corp. (É.-U.)	Acquisition	Rogers Communications Inc. (moins de 10%) (services de télévision interactive)
	Rogers Broadcasting Ltd.	Acquisition	4 stations de radio privées (C.-B.) (propriétés de Fraser Valley Radio)
	Rogers Broadcasting Ltd.	Acquisition	CKIS-FM et CFFR-AM (propriétés de Rawlco Communications Ltd.)
	Rogers Broadcasting Ltd.	Acquisition	CISS-FM (propriété de Rawlco Communications Ltd.)

→

Année	Entreprises concernées	Type de transaction*	Objets visés
1999 (suite)	**2. La radiodiffusion / la câblodistribution / les satellites (1996-1999) (*suite*)**		
**	Shaw Communications Inc.	Acquisition	17 stations de radio et 4 stations de télévision (Québec et Ontario) (propriétés de Power Corporation)
**	Shaw Communications Inc.	Acquisition	Access Communications Inc. (83500 abonnés en Nouvelle-Écosse)
**	Shaw Communications Inc.	Acquisition	Fundy Communications Inc. (192000 abonnés)
**	Shaw Communications Inc.	Acquisition	Une partie des actifs de WIC Western International Communications Ltd. (52%) (12 stations de radio, 4 services de télévision spécialisée et les intérêts dans Canadian Satellite Communications Inc.)
	Télébec (BCE)	Acquisition	Télécâble Blouin (2800 abonnés); Électro-Vision (4800 abonnés)
**	Télémédia Communications	Acquisition	Okanagan Skeena Group (31 stations de radio; 2 stations de télévision; 12 réseaux de câblodistribution [Ouest canadien])
	Télémédia Communications	Acquisition	8 stations de radio (propriétés des groupes Radio One et Radio Atlantic)
	WIC Television Ltd.	Acquisition	Canadian Satellite Communications Inc. (passe à 54,19%)
1998	BCE	Acquisition	Actions de Cancom (6,5%) et de WIC (3,5%) dans ExpressVu (10%) (complète l'acquisition d'ExpressVu)
	BCE	Acquisition	Participations de Spar Aérospatiale et des compagnies de l'alliance Stentor dans Télésat (complète l'acquisition de Télésat)
	Cathton Holdings (famille Allard) (49,9%) et Shaw Communications (41,2%)	Acquisition	WIC (propriété de la famille Griffiths, 9 stations de télévision; 12 stations de radio)
	CHUM Ltd., Newcap Broadcasting Ltd. et Sun Radio Ltd.	Alliance	Alliance des stations de Halifax (Metro Radio Group)
	Cogeco Câble	Acquisition	Réseaux de câblodistribution, propriétés de Shaw Communications (Ontario) (90 000 abonnés)
	Cogeco Câble	Acquisition	Réseaux de câblodistribution, de Valleyfield Transvision inc. et d'Emtel inc. (Québec) (16500 abonnés)
	Cogeco Câble	Acquisition	Réseaux de Regional en Ontario (2100 abonnés) →

Année	Entreprises concernées	Type de transaction*	Objets visés
	2. La radiodiffusion / la câblodistribution / les satellites (1996-1999) (*suite*)		
1998 (suite)	Cogeco Radio-Télévision inc.	Acquisition	CFRS-TV Jonquière; CKRS-TV Jonquière; CKRS-TV-1 Saint-Fulgence (propriétés de Radio Saguenay)
	Groupe TVA / chaîne M6 (France)	Coentreprise	Achat du Canal Infopub qui devient Club TV Achat
	Groupe TVA / chaîne M6 (France)	Coentreprise	Produits dérivés d'émissions
	Haliburton Broadcasting	Acquisition	4 stations de radio AM et 2 stations relais (propriétés de Pelmorex)
	Newfoundland Capital Corp.	Acquisition	CIRK-FM (propriété de Craig Broadcasting Inc.)
	Regional Cablesystems Inc.	Acquisition	Prairie Cable TV Ltd.; Progressive Cable TV Ltd.; Coronation Cable TV Ltd.
	Regional Cablesystems Inc.	Acquisition	101500 abonnés à Sudbury, à Timmins, et dans 73 autres localités de l'Ontario (une composante de CF Cable [Vidéotron])
	Regional Cablesystems Inc.	Acquisition	Réseau de Cogeco Câble en Ontario (3400 abonnés)
	Shaw Communications	Acquisition	Réseau de câblodistribution de Chilliwack et des environs en Colombie-Britannique (20100 abonnés) (propriété de Cogeco Câble)
	Shaw Communications	Acquisition	Réseau de 72000 abonnés en C.-B. et en Alberta (propriété de Cogeco Câble)
	Télémédia	Acquisition	CHUR-FM North Bay; CHVR-FM Pembroke; CJMX-FM Sudbury; CJQM-FM Sault Sainte-Marie (propriétés de Pelmorex Radio Inc.)
	Vidéotron	Acquisition	Entreprises de câble Transvision: Transvision Lennoxville; Transvision Plus (31000 abonnés)
	Vidéotron	Acquisition	Le Câble de Rivière-du-Loup; Câblodistribution de la Côte-du-Sud; Télé-Câble Charlevoix (1977)
	Vidéotron	Acquisition	Réseau de Regional Cablesystems à Beaupré (6900 abonnés)
1997	Astral	Acquisition	Radiomutuel (25%) (propriété de Télésystème)
	Baton Broadcasting	Acquisition	Activités d'Electrohome Ltd. en radiodiffusion (CTV [14,3%]; CKCO-TV; CFRN-TV)

→

Année	Entreprises concernées	Type de transaction*	Objets visés
	2. La radiodiffusion / la câblodistribution / les satellites (1996-1999) (*suite*)		
1997 (suite)	Baton Broadcasting	Acquisition	Atlantic Television (ATV) (affilié de CTV dans les Maritimes); ASN (un service indépendant de satellite-câble) (propriétés de CHUM Ltd.)
	Baton Broadcasting	Acquisition	Intérêts de WIC (28,6 %), de Moffat Communications (14,3 %) et de CHUM (14,3 %) dans CTV Network Ltd. (complète l'acquisition de CTV Inc.)
	BCE	Acquisition	Participation de Tee-Comm Electronics dans ExpressVu (les actifs de BCE dans ExpressVu passent de 31 % à 90 %)
	Câble-Axion Québec inc. (Téléglobe)	Acquisition	Télé-Câble Ste-Marie
	Cable Regina	Acquisition	Réseaux de Cogeco de Weyburn et Estevan (Saskatchewan) (8 100 abonnés)
	CanWest Global Communications	Acquisition	More FM (Nouvelle-Zélande)
	CanWest Global Communications	Acquisition	TV3 (Irlande)
	CHUM Ltd.	Acquisition	4 stations de télévision (CHRO-TV Ottawa/Pembroke; CFPL-TV London; CKNX-TV Wingham; CHWI-TV Windsor) (propriétés de Baton Broadcasting)
	Cogeco Câble	Acquisition	Réseau de câblodistribution de Grand-Mère, propriété de Câblodistribution Le Rocher inc. (6 300 abonnés)
	Cogeco Câble	Acquisition	Réseaux de câblodistribution de Windsor, Chatham, Leamington, Smiths Falls et les environs (Ontario), propriétés de Shaw Communications (91 000 abonnés)
	Cogeco Câble	Acquisition	25 réseaux de câblodistribution en Ontario (propriétés de Rogers Cablesystems) (300 000 abonnés)
	Quebecor (58 %), Cancom (20 %) et Cogeco (20 %)	Coentreprise Acquisition	TQS (une division de télédiffusion de CFCF)
	QuébecTel	Acquisition	Câble Axion Digitel (46 %) (7 000 abonnés en Beauce)
	Shaw Communications et Star Choice (50 %)	Fusion	Star Choice Communications Network
	Shaw Communications	Acquisition	Certains réseaux de câblodistribution (Alberta et C.-B.), propriétés de Cogeco (71 200 abonnés)
	Star Choice et HomeStar	Fusion	Service de télévision par satellite Star Choice →

Année	Entreprises concernées	Type de transaction*	Objets visés
	2. La radiodiffusion / la câblodistribution / les satellites (1996-1999) (*suite*)		
1997 (suite)	Systèmes de Sonorisation Standard ltée et St. Lawrence Broadcasting Company ltd., 3WB Corporation et CHUM Ltd.	Fusion	
	Talentvision TV Ltd. et Fairchild Television Ltd.	Fusion	
	Torstar Corp.	Acquisition	Chaîne de télévision par câble Called Direct To You (propriété de Rogers Communications Inc.)
	Videon CableSystem (propriété de Moffat Communications)	Acquisition	Filiale albertaine de Vidéotron (152000 abonnés au câble; 2220 abonnés à Internet)
	Vidéotron	Acquisition	CF Cable (330000 abonnés)
	WIC Television (70%), Capital Communications CDPQ (30%)	Acquisition	CFCF inc. (CFCF-12)
1996	Baton Broadcasting	Acquisition	CFCN-Calgary (propriété de Shaw Communications)
	Bell Cablemedia Plc	Acquisition	Cable Road Limited (Videotron UK) (Royaume-Uni)
	Cogeco	Acquisition	Certains systèmes de câblodistribution, propriétés de Rogers Communications (Ontario) (303300 abonnés)
	Electrohome Ltd. et Baton Broadcasting	Alliance	CFCN-Calgary (50%); 6 stations de télévision en Saskatchewan (50%) (propriétés de Baton Broadcasting)
	Electrohome Ltd. et Baton Broadcasting	Alliance	4 stations de télévision (Ontario)
	Genex Communications Inc.	Acquisition	CHOI-FM (propriété de Télémédia)
	Rogers Communications	Acquisition	Pioneer Cablevision Ltd.
	Rogers Communications	Acquisition	Certains systèmes de câblodistribution, propriétés de Shaw Communications (Vancouver) (84000 abonnés)
	Shaw Communciations	Acquisition	Participations de Rogers Communications dans YTV (34%); CFCN-TV; New Country Network (29%)
	Télémédia	Acquisition	CFMG-FM (propriété de Balsa Broadcasting Corp.)
	Télémédia et Radiomutuel	Coentreprise	Création de Radiomédia (Réseau Radiomédia Information; CKAC-AM 730; CHRC-AM 800)
	Vidéotron	Acquisition	CFCF inc.

→

Année	Entreprises concernées	Type de transaction*	Objets visés
	3. Le multimédia et l'inforoute (1996-1999)		
1999	CanWest Global Communications	Acquisition	LifeServe (É.-U.) et Internet Broadcasting System (É.-U.) (20 % dans chacune) (secteur Internet)
	Corporation CINAR	Acquisition	Edusoft (Israël)
	Look Communications et ID Internet Direct	Fusion	Services Internet, télédiffusion et téléphonie
	MetroNet Communications	Acquisition	Netcom (51 %)
	Nortel, Microsoft (É.-U.), Intel (É.-U.) et Hewlett-Packard (É.-U.)	Alliance	Production de matériel permettant la transmission de données sur l'inforoute
	Quebecor	Acquisition	CANOE (BCE 40 %) (Quebecor détient maintenant CANOE à 100 %)
	Seagram (Universal Music Group) et Bertelsmann AG (BMG Entertainment) (Allemagne)	Coentreprise	GetMusic (vente de musique dans Internet)
1998	Astral Communications inc.	Acquisition	Artech Digital Entertainments (passe de 35% à 51 %)
	Bell Mobilité et Wireless Knowledge (É.-U.)	Alliance	Accès sans fil
	Global Media et Astral Communications inc.	Alliance	Distribution de disques compacts et de vidéos dans Internet
	Intellia et Socom	Fusion	
	Internet Direct et ID Internet Direct Ltd.	Fusion	Fournisseur Internet
	Mpact Immedia (Bell Canada)	Acquisition	Newstar Technologies Inc.
	QuébecTel Communications et ViewCall Canada	Alliance	Télévision dans Internet
	Télébec (BCE)	Acquisition	Concepta et Logicon
	Vidéotron, Cisco Systems et Bellcore	Entente commerciale	Télécommunications sur le protocole Internet
1997	Bell Canada	Acquisition	Une partie de Digital Renaissance Inc.
	Quebecor Multimédia, IBM Canada et Imprimeries Quebecor	Alliance	Service de catalogues électroniques →

Année	Entreprises concernées	Type de transaction*	Objets visés
	3. Le multimédia et l'inforoute (1996-1999) (*suite*)		
1996	Sun Media et BCE Media Investments	Alliance	CANOE (contenu électronique)
	Torstar	Acquisition	Tom Snyder Productions (production de logiciels éducatifs)
	4. La production / distribution (1997-1999)		
1999	Alliance et Atlantis	Fusion	Alliance Atlantis Communications (production et distribution de films et d'émissions de télévision)
	AstralTech et Covitec	Fusion	Services techniques pour l'industrie du cinéma et de la télévision
	Carlton Communications (Londres)	Acquisition	La cinémathèque ITC de PolyGram
	Covitec (Astral)	Acquisition	Unité de services Studio Centre-Ville (propriété de Motion International [Groupe Coscient])
	Kinowelt Medien (Allemagne)	Acquisition	Alliance Atlantis Communications (20%)
	Seagram (Universal Music Group) et Bertelsmann AG (BMG Entertainment) (Allemagne)	Coentreprise	GetMusic (vente de musique dans Internet)
1998	Alliance Vivafilm et Studio Canal	Alliance	Distribution de films
	CanWest	Acquisition	Maison de production Fireworks
	Global Media et Astral Communications inc.	Alliance	Distribution de disques compacts et de vidéos dans Internet
	Intellia et Socom	Fusion	
	Metro-Goldwyn-Mayer Pictures Inc. (MGM) (É.-U.)	Acquisition	La cinémathèque de PolyGram Filmed Entertainment (propriété de Seagram)
	Seagram	Acquisition	PolyGram
	Télésystème	Acquisition	Groupe Coscient (20,5%)
1997	Alliance Communications	Acquisition	Productions La Fête (20%); Réseau Showcase Television (passe de 55% à 75%)
	Atlantis Communications Inc.	Acquisition	Calibre Digital Pictures (50%)
	Atlantis Communications Inc.	Acquisition	Ironstar Communications Inc.

→

Année	Entreprises concernées	Type de transaction*	Objets visés
	4. La production / distribution (1997-1999) (*suite*)		
1997 (suite)	CINAR Films	Acquisition	Carson-Dellosa Publishing (É.-U.); Unique Collating Service (É.-U.); The Wild Goose Company (É.-U.)
	Cinepix Film Properties Inc., Mandalay Television (É.-U.) et NorthShore Studios	Fusion	Lion's Gate Entertainment Co. (production de films pour le cinéma et la télévision au Canada)
	Groupe Coscient	Acquisition	Divisions de production et de distribution de Owl Communications Inc.
	Groupe Covitec	Acquisition	Services de postproduction de Télé-Métropole (filiales CME et Sonolab)
	Malofilm Communications	Acquisition	Filmline International Inc.
	Malofilm Communications	Acquisition	Image Organisation Inc. (É.-U.)
	Malofilm Communications	Acquisition	MMI Multi-Média Interactif Inc.
	Malofilm Communications	Acquisition	Ready Soft Inc.
	5. La publicité (1996-1999)		
1999	Groupe Cossette Communication	Acquisition	Pulse Marketing
1998	Canal D (Astral) et Canal Vie (Radiomutuel)	Alliance	TV Plus Média (représentation publicitaire)
	Doubleclick (la filiale canadienne)	Acquisition	Soussy.com (publicité en ligne)
	Groupaction Marketing	Acquisition	Gosselin et associés Communications
	Publicis BCP et Médiabec	Fusion	Publicis Dialog (activités de promotion et de marketing direct)
	Publicis Canada	Acquisition	SMW (75 %) (création de Publicis-SMW)
	Soussy.com et Clickthrough	Alliance	Publicité en ligne
1997	Omnicom (É.-U.)	Acquisition	HYPN
	Palmer Jarvis Communications Inc. et DDB Group Canada	Fusion	
	TBWA Chiat Day (É.-U.)	Acquisition	Tam-Tam
1996	BCP et Taxi jaune (France)	Alliance	→

Année	Entreprises concernées	Type de transaction*	Objets visés
	5. La publicité (1996-1999) (***suite***)		
1996 (suite)	J. Walter Thompson Canada et Groupaction Marketing	Alliance	
	Publicis (France)	Acquisition	Groupe BCP (70%) (création de Publicis-BCP)
	6. Les télécommunications (1996-1999)		
1999	Ameritech Corporation (É.-U.)	Acquisition	Bell Canada (20%)
	AT&T Canada Corp. et MetroNet Communications Corp.	Fusion	AT&T Canada Corp. (téléphonie)
	BC Telecom et Telus	Fusion	BCT.Telus (téléphonie)
	Bell Canada et Groupe SNC-Lavalin	Alliance	Construction et installation de réseaux de télécommunication
	Bell Canada et Hydro-Québec	Coentreprise	Connexim
	Bell Canada et Manitoba Telecom Services	Alliance	Newco (téléphonie locale)
	Bell Canada et MCI WorldCom (É.-U.)	Alliance	
	British Telecom (Angleterre) et AT&T (É.-U.)	Acquisition	Rogers Cantel (33%)
	Bruncor Inc., Maritime Telegraph and Telephone Co Ltd., NewTel Enterprises Ltd. et Island Telecom Inc.	Fusion	Aliant (téléphonie, technologies de l'information, communications par satellite)
	Excell Global Services (É.-U.) et Bell Canada	Coentreprise	Nordia (activités d'assistance-annuaire)
	Look Communications et I.D. Internet Direct	Fusion	Services Internet, télédiffusion et téléphonie
	Newsbridge Network	Acquisition	Stanford Telecommunications (É.-U.) (transmission sans fil à haute vitesse)
	SaskTel et BCE	Alliance	
1998	Call-Net et Fonorola	Fusion	Téléphonie interurbaine
	Cogeco Câble, Hydro-Québec et Bell Canada	Alliance	Construction d'un lien de fibre optique entre Québec et Rimouski →

Année	Entreprises concernées	Type de transaction*	Objets visés
	6. Les télécommunications (1996-1999) (*suite*)		
1998 (suite)	Dolphin Telecom plc (Télésystème Mobiles International)	Acquisition	Protocall Ventures (Metromedia International Group) (Portugal et Belgique)
	MetroNet	Acquisition	Rogers Telecom
	MetroNet	Acquisition	VoiceTek Communications; Touch 9 Communications; ABTel Communications
	Nortel (Northern Telecom Ltd.) (BCE)	Acquisition	Bay Networks (É.-U.)
	Nortel et Panasonic	Alliance	Téléphonie mobile
	QuébecTel Communications et ViewCall Canada	Alliance	Télé Internet
	SNC-Lavalin et Bell Canada	Alliance	Construction de réseaux de télécommunication
	Sprint Canada (Call-Net)	Acquisition	Fonorola
	Sprint Canada et Lucent Technologies (É.-U.)	Alliance	Téléphonie locale
	Téléglobe et Excel Communications (É.-U.)	Fusion	Téléphonie longue distance et services Internet
	Télésystème Mobiles International	Acquisition	Telemig Participaçoes; Tele Norte Participaçoes
	Vidéotron, Cisco Systems et Bellcore	Entente commerciale	Télécommunication sur le protocole Internet
1997	Cancom, AirTouch Satellite Services et Loral Space and Communications	Alliance	Services satellites et services cellulaires
	Informission	Acquisition	CGL Technologies
1996	Inflight Phone Canada	Acquisition	Normex Télécom; Select Data Corporation
	Les grands câblodistributeurs canadiens	Alliance	Création de Vision.com
	Rogers Cantel et AT&T	Coentreprise	Cantel AT&T

* Dans le cas des acquisitions, le nom du groupe ou de l'entreprise « acquéreur » figure dans la colonne « Entreprises concernées », et le nom de la ou des entreprises (ou filiales) vendues figure dans la colonne « Objets visés ».

** L'approbation du CRTC et/ou du Bureau fédéral de la concurrence n'a pas encore été reçue pour cette acquisition.

Sources : CDROM-SNi, *Actualité-Québec*; Centre d'études sur les médias, site Internet, rubrique *Actualité-Médias*; rapports annuels 1997 des différentes entreprises; différents quotidiens (*Le Devoir, La Presse, The Globe and Mail*). Notre compilation.

ANNEXE IV

Lois sur la radiodiffusion et sur les télécommunications

I – ARTICLE 3 DE LA *LOI SUR LA RADIODIFFUSION*, 1991 (CHAPITRE 11 DES STATUTS DU CANADA, 38-39 ELIZABETH II, SANCTIONNÉE LE 1er FÉVRIER 1991)

POLITIQUE CANADIENNE DE RADIODIFFUSION

3. (1) Il est déclaré que, dans le cadre de la politique canadienne de radiodiffusion :

a) le système canadien de radiodiffusion doit être, effectivement, la propriété des Canadiens et sous leur contrôle ;

b) le système canadien de radiodiffusion, composé d'éléments publics, privés et communautaires, utilise des fréquences qui sont du domaine public et offre, par sa programmation essentiellement en français et en anglais, un service public essentiel pour le maintien et la valorisation de l'identité nationale et de la souveraineté culturelle ;

c) les radiodiffusions de langues française et anglaise, malgré certains points communs, diffèrent quant à leurs conditions d'exploitation et, éventuellement, quant à leurs besoins ;

d) le système canadien de radiodiffusion devrait :

(i) servir à sauvegarder, enrichir et renforcer la structure culturelle, politique, sociale et économique du Canada,

(ii) favoriser l'épanouissement de l'expression canadienne en proposant une très large programmation qui traduise des attitudes, des opinions, des idées, des valeurs et une créativité artistique canadiennes, qui mette en valeur des divertissements faisant appel à des artistes canadiens et qui fournisse de l'information et de l'analyse concernant le Canada et l'étranger considérés d'un point de vue canadien,

(iii) par sa programmation et par les chances que son fonctionnement offre en matière d'emploi, répondre aux besoins et aux intérêts, et refléter la condition et les aspirations, des hommes, des femmes et des enfants canadiens, notamment l'égalité sur le plan des droits, la dualité linguistique et le caractère multiculturel et multiracial de la société canadienne ainsi que la place particulière qu'y occupent les peuples autochtones,

(iv) demeurer aisément adaptable aux progrès scientifiques et techniques ;

e) tous les éléments du système doivent contribuer, de la manière qui convient, à la création et à la présentation d'une programmation canadienne ;

f) toutes les entreprises de radiodiffusion sont tenues de faire appel au maximum, et dans tous les cas au moins de manière prédominante, aux ressources — créatrices et autres — canadiennes pour la création et la présentation de leur programmation à moins qu'une telle pratique ne s'avère difficilement réalisable en raison de la nature du service — notamment son contenu ou format spécialisé ou l'utilisation qui y est faite de langues autres que le français ou l'anglais — qu'elles fournissent, auquel cas elles devront faire appel aux ressources en question dans toute la mesure du possible;

g) la programmation offerte par les entreprises de radiodiffusion devrait être de haute qualité;

h) les titulaires de licences d'exploitation d'entreprises de radiodiffusion assument la responsabilité de leurs émissions;

i) la programmation offerte par le système canadien de radiodiffusion devrait à la fois:

(i) être variée et aussi large que possible en offrant à l'intention des hommes, femmes et enfants de tous âges, intérêts et goûts une programmation équilibrée qui renseigne, éclaire et divertit,

(ii) puiser aux sources locales, régionales, nationales et internationales,

(iii) renfermer des émissions éducatives et communautaires,

(iv) dans la mesure du possible, offrir au public l'occasion de prendre connaissance d'opinions divergentes sur des sujets qui l'intéressent,

(v) faire appel de façon notable aux producteurs canadiens indépendants;

j) la programmation éducative, notamment celle qui est fournie au moyen d'installations d'un organisme éducatif indépendant, fait partie intégrante du système canadien de radiodiffusion;

k) une gamme de services de radiodiffusion en français et en anglais doit être progressivement offerte à tous les Canadiens, au fur et à mesure de la disponibilité des moyens;

l) la Société Radio-Canada, à titre de radiodiffuseur public national, devrait offrir des services de radio et de télévision qui comportent une très large programmation qui renseigne, éclaire et divertit;

m) la programmation de la Société devrait à la fois:

(i) être principalement et typiquement canadienne,

(ii) refléter la globalité canadienne et rendre compte de la diversité régionale du pays, tant au plan national qu'au niveau régional, tout en répondant aux besoins particuliers des régions,

(iii) contribuer activement à l'expression culturelle et à l'échange des diverses formes qu'elle peut prendre,

(iv) être offerte en français et en anglais, de manière à refléter la situation et les besoins particuliers des deux collectivités de langue officielle, y compris ceux des minorités de l'une ou l'autre langue,

(v) chercher à être de qualité équivalente en français et en anglais,

(vi) contribuer au partage d'une conscience et d'une identité nationales,

(vii) être offerte partout au Canada de la manière la plus adéquate et efficace, au fur et à mesure de la disponibilité des moyens,

(viii) refléter le caractère multiculturel et multiracial du Canada;

n) les conflits entre les objectifs de la Société énumérés aux alinéas l) et m) et les intérêts de toute autre entreprise de radiodiffusion du système canadien de radiodiffusion doivent être résolus dans le sens de l'intérêt public ou, si l'intérêt public est également assuré, en faveur des objectifs énumérés aux alinéas l) et m);

o) le système canadien de radiodiffusion devrait offrir une programmation qui reflète les cultures autochtones du Canada, au fur et à mesure de la disponibilité des moyens;

p) le système devrait offrir une programmation adaptée aux besoins des personnes atteintes d'une déficience, au fur et à mesure de la disponibilité des moyens;

q) sans qu'il soit porté atteinte à l'obligation qu'ont les entreprises de radiodiffusion de fournir la programmation visée à l'alinéa i), des services de programmation télévisée complémentaires, en anglais et en français, devraient au besoin être offerts afin que le système canadien de radiodiffusion puisse se conformer à cet alinéa;

r) la programmation offerte par ces services devrait à la fois:

(i) être innovatrice et compléter celle qui est offerte au grand public,

(ii) répondre aux intérêts et goûts de ceux que la programmation offerte au grand public laisse insatisfaits et comprendre des émissions consacrées aux arts et à la culture,

(iii) refléter le caractère multiculturel du Canada et rendre compte de sa diversité régionale,

(iv) comporter, autant que possible, des acquisitions plutôt que des productions propres,

(v) être offerte partout au Canada de la manière la plus rentable, compte tenu de la qualité;

s) les réseaux et les entreprises de programmation privés devraient, dans la mesure où leurs ressources financières et autres le leur permettent, contribuer de façon notable à la création et à la présentation d'une programmation canadienne tout en demeurant réceptifs à l'évolution de la demande du public;

t) les entreprises de distribution:

(i) devraient donner priorité à la fourniture des services de programmation canadienne, et ce en particulier par les stations locales canadiennes,

(ii) devraient assurer efficacement, à l'aide des techniques les plus efficientes, la fourniture de la programmation à des tarifs abordables,

(iii) devraient offrir des conditions acceptables relativement à la fourniture, la combinaison et la vente des services de programmation qui leur sont fournis, aux termes d'un contrat, par les entreprises de radiodiffusion,

(iv) peuvent, si le Conseil le juge opportun, créer une programmation — locale ou autre — de nature à favoriser la réalisation des objectifs de la politique canadienne de radiodiffusion, et en particulier à permettre aux minorités linguistiques et culturelles mal desservies d'avoir accès aux services de radiodiffusion.

(2) Il est déclaré en outre que le système canadien de radiodiffusion constitue un système unique et que la meilleure façon d'atteindre les objectifs de la politique canadienne de radiodiffusion consiste à confier la réglementation et la surveillance du système canadien de radiodiffusion à un seul organisme public autonome.

II – ARTICLE 7 DE LA *LOI SUR LES TÉLÉCOMMUNICATIONS*, 1993 (CHAPITRE 38 DES STATUTS DU CANADA, 40-41-42 ELIZABETH II, SANCTIONNÉE LE 23 JUIN 1993)

POLITIQUE CANADIENNE DE TÉLÉCOMMUNICATION

7. La présente loi affirme le caractère essentiel des télécommunications pour l'identité et la souveraineté canadiennes; la politique canadienne de télécommunication vise à :

   a) favoriser le développement ordonné des télécommunications partout au Canada en un système qui contribue à sauvegarder, enrichir et renforcer la structure sociale et économique du Canada et de ses régions ;

   b) permettre l'accès aux Canadiens dans toutes les régions — rurales ou urbaines — du Canada à des services de télécommunication sûrs, abordables et de qualité ;

   c) accroître l'efficacité et la compétitivité, sur les plans national et international, des télécommunications canadiennes ;

   d) promouvoir l'accession à la propriété des entreprises canadiennes, et à leur contrôle, par des Canadiens ;

   e) promouvoir l'utilisation d'installations de transmission canadiennes pour les télécommunications à l'intérieur du Canada et à destination ou en provenance de l'étranger ;

   f) favoriser le libre jeu du marché en ce qui concerne la fourniture de services de télécommunication et assurer l'efficacité de la réglementation, dans le cas où celle-ci est nécessaire ;

   g) stimuler la recherche et le développement au Canada dans le domaine des télécommunications ainsi que l'innovation en ce qui touche la fourniture de services dans ce domaine ;

   h) satisfaire les exigences économiques et sociales des usagers des services de télécommunication ;

   i) contribuer à la protection de la vie privée des personnes.

Source : CRTC, *Références, Lois et règlements pertinents*, site Internet : <http://www.crtc.gc.ca>.

ANNEXE V

Données sur l'auditoire de la radio-télévision au Québec

I – RADIO

TABLEAU AV.1
Part (%) des heures d'écoute des stations de radio de la région centrale de Montréal du lundi au dimanche, selon la langue de l'auditoire, de 5 h à 1 h, 12 ans et plus, printemps 1994 et 1997

Station	Propriétaires	Francophones			Anglophones		
		1994	1997	Écarts 1994-1997	1994	1997	Écart 1994-1997
CBF	Radio-Canada	5,0	5,6	– 0,6	0,2	0,1	– 0,1
CBF-FM	Radio-Canada	2,5	2,7	0,2	0,5	0,3	– 0,2
CBM*	CBC	0,3	0,2	– 0,1	5,4	7,5	2,1
CBM-FM*	CBC	1,5	0,9	– 0,6	5,8	6,8	1,0
CFGL-FM	Cogeco	10,0	8,4	– 1,6	0,9	0,5	– 0,4
CFQR-FM*	Com. Mont-Royal	2,8	3,6	0,8	12,5	18,5	6,0
CHOM-FM*	CHUM	4,8	4,6	– 0,2	11,8	7,0	– 4,8
CIEL-FM	Radio FM C.I.E.L. (1981) inc.	7,7	6,1	– 1,6	0,5	0,6	1,0
CIQC*	Com. Mont-Royal	0,2	0,1	– 0,1	4,2	2,4	– 1,8
CITE-FM	Télémédia et Radiomédia	11,8	14,9	3,1	1,3	1,5	0,2
CJAD+*	Standard Broadcast	0,5	0,8	0,3	27,6	23,9	– 3,7
CJFM-FM*	Standard Broadcast	2,7	3,0	0,3	16,2	17,9	1,7
CKAC	Radiomédia	7,0	14,5	7,5	0,4	1,1	0,7
CKGM*	CHUM	—	0,1	—	—	1,3	—
CKMF-FM	Radiomutuel et Radiomédia	9,4	10,6	1,2	1,1	0,9	– 0,2
CKOI-FM	Metromedia	12,9	11,7	– 1,2	1,5	1,1	– 0,4
CKVL	Metromedia	7,6	6,8	– 0,8	0,2	0,6	0,4
Autres		12,5	5,4	– 7,1	5,5	8,0	2,5
	Total	**99,2**	**100,0**		**100,0**	**100,0**	

* Station anglophone.

Sources : Sondages BBM, *Radio Montréal : total, francophone, anglophone*, printemps 1994 et printemps 1997.

TABLEAU AV.2
Nombre d'auditeurs en moyenne, au quart d'heure, des principales stations de radio de Montréal et de Québec, du lundi au dimanche, de 6 h à 19 h, 18 ans et plus, automnes 1990 et 1997

Montréal francophone			Montréal anglophone			Québec		
Station	1990	1997	Station	1990	1997	Station	1990	1997
CITÉ-FM	22900	75600	CJAD	38500	35100	CHRC	32800	27100
CKAC	60200	59400	CFQR-FM	16700	29400	CITF-FM	10900	22100
CKOI-FM	20000	54400	CJFM-FM	17100	22700	CHIK-FM	22800	21500
CFGL-FM	56600	44700	CHOM-FM	16400	16700	CFOM-FM	n.d.	13400
CKMF-FM	53300	44000	CBM-FM	n.d.	6800	CJMF-FM	10700	11300
CBF	25200	31500						
CKVL	25400	26400						
CIEL-FM	22900	21800						
CFQR-FM	16000	19700						
CJFM-FM	n.d.	15700						

Sources : *Info Presse Communications*, février 1991, à partir des données de Sondages BBM (pour 1990); *Info Presse Communications*, mars 1998, à partir des données de Sondages BBM (pour 1997).

II – TÉLÉVISION

TABLEAU AV.3
Part (%) du total des heures d'écoute de la télévision, automnes 1993, 1995 et 1997 au Canada (2 ans et plus)

	1993	1995	1997
Stations canadiennes de langue anglaise			
Traditionnelles	43,4	41,5	38,7
Éducatives	0,8	0,9	1,1
Payantes et spécialisées	4,7	6,8	10,0
Stations américaines de langue anglaise			
Traditionnelles	16,9	15,5	12,8
Payantes et spécialisées	4,0	4,4	5,6
Stations canadiennes de langue française			
Traditionnelles	20,6	19,8	19,2
Éducatives	0,8	0,7	0,3
Payantes et spécialisées	1,6	2,4	3,0
Stations canadiennes autres langues			
Traditionnelles	0,9	0,9	0,7
Payantes et spécialisées	0,1	0,3	0,3
Magnétoscopes	5,1	5,5	5,5
Autres*	1,1	1,3	2,8
Écoute totale	**100,0**	**100,0**	**100,0**

* La section « Autres » comprend l'écoute des chaînes communautaires, de CPAC et de chaînes non identifiables.

TABLEAU AV.4
Distribution de l'écoute hebdomadaire saisonnière de la télévision dans la région de Montréal (marché étendu), 2 ans et plus, printemps 1992, 1994, 1996 et 1997 (%)

Réseau	Lundi au dimanche, de 19 h à 23 h					Lundi au dimanche, de 6 h à 2 h				
	1992	1994	1996	1997	1992-1997 %	1992	1994	1996	1997	1992-1997 %
TVA (CFTM)	25	26	24	27	+ 2	28	28	29	29	+ 1
Radio-Canada (CBFT)	24	24	23	22	− 2	20	19	18	18	− 2
Quatre Saisons (CFJP)	11	9	13	10	− 1	10	11	11	10	—
Télé-Québec* (CIVM)	5	4	2	2	− 3	4	3	2	2	− 2
Total partiel	**65**	**63**	**62**	**61**	**− 4**	**62**	**61**	**60**	**59**	**− 3**
CTV (CFCF)	9	8	8	8	− 1	10	9	8	8	− 2
CBC (CBMT)	4	4	3	3	− 1	4	3	3	2	− 2
Réseaux américains	10	10	8	10	—	9	8	7	8	− 1
CBS (WCAX)	(4)	(3)	(3)	(3)	− 1	(4)	(3)	(3)	(3)	− 1
ABC (WVNY)	(3)	(3)	(2)	(3)	—	(2)	(2)	(1)	(2)	—
NBC (WPTZ)	(3)	(4)	(3)	(4)	+ 1	(3)	(3)	(3)	(3)	—
Autres**	13	15	20	18	+ 5	16	18	22	24	+ 8
Total partiel	**36**	**37**	**39**	**39**	**+ 3**	**39**	**38**	**40**	**42**	**+ 3**

* Antérieurement appelée Radio-Québec.

** Regroupe une gamme de services dont le taux d'écoute ne dépasse jamais 2 % individuellement. Comprend TV Ontario, PBS, les services de télévision payante et les chaînes spécialisées. Les totaux n'égalent pas 100 %, les nombres étant ici arrondis.

Sources : Sondages BBM, *Télévision : Montréal*, printemps 1992, 1994, 1996 et 1997.

TABLEAU AV.5
Les parts (%) d'écoute des réseaux de télévision dans le marché montréalais francophone et anglophone, chez les 18 ans et plus, printemps 1997, du lundi au dimanche, de 6 h à 2 h

Réseau	Montréal francophone	Montréal anglophone
TVA	39,0	2,0
Radio-Canada	24,0	1,0
Télévision Quatre Saisons	12,0	1,0
CTV	4,0	38,0
CBC	1,0	10,0
Télé-Québec	2,0	—
Chaînes spécialisées	9,0	7,0
Stations américaines	5,0	35,0
Autres	4,0	6,0
Total	**100,0**	**100,0**

Source : *Le Guide annuel des médias 1998*, supplément de *Info Presse Communications*, sept. 1997, Montréal, Éditions Info Presse, d'après Sondages BBM.

TABLEAU AV.6
Répartition (%) de l'écoute de la télévision au Québec selon la langue, printemps 1997, du lundi au dimanche, de 6 h à 2 h

Types de chaînes	Francophones	Anglophones
Grands réseaux canadiens francophones	76,0	4,0
Grands réseaux canadiens anglophones	4,0	44,0
Grands réseaux américains	4,0	35,0
Chaînes spécialisées	11,0	9,0
Autres	5,0	8,0
Total	**100,0**	**100,0**

Source : *Le Guide annuel des médias 1998*, supplément de *Info Presse Communications*, sept. 1997, Montréal, Éditions Info Presse, d'après Sondages BBM.

TABLEAU AV.7
Part de marché (%) des chaînes au Québec, 2 ans et plus, printemps 1996

Chaînes	%
TVA	30,3
Radio-Canada	18,6
Chaînes payantes et spécialisées francophones	14,2
Télévision Quatre Saisons	11,0
Chaînes américaines	9,4
CTV	5,8
Chaînes payantes et spécialisées anglophones	3,5
Radio-Québec*	2,7
CBC	2,4
Autres	2,1
Total	**100,0**

* Appelée Télé-Québec depuis 1997.

Source : *Canadian Media Directors' Council Media Digest*, Toronto, Marketing Magazine, 1996-1997, d'après les données de Nielsen.

TABLEAU AV.8
Part d'écoute (%) de la télévision par groupe de stations (du lundi au dimanche, de 6 h à 2 h), Canada, automnes 1993, 1995 et 1997

Groupe de stations	1993	1995	1997	Écart 1993-1997
Stations traditionnelles canadiennes				
Anglophones				
Réseau anglophone Radio-Canada	6,6	7,1	6,5	– 0,1
Stations affiliées réseau anglophone R.-C.	3,2	2,0	1,6	– 1,6
Total Radio-Canada anglophone	**(9,9)**	**(9,2)**	**(8,2)**	**(– 1,7)**
CTV	18,3	17,2	15,5	– 2,8
Stations indépendantes anglophones	9,9	8,9	9,0	– 0,9
Global	6,2	7,1	7,1	0,9

→

TABLEAU AV.8
Part d'écoute (%) de la télévision par groupe de stations (du lundi au dimanche, de 6 h à 2 h), Canada, automnes 1993, 1995 et 1997 (*suite*)

Groupe de stations	1993	1995	1997	Écart 1993-1997
Stations traditionnelles canadiennes (*suite*)				
Francophones				
Réseau francophone Radio-Canada	5,2	5,3	4,5	– 0,7
Stations affiliées réseau francophone R.-C.	1,6	1,6	1,4	– 0,2
Total Radio-Canada francophone	**(6,8)**	**(6,8)**	**(6,0)**	**(– 0,8)**
TVA	10,1	9,9	10,6	0,5
Télé-Québec	0,8	0,7	0,3	– 0,5
Télévision Quatre Saisons	3,7	3,1	2,6	– 1,1
Total stations traditionnelles canadiennes	**65,6**	**62,9**	**60,0**	**– 5,6**
Stations traditionnelles américaines				
États-Unis : stations affiliées ABC	3,2	3,0	2,3	– 0,9
Stations affiliées NBC	4,3	3,9	2,7	– 1,6
Stations affiliées CBS	4,2	3,0	2,7	– 1,5
Stations affiliées FOX	n.d.	2,6	2,4	n.d.
PBS	3,8	1,0	1,8	– 2,0
Stations indépendantes	2,3	1,9	1,0	– 1,3
Total stations traditionnelles américaines	**17,8**	**15,4**	**12,9**	**– 4,9**
Câble	0,3	0,2	0,2	– 0,1
Stations provinciales	0,8	0,9	1,2	0,4
Magnétoscope	5,1	5,5	5,5	0,4
Chaînes spécialisées canadiennes	6,5	9,6	13,3	6,8
Chaînes spécialisées américaines	3,1	4,4	5,6	2,5
Autres	0,8	0,9	2,4	1,6
Total	***100,0**	***100,0**	***100,0**	

* Données arrondies.

Source : Sondages BBM de l'automne 1993, 1995 et 1997.

BIBLIOGRAPHIE

A. LIVRES, RAPPORTS, ARTICLES ET RÉFÉRENCES DANS INTERNET

AGEE, W.K., P.H. AULT et D. WILCOX (1986). *Public Relations Strategies and Tactics*, New York, Harper and Row, p. 39-40.

ALTERMÉDIA (1999). *Bienvenue!*, Internet: <http://cafe.rapidus.net/espaces/altermedia>.

AMIOT, M.-A. (1996). «Qui fera encore surfer parmi les 147 FAI québécois?», *Info-Tech Magazine*, vol. 17, nº 7, août, p. 14-17.

APPLEBAUM, L. et J. HÉBERT (1982). *Rapport du Comité d'étude de la politique culturelle fédérale*, Ottawa, ministère des Approvisionnements et services.

ASSOCIATION DE LA RECHERCHE MARKETING ET SOCIALE (1996). «La recherche de la gestion au marketing», *Info Presse Communications* (supplément Info Presse), vol. 11, nº 6, p. 3.

ASSOCIATION DES JOURNALISTES INDÉPENDANTS DU QUÉBEC (1999). *La page de l'AJIQ*, Internet: <http://www.ajiq.qc.ca>.

ASSOCIATION DES PRODUCTEURS EN MULTIMÉDIA DU QUÉBEC (1998). *L'industrie de la production multimédia au Québec. Plan de développement 1998-2001.*

BABE, R.E. (1990). *Telecommunications in Canada*, Toronto, University of Toronto Press.

BABE, R.E. (1995). *Communication and the Transformation of Economics: Essays in Information, Public Policy and Political Economy*, Boulder, Westview Press.

BEAUCHAMP, C. (1987). *Le silence des médias*, Montréal, Éditions du Remue-Ménage, p. 51-52.

BEAUREGARD, S. (1999). «40 ans de médias», *Info Presse Communications*, numéro hors série, mars, p. 61.

BÉDARD, G. et J.-P. PLEAU (1999). «Définir la presse alternative», *Ao! Espaces de la parole*, juillet. Internet Altermédia, rubrique Définition: <http://cafe.rapidus.net/espaces/altermedia>.

BÉDARD, R. et N. COLLARD (1998). «La télé sans frontière», *Info Presse Communications*, vol. 14, nº 4, décembre, p. 30-35.

BÉLANGER, A. (1997). «Pub sur le Web: à quand les profits?», *Info-Tech Magazine*, vol. 18, nº 8, septembre, p. 41-44.

BELLEMARE, P. (1994). «Desmarais et Black augmentent leur participation dans Southam», *La Presse*, 9 décembre, p. C4.

BÉRUBÉ, G. (1999). «Astral achète Radiomutuel. La société contrôlera 13,5% de l'auditoire télévisuel au Québec et détiendra 13 stations radiophoniques», *Le Devoir*, 9 juin, p. A1.

BILODEAU, M. (1999). «L'éclatement des créneaux de production», *Le Devoir*, 20-21 mars, p. E11.

BLONDIN, R. (1999). «Plus ça change...», *Le Devoir*, 8 février, p. B4.

BONVILLE, J. DE (1989). «La presse québécoise de 1884 à 1914. Genèse d'un média de masse», Québec, Presses de l'Université Laval.

BONVILLE, J. DE (1991). «Le développement historique de la communication publique au Québec», dans M. Beauchamp (sous la dir. de), *Communication publique et société*, Boucherville, Gaëtan Morin Éditeur, p. 1-49.

BOULIANE, M. (1999). «Radio-Nord fait la promotion des artistes d'ici», *Le Droit*, 9 février, p. 10.

BREHL, R. (1998). «Legal satellite dishes gaining upper hand on grey market», *The Globe and Mail*, 15 juillet, p. B1 et B4.

BROOKS, S. (1989). *Public Policy in Canada: An Introduction*, Toronto, McClelland and Stewart.

BUREAU DE LA STATISTIQUE DU QUÉBEC (1997). *Enquête sur l'industrie québécoise des services électroniques et du multimédia. Analyse descriptive*, Québec, octobre.

C. G. (1999). «Le dilemme des cotes d'écoute», *Info Presse Communications*, vol. 14, nº 7, avril, p. 9.

CANADA, CHAMBRE DES COMMUNES, COMITÉ PERMANENT DES COMMUNICATIONS ET DE LA CULTURE (1992). *Culture et communications: les liens qui nous unissent*, Ottawa, la Chambre, avril.

CANADA, CHAMBRE DES COMMUNES, COMITÉ PERMANENT DU PATRIMOINE CANADIEN (1995). *L'avenir de la Société Radio-Canada dans l'univers multichaîne*, Ottawa, la Chambre, juin.

CANADA, COMITÉ CONSULTATIF SUR L'AUTOROUTE DE L'INFORMATION, GROUPE DE TRAVAIL SUR LA CULTURE ET LE CONTENU CANADIENS (coprésidé par Anna Porter et André Bureau) (1995a). *Assurer une présence canadienne vigoureuse sur l'autoroute de l'information*, Ottawa, ministère du Patrimoine.

CANADA, COMITÉ CONSULTATIF SUR L'AUTOROUTE DE L'INFORMATION (présidé par David Johnston) (1995b). *Contact Communauté Contenu: le défi de l'autoroute de l'information*, Ottawa, ministère des Approvisionnements et services.

CANADA, COMITÉ CONSULTATIF SUR L'AUTOROUTE DE L'INFORMATION (présidé par David Johnston) (1997). *Préparer le Canada au monde numérique*, rapport final, Ottawa, Sa Majesté la Reine du chef du Canada.

CANADA, COMITÉ D'EXAMEN DES MANDATS SRC, ONF, TÉLÉFILM (présidé par Pierre Juneau) (1996). *Faire entendre nos voix: le cinéma et la télévision du Canada au 21e siècle*, Ottawa, ministère des Approvisionnements et services.

CANADA, COMMUNICATIONS CANADA (1992). *Nouveaux médias... nouveaux choix*, Ottawa, ministère des Approvisionnements et services.

CANADA, COUR SUPRÊME (1994). Téléphone Guèvremont Inc. c. Québec (Régie des télécommunications). *Recueil des arrêts de la Cour suprême du Canada*, vol. 1, p. 878-880.

CANADA, INDUSTRIE CANADA (1994). *L'autoroute canadienne de l'information: une nouvelle infrastructure de l'information et des communications au Canada*, Ottawa, ministère des Approvisionnements et services.

CANADA, INDUSTRIE CANADA (1996). *La société canadienne à l'ère de l'information: pour entrer de plain-pied dans le XXIe siècle*, Ottawa, ministère des Approvisionnements et services.

CANADA, INFORMATION CANADA (1971). *Un univers sans distances*, rapport sur les télécommunications, Ottawa, Comité directeur de la Télécommission.

CANADIAN MEDIA DIRECTORS' COUNCIL MEDIA DIGEST, Toronto, *Marketing Magazine*, 1996-1997.

CAPLAN, G. et F. SAUVAGEAU (sous la dir. de) (1986). *Rapport du Groupe de travail sur la politique de la radiodiffusion*, Ottawa, ministère des Approvisionnements et services.

CAUCHON, P. (1998a). «Les aléas des cotes d'écoute: la SRC "raffine" les données des maisons de sondage», *Le Devoir*, 3 février, p. B8.

CAUCHON, P. (1998b). «La guerre de la mesure: BBM implantera un nouvel audimètre au Québec à l'automne 1999», *Le Devoir*, 25 février, p. B8.

CAUCHON, P. (1998c). «La télé en morceaux», *Le Devoir*, 25-26 avril, p. B1-B2.

CAUCHON, P. (1998d). «Radio-Nord subit un désaveu de taille», *Le Devoir*, 24 octobre, p. A2.

CAUCHON, P. (1999a). «Les méthodes de la firme BBM soulèvent la controverse: les sondages révèlent que Radio-Canada domine le marché en soirée», *Le Devoir*, 5 janvier, p. A3 et A8.

CAUCHON, P. (1999b). «Payante, la télé spécialisée. Sport et jeunesse sont prisés par les abonnés», *Le Devoir*, 25 février, p. B10.

CAUCHON, P. (1999c). «Infrastructure-télé: une industrie qui se redéfinit», *Le Devoir*, 20-21 mars, p. E2.

CAUCHON, P. (1999d). «Ambitions radio-canadiennes: la SRC lance le débat sur l'importance de maintenir un service public fort», *Le Devoir*, 26 mars, p. A1 et A10.

CAUCHON, P. (1999e). «Le spécialiste des chaînes spécialisées», *Le Devoir*, 9 juin, p. B10.

CENTRE D'ÉTUDES SUR LES MÉDIAS (1997a). *La concentration dans les médias: seuils critiques et mécanismes de surveillance*, Québec, coll. «Les cahiers-médias», n° 1.

CENTRE D'ÉTUDES SUR LES MÉDIAS (1997b). *Nos observations*, n° 19, mars.

CENTRE D'ÉTUDES SUR LES MÉDIAS (1998). «La place des chaînes spécialisées dans le marché publicitaire québécois», *Info Presse Communications*, vol. 13, n° 10, juillet-août, p. 66.

CENTRE D'ÉTUDES SUR LES MÉDIAS (1999). «1997, une excellente année pour les entreprises de télévision et de radio au Canada», *Info Presse Communications*, vol. 14, nº 5, janvier-février, p. 70.

CHAMPAGNE, C. et E. FOY (1998). *La télévision communautaire au Québec: état de la situation et pistes d'avenir*, étude réalisée pour le ministère de la Culture et des Communications du Québec, Montréal, Centre Saint-Pierre.

CHANDLER, A. (1962). *Strategy and Structure*, Cambridge, Massachusetts, Institute of Technology Press, résumé par A. Sales dans *La bourgeoisie industrielle au Québec*, Montréal, Presses de l'Université de Montréal, p. 33-39.

CHARON, J.M. (sous la dir. de) (1991). *L'État des médias*, Montréal/Paris, Boréal/La Découverte/Médiaspouvoirs/CFPJ.

COLLARD, N. (1999). «La sérénade des télédistributeurs», *Info Presse Communications*, mars, p. 35-38.

COMEAU, Y. (1989). «Pour un hebdomadaire de gauche au Québec», *Possibles*, vol. 13, nº 3, p. 75-83.

COMITÉ FÉDÉRAL-PROVINCIAL (1985). *L'avenir de la télévision francophone*, Québec/Ottawa, gouvernements du Canada et du Québec.

COMITÉ PERMANENT DES COMMUNICATIONS ET DE LA CULTURE (1998). *Pour une politique canadienne de la radiodiffusion*, Ottawa, ministère des Approvisionnements et services.

COMMISSION INTERNATIONALE D'ÉTUDE DES PROBLÈMES DE LA COMMUNICATION (présidée par Sean MacBride) (1980). *Voix multiples, un seul monde*, Paris, La Documentation française/Les Nouvelles Éditions africaines/UNESCO.

COMMISSION MONDIALE POUR LA CULTURE ET LE DÉVELOPPEMENT (présidée par Javier Perez de Cuellar), ONU/UNESCO (1995). *Notre diversité créatrice*, Paris, UNESCO.

CONSEIL DE LA RADIODIFFUSION ET DES TÉLÉCOMMUNICATIONS CANADIENNES (1983). *Appel de demandes: nouveaux services d'émissions spécialisées*, avis public CRTC 1983-93, Ottawa, 4 mai.

CONSEIL DE LA RADIODIFFUSION ET DES TÉLÉCOMMUNICATIONS CANADIENNES (1994a). *Préambule. Attribution de licences à de nouveaux services spécialisés et de télévision payante*, avis public CRTC 1994-59, Ottawa, 6 juin.

CONSEIL DE LA RADIODIFFUSION ET DES TÉLÉCOMMUNICATIONS CANADIENNES (1994b). Décision Télécom CRTC 1994-19, «Examen du cadre de réglementation», Ottawa, 16 septembre.

CONSEIL DE LA RADIODIFFUSION ET DES TÉLÉCOMMUNICATIONS CANADIENNES (1995). *Concurrence et culture sur l'autoroute canadienne de l'information: gestion des réalités de transition*, Ottawa.

CONSEIL DE LA RADIODIFFUSION ET DES TÉLÉCOMMUNICATIONS CANADIENNES (1996a). *Préambule. Attribution de licences à de nouvelles entreprises d'émissions spécialisées et de télévision payante*, avis public CRTC 1996-120, Ottawa, 4 septembre.

CONSEIL DE LA RADIODIFFUSION ET DES TÉLÉCOMMUNICATIONS CANADIENNES (1996b). *Contacts pour les nouveaux services de programmation spécialisée*, Ottawa, septembre.

CONSEIL DE LA RADIODIFFUSION ET DES TÉLÉCOMMUNICATIONS CANADIENNES (1998a). *Examen des politiques du Conseil relatives à la télévision canadienne*, avis public CRTC 1998-44, Ottawa, 6 mai.

CONSEIL DE LA RADIODIFFUSION ET DES TÉLÉCOMMUNICATIONS CANADIENNES (1998b). *Entreprises de radio et TV*, Ottawa, 30 juin.

CONSEIL DE LA RADIODIFFUSION ET DES TÉLÉCOMMUNICATIONS CANADIENNES (1998c). *Nouveaux médias. Appel d'observations*, avis public CRTC 1998-82 (6), 31 juillet.

CONSEIL DE LA RADIODIFFUSION ET DES TÉLÉCOMMUNICATIONS CANADIENNES (1998d). *Radio privée : relevés statistiques et financiers, 1993-1997*, Ottawa.

CONSEIL DE LA RADIODIFFUSION ET DES TÉLÉCOMMUNICATIONS CANADIENNES (1998e). *Câblodistribution : relevés statistiques et financiers, 1993-1997*, Ottawa.

CONSEIL DE LA RADIODIFFUSION ET DES TÉLÉCOMMUNICATIONS CANADIENNES (1998f). *Télévision payante et d'émissions spécialisées : relevés statistiques et financiers, 1993-1997*, Ottawa.

CONSEIL DE LA RADIODIFFUSION ET DES TÉLÉCOMMUNICATIONS CANADIENNES (1998g). *Télévision : relevés statistiques et financiers, 1993-1997*, Ottawa.

CONSEIL DE LA RADIODIFFUSION ET DES TÉLÉCOMMUNICATIONS CANADIENNES (1999a). *Nouveaux médias*, Avis public radiodiffusé ; avis public télécom CRTC 1999-84 ; CRTC 1999-14, Ottawa, 17 mai.

CONSEIL DE LA RADIODIFFUSION ET DES TÉLÉCOMMUNICATIONS CANADIENNES (1999b). *Attribution de licences à de nouvelles entreprises d'émissions spécialisées de langue française. Préambule*, avis public CRTC 1999-89, Ottawa, 21 mai.

CONSEIL DE LA RADIODIFFUSION ET DES TÉLÉCOMMUNICATIONS CANADIENNES (1999c). *Une première : 4 nouveaux canaux spécialisés pour un nouveau bouquet de services de langue française*, Ottawa, 21 mai.

CONSEIL DE LA RADIODIFFUSION ET DES TÉLÉCOMMUNICATIONS CANADIENNES (1999d). *La politique télévisuelle au Canada : misons sur nos succès*, avis public CRTC 1999-97, Ottawa, 11 juin.

CONSEIL DE LA RADIODIFFUSION ET DES TÉLÉCOMMUNICATIONS CANADIENNES (1999e). *Télévision payante et d'émissions spécialisées : relevés statistiques et financiers (avec amortissements), 1994-1998*, Ottawa.

CONSEIL DE LA RADIODIFFUSION ET DES TÉLÉCOMMUNICATIONS CANADIENNES (2000). *Une voix pour tous les Canadiens : renouvellement des licences de la Société Radio-Canada*, avis public CRTC 2000-1, Ottawa, 6 janvier.

CONSEIL DE PRESSE DU QUÉBEC (1999). *Droits et responsabilités de la presse*, Internet : <http://www. conseildepresse.qc.ca>.

CROP (1997). *Étude sur le lectorat des hebdomadaires gratuits*, rapport d'analyse préparé pour l'Association des hebdos du Québec, juillet.

DAGENAIS, B. (1999). *Le métier de relationniste*, Sainte-Foy, Presses de l'Université Laval.

DALGLISH, B. (1999). «MuchMusic posts highest specialty channel profit. Reaps almost 25% of industry's total take», *The Globe and Mail*, 20 février, p. B9.

DEMERS, F. (1989). «Journalistic ethics: The rise of the "good employee's model": A threat for professionalism?», *Canadian Journal of Commmunication*, vol. 14, nº 2, p. 15-27.

DEMERS, F. (1991). «Du côté des journalistes et de "leurs" messages: le cas de l'information et de la publicité dans les années 80», dans M. Beauchamp (sous la dir. de), *Communication publique et société*, Boucherville, Gaëtan Morin Éditeur, p. 217-242.

DESCARIE & COMPLICES (1997). *La pub de la pub. Impact économique de l'industrie publicitaire pour le Canada et le Québec*, étude produite pour le Publicité-Club de Montréal avec la contribution du ministère des Communications et de la Culture, mai.

DESCHÊNES, P.A. (1986). «L'État et les communications», *Questions de culture*, Québec, Institut québécois de recherche sur la culture, nº 10, p. 75-86.

DESCÔTEAUX, B. (1999a). «Une voix libre et indépendante», *Le Devoir*, 22 mars, p. A6.

DESCÔTEAUX, B. (1999b). «Points de repère», *Le Devoir*, 28 mars, p. A6.

DESJARDINS, S. (1997). «Communications sans fil: lesquelles adopter?», *Info-Tech Magazine*, vol. 18, nº 9, octobre, p. 16-20.

DUCAS, M.-C. (1999). «L'événement publicitaire du Super Bowl», *Le Devoir*, 30 et 31 janvier, p. C4.

DUMAIS, N. (1998). «Cyberpub: des profits pour M. Net», *Info-Tech Magazine*, vol. 9, nº 5, mai, p. 26-28.

DUNCAN, E. (1998). «Wheel of fortune: Technology and entertainment survey», *The Economist*, 21 novembre.

DUTRISAC, R. (1998a). «BCE s'apprête à acquérir la totalité d'ExpressVu», *Le Devoir*, 2 avril, p. B2.

DUTRISAC, R. (1998b). «Cancom entend se retirer de TQS», *Le Devoir*, 17 mai, p. C1.

DUTRISAC, R. (1999a). «Des chiffres qui parlent», *Le Devoir*, 20-21 mars, p. E3.

DUTRISAC, R. (1999b). «Les entreprises découvrent Internet», *Le Devoir*, 26 mars, p. A6.

FÉDÉRATION PROFESSIONNELLE DES JOURNALISTES DU QUÉBEC (1999a). *Devenir journaliste*, Internet: <http://www.fpjq.org>.

FÉDÉRATION PROFESSIONNELLE DES JOURNALISTES DU QUÉBEC (1999b). *Qui sommes-nous?*, Internet: <http://www.fpjq.org>.

FONTAINE, M. (1998). «Les Québécois estiment que les médias ont déjà assez de pouvoir», *La Presse*, 18 avril, p. B1.

Gagnon, L. (1980). «Journaliste et syndiqué: le perpétuel dilemme», dans F. Sauvageau et autres (sous la dir. de), *Les journalistes: dans les coulisses de l'information*, Montréal, Éditions Québec/Amérique.

Gagnon, L. (1981). «Les idéologies et la presse francophone», dans *Études sur l'industrie des quotidiens*, vol. 2: *Du côté des journalistes*, Ottawa, ministère des Approvisionnements et services.

Gauvreau, C. et G. Tremblay (1995). «Les programmations des diverses chaînes de télévision», dans G. Tremblay et J. G. Lacroix (sous la dir. de), *Le projet monarque*, Montréal, GRICIS.

Gérin, M.-È. (1997). «Télévision: l'information à la chaîne», *Le 30*, novembre, Internet: <http://www.fpja.org/scripts/fpja/bienvenue.cfm?section=12>.

Giguère, M. (1987). *Conrad Black... The Daily Telegraph de Londres... Le Soleil... à Québec*, Québec, Syndicat des journalistes de Québec, 13 août.

Gingras, A.-M. (1999). *Médias et démocratie: le grand malentendu*, Sainte-Foy, Presses de l'Université du Québec.

Girard, J. et J.R. Peters (groupe de travail sous la dir. de) (1991). *Situation économique de la télévision canadienne*, Ottawa, ministère des Approvisionnements et services.

Grandmont, C. (1998). «Conseil de presse: 25 ans à oublier?», *Le 30*, mai, Internet: <http://www.fpjq.org/scripts/fpjq/bienvenue.cfm?section=12>.

Grandmont, C. (Reuters) (1999). «Le Bureau de la concurrence ne poursuivra pas Bell», *Le Devoir*, 19 mars, p. A6.

Guay, J. (1989). «Le nouveau visage de la concentration des entreprises de presse», *Le 30*, vol. 13, n° 7, juillet-août, p. 6-23.

Hamelin, J. et A. Beaulieu (1996). «Aperçu du journalisme québécois d'expression française», *Recherches sociographiques*, vol. 7, n° 3, p. 305-348.

Heckmann, P. (1996). «Nielsen vs. BBM», *Info Presse Communications*, vol. 12, n° 2, octobre, p. 31-32.

Huisman, D. et C. Lougovoy (1981). *Traité de relations publiques*, Paris, Presses universitaires de France, p. 7.

Inchauspé, P. (1998). «Télé-Québec, un choix de société», *La Presse*, 30 mars, p. B3.

Info Presse Communications (1997). *Le guide des médias 1998* (supplément Info Presse), Montréal, Éditions Info Presse, p. 24.

Jannard, M. (1995). «Power et Hollinger pourront investir davantage dans Southam», *La Presse*, 26 avril, p. D1.

Juneau, P. (2000). «Une déconcertante quantité de détails coercitifs», *Le Devoir*, 18 janvier, p. A7.

Keable, J. (1985). *L'information sous influence*, Montréal, VLB Éditeur.

Kent, T. et coll. (1981). Rapport de la commission royale sur les quotidiens, Ottawa, ministère des Approvisionnements et services.

LACHAPELLE, S. (1999). «Bâtir dans la tourmente», *Info Presse Communications*, vol. 14, nº 8, mai, p. 37.

LACROIX, J.-G. (1986). «Présentation. Pour une théorie des industries culturelles», *Cahiers de recherche sociologique*, vol. 4, nº 2, p. 5-18.

LACROIX, J.-G. et B. LÉVESQUE (1986). «Les industries culturelles au Québec: un enjeu vital!», *Cahiers de recherche sociologique*, vol. 4, nº 2, p. 129-168.

LACROIX, J.-G., B. MIÈGE et G. TREMBLAY (sous la dir. de) (1994). *De la télématique aux autoroutes électroniques: le grand projet reconduit*, Sainte-Foy, Presses de l'Université du Québec.

LACROIX, J.-G., G. TREMBLAY, K. WILSON et M. MÉNARD (1994). «L'autoroute électronique: plus qu'une métaphore?», *Interface*, octobre, p. 13.

LAFRANCE, J.P. (1989). *Le câble ou l'univers médiatique en mutation*, Montréal, Éditions Québec/Amérique.

L'ALLIER, J.-P. (1971). *Pour une politique québécoise des communications*, Québec, ministère des Communications du Québec.

L'ALLIER, J.-P. (1973). *Le Québec, maître d'œuvre de la politique des communications sur son territoire*, Québec, Éditeur officiel.

LAMEY, M. (1999). «Competing for couch potatoes», *The Gazette*, 23 janvier, p. A1.

LAPLANTE, L. (1979). «Informer ou manipuler», dans F. Sauvageau et autres (sous la dir. de), *Les journalistes: dans les coulisses de l'information*, Montréal, Éditions Québec/Amérique, p. 322-330.

LAPOINTE, P. (1999). Répertoire des médias québécois sur le Net, dans *Le journaliste québécois*, Internet: <http://www.cam.org/~paslap/medianet/brf08962.html>.

LE DEVOIR (1998). «Dix millions de dollars de publicité en ligne en 1997», 13 mai, p. B3.

LE DEVOIR (1999). «Radio-Canada pour notre identité», 8 juin, p. A6.

LEGROS, M. et M. RABOY (1990). *Le CRTC et la télévision québécoise: une analyse des avis de décision du Conseil de la radiodiffusion et des télécommunications canadiennes relativement à la télévision québécoise entre 1968 et 1989* (rapport réalisé pour l'Institut canadien d'éducation des adultes).

LEJEUNE-SZYDYWAR (1997). «La course aux audimètres», *Info Presse Communications*, vol. 13, nº 3, novembre, p. 53-55.

LE JOURNAL EN CLASSE (1981). Guide du maître pour l'utilisation du journal dans l'enseignement, Ottawa, Les quotidiens du Québec inc. (édition révisée, décembre 1983).

LEMIEUX, V. (1985). *Le rôle des différents acteurs dans les politiques de radiodiffusion. Présentation de trois scénarios*, étude préparée à l'intention du groupe de travail sur la politique de la radiodiffusion, Ottawa, décembre.

LOI SUR LA PRESSE, Article 1, LRQ, chap. P-19.

Malarek, V. (1998). «Vous avez dit journalisme d'enquête?», traduit par Joanna Gruda, *Le 30*, novembre, Internet: <http://www.fpjq.org/scripts/fpjq/bienvenue.cfm?section=12>.

Martin, C. (1986). «Liberté de presse, d'entreprise... et de monopole», dans A. Prujiner et F. Sauvageau (sous la dir. de), *Qu'est-ce que la liberté de presse?*, Montréal, Éditions du Boréal Express.

Masson, C. (1998). «Pourquoi un Conseil de presse?», *La Presse*, 25 juillet, p. B2.

Mattelart, A. (1996). *La mondialisation de la communication*, Paris, Presses universitaires de France.

Meunier, G. et M. Leclerc (1989). *La concentration des marchés dans les secteurs des communications au Québec et au Canada depuis 1980*, Québec, ministère des Communications.

Mondoux, A. (1998). «Les visages de la convergence», *Info-Tech Magazine*, vol. 19, nº 9, octobre, p. 12-16.

Mosco, V. (1996). *The Political Economy of Communication*, Londres, Sage.

O'Neill, P. (1999). «L'inforoute en français, un portrait québécois. Ne pas rater le coche linguistique», *Le Devoir*, 12 mars, p. A2.

Ostry, B. (1993). *The Electronic Connection: An Essential Key to Canadians' Survival*, rapport au ministère de l'Industrie, Ottawa.

Parti libéral du Québec (1991). *Un Québec libre de ses choix*, rapport du comité constitutionnel présidé par Jean Allaire, Québec, Parti libéral du Québec.

Pigeat, H. (1997). *Les agences de presse. Institutions du passé ou médias d'avenir?*, Paris, La Documentation française.

Presse Canadienne (1992). «Conrad Black acquiert 23 p. cent de Southam... et devient le principal actionnaire de l'importante chaîne de journaux», *La Presse*, 9 novembre, p. A1.

Presse Canadienne (1993). «Black et Desmarais accroissent leur emprise sur la chaîne Southam», *Le Soleil*, 20 mars, p. B1.

Presse Canadienne (1994). «L'autoroute électronique: l'essentiel et l'inutile», *Le Journal de Montréal*, 2 février, p. 34.

Presse Canadienne (1996). «Hollinger détient 41% de Southam après l'achat des actions d'une filiale de Power Corporation», *Le Soleil*, 25 mai, p. B1.

Presse Canadienne (1998a). «Les récentes acquisitions de Conrad Black choquent ses concurrents», *La Presse*, 21 mai, p. D15.

Presse Canadienne (1998b). «Les industries du multimédia seront traitées aux petits oignons», *Le Devoir*, 16 juin, p. B2.

Presse Canadienne (1999). «Hollinger s'approche de son but: faire de Southam une société fermée», *La Presse*, 20 janvier, p. D9.

Pronovost, G. (1990). *Les comportements des Québécois en matière d'activités culturelles et de loisir*, Québec, ministère des Affaires culturelles.

PROULX, S. (sous la dir. de) (1998). *Accusé de réception: le téléspectateur construit par les sciences sociales*, Québec, Presses de l'Université Laval.

PRUJINER, A. et F. SAUVAGEAU (sous la dir. de) (1986). *Qu'est-ce que la liberté de presse?*, Montréal, Éditions du Boréal Express.

PUBLICITÉ-CLUB DE MONTRÉAL (1992). *L'industrie de la publicité au Québec 1991-1992*, Montréal, Le Publicité-Club de Montréal, octobre.

QUÉBEC, COMMISSION SUR L'AVENIR POLITIQUE ET CONSTITUTIONNEL DU QUÉBEC (coprésidée par Michel Bélanger et Jean Campeau) (1991). *L'avenir politique et constitutionnel du Québec*, Québec, gouvernement du Québec.

QUÉBEC, CONSEIL DE LA SCIENCE ET DE LA TECHNOLOGIE, COMITÉ CONSULTATIF SUR L'AUTOROUTE DE L'INFORMATION (présidé par Louis Berlinguet) (1995). *Inforoute Québec. Plan d'action pour la mise en œuvre de l'autoroute de l'information*, Québec, gouvernement du Québec.

QUÉBEC, MINISTÈRE DE LA CULTURE ET DES COMMUNICATIONS (1997). *La culture en pantoufles et souliers vernis*, rapport d'enquête sur les pratiques culturelles au Québec, Québec, Les Publications du Québec.

QUÉBEC, MINISTÈRE DE LA CULTURE ET DES COMMUNICATIONS (1998). *Le temps de lire, un art de vivre. État de situation de la lecture et du livre au Québec*, document d'information pour la consultation publique sur le projet de politique de la lecture et du livre, Québec, gouvernement du Québec, mars.

QUÉBEC, MINISTÈRE DE LA CULTURE ET DES COMMUNICATIONS, DIRECTION DE LA RECHERCHE ET DE LA STATISTIQUE (1998). *Dépenses du gouvernement fédéral et des gouvernements provinciaux au titre de la culture, 1991-1992 à 1995-1996*, Québec, gouvernement du Québec, mars.

QUÉBEC, MINISTÈRE DES AFFAIRES CULTURELLES, GROUPE-CONSEIL SUR LA POLITIQUE CULTURELLE DU QUÉBEC (présidé par Roland Arpin) (1991). *Une politique de la culture et des arts*, Québec, gouvernement du Québec.

QUÉBEC, MINISTÈRE DES AFFAIRES CULTURELLES (1992). *La politique culturelle du Québec*, Québec, gouvernement du Québec.

QUÉBEC, MINISTÈRE DES COMMUNICATIONS (1983). *Le Québec et les communications: un futur simple?*, Québec, gouvernement du Québec.

QUÉBEC, MINISTÈRE D'ÉTAT AU DÉVELOPPEMENT CULTUREL (1978). *La politique québécoise du développement culturel* (préparé sous la direction de Camille Laurin), Québec, Éditeur officiel.

QUÉBEC, SECRÉTARIAT DE L'AUTOROUTE DE L'INFORMATION (1996). *Pour une stratégie de mise en œuvre de l'autoroute de l'information au Québec*, document de travail et de consultation, Québec, gouvernement du Québec.

RABOY, M. (1983). *Libérer la communication: médias et mouvements sociaux au Québec, 1960-1980*, Montréal, Éditions Nouvelle Optique.

RABOY, M. (1991a). «L'économie politique des médias et le nouvel espace public de la communication», dans M. Beauchamp (sous la dir. de), *Communication publique et société*, Boucherville, Gaëtan Morin Éditeur, p. 183-213.

RABOY, M. (1991b). « Vers une politique québécoise de la télévision : les leçons de l'histoire », *L'Action nationale*, vol. 81, nº 9, novembre, p. 1304-1329.

RABOY, M. (1995). *Accès inégal. Les canaux d'influence en radiodiffusion*, Sainte-Foy, Presses de l'Université du Québec.

RABOY, M. (1996). *Occasions ratées : histoire de la politique canadienne de radiodiffusion* (traduction), Montréal/Québec, Liber/Presses de l'Université Laval.

RABOY, M. (1999). « Où va le CRTC ? », *Le Devoir*, 5-6 juin, p. A11.

RABOY, M., I. BERNIER, F. SAUVAGEAU et D. ATKINSON (1994). *Développement culturel et mondialisation de l'économie : un enjeu démocratique*, Québec, Institut québécois de recherche sur la culture.

RAPPORT DU COMITÉ PERMANENT DES COMMUNICATIONS ET DE LA CULTURE (1998). *Pour une politique canadienne de la radiodiffusion*, Ottawa, ministère des Approvisionnements et services.

RÉSEAU ÉDUCATION-MÉDIAS, Le Conseil de Presse du Québec, Internet : <http://www.media-awareness.ca/fre/industri/cpresse.htm>.

ROY, M. (1980). « Plaire et informer. L'évolution des pratiques journalistiques au Québec », dans F. Sauvageau et autres (sous la dir. de), *Les journalistes : dans les coulisses de l'information*, Montréal, Éditions Québec/Amérique, p. 15-42.

ROY, M. (1998). « Un Conseil de presse : pourquoi pas ? », *La Presse*, 3 août, p. B2.

SALES, A. (1979). *La bourgeoisie industrielle au Québec*, Montréal, Presses de l'Université de Montréal.

SALWYN, A. (1998). « L'avenir du multimédia passe par l'interactivité », *Le Devoir*, 13 mai, p. B4.

SAUVAGEAU, F. (1986). « Pour terminer… sans conclure : la liberté au quotidien », dans A. Prujiner et F. Sauvageau (sous la dir. de), *Qu'est-ce que la liberté de presse ?*, Montréal, Éditions du Boréal Express.

SAUVAGEAU, F., G. LESAGE et J. DE BONVILLE (sous la dir. de) (1980). *Les journalistes : dans les coulisses de l'information*, Montréal, Éditions Québec/Amérique.

SCOTT, S. (1999). « Ted + Izzi = Daniel?? », *Report on Business Magazine*, mars, p. 76-81.

SOCIÉTÉ DES RELATIONNISTES DU QUÉBEC (1994). *Statistiques. Profil des membres de la SRQ*, mars.

SONDAGES BBM (1992a). *Télévision : Montréal, automne 1992*, Toronto, BBM Bureau of Measurement.

SONDAGES BBM (1992b). *Télévision : Montréal, printemps 1992*, Toronto, BBM Bureau of Measurement.

SONDAGES BBM (1995a). *Radio Montréal : total, francophone, anglophone, printemps 1995*, Toronto, BBM Bureau of Measurement.

SONDAGES BBM (1995b). *Télévision : Montréal, printemps 1995*, Toronto, BBM Bureau of Measurement.

SONDAGES BBM (1997a). *1996-1997, Data Radio: une analyse des habitudes d'écoute et des tendances et caractéristiques de l'auditoire*, Toronto, BBM Bureau of Measurement.

SONDAGES BBM (1997b). *Radio Montréal: total, francophone, anglophone, printemps 1997*, Toronto, BBM Bureau of Measurement.

SONDAGES BBM (1997c). *Télévision: Montréal, printemps 1997*, Toronto, BBM Bureau of Measurement.

STATISTIQUE CANADA (1997). *Bulletin de service: Communications*, vol. 27, n° 2, n° cat. 56-001, Ottawa.

STATISTIQUE CANADA (1980). *Classification type des industries*, n° cat. 12-501.

STATISTIQUE CANADA (1985 et 1995). *L'édition du périodique*, n° cat. 87-203, Ottawa.

STATISTIQUE CANADA (1994-1995). *Enquête sur les dépenses publiques au titre de la culture*, n° cat. 91-213, Ottawa.

STATISTIQUE CANADA (1995). *Imprimerie, édition et industries connexes*, n° cat. 36-251, Ottawa.

STATISTIQUE CANADA (1996a). *La culture en perspective*, n° cat. 87-004, Ottawa.

STATISTIQUE CANADA (1996b). *Radiodiffusion et télévision 1996*, n° cat. 56-204, Ottawa.

STATISTIQUE CANADA (1996c). *Statistiques du téléphone*, n° cat. 56-203, Ottawa.

STATISTIQUE CANADA (1996d). *Télédistribution 1996*, n° cat. 56-205, Ottawa.

STATISTIQUE CANADA (1996 et 1997). *L'équipement ménager*, n° cat. 64-202, Ottawa.

STATISTIQUE CANADA (1997). *Le Canada, sa culture, son patrimoine et son identité: perspective statistique*, n° cat. 87-211, Ottawa.

STATISTIQUE CANADA (1998a). *Emploi et rémunération dans le secteur des services depuis 1984. Étude spéciale*, Indicateur des services — 3e trimestre, Ottawa.

STATISTIQUE CANADA (1998b). *Emploi, gains et durée du travail*, n° cat. 72-002, Ottawa.

Statuts du Canada, 38-39 Elizabeth II, ch. 11, sanctionnée le 1er février 1991.

Statuts du Canada, 40-41-42 Elizabeth II, ch. 38, sanctionnée le 23 juin 1993.

The Economist (2000). «AOL Time Warner: The net gets real», 15 janvier, p. 22-24.

TREMBLAY, G. (1990). *Les industries de la culture et de la communication au Québec et au Canada*, Sillery/Sainte-Foy, Presses de l'Université du Québec/Télé-Université.

TRUDEL, L. (sous la dir. de) (1991). *Les médias et le public canadien*, Montréal, VLB éditeur.

TRUDEL, P. (1984). *Droit de l'information et de la communication, notes et documents*, Montréal, Éditions Thémis.

VALLIÈRES, N. et F. SAUVAGEAU (1981). *Droit et journalisme au Québec*, Québec, EDI-GRIC/FPJQ.

WHITE, P. (1997). *Le village CNN. La crise des agences de presse*, Montréal, Presses de l'Université de Montréal.

B. RÉPERTOIRES

- *Canadian Advertising Rates and Data*, Toronto, Maclean Hunter Publications, mai 1998.
- *Ethnic Media & Markets*, Toronto, Maclean Hunter Publications, été-automne 1996.
- *Indicateurs d'activités culturelles au Québec*, Bureau de la statistique du Québec, Les Publications du Québec, 1997.
- *Le Guide annuel des entreprises de services en communication*, Montréal, Éditions Info Presse inc., 1998.
- *Le Guide annuel des médias*, Montréal, Éditions Info Presse inc., 1998 et 1999.
- *Les Affaires, Guide des services aux entreprises / 1998.*
- *Matthews Canada's Cable and Television Directory*, Matthews — Canadian Corporate News, octobre 1997.
- *Matthews Media Directory*, Matthews — Canadian Corporate News, octobre 1998.
- *Report on Business Magazine*, Toronto, *The Globe and Mail*, juillet 1998.
- *The Canadian Media Director's Council Media Digest*, Toronto, Marketing Magazine, 1996-1997.
- *The Financial Post, Top 500*, Toronto, The Financial Post Company, 1998 et 1999.

C. REVUES SPÉCIALISÉES

- *Info Presse Communications*
- *Info-Tech*
- *Le 30*
- *Tête de ligne*

D. RAPPORTS ANNUELS

Organismes

- Conseil de la radiodiffusion et des télécommunications canadiennes (1989)
- Conseil de presse du Québec (1996-1997)
- Ministère de la Culture et des Communications, gouvernement du Québec, Québec (1996-1997)

Sociétés

- Astral Communications inc. (1997)
- Baton Broadcasting Inc. (1997)
- BCE Inc. (1997)
- Bell Canada (1997)
- Bruncor Inc. (1997)

- CanWest Global Communications Corporation (1997)
- CBC/Radio-Canada (1995-1996, 1996-1997 et 1997-1998)
- CHUM Ltd. (1997)
- COGECO inc. (1997)
- Compagnie de Téléphone Anglo-Canadienne (1996 et 1997)
- Compagnie Seagram ltée (1997)
- Groupe QuébecTel (1997)
- Groupe Transcontinental G.T.C. ltée (1996 et 1997)
- Groupe TVA inc. (1998)
- Groupe Vidéotron ltée (1997)
- Hollinger Inc. (1997)
- Hollinger International Inc. (1997)
- Manitoba Telecom Services Inc. (1996 et 1997)
- Maritime Telegraph and Telephone Company Ltd. (1996)
- Office national du film du Canada (1996-1997)
- Open Learning Agency (1996-1997)
- Power Corporation du Canada (1996 et 1997)
- Quebecor inc. (1996 et 1997)
- Radiomutuel inc. (1997)
- Rogers Cantel (1997)
- Rogers Communications Inc. (1996 et 1997)
- Saskatchewan Communications Network (1996-1997 et 1997-1998)
- Shaw Communications Inc. (1996 et 1997)
- Sun Media Corporation (1997)
- Téléfilm Canada (1997)
- Téléglobe inc. (1996 et 1997)
- Télémédia inc. (1996)
- Télé-Québec (1996-1997 et 1997-1998)
- TELUS Corporation (1996 et 1997)
- The Thomson Corporation (1997)
- Torstar Corporation (1996 et 1997)
- WIC Western International Communications Ltd. (1997)

E. SITES INTERNET

Organismes

- Alliance des radios communautaires du Canada: <http://www.franco.ca/arc>
- Annuaire des médias et de la publicité au Québec: <http://www.ampq.com>
- Annuaires Matthews: <http://www.matthews.ca>

- Association canadienne de communication: <http://www.acs.ucalgary.ca/~ccaweb>
- Association canadienne de la télévision par câble: <http://www.ccta.com>
- Association canadienne des annonceurs: <http://www.aca-online.com>
- Association canadienne des journaux: <http://www.can-acj.ca>
- Association canadienne des radiodiffuseurs: <http://www.cab-acr.ca>
- Association de la télévision spécialisée et payante: <http://www.sptv-tvsp.ca>
- Association des agences de publicité du Québec: <http://www.aapq.qc.ca>
- Association des câblodistributeurs du Québec: <http://www.acq.qc.ca>
- Association des journalistes indépendants du Québec: <http://www.ajiq.qc.ca>
- Association des médias écrits communautaires du Québec: <http:/www.amecq.qc.ca>
- Association des producteurs en multimédia du Québec: <http://www.apmq.qc.ca>
- Association des radiodiffuseurs communautaires du Québec: <http://www.arcq.qc.ca>
- Association internationale des professionnels en communication: <http://www.iabc-capitale.com>
- Association mondiale des radiodiffuseurs communautaires: <http://www.amarc.org>
- Bureau de la statistique du Québec: <http://www.bsq.gouv.qc.ca>
- Bureau de la télévision du Canada: <http://www.tvb.ca>
- *Canadian Advertising Rates & Data*: <http://www.cardmedia.com>
- CEDROM-SNi: <http://www.eureka.cc>
- Centre d'études sur les médias: <http://www.cem.ulaval.ca>
- Conseil de la radiodiffusion et des télécommunications canadiennes: <http://www.crtc.gc.ca>
- Conseil de presse du Québec: <http://www.conseildepresse.qc.ca>
- Éditions Info Presse: <http://www.infopresse.com>
- Fédération professionnelle des journalistes du Québec: <http://www.fpjq.org>
- Industrie Canada: <http://www.ic.gc.ca>
- Institut de la publicité canadienne: <http://www.ica-ad.com>
- *Le journaliste québécois*: <http://www.cam.org/~paslap>
- Ministère de la Culture et des Communications du Québec: <http://www.mcc.gouv.qc.ca>
- Ministère du Patrimoine canadien: <http://www.pch.gc.ca>
- Publicité-Club de Montréal: <http://pcm.infinit.net>
- Regroupement des médias alternatifs du Québec (Altermedia): <http://cafe.rapidus.net/espaces/altermedia>

- Réseau Éducation-Médias : <http://www.media-awareness.ca>
- Réseau Orbicom : <http://www.orbicom.uqam.ca>
- Société canadienne des relations publiques : <http://www.cprs.ca>
- Société des relationnistes du Québec : <http://www.planetcom.net/srq>
- Sondages BBM : <http://www.bbm.ca>
- Statistique Canada : <http://www.statcan.ca>
- Syndicat canadien des communications, de l'énergie et du papier : <http://www.cep.ca>
- Vidéazimut : <http://commposite.uqam.ca/videaz/videazimut>

Sociétés

- Astral Communications inc. : <http://www.astral.com>
- Bell Canada inc. : <http://www.bell.ca>
- Téléglobe inc. : <http://www.teleglobe.com>
- Telesat Canada : <http://www.telesat.ca>

F. ÉMISSIONS DE TÉLÉVISION

CACOPARDO, Max et Pierre DUPONT, *Télé-dollars*, enquête diffusée à la télévision de Radio-Canada, 26 mars et 6 avril 1987.

La télé...vision québécoise, émission animée par Simon Durivage et diffusée le 18 février 1998 à l'antenne de TVA.

GLOSSAIRE

Abonné Individu ayant souscrit à un abonnement.

Abonnement Somme versée par un usager (abonné) en échange d'un bien ou d'un service à recevoir pendant une période donnée.

Accès à l'information Capacité de tout citoyen de pouvoir consulter tout document public ou administratif sauf en cas d'indication contraire expressément mentionnée.

Accord (ou entente) international Convention entre plusieurs pays.

Acquisition Transaction par laquelle une entreprise en absorbe une autre.

Affichage extérieur Message publicitaire fixé à un panneau.

Agence de presse Organisme qui recueille des informations afin de les fournir aux médias.

Agence de publicité Entreprise qui conçoit et exécute une campagne de publicité pour le compte d'un client.

Agence de réglementation Organisme public autonome chargé de la surveillance du système de la radiodiffusion et des télécommunications. Au Canada, il s'agit du CRTC.

Américanisation Désigne un processus d'assimilation à des valeurs américaines.

Analogique Se dit de l'information non codée (composée d'une fréquence fondamentale et d'un certain nombre de fréquences harmoniques) transmise par un canal de communication. Se dit par opposition à numérique.

Annonce (ou message) publicitaire Publicité diffusée par l'entremise de la radio ou de la télévision.

Antenne Appareil d'émission ou de réception des signaux radioélectriques de radio ou de télévision.

Antenne parabolique Appareil servant à capter les signaux émis par les satellites géostationnaires (qui tournent à la même vitesse que la Terre).

Assiette publicitaire Montant global consacré à la publicité dans un domaine donné ou dans l'ensemble des domaines.

Audience publique Séance de consultation tenue par un organisme mandaté pour étudier une question d'intérêt public, où les interventions du public sont permises.

Audimètre Appareil connecté au téléviseur qui enregistre le moment de sa mise en marche et l'utilisation qu'en fait le téléspectateur: choix et changements de chaînes, etc.

Audiovisuel Terme qui désigne l'ensemble des techniques de communication utilisant le son ou l'image.

Auditeur Récepteur d'un message radiophonique.

Auditoire (ou audience) Ensemble des personnes qui écoutent ou regardent une émission diffusée par une station de radio ou de télévision.

Autocensure Censure effectuée par quelqu'un sur ses propres actes, écrits ou paroles.

Autoréglementation Élaboration et mise en application de règles de conduite dans un secteur donné par des organismes relevant de ce secteur.

Bande passante Capacité de transfert d'information numérique dans un canal de communication informatique (fil de téléphone, câble coaxial, fibre optique, etc.).

Baron de la presse Homme d'affaires qui acquiert de nombreuses entreprises de presse à des fins essentiellement commerciales.

BBM (Bureau of Broadcast Measurement) Coopérative regroupant des représentants de l'industrie publicitaire (annonceurs, agences de publicité, diffuseurs) qui estime les auditoires de la radio et de la télévision.

Bouquet de chaînes Ensemble de chaînes proposées dans un abonnement.

Câble coaxial (ou terrestre) Câble à haute capacité qui peut véhiculer de grandes quantités d'informations.

Cablôdistribution Service de distribution par câble coaxial d'émissions radiodiffusées ou télévisées.

Cadre institutionnel Ensemble d'institutions qui interviennent dans l'orientation d'un domaine d'activité.

Cadre législatif (ou juridique) Ensemble des lois qui régissent un domaine d'activité.

Cadre réglementaire Ensemble des règlements qui régissent un domaine d'activité.

Cahier d'écoute Cahier distribué par une firme de sondage qui permet de connaître les émissions qu'écoutent les téléspectateurs et qui fournit sur ces derniers des données sociographiques.

Canal Bande de fréquence réservée à un émetteur de télévision.

Canal communautaire Canal d'une entreprise de distribution utilisé pour la diffusion d'une programmation communautaire.

Catégorie de licence Classe précisant le type de licence qui autorise l'activité d'une entreprise de radiodiffusion.

CD-ROM (ou cédérom) (*compact disc read only memory*) Disque compact à mémoire passive, compatible avec les ordinateurs, peu coûteux et capable de stocker une grande quantité de données, de textes et de programmes audiovisuels.

Censure Opération consistant à supprimer la communication d'une information.

Chaîne de nouvelles (ou d'information spécialisée) Chaîne qui se distingue de la chaîne générale par son contenu essentiellement axé sur une information spécialisée, sur la couverture des événements d'actualité.

Circuit fermé Programmation radiophonique ou télévisuelle qui s'adresse à un groupe restreint de personnes d'une même communauté (la radio d'une école par exemple).

Circulaire Imprimé publicitaire non adressé distribué directement dans les boîtes aux lettres.

Code de conduite Ensemble des règles éthiques qui orientent les comportements des membres d'un groupe.

Comité d'étude Groupe mandaté par une instance pour étudier un sujet donné et fournir des recommandations.

Comité parlementaire Comité formé des députés, créé par le Parlement, afin de surveiller un secteur d'activité gouvernementale ou d'étudier un sujet particulier.

Commanditaire Organisation, entreprise ou personne qui parraine un événement.

Commission royale Groupe de personnes nommées par le gouvernement pour faire enquête et soumettre un rapport sur un sujet désigné comme étant de priorité nationale.

Communication «point-à-masse» Basée sur le modèle de la radiodiffusion, désigne une communication qui va d'un émetteur vers un public large.

Communication «point-à-point» Basée sur le modèle de la téléphonie, désigne une communication qui va d'un émetteur vers un récepteur unique.

Communiqué Information autorisée de certains faits émanant d'une source officielle.

Compétence juridique Pouvoir reconnu à une autorité publique d'intervenir dans un domaine d'activité donné.

Concentration Processus économique et financier qui caractérise un marché marqué à la fois par la réduction du nombre des acteurs et par l'augmentation de leur envergure.

Concurrence Rapport de rivalité dans lequel se trouvent des personnes physiques ou morales exerçant une même activité.

Condition de licence Des obligations imposées par l'agence de réglementation au titulaire d'un permis d'exploitation d'une entreprise de radiodiffusion ou de télécommunication.

Conglomérat Groupe financier réunissant diverses entreprises de secteurs analogues (intégration horizontale) ou de secteurs différents mais connexes (intégration verticale), ou les deux à la fois.

Conseil de presse Organisme d'autoréglementation des médias créé pour protéger la liberté de presse et pour défendre le droit du public à une information exacte, complète et de qualité.

Consortium Groupe d'entreprises.

Contenant Support technique d'un contenu.

Contenu Toute donnée (information, émission, article, message, conversation, etc.) qui peut être véhiculée par un support médiatique.

Contenu canadien Exigence réglementaire à laquelle sont soumises les entreprises de radiodiffusion canadiennes qui les oblige à diffuser un certain quota de contenu faisant appel à des ressources canadiennes et/ou présentant le Canada à ses habitants.

Convergence Rapprochement de techniques, d'industries ou d'activités auparavant distinctes. Se dit habituellement de la convergence des technologies de l'informatique, des télécommunications et de la radiodiffusion.

Cote d'écoute Rapport entre le nombre de foyers à l'écoute d'une émission et le nombre total de foyers qui peuvent la capter.

Coût par mille (CPM) Somme que doit payer un annonceur pour joindre 1000 usagers d'un média. Le CPM se calcule en divisant le prix de l'annonce par le nombre de lecteurs, d'auditeurs ou de téléspectateurs.

Cybermédia Moyen de communication qui permet l'échange de messages, d'idées ou d'informations qu'on trouve dans le réseau Internet.

Déréglementation Volonté politique de supprimer les contraintes liées aux activités des entreprises afin d'accroître la concurrence et, de ce fait, d'améliorer les services.

Diffuseur Station ou chaîne de radio ou de télévision.

Diffusion Transmission de services de radio ou de télévision.

Distribution Ensemble des moyens par lesquels un média est mis à la disposition du public.

Distribution contrôlée Distribution basée sur des critères particuliers qui permettent aux éditeurs de cibler des clientèles bien précises.

Diversification Exploitation de plusieurs secteurs d'activité qui n'ont pas nécessairement de liens entre eux.

Diversité culturelle Se dit des multiples différences qui peuvent trouver expression.

Diversité des points de vue Variété des opinions, des façons de voir les choses.

Droit à la communication Faculté reconnue à tout citoyen ou groupe de communiquer ou de recevoir un message par le canal de son choix.

Droit à l'information Droit reconnu à tout citoyen ou groupe d'informer et d'être informé.

Droit de diffusion Droit reconnu à une entreprise de radiodiffusion de transmettre des services à des destinataires.

Éditeur Personne ou entreprise qui assure la commercialisation des publications et qui en assume la responsabilité.

Édition Secteur des industries culturelles regroupant les publications imprimées telles que le livre, les périodiques, les journaux, les magazines, etc.

Émission En radio et en télévision, unité de programmation.

Émission sous-représentée Émission de télévision canadienne appartenant à une catégorie sous-représentée (les émissions destinées aux enfants par exemple).

Énoncé de politique Première esquisse de politique gouvernementale à propos d'un sujet particulier.

Entreprise Unité d'affaires commerciale ou industrielle.

Fibre optique Fil très mince constitué de matière synthétique, utilisé dans la construction de réseaux de communication, qui permet le transport d'un très grand nombre d'informations comparativement au câble coaxial.

Fragmentation de l'auditoire En radio et en télévision, dispersion de l'auditoire des chaînes traditionnelles provoquée par l'augmentation du nombre de chaînes offertes.

Fréquence Désigne le nombre d'actes (vibrations, dans le cas du spectre électromagnétique) par unité de temps; caractéristique permettant de diviser le spectre en un nombre précis de canaux de radiocommunication.

Fusion Processus aboutissant à la création d'une nouvelle entité à partir de la mise en commun des avoirs de deux ou de plusieurs entreprises.

Groupe multimédia Groupe d'entreprises qui exploitent plusieurs domaines du secteur médiatique: presse écrite, télévision, radio, publicité, etc.

Hebdomadaire Journal publié une fois par semaine et qui a généralement une vocation locale ou régionale.

Imprimerie Ensemble des techniques de reproduction d'un original au moyen d'un procédé d'impression. Lieu d'exercice de ces techniques.

Industrialisation des médias Phénomène où la production et l'usage d'un média passe d'un stade plutôt artisanal à un stade de diffusion de masse.

Industries culturelles Ensemble des domaines liés à la production de la culture: édition, théâtre, cinéma, peinture, muséologie, presse, radio, télévision, etc.

Informatique Ensemble des techniques qui rendent possible le traitement de l'information par ordinateur.

Inforoute (ou autoroute de l'information) Réseau étendu d'information à haut débit et à grande vitesse, capable de transmettre des données de toutes sortes.

Instance *ad hoc* Comité d'étude, commission royale ou groupe de travail mandatés pour faire enquête sur l'un ou l'autre aspect du système des communications et pour en faire rapport au gouvernement.

Institution publique Organisme de propriété publique ayant un mandat précis de service public dans un secteur donné.

Intégration Réunion de divers intérêts financiers au sein d'un même groupe ou conglomérat pour en diversifier les activités.

Intérêt privé Qui concerne un ou des éléments restreints de la communauté.

Intérêt public Qui concerne l'ensemble de la communauté.

Internationalisation du capital Concerne les mouvements de capitaux, les échanges de produits et de services sur le plan international.

Internaute Personne qui «navigue» dans Internet.

Internet Réseau mondial de communication entre usagers équipés d'un ordinateur couplé à un modem et relié à un fournisseur d'accès, constitué lui-même par une multitude de réseaux informatiques de dimension locale, régionale, nationale ou continentale interconnectés les uns aux autres.

Journal de combat Journal faisant la promotion d'une cause sociale ou politique; fait référence à un courant particulier de la presse écrite québécoise du début du XXe siècle.

Journalisme d'enquête Métier ou forme d'expression de tous ceux qui contribuent à rendre publics les dessous de différents événements ou phénomènes, notamment ceux que des pouvoirs quelconques voudraient dissimuler.

Journaliste Professionnel du journalisme qui travaille pour le compte d'une ou de plusieurs entreprises de presse.

Lectorat Ensemble des lecteurs d'une publication imprimée.

Législation Désigne l'ensemble des lois, des dispositions législatives d'un domaine de compétence. S'applique aussi à un secteur particulier.

Liberté de presse Droit reconnu à tout citoyen de publier ou de faire publier ses opinions dans un média.

Libre circulation de l'information Capacité pour les faits et les idées d'être communiqués sans contraintes ni entraves.

Licence (ou permis) de radiodiffusion Autorisation administrative permettant d'exploiter une entreprise de radiodiffusion.

Ligne téléphonique Fil de liaison entre deux points d'un réseau public accessibles par des équipements de transmission des informations.

Logiciel Programme informatique, déjà réalisé et prêt à l'emploi, nécessaire à une exploitation particulière (programmation, gestion d'informations, de navigation, de mise en pages, de traitement de textes, etc.).

Loi Prescription de l'ensemble des règles juridiques applicables à tous dans un domaine donné, établie par l'autorité souveraine de l'État.

Magazine Publication périodique à contenu général ou particulier.

Magazine général Périodique dont les thèmes abordés sont très variés.

Magazine spécialisé Périodique qui aborde des thèmes particuliers destinés à un public ciblé.

Magnétoscope Appareil qui permet l'enregistrement et le visionnement différé d'émissions télévisées (sur bande magnétique, en cassette ou en bobine).

Maison de production Entreprise indépendante qui fabrique des émissions audiovisuelles moyennant une entente avec un diffuseur.

Mandat Pouvoir d'une personne d'agir au nom de quelqu'un d'autre. Mission qui lui a été confiée.

Marchandisation des médias Impératif de rationalisation de toutes les activités des médias selon des critères économiques de rentabilisation.

Marché gris Réception par des abonnés canadiens de signaux de services de distribution non autorisés au Canada.

Marketing Ensemble des actions qui visent l'accroissement des ventes d'un produit ou d'un service.

Média Moyen de communication qui permet soit le déplacement de personnes ou de biens, soit l'échange symbolique, c'est-à-dire l'échange de messages, d'idées ou d'informations.

Média alternatif Média régi par d'autres principes que ceux auxquels obéit la logique commerciale ou étatique.

Média communautaire Média qui appartient à une communauté locale ou régionale et dont les membres participent à la gestion.

Médias de masse Ensemble des supports de diffusion massive de l'information (presse, radio, télévision, câblodistribution, etc.).

Média électronique Terme générique désignant la radio, la télévision ainsi que leurs moyens de distribution.

Média parallèle Média indépendant qui diffuse une information dont l'idéologie est dite marginale.

Média traditionnel Média établi avant l'implantation d'Internet; s'oppose aux «nouveaux médias».

Média transnational Moyen de communication de masse qui diffuse dans plusieurs pays.

Mise en ondes Activité du réalisateur d'une émission consistant à réunir les éléments provenant des sources internes et externes du studio et à les arranger en une suite cohérente en vue de leur transmission à l'auditeur ou au téléspectateur.

Modem Contraction des mots «modulateur» et «démodulateur». Accessoire qui convertit les données analogiques en langage numérique accessible aux ordinateurs, permettant ainsi aux terminaux et aux ordinateurs de communiquer par ligne téléphonique ou par câble.

Mondialisation Processus caractérisé par la généralisation des échanges économiques transnationaux, le rôle diminué des États nationaux, la réduction des contraintes de temps et d'espace, la remise en question des notions d'identités nationale et culturelle, l'émergence des nouveaux réseaux globaux et la mise en place de nouvelles instances mondiales de gouvernement.

Monopole Se dit d'une situation de marché où il n'y a qu'un seul offreur.

Multimédia («en ligne» ou «hors ligne») Technologie de communication qui permet de combiner sur un même support électronique diverses sortes d'informations: textes, sons et images. Pour l'utilisateur, le multimédia est accessible hors ligne (sur cédérom ou autre) ou en ligne (diffusion dans le réseau Internet par exemple).

Nielsen Entreprise privée qui compile les cotes d'écoute des émissions et qui évalue les auditoires.

Nouveau média Expression qui englobe les services et les produits qui utilisent la vidéo numérique, la technique audio, les images et les textes alphanumériques. En plus d'autres moyens traditionnels de distribution, les nouveaux médias comprennent la distribution numérique sur des réseaux interconnectés à l'échelle locale ou mondiale.

Numérique Se dit de l'information codée sous forme de chiffres, généralement en mode binaire (0 ou 1). Se dit par opposition à analogique.

Numérisation Opération consistant à transformer des données, du son ou de l'image en une séquence d'informations numériques.

Ondes (voir **Fréquence**)

Orientation Ensemble des opérations qui visent à influer sur l'évolution d'un secteur donné.

Paiement à l'acte Mode de paiement déterminé en fonction de ce qui est effectivement commandé, par exemple, en ce qui concerne la télévision : un film, un événement sportif, etc.

Part de marché Place qu'occupe un média dans un secteur, relativement à sa capacité à joindre un public.

Période de grande écoute Tranche horaire, généralement en soirée, durant laquelle le nombre d'auditeurs ou de téléspectateurs est le plus élevé.

Périodique Publication qui paraît à intervalles réguliers.

Permis d'exploitation Autorisation officielle, document requis pour exercer certaines activités sur un territoire donné (l'exploitation d'une station de télévision par exemple).

Politique publique Ligne directrice et ensemble des mesures adoptées par un gouvernement ou par un organisme pour atteindre ses objectifs dans un domaine donné, par exemple la culture ou les communications.

Presse commerciale Presse ayant recours à la publicité comme moyen de financement.

Presse d'opinion Presse qui défend clairement une idéologie ou qui s'identifie à un parti politique particulier.

Presse écrite Ensemble des médias écrits : quotidiens, hebdomadaires et magazines.

Presse ethnique Ensemble des publications destinées à des communautés nationales, religieuses ou linguistiques particulières.

Presse parallèle Organe de communication fondé sur des principes autres que ceux auxquels obéit la logique commerciale ou étatique. La presse parallèle est très liée aux mouvements sociaux qui caractérisent des conjonctures politiques données.

Producteur Personne ou entreprise qui assure le financement d'une émission.

Producteur indépendant Personne ou entreprise qui assure la production d'une émission et qui jouit d'une certaine autonomie par rapport à l'entreprise qui la diffuse.

Production Réalisation d'une ou de plusieurs émissions, envisagée du point de vue financier.

Programmation (informatique) Conception de programmes informatiques.

Programmation (radiodiffusion) Élaboration et organisation de la grille des programmes d'un média.

Programme de subvention Aide financière accordée par l'État ou par une personne publique à une personne privée, afin de favoriser l'activité d'intérêt général à laquelle elle se destine.

Projet de loi Texte juridique déposé auprès d'une instance législative aux fins de délibération en vue de son adoption (ou non) avec ou sans amendement.

Promotion Activité ou série d'activités mises en œuvre par une entreprise ou un organisme afin de vendre une idée, un produit ou un service.

Propagande Série d'opérations exercées dans le but de faire accepter certaines idées ou doctrines, notamment dans le domaine politique ou social.

Propriété mixte Système composé d'entreprises de propriété publique, privée et communautaire.

Propriété privée Entreprise qui appartient à des intérêts privés, qu'elle soit cotée en Bourse ou non.

Propriété publique Entreprise qui appartient à une société d'État fédérale ou provinciale, indépendante sur le plan rédactionnel (dans le cas des médias).

Publicitaire Professionnel de la publicité.

Publicité Ensemble des messages présentés à des clients éventuels par l'intermédiaire des médias pour atteindre des objectifs de marketing.

Publicité déguisée Messages de publicité présentés sous une autre forme d'information, sans être affichés comme tels.

Publicité directe Publicité livrée directement au public visé.

Quotas de contenu canadien (voir **Contenu canadien**)

Quotidien Média écrit publié chaque jour de la semaine, et dans plusieurs cas les jours de fin de semaine également.

Radio Désigne soit le contenu (émissions radiodiffusées), soit l'appareil de réception des transmissions sonores.

Radiocommunication Émission, transmission ou réception de signaux, d'écrits, d'images ou de sons de toute nature au moyen d'ondes électroniques.

Radiodiffuseur Personne ou entreprise autorisée à exploiter une entreprise de radiodiffusion.

Radiodiffusion Diffusion par radiocommunication d'émissions variées destinées à être captées directement par le public en général.

Radiodiffusion numérique Diffusion numérique, par opposition à la diffusion analogique, d'émissions destinées à être captées par le public.

Rareté des fréquences Situation où la quantité de fréquences disponibles dans le spectre électromagnétique n'est pas suffisante pour répondre aux besoins des diffuseurs.

Rediffusion Désigne la programmation à l'antenne d'une émission diffusée préalablement au moins une fois.

Règlement Ensemble des prescriptions que doivent respecter tous les membres d'une entreprise.

Réglementation Ensemble des procédures et des contraintes formelles découlant des politiques.

Règles de propriété Ensemble des dispositions juridiques élaborées dans le but de limiter la concentration du pouvoir économique des entreprises dans certains secteurs.

Relationniste Professionnel des relations publiques.

Relations publiques Activité professionnelle qui consiste à établir une relation de confiance entre un organisme ou une entreprise et ses clients, au sens large du terme.

Réseau Toute exploitation à laquelle participent deux ou plusieurs entreprises de radiodiffusion, où la direction de l'ensemble ou d'une partie des émissions ou de la programmation est confiée à l'un des membres du réseau.

Responsabilité sociale de la presse Désigne l'obligation pour la presse de tenir compte de l'intérêt public comme critère primordial de l'ensemble de ses activités.

Satellite Engin placé en mouvement orbital autour de la planète.

Secteur privé Ensemble des personnes morales de droit privé.

Secteur public Ensemble des personnes morales de droit public.

Service à la carte Service de programmation à horaire fixe qui est offert aux abonnés sur une base de facturation par émission.

Service d'accès à Internet Entreprise propriétaire des installations de transmission qui fournit à un usager une connexion au réseau Internet.

Service «en ligne» Service accessible en temps réel, par l'intermédiaire d'un ordinateur muni d'un modem, par le biais du réseau téléphonique ou d'un réseau câblé.

Service «hors ligne» Service dont les données sont enregistrées sur une mémoire locale, et qui n'est donc pas accessible «en ligne».

Services hors programmation Se dit d'émissions ne faisant pas partie de la grille de programmation (les téléannonces par exemple).

Service Internet (voir **Service d'accès à Internet**)

Service payant Service de programmation qui ne peut pas être capté sans un abonnement.

Service public Service indépendant appartenant à une société d'État et ayant le mandat particulier de desservir l'ensemble de la population ou une partie désignée. Se dit également de l'ensemble du système de la radiodiffusion canadienne, selon la loi.

Service spécialisé Service diffusé par liaison satellite-câble, offert par des distributeurs de télévision, dont la programmation complète est orientée vers un domaine d'activité précis.

Site Web Ensemble de pages composées de textes ou d'éléments multimédias, représenté par une adresse d'accueil et accessible dans Internet.

Souveraineté culturelle Pouvoir suprême reconnu à l'État qui implique l'exclusivité de sa compétence dans le domaine culturel sur le territoire national. Elle suppose aussi l'indépendance de l'État sur le plan international, limitée uniquement par ses propres engagements.

Station Entreprise de programmation et de diffusion de radio ou de télévision.

Station affiliée Station de radio ou de télévision qui se joint à un réseau afin d'en diffuser la programmation en tout ou en partie.

Station commerciale Station de radio ou de télévision qui utilise les revenus publicitaires afin d'assurer son financement.

Station émettrice Station dont les dispositifs permettent d'émettre des ondes électromagnétiques capables de transmettre des messages télégraphiques, des sons ou des images.

Station non commerciale Station de radio ou de télévision qui ne dépend pas de la publicité pour assurer son financement.

Station réémettrice Station qui relaie des signaux modulés par une station émettrice.

Stéréotype Opinion toute faite, idée préconçue, préjugé basé sur les différences (d'ethnie ou de genre par exemple).

Système mixte (voir **Propriété mixte**)

Système unique Désigne le système canadien de radiodiffusion, défini par la loi comme étant un service public constitué d'éléments publics, privés et communautaires.

Tabloïd En presse écrite, format qui correspond à une largeur de page imprimée de 26 cm, divisée en 5 colonnes; aussi appelé demi-format.

Taux de branchement Nombre réel d'abonnés du câble divisé par le nombre total des foyers, incluant ceux qui n'ont pas accès au service.

Taux de pénétration Nombre réel d'abonnés du câble divisé par le nombre d'abonnés potentiels (ceux qui ont accès au service).

Taux d'offre de câblodistribution Nombre d'abonnés potentiels (tous ceux qui ont accès au service) divisé par le nombre total des foyers d'une région donnée, incluant ceux qui n'ont pas accès au service.

Téléachat Toute forme d'achat à distance, par l'intermédiaire d'un média ou de la combinaison de plusieurs médias de diffusion et de télécommunication.

Téléchargement Envoi de données par une ligne de communication à un système informatique.

Télécommande Clavier à touches qui permet la commande à distance d'un appareil audiovisuel.

Télécommunication Transmission de données informatiques, d'images ou de sons par les ondes, le câble, le téléphone ou par satellite.

Télécopieur Terminal relié à un réseau de télécommunication qui permet de transmettre et de recevoir des documents sur papier.

Télédiffuseur Personne ou entreprise qui exploite une entreprise de télévision.

Télédiffusion Communication à distance de services de télévision à l'intention d'un ensemble de destinataires munis des appareils de réception appropriés.

Télédistribution Système de distribution d'émissions de télévision par l'intermédiaire de réseaux câblés ou de satellites.

Télégraphie Système de télécommunication permettant la transmission à distance de messages écrits vers un destinataire muni d'un appareil de réception approprié.

Téléjournal Émission de télévision quotidienne où des journalistes traitent d'une variété de sujets d'actualité.

Télématique Ensemble des services informatiques qui peuvent être obtenus par les usagers d'un réseau de télécommunication.

Téléphonie interurbaine Système de télécommunication établi en vue de transmettre des communications à l'extérieur de la zone de desserte locale d'un territoire donné.

Téléphonie locale Système de télécommunication établi en vue de transmettre des communications à l'intérieur de la zone de desserte locale d'un territoire donné.

Téléroman Feuilleton télévisé.

Télésérie Série télévisée comportant un nombre déterminé d'épisodes.

Téléspectateur Personne qui regarde la télévision.

Télévision Ensemble des techniques et des procédés utilisés afin de transmettre des images par ondes électromagnétiques, par câble coaxial ou par satellite; se dit également de l'appareil de réception de ces images.

Télévision à la carte (*pay-per-view*) Système qui permet à un téléspectateur d'avoir accès à des émissions moyennant le paiement de chaque émission regardée.

Télévision éducative Toute chaîne ou station ayant pour objet d'éduquer le public, d'éveiller sa curiosité ou d'enrichir ses connaissances.

Télévision hertzienne Technique de télévision qui utilise les ondes électromagnétiques.

Télévision interactive Système de télévision qui permet des échanges entre l'appareil et l'utilisateur.

Télévision payante Service de programmation de télévision dont les coûts sont assumés par les abonnés.

Télévision privée Ensemble des chaînes et des stations de télévision de propriété privée.

Télévision provinciale Dans le contexte canadien, chaîne de télévision publique appartenant à une société d'État provinciale et diffusant une programmation éducative auprès du public de la province concernée.

Télévision publique Chaîne (ou ensemble des chaînes) de télévision de propriété publique mandatée pour offrir un service précis à une population donnée.

Télévision traditionnelle Désigne la télévision hertzienne, qu'elle soit distribuée en ondes, par câble ou par satellite.

Temps d'antenne Durée d'une émission.

Tête de réseau Station principale d'un réseau, dont la programmation alimente les stations membres du réseau ou celles qui lui sont affiliées.

Tirage Quantité totale d'exemplaires imprimés en presse écrite.

Titulaire d'une licence Personne autorisée par l'agence de réglementation à exploiter une entreprise de radiodiffusion.

Tribune téléphonique Émission où le public est invité à intervenir et à exprimer son point de vue sur un sujet donné.

Une (la) Première page d'un journal.

Uniformisation des contenus Tendance vers la présentation d'un seul type de contenus, caractéristique d'un secteur marqué par un fort taux de concentration.

Usager Personne qui utilise un service de communication.

Vidéocassette Support magnétique servant à enregistrer, à stocker et à visionner des informations vidéo.

Virage technologique Moment particulier de l'histoire d'une société caractérisé par un changement important dans l'usage d'une technologie.

Volet (ou service) de base Chaînes de télévision qu'on obtient automatiquement lorsqu'on souscrit à un abonnement de télédistribution.

Volet (ou service) facultatif Chaînes de télévision qu'on peut choisir parmi un ensemble de chaînes proposées, moyennant des frais supplémentaires, lorsqu'on souscrit à un abonnement.

Web Abréviation de *world wide web*, signifiant littéralement «toile d'araignée mondiale», qui correspond à l'ensemble des services accessibles par Internet.

Webdiffusion Transmission et réception sur le Web de sons et d'images en flux continu.

Zapping Action qui consiste à changer constamment de chaîne à l'aide de la télécommande du téléviseur.

Sources: Francis Balle, *Dictionnaire des médias*, Paris, Larousse, coll. «Les référents», 1998, 281 p.; Jacques Brisoux, *Gestion de la publicité*, Montréal, McGraw-Hill, 1987, 637 p.; *Le Petit Larousse illustré 1999*, Paris, Larousse, 1784 p.; Jean-Paul Truxillo, *Dictionnaire de la communication*, Paris, A. Colin, 1991, 591 p.

INDEX DES NOMS PROPRES

D

E

F

G

M

N

O

P

T

U

V

W

X - Z

Nous reconnaissons l'aide financière du gouvernement du Canada par l'entremise du Programme d'aide au développement de l'industrie de l'édition (PADIÉ) pour nos activités d'édition.

L'information de Statistique Canada est utilisée en vertu d'une permission du ministre de l'Industrie, à titre de ministre responsable de Statistique Canada. On peut obtenir de l'information sur la disponibilité de la vaste gamme de données de Statistique Canada par l'entremise des bureaux régionaux de Statistique Canada, de son site sur le World Wide Web au http://www.statcan.ca, et de son numéro d'appels sans frais au 1-800-263-1136.